Die Tierwelt in Schönbuch und Gäu

Die Wirbeltiere und ihr Schutz

herausgegeben von Werner Schubert

mit Beiträgen von Ulrich Ade, Ottmar Burr, Wolfgang Burr, Alfred Nagel, Kurt Rimpp, Rolf Senf, Wolfram Wahrenburg, Herbert Wnuck und Josef Wohlschlager

Natur-Rems-Murr-Verlag

Die Herausgabe des Buches »Die Tierwelt in Schönbuch und Gäu – Die Wirbeltiere und ihr Schutz« wurde durch die maßgebliche finanzielle Unterstützung des Landkreises Böblingen ermöglicht. Die Seiten 1 bis 114 wurden als Heft 31 »Vogelwelt in Schönbuch und Gäu« in der Reihe „Beihefte zu den Veröffentlichungen für Naturschutz und Landschaftspflege in Baden-Württemberg" 1983 herausgegeben (ISBN 3-88251-064-1). Der Landesanstalt für Umweltschutz Baden-Württemberg und der Schriftleitung, Herrn Dr. Günther Schmid, seien für die Reprint-Erlaubnis herzlich gedankt.

Titelbild: Dompfaff auf bereifter Eberesche. Foto W. SCHUBERT

1. Auflage 1992

Satz: SatzReproGraphik, Remshalden, und Koch, Reutlingen
Graphiken: Heinz Renz, Kirchberg/Murr
Farblithos: Scanner GmbH, Waiblingen, und Reprostudio 16, Dußlingen
Druck: Koch, Reutlingen

ISBN 3-927981-28-1

Inhalt

Vorwort

Die Tierwelt in Schönbuch und Gäu
unter besonderer Berücksichtigung der Wirbeltiere
Eine Einführung von Werner Schubert

Die Vogelwelt in Schönbuch und Gäu **1**
von Werner Schubert
mit Beiträgen von Ottmar Burr, Wolfgang Burr und Josef Wohlschlager
Topographisch-geologischer Überblick **8**
Klima **10**
Biotope **11**
Die Vogelarten - Untersuchungen bis 1978 **22**
Alphabetisches Verzeichnis der Vogelarten und ihr Status **110**
Veränderungen und Nachtrag bis 1990 **114**

Die Säugetiere in Schönbuch und Gäu **125**
von Alfred Nagel

Die Amphibien und Reptilien in Schönbuch und Gäu **155**
von Kurt Rimpp
Amphibien **157**
Reptilien **169**
Verbreitungskarten **174**
Rote Liste **177**

Die Fische in den Gewässern von Schönbuch und Gäu **183**
von Herbert Wnuck unter Mitarbeit von Rolf Senf
Die Gewässer **181**
Die Gewässersituation **186**
Die Fischarten **189**
Rundmäuler **198**
Rote Liste **200**

Naturschutz und der Schutz wildlebender Wirbeltiere **201**
von Ulrich Ade unter Mitarbeit von Wolfgang Burr,
Werner Schubert und Wolfram Wahrenburg

Weiterführende Literatur **232**

Register **237**

Vorwort

Mit diesem Buch wird die Dokumentation über Pflanzen und Tiere im Landkreis Böblingen abgeschlossen. Der erste Band war der Pflanzenwelt gewidmet. Das große Thema des nun vorliegenden zweiten Bandes sind die Wirbeltiere: Fische, Amphibien, Reptilien, Vögel und Säugetiere. Viele von uns haben zu ihnen eine Beziehung, sei es aus beruflichen Gründen, z. B. als Viehzüchter, Landwirte oder Schäfer oder mehr aus Freizeitbeschäftigung wie Reiter, Jäger, Angler oder Taubenzüchter oder aus Freude an einem Hausgenossen.

Wie aber sieht es draußen in der Natur aus? Der in diesem Buch dokumentierte Artenrückgang macht betroffen. Mindestens 23 Brutvogelarten und 9 Säugetierarten sind ausgestorben, die Bestände der meisten Wirbeltiere sind geschrumpft. Zwar wünschen wir uns keine Braunbären oder Wölfe in unsere Wälder zurück, aber das Aussterben der Kleintiere, besonders der Fledermäuse, ist alarmierend.

Auch dieses Buch wurde wieder mit zahlreichen Fotografien aus dem Landkreis von unterschiedlichen Biotopen und zum Teil seltenen Tieren und Verbreitungskarten ausgestattet. Zudem ist es erfreulich, daß sich dieser faunistische Band mit dem floristischen Band, der letztes Jahr erschien, trefflich ergänzt. Die Autoren Ottmar Burr, Wolfgang Burr und Josef Wohlschlager beschreiben in diesem Buch die Biotope mehr aus der Sicht der Land- und Forstwirtschaft. In dem Buch über „Naturnahe Lebensräume und Flora in Schönbuch und Gäu" haben die Autoren Dr. Helmut Baumann und Wolfram Wahrenburg den pflanzensoziologischen Aspekt verdeutlicht. Damit kann sich der Leser ein nahezu komplettes Bild der Eigenart, Vielfalt und den Verknüpfungen unserer heimatlichen Tier- und Pflanzenwelt machen.

Der Herausgeber Werner Schubert hat jahrelang unseren Kreis durchstreift, Tiere und Pflanzen fotografiert und kartiert. Ihm und seinem Autorenteam, das er zu einer solchen Dokumentation gewinnen konnte, danke ich sehr herzlich für das Engagement und ihre sorgfältige Arbeit. Ich bin sicher, daß auch dieses für einen Landkreis grundlegende Werk dazu beitragen wird, daß der Schutz unserer noch wildlebenden Tiere überall die notwendige Beachtung findet.

Dr. Reiner Heeb
Landrat

Die Tierwelt in Schönbuch und Gäu
unter besonderer Berücksichtigung der Wirbeltiere

Eine Einführung

Fische, Lurche, Kriechtiere, Vögel und Säugetiere, die in den folgenden Kapiteln beschrieben werden, faßt man als Wirbeltiere zusammen. Ein Gegensatz von grundlegender und grundsätzlicher Bedeutung zu allen anderen Tiergruppen ist die Art des Skelettbaus mit Wirbelsäule, Rippen, Schulter- und Beckengürtel.

Das Wesentliche im Bauplan des Skeletts der Wirbeltiere ist in allen Untergruppen gleich. Zunächst legt sich bei den Embryonen der Wirbeltiere ein ungegliederter Chordastab an, später bilden sich aber um ihn, von der Zellwand der Leibeshöhle aus, knorpelige oder verknöchernde Bogen, die die alte Chorda einschnüren und schließlich ganz verdrängen können. Auf diese Weise wird ein viel festeres und gleichzeitig frei bewegliches Achsenskelett erzielt, wie es große und gewandte Tiere brauchen.

Diese Wirbelsäule blieb aber über ihre gesamte Länge nicht gleichartig, sondern paßte sich in ihren verschiedenen Teilen besonderen Aufgaben an. Die größte Veränderung fand dabei im vorderen Abschnitt statt, da hier der Schädel ausgebildet wurde. Unter Schädel im engeren Sinne versteht man die Kapsel, welche den vorderen Abschnitt des Nervenrohrs, nämlich das Gehirn umschließt. Auf den Schädel folgt ein zumeist schlanker, beweglicher Teil, der Hals, auf dem sich der Kopf nach allen Seiten drehen kann. Der folgende Brustteil der Wirbelsäule ist kräftiger und trägt seitliche Knochenspangen, die Rippen, die die wichtigen Brustorgane nach außen schützen und in ihrer Lage halten. Im vorderen Teil dieser Region legt sich der Schultergürtel mit Schulterblatt und Schlüsselbein den Rippen an. Er dient zur Aufnahme der Vordergliedmaßen. Nach einer beweglichen Lendenregion folgt der aus mehreren verwachsenden Wirbeln bestehende Kreuzteil, der mit den Beckenknochen zusammen der Beckengürtel zur Verankerung der hinteren Extremitäten bildet. Das Ende der Wirbelsäule ist der Schwanz mit seinem Skelett. Die Extremitäten, die entsprechend der Tätigkeit des Tieres in hunderterlei Formen ausgebildet sein können, bestehen in ihrem Grundbauplan aus: Oberarm (Oberschenkel), Unterarm (Unterschenkel), gebildet aus Elle und Speiche (Schien- und Wadenbein), Handwurzelknochen (Fußwurzelknochen), Mittelhandknochen (Mittelfußknochen) und je fünf Finger (Zehen).

Dieses Konstruktionsprinzip der Wirbeltiere wurde schon sehr früh eingeleitet. Bereits im Paläozoikum zeigten sich in Sedimenten des Ordoviciums (vor ca. 450 Millionen Jahren) erste Überreste der ältesten Wirbeltiere. Es sind Panzerteile primitiver kieferloser fischartiger Tiere aus der Gruppe der Kieferlosen, die heute noch durch das Neunauge (siehe Kapitel Fische) vertreten ist. Von diesen ersten primitiven Wir-

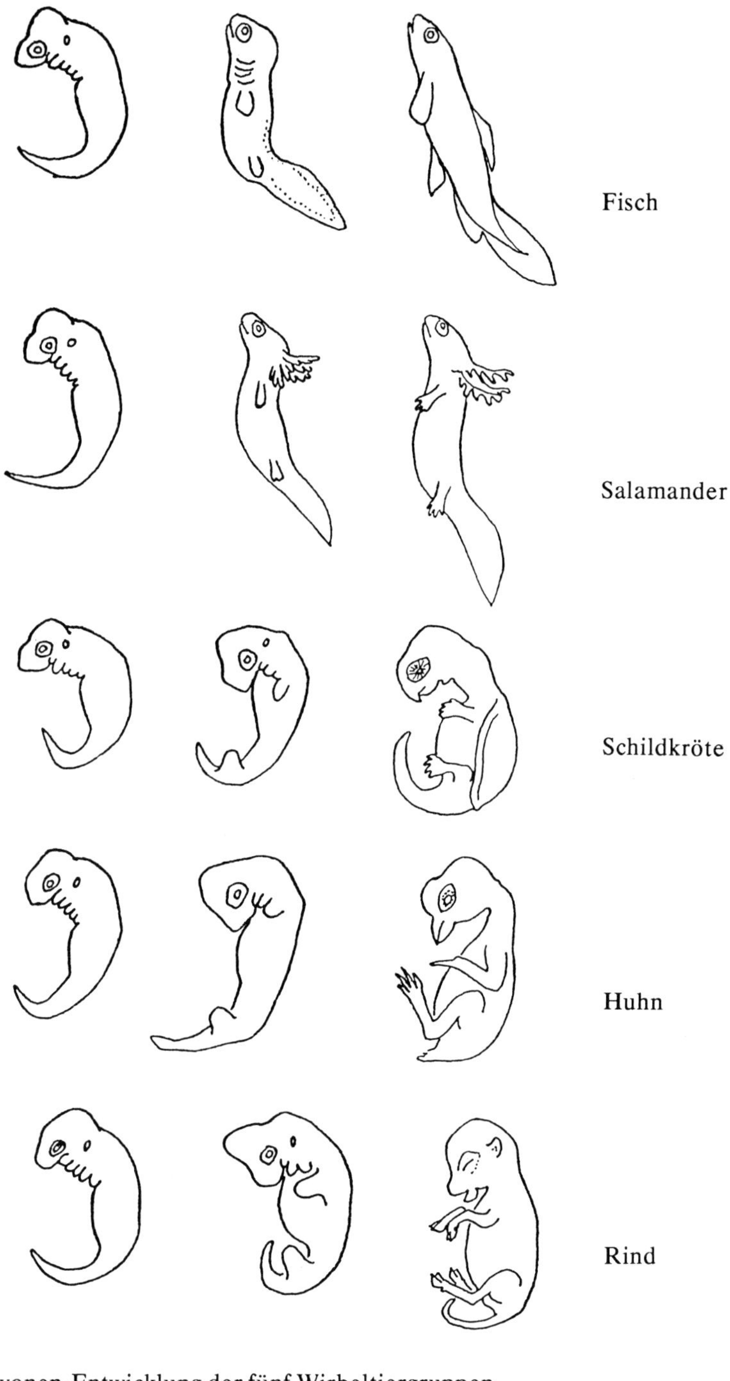

Embryonen-Entwicklung der fünf Wirbeltiergruppen

beltieren führt die Entwicklung auf noch unbekanntem Weg zu höheren, besser organisierten Gruppen, so zu den ersten kiefertragenden Fischen. Im Devon (vor ca. 370 Millionen Jahren) erscheinen die ersten Haie, und die Entfaltung der Knochenfische setzt ein, aus denen sich am Ende des Devons die ersten Amphibien entwickeln.

Im Karbon (vor ca. 320 Millionen Jahren) treten bereits die ersten primitiven Reptilien auf. Häufiger waren zu jener Zeit schon die verhältnismäßig großen Pelycosaurier (*Theromorpha*), von denen eine direkte Entwicklungslinie über die säugerähnlichen Reptilien (*Therapsida*) zu den Säugern führt, die dann am Ende der Trias (vor ca. 190 Millionen Jahren) auftreten.

Vögel entwickelten sich als letzte Wirbeltierklasse erst im Oberen Jura (vor ca. 150 Millionen Jahren) aus *Thecodontiern*, die auch die Vorfahren der Dinosaurier sind. In der Kreidezeit erlebten die Vögel eine intensive Abwandlung zu den heute noch vorkommenden Formen.

Menschenähnliche Wesen (*Hominiden*) betreten als höchst entwickelte Wirbeltiere erst Ende des Tertiärs (vor ca. 3 Millionen Jahren) diese Welt, die der *Homo sapiens* seit seinem ersten Auftreten vor ca. 30 000 Jahren immer stärker beherrscht, so daß die heute noch lebenden übrigen Wirbeltiere fast alle geschützt werden müssen.

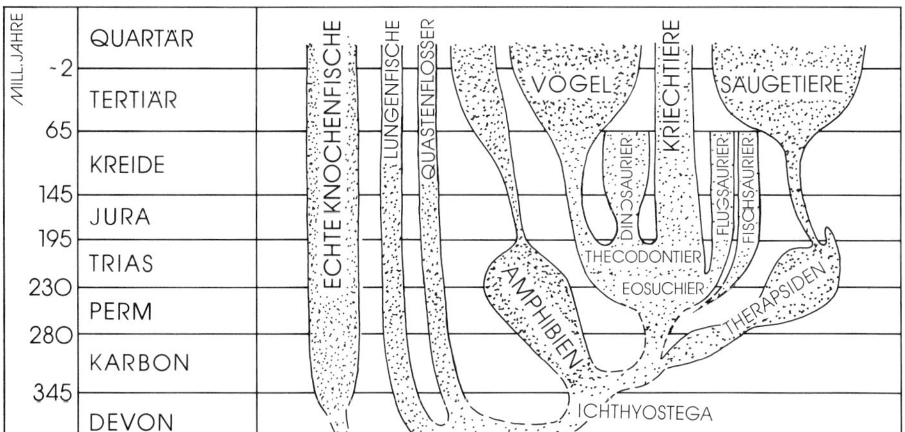

Entwicklungsgeschichte der Wirbeltiere (schematisiert)

Zuerst aber schuf der Mensch mit seiner rein bäuerlichen Besiedlungs- und Kultivierungsaktivität eine Kulturlandschaft, die in ihrem Entstehen auch vielen Tierarten neue Lebensmöglichkeiten bot. So konnten sich etwa 30% unserer Vogelarten erst nach ausgiebigen Waldrodungen bei uns ansiedeln. Dazu zählen solche Arten, die zwar im Walde brüten, jedoch in der offenen Feldflur jagen wie Rotmilan, Turmfalke, Hohltaube, u.s.w.. Über sechs Vogelarten fanden im menschlichen Siedlungsbereich

Ersatzbiotope und nisten ausschließlich dort. Ebenso konnten sich die meisten unserer heimischen Tagfalter erst in unserem Gebiet ansiedeln, nachdem Wiesentäler, Trockenrasenbiotope und sonstige Kulturlandschaften entstanden waren. Sogar bei der Wechselkröte muß man davon ausgehen, daß sie über die Flußsysteme der Enz und Neckar bei uns in historischer Zeit eingewandert ist.

Jedoch mit der Ausdehnung der Siedlungen und der Intensivierung der Jagd begann ein stetiger Rückgang der Tierwelt, wie dies bereits LEYDIG für das Oberamt Tübingen im vorigen Jahrhundert drastisch beschreibt. TSCHERNING belegt dies mit Zahlen für den Schönbuch und skizziert die Ausrottung von Braunbär, Wolf, Luchs und Steinadler. Unfaßbar erscheint uns heute die Erlegung von 280 Wölfen in den Schönbuchwaldungen im Zeitraum von 1644-1662.

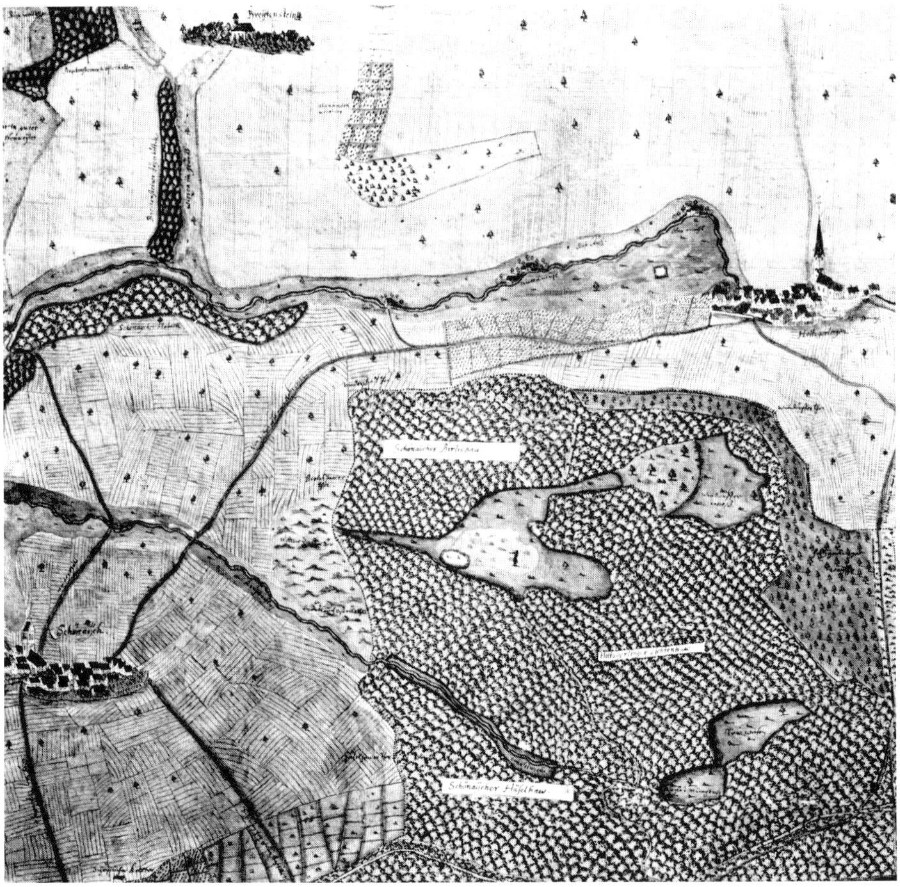

Böblinger Forst. Ausschnitt aus der Kieser´schen Forstkarte Nr. 65 von 1681 mit "Holtzgerlingen", "Schönaych" und 3 Mühlen. Auf dem Schönaycher Wasen ist ein Jäger im Anschlag abgebildet.

Gäulandschaft um 1860

Die Oberamtsbeschreibungen aus dem vorigen Jahrhundert von Leonberg, Calw, Böblingen, Stuttgart-Amt, Herrenberg und Tübingen schenkten der Tierwelt entsprechend den damaligen Kenntnissen eine relativ hohe Beachtung. Die Oberamtsbeschreibung von Leonberg (1939) stellt die Tierwelt bereits mit einer großen Genauigkeit und mit einem hohen Wissensstand dar.

Während in oben genannten Oberamtsbeschreibungen gelegentlich Durchzügler zu den Brutvögeln aufgelistet wurden, gibt VOGEL (1930) sehr präzise Angaben. Mit diesen Daten können Bestandsveränderungen von Tierarten aufgezeigt werden.

Seit diesen Oberamtsbeschreibungen fehlt eine umfassende und aktuelle Darstellung der Tierwelt aus dem Landkreis Böblingen. Lediglich über den Naturpark Schönbuch, der 1972 gegründet wurde, gibt es eine neue Bearbeitung als Wandergebiet (A. u. W. ULMER 1981) mit einigen botanischen Besonderheiten und Tierabhandlungen. 1983 legte der Herausgeber eine umfassende Untersuchung über die Vogelwelt vor, die schnell vergriffen war und deshalb in diesem Buch mitaufgenommen wurde. Ein Autorenteam legte 1985 über das Schaichtal östlich von Dettenhausen eine ökologische Studie vor.

Nachfolgend wird ein kurzer Abriß über Tiervorkommen in den wichtigsten Biotopen mit den Veränderungen in den letzten 30 Jahren aufgezeigt:

Die ausgedehnten Waldungen im östlichen Kreisgebiet mit dem Glemswald und den Schönbuchwaldungen beherbergen die meisten Säuger u. a. den Rothirsch, den Baummarder und den Iltis. Der Rothirsch lebt nur noch im Naturpark; seit 1956 innerhalb eines ausgedehnten Gatters.

Etwa 60% unserer Brutvögel sind auf verschiedene Waldformationen angewiesen. Einige davon gelten als stark bedroht, so der Baumfalke, der Habicht und Sperber trotz derzeit gesicherter Bestände, der Wendehals, die Hohltaube, der Mittelspecht, der Schwarzspecht, der Rotmilan, Wespenbussard, Berglaubsänger, die Waldschnepfe und der Halsbandfliegenschnäpper.

Die Wiesentäler innerhalb des Schönbuchs sind für manche bedrohte Schmetterlingsarten ein wichtiges Rückzugsgebiet: Trauermantel, Großer und Kleiner Schillerfalter, Märzveilchen-Perlmutterfalter, Silberscheckenfalter, Violetter Silberfalter.

Mit viel Glück kann man auch heute noch einen Hirschkäfer finden. Entlang der lichten Schönbuchbäche kann man nicht selten eine Prachtlibelle entdecken oder gar eine Zweigestreifte Quelljungfer. Unverständlich ist die Tatsache, daß in diesen kaum veränderten Biotopen eine Reihe von Insektenarten verschollen sind: allen voran der Große Eisvogel, der Kleine Maivogel, der Große Waldportier, der Weiße Waldportier, der Gelbringfalter usw.. Da auch hier der Maikäfer verschollen ist, spielt sehr wahrscheinlich die Maikäferbekämpfung mit DDT-Präparaten in den 70er Jahren eine wesentliche Rolle.

Auch das Aufforsten einiger reizvoller Wiesentäler führte zum Verschwinden vieler Insektenarten. Leider hat man diese Fichtenaufforstungen nur lokal wieder rückgängig gemacht. Im NSG-Mahdental im Sindelfinger Stadtwald hatte bereits die Verlegung der Bodenseewasserleitung quer durch das NSG mit Teilregulierung des Bachbettes für die Flora und insbesonders auch für die Schmetterlingsfauna gravierende Folgen. Die Flora hat sich stellenweise infolge zunehmender Austrocknung völlig verändert (SCHÄFER). Mindestens vier Schmetterlingsarten sind seitdem verschollen und einige weitere sind im Bestand stark reduziert.

In der offenen Gäulandschaft südlich Herrenberg finden wir auch heute noch einige Brutpaare des seltenen und stark bedrohten Braunkehlchens und der Grauammer, deren Bestände im Kreisgebiet kurz vor dem Erlöschen stehen. In den weitläufigen Getreidefeldern vernimmt man nicht mehr ganz regelmäßig den Ruf der Wachtel. Mit der Aufzählung der Schleiereule erschöpfen sich die gefährdeten Vogelarten. Die übrige Kleintierwelt ist in der weitgehend ausgeräumten Kulturlandschaft noch ungenügend untersucht.

Exkursionen in das Heckengäu sind weit ergiebiger. Neben einer reichhaltigen Flora gibt es hier viele Insekten und Vogelarten. Auffallend ist der Neuntöter, sowie die Dorngrasmücke, Klappergrasmücke und Goldammer. Schlingnatter und Zauneidechse haben hier den Schwerpunkt ihrer Verbreitung. In den Trockenrasen-Biotopen finden viele Heuschreckenarten hervorragend geeignete Biotope, und einige Arten wie der Heidegrashüpfer, der Verkannte Grashüpfer, die Westliche Beißschrecke und die Zweifarbige Beißschrecke sind nahezu ausschließlich auf das Heckengäu beschränkt.

Noch zu Anfang dieses Jahrhunderts bedeckten ausgedehnte Moorkomplexe die Gebiete zwischen Sindelfingen - Ehningen - Nufringen. Kleinere sumpfige Stellen gab und gibt es heute noch im hinteren Hölzertal, bei Warmbronn-Renningen und ab Eltingen glemsaufwärts und in den Würmauen bei Dätzingen und bei Merklingen. Die systematische Entwässerung selbst so großer Moorkomplexe wie auf der Hulb bei Böblingen begann in den ersten Jahrzehnten dieses Jahrhunderts.

Heute kann man oft nur noch ganz lokal erkennen, wo diese ehemaligen Moorkomplexe existierten, und die Hulb bei Böblingen, die in früheren Jahren nicht nur als Brutgebiet, sondern auch als hervorragendes Durchzugsgebiet für viele Vogelarten bekannt war, ist etwa seit 1975 unter einem flächenmäßig riesigen Einkaufs- und Industriezentrum begraben.

Die ersten Schilderungen zur Fauna der Moorkomplexe bei Böblingen und Sindelfingen stammen von König von Warthausen, der bei seinen kurzfristigen Besuchen im Jahre 1889 einige bemerkenswerte Brutvögel wie Tüpfelsumpfhuhn (häufig!), Bekassinen und sogar balzende Zwergschnepfen (!?) hervorhebt. Der Weißstorch nistete damals noch in allen umliegenden Ortschaften, und die Moorgebiete stellten zweifellos die Nahrungsgrundlage für diese Großvögel dar.

Der Kreis Böblingen ist von jeher arm an Gewässern und die an das Wasser gebundene Tierwelt ist entsprechend gering vertreten. So gibt es nur einige kleine Teiche, von denen vor allem der Hölzersee, der Renninger See, der Nufringer Eisweiher, der Birkensee, der Maurener See, die Hinterlinger Seen und das Merklinger Ried für einige Tierarten bedeutungsvoll sind. Innerhalb der Waldungen wurden in den letzten Jahrzehnten Teiche angelegt, von denen die Weiher im Schaichtal, der Kohlweiher bei Hildritzhausen und die Teiche im Goldersbachtal besonders hervorzuheben sind. Der Schlanderer See bei Sindelfingen hat durch die Umgestaltung und durch die Umbauung seine ehemalige herausragende Bedeutung für die Vogelwelt verloren.

Besonders verhängnisvoll für die Tierwelt wirkte sich die Begradigung der Bäche aus (siehe Kapitel über Fische). Der Verfasser erkundete 1964 kurz vor der Teilregulierung der Würm den Bereich des Merklinger Riedes. Neben vielen Kiebitzen wurden noch zwei balzfliegende Bekassinen beobachtet. Diese stark gefährdete Art ist seit der Begradigung verschwunden und konnte auch durch die Regenerierung des Riedes nicht wieder angesiedelt werden.

Echte Neueinwanderer in den letzten Jahrzehnten sind nur aus der Vogelwelt bekannt. Beispiele sind die Wacholderdrossel, die Türkentaube, die Haubenlerche und der Fichtenkreuzschnabel, die ökologische Nischen besetzt haben. Ob das neuerliche Brüten des Wanderfalken, des Rauhfußkauzes und der Beutelmeise (ein nestbauendes Weibchen wurde entdeckt) von Dauer sein wird, ist fraglich. Einwanderer ganz anderer Art sind Käfigflüchtlinge wie der Waschbär, dessen Rolle in unseren Lebensgemeinschaften noch umstritten ist, oder ausgesetzte Tiere wie Graskarpfen, Wasserschildkröten, Sonnenbarsche und Amerikanischer Flußkrebs.

Die wenigen positiven Beispiele können nicht über das Aussterben der Tiere in unserer Heimat hinwegtäuschen: mindestens 30 Tagfalterarten (30 %) gelten als ausgestorben, mindestens 23 Brutvogelarten (18 %) sind ausgestorben. Bei den Säugern sind mindestens 9 Arten ausgerottet worden, davon allerdings nur 2 in diesem Jahrhundert. Bei den Libellen sind mindestens 6 Arten, bei den Heuschrecken mindestens 4 Arten verschollen. Bei den Amphibien und Reptilien sind die Bestände stark geschrumpft.

In den folgenden Kapiteln werden die einzelnen Wirbeltier-Gruppen und deren Gefährdung abgehandelt. Die größte Gruppe bilden dabei die Vögel, die im Kreis mit 232 Arten vertreten sind. Weiterhin kommen 44 Säugetierarten, 14 Lurcharten und 5 Reptilienarten im Landkreis vor. Über 30 Fischarten sind wieder in den Gewässer des Schönbuchs und Gäus heimisch. Verbreitungskarten werden nur für wenige Tiere vorgestellt, vor allem aus zwei Gründen:

- genaue Standorte von geschützten Tieren sollten nicht publiziert werden. Es werden immer noch geschützte Tiere gefangen und zu Hause (nicht immer artgerecht) gehalten, wie z. B. der Laubfrosch.
- wie aus den einzelnen Kapiteln ersichtlich wird, ist der Untersuchungsgrad der einzelnen Tiergruppen sehr unterschiedlich. Auch bei den relativ gut untersuchten Tiergruppen ist es noch möglich, isolierte lokale Vorkommen zu entdecken.

Wie in dem Buch »Naturnahe Lebensräume und Flora in Schönbuch und Gäu« werden auch in diesem Buch nur Bilder verwendet, die im Landkreis Böblingen aufgenommen wurden. Dies soll sowohl dem Zwecke der Dokumentation dienen, als auch den Leser über Text und Bilder näher zur heimischen Tierwelt führen. Lediglich die Unterwasser-Fischaufnahmen wurden im Aquarium der Wilhelma gemacht. (Überhaupt können in der Wilhelma nicht nur die meisten einheimischen Fische, sondern auch viele einheimische Amphibien, Reptilien und Großsäuger wie Braunbär, Fischotter, Wildkatze oder Biber beobachtet werden.)

Ich freue mich, daß nach dem Buch über die Flora des Landkreises Böblingen nun eine faunistische Kreisbearbeitung erscheint. Mein Dank gilt daher allen Mitarbeitern, die wertvolle Beiträge lieferten und ein nahezu abgerundetes und aktuelles Bild über unsere Wirbeltierwelt ermöglichen. Die Herren Senf und Wnuck bearbeiteten die Fischfauna, Herr Dr. Nagel die Säugetierfauna, und in Herrn Rimpp hat der Landkreis Böblingen einen ausgezeichneten Kenner der Amphibien und Reptilien. Herrn Ade gebührt Dank für das Kapitel über Naturschutz.

Der Dank an alle Mitarbeiter zur Erfassung der Vogelwelt ist in diesem Kapitel ausgedrückt. Herr Forstrat H. J. Dinkelaker entwarf Texte zu einigen jagdbaren Säugern, und für Einblicke in die Jagdstatistik möchte ich mich bei Herrn Harald Hoss vom Landratsamt bedanken. Herr Kurt Schüle untersuchte zusammen mit seinen Söhnen seit vielen Jahren die Fauna im Gebiet um Merklingen. Ihre Funde konnten mitberücksichtigt werden.

Für Durchsicht und Überarbeitung der Kapitel danke ich meinem Freund Einhard Buob. Herr Dr. Hennecke übernahm die schwierige Aufgabe, das gesamte, recht unterschiedlich abgefaßte Manuskript einer kritischen Prüfung zu unterziehen.

Ohne die maßgebliche finanzielle Unterstützung des Landkreises Böblingen wäre die Herausgabe dieses Buches nicht möglich gewesen. Für die Durchführung dieses Projektes bin ich dem NATUR-REMS-MURR-Verlag sehr verbunden.

Werner Schubert

Vogelwelt
in Schönbuch und Gäu

von Werner Schubert

mit Beiträgen von
Ottmar Burr, Wolfgang Burr und Josef Wohlschlager

Übersicht (Vögel)

Vorwort	**3**
Einführung	**5**
Mitarbeiter-Danksagung	**5**
Topographisch-geologischer Überblick	**8**
Klima	**10**
Die Biotope	**11**
Vogelwelt - Allgemeiner Teil der Untersuchungen bis 1978	**22**
- Spezieller Teil der Untersuchungen bis 1978	**35**
Veränderungen und Nachtrag bis 1990	**114**

Vorwort zur 2. Auflage

Der größte Teil dieses Buches über die Vogelwelt erschien 1983 als Heft 31 in der Reihe „Beihefte zu den Veröffentlichungen für Naturschutz und Landschaftspflege in Baden-Württemberg". Für den Raum Schönbuch und Gäu lag damit zum ersten Mal eine umfassende, vogelkundliche Bestandsaufnahme vor, die auch heute noch von beachtlicher wissenschaftlich-heimatkundlicher Bedeutung ist. Entsprechend der reichhaltigen und gründlichen Dokumentation der Vogelwelt in Schönbuch und Gäu war das Heft schnell vergriffen.

In diesem nun vorliegenden Buch über die gesamten Wirbeltiere für diesen Raum ist es erfreulicherweise gelungen, das vergriffene Heft über die Vogelwelt vollständig (mit identischer Seitenzahl) zu integrieren und mit einem zusätzlichen Kapitel über die Veränderungen bis 1990 zu aktualisieren.

Damit sind die Informationen und Beobachtungen für den Bearbeitungszeitraum von 1953 bis 1978 wieder für jedermann zugänglich. Die Aktualisierung von 1978 bis 1990 verdeutlicht Entwicklungstrends. So ist z. B. der Wanderfalke durch die intensiven Schutzmaßnahmen wieder im Landkreis Böblingen heimisch. Diesem einzigen als neu festgestellten Brutvogel steht aber die Gefahr des Aussterbens vieler anderer Vogelarten gegenüber; so sind z. B. das Braunkehlchen, Heidelerche, Pirol oder Nachtigall stark gefährdet.

Über einen Zeitraum von fast 40 Jahre reichen nun die Untersuchungen über die Vogelwelt in Schönbuch und Gäu. Das Verdienst des Autors ist es, daß er verdeutlicht hat, warum und wie sich die Vogelwelt verändert hat. Die Gründe sind damit bekannt; es liegt nun an unserer Gesellschaft, die Verarmung unserer heimischen Tierwelt zu verhindern. Möge dieses Buch dazu beitragen.

Prof. Dr. Werner Gotthard

Vorwort zur 1. Auflage

Vielleicht wollten Sie auch schon einmal wissen, ob und wo es in der näheren Umgebung Wachteln, Kiebitze oder Heidelerchen gibt. Vielleicht bemerkten Sie, daß die Türkentaube seit einigen Jahren heimisch geworden ist und würden über die Einwanderung gerne Genaueres erfahren. Vielleicht vermissen Sie in Ihrer Umgebung auch seit kurzem den Wendehals und fragen sich nach der Ursache.

Nun haben sie ein Buch in der Hand, das diese und viele andere vogelkundlichen Fragen beantwortet. Ein Buch, das es ihnen ermöglicht, die heimische Vogelwelt gründlicher und umfassender kennenzulernen.

Dafür verdienen die Verfasser des Buches Dank und Lob. Seit 1953 haben sie viele Stunden auf Erkundungsgängen verbracht und eine beachtenswerte Fülle von Beobachtungen festgehalten. Wer dieses Buch liest oder als Nachschlagewerk benutzt, wird sehr rasch erkennen, wieviel Arbeit und Mühe, aber auch Begeisterung und vogelkundliche Kenntnisse den Ausführungen zugrunde liegen. Dank gilt ferner jenen, die es ermöglicht haben, daß die Beobachtungen und Untersuchungen veröffentlicht werden konnten. Für den Raum Schönbuch und Gäu liegt nun eine umfassende, vogelkundliche Bestandsaufnahme vor, die von beachtlicher wissenschaftlich-heimatkundlicher Bedeutung ist.

Die anhaltende Veränderung der Landschaft durch den Menschen hat für zahlreiche Vogelarten zu erschwerten Lebensbedingungen, ja nicht selten zum Verlust der Existenzgrundlage geführt. Viele Vogelarten sind Raritäten geworden, einige ausgestorben. Unsere Heimat verarmt an Mitgeschöpfen.

Um dieser bedauerlichen Entwicklung Einhalt gebieten zu können, ist eine beständige Überprüfung des Vogelbestandes notwendig. So ist es erfreulich, daß die Verfasser Beobachtungen, die bis in das Jahr 1953 zurückreichen, bei ihrer Dokumentation berücksichtigt und die gewonnenen Erkenntnisse in besonderen Kapiteln über Bestandsveränderungen und Gefährdungen der Vogelwelt zusammengefaßt haben.

Damit wird das Buch eine Hilfe für alle, die sich mit Umweltschutz, Landschaftsschutz und Naturschutz beschäftigen. Sie finden hier für ihre Entscheidungen brauchbare Hilfen.

Eine gediegene Grundlage für die weitere Erforschung der Vogelwelt in Schönbuch und Gäu ist mit diesem Buch gegeben. Allen, die sich mit der heimischen Vogelwelt beschäftigen wollen, bringt dieses Buch Anregungen. Je größer die Zahl derer, die Interesse und auch Freude an den Gefiederten zeigen, desto geringer die Gefahr, daß durch unbedachte Eingriffe in die Natur und Landschaft ihre Zahl weiterhin verringert wird. Möge dazu dieses Buch beitragen.

Prof. Dr. Werner Gotthard

1. Einführung

Mit der vorliegenden Untersuchung soll eine Übersicht über die Vogelwelt des Raumes zwischen Stuttgart, Tübingen und Schwarzwald gegeben werden. Im Hinblick auf die erschienene, mehrbändige Avifauna Baden-Württemberg wurde die Lektüre bewußt sowohl für den interessierten Naturfreund als auch für den mehr oder weniger versierten Vogelkenner abgefaßt.

Aus den benachbarten Kreisen Nürtingen und Esslingen (GATTER 1970) sowie Reutlingen (BADTKE, KOCH & RIEDINGER 1971) liegen bereits vergleichbare Regionalavifaunen vor; vgl. auch Spitzberg bei Tübingen (SCHMID 1966).

Historische Aufzeichnungen (z.B. TSCHERNING 1895, 1896) über die Vogelwelt unseres Raumes beschränken sich meist auf erlegte Vögel. Die zuverlässigen Angaben LANDBECKS (1834) streifen unseren Raum nur, und die oft nur allgemein gehaltenen Vogelaufzählungen in den Oberamtsbeschreibungen sind leider nicht immer zweifelsfrei und lassen meist keinen Vergleich mit der heutigen Vogelwelt zu. Dennoch werden einige aufschlußreiche Details den Oberamtsbeschreibungen bzw. der Avifauna Württembergs von W. J. FISCHER (1914) entnommen.

Erst ab etwa 1953 begann die planmäßige Erkundung des Gebietes, wobei zunächst die Gewässer und Feuchtgebiete im Raume Böblingen-Sindelfingen verstärkt berücksichtigt wurden. Im Jahre 1960 führte der Verfasser eine Bestandserhebung an einigen Brutvögeln innerhalb des Kreises Böblingen mit seinen ehemaligen Grenzen durch. Die Untersuchungen wurden in den Jahren von 1972-1978 auf den Kreis Böblingen mit seinen neuen Grenzen und auf die westlich angrenzenden Teile des Kreises Calw bis Nagold usw. ausgedehnt (s. Übersichtskarte, Abb. 1 und 10) und in Heft 31 der »Beihefte zu den Veröffentlichungen für Naturschutz und Landschaftspflege in Baden-Württemberg« publiziert.

Die Untersuchungen wurden selbstverständlich weitergeführt. So können heute die Entwicklungstrends von 1978 bis 1990 verdeutlicht werden.

Durch die Unterstützung zahlreicher, meist ortsansässiger Beobachter kann ein guter Überblick über die Vogelwelt für den gesamten Raum abgegeben werden.

2. Mitarbeiter – Danksagung

Allen Mitarbeitern, die mir wertvolle Hinweise gaben oder Beobachtungen mitteilten, bin ich zu Dank verpflichtet.

Besonders hervorheben möchte ich einige Ornithologen, die mir ihr z. T. umfangreiches Beobachtungsmaterial überließen: Dr. E. SEITZ führte u. a. in den Jahren 1958/59 zusammen mit dem Verfasser Limikolen-Planbeobachtungen am Schlanderer See, auf der Hulb und den Klärteichen bei Böblingen durch und wertete die Daten aus. – L. und B. KROYMANN untersuchten in den Jahren 1968–1971 die Feuchtgebiete im gesamten Krs. Böblingen und erfaßten den Kiebitz-Bestand. Ihren systematischen und gründlichen Untersuchungen verdanken wir neben einigen bemerkenswerten Durchzüglern auch Datenreihen von Zwergschnepfe, Rotkehlpieper sowie gesicherte Brutnachweise von Bekassine, Flußregenpfeifer und Wiesenpieper. Herrn B. KROYMANN bin ich auch für kritische Hinweise verbunden. – W. RIEDEL stellte mir sein umfangreiches Material aus den Jahren von 1959–1978 zur Verfügung und kontrollierte die Besiedlung und Bestandsentwicklung von Haubenlerche und Türkentaube und übernahm deren Bearbeitung; 1971 erfaßte er den Teichhuhn-Bestand. – I. und R. GIROD überließen mir ihre Aufzeichnungen aus dem nördlichen Kreisgebiet (Gebiete des ehemaligen Krs. Leonberg). – E. GABLER faßte 1977 seine zehnjährigen Ergebnisse aus dem Stadtwald Sindelfingen und des Stadtbereiches zusammen. – Aus den Gebieten des Krs. Calw teilten mir E. BUOB, K. ROTH und H. GRAF wichtige ergänzende Daten mit. E. BUOB erfaßte 1971 den Teichhuhn-Bestand im Krs. Calw und unterstützte mich bei einigen Horstkontrollen. – An den Bestandserfassungen der Greife in den Jahren 1973–1978 beteiligten sich vor allem G. ELBL[1], K. ROTH, A. SEYFANG, W. STEGMAIER u. a.

Unterstützt wurde ich ferner von den Herren der Forstämter Herrenberg (H. DINKELACKER), Sindelfingen (O. BURR), Weil im Schönbuch (J. ERBACHER) sowie einigen Jägern. Die Aufzeichnungen von W. HOLCH aus den Jahren von 1933–1956 im Herrenberger Raum konnten mitberücksichtigt werden. Wertvolle und ergänzende Daten erhielt ich von weiteren ortsansässigen Beobachtern, die nachfolgend aufgeführt sind: H. BECK (Gärtringen), O. BÖPPLE (Steinenbronn), P. BÖTTINGER (Darmsheim), D. BOGDOLL (CW-Alzenberg), P. BREISENDANZ (Weil im Schönbuch), W. u. R. BREITLING (Aidlingen), D. BROMMER (Sindelfingen), A. CASATA (Böblingen), M. DETTINGER (Weil im Schönbuch), HJ. DINKELACKER (Herrenberg), K. DINKELACKER (Sindelfingen), R. DÖTTLING † (Herrenberg), T. DÖTTLING (Dettenhausen), P. DROBIK (Hildrizhausen), M. DRÖSE (Bondorf), H. EHRENFELD (Ostelsheim), G. EMBERT (Stuttgart-Rohr), W. EPPLE (Rohrau), J. ERBACHER (Weil im Schönbuch), W. FROST (Böblingen), R. GANN, W. GATTER (Kirchheim/Teck), A. GECKELER (Hildrizhausen), E. GÖB (Böblingen), H. GRAF (Ebhausen/CW), HÄUSSERMANN † (Hildrizhausen), G. v. HEINTSCHEL (Heimerdingen), B. HERBST (Echterdingen), R. HERRMANN (Waldenbuch), C. KERN (Rohrau), W. KLAIBER (Tübingen), H. KLAWES (Merklingen), D. KRÜGER (Steinenbronn), F. KÖTHER (Hildrizhausen), W. KASTNER (Sindelfingen-6), E. KLEIN (Neuenhaus), Dr. R. KUHN (Schönaich), M. KUNZ (Dätzingen), K. KELLER (Sindelfingen), F. LANG (Magstadt), W. MARQUARD (Sindelfingen), K. MARKGRAF (Unterjettingen), A. MANN (Magstadt), J. MARTENS (Stuttgart-Rohr), W. MAUTHE (Sindelfingen), R. MOZER (Schönaich), P. NOWOTNY (Gültstein), J. PALESCH † (Ehningen), PHILIPIN (Rutesheim), K. PHILLIP† (Sindelfingen-6), W. PFINGSTTAG (Echterdingen), O. PRADE (Leonberg), E. REH (Weil im Schönbuch), J. RIEDINGER (Schönaich), K. ROTACKER (Merklingen), E. SCHAAL (Münklingen), E. SCHEUERLE † (Warmbronn), W. SCHNEIDER (Ehningen), F. SCHÜFER (Herrenberg), K. SCHÜLE (Merklingen), A. SCHWAB (Sindelfingen), W. SICKSCH (Ehningen), J. SOMMER (Mötzingen), H. STERZ (Böblingen), F. STOBER (Sindelfingen), G. STROBEL (Breitenstein), R. TODT (Schönaich), F. TRAMPISCH (Öschelbronn), R. WAGNER (Mötzingen), Fr. D. WALTER (Sindelfingen), K. WAPPLER (Bondorf), M. WEIDINGER (Herrenberg), E. WENDT (Stuttgart), O. WENGER (Steinenbronn), H. WINTER † (Aidlingen), WÖHRLE † (Waldenbuch), U. WOLF (Herrenberg), M. ZAISER (Steinenbronn), E. ZWIRNER † (Nufringen).

Herrn Dr. JOCHEN HÖLZINGER danke ich für die Durchsicht des vogelkundlichen Teils.

Mein ganz besonderer Dank gilt den Herren Dr. WOLFGANG BURR, Forstdirektor OTTMAR BURR und JOSEF WOHLSCHLAGER, die im allgemeinen Teil die Bearbeitung einzelner Abschnitte übernahmen, sowie Herrn Prof. Dr. WERNER GOTTHARD, der das Geleitwort abfaßte. Herr SCHEMPP unterstützte mich bei der Beschaffung von Kartenmaterial. Nicht zuletzt darf ich Herrn GERHARD HÖRMANN, 1. Vorsitzender des Schwarzwaldvereins Sindelfingen e.V. erwähnen, der sich um die Drucklegung und die Koordination der 1. Auflage stark bemühte.

An der Finanzierung der 1. Auflage beteiligten sich neben der Stiftung Naturschutzfonds die Stadt Sindelfingen sowie die Fa. DAIMLER BENZ AG und ermöglichten somit die Herausgabe der Untersuchungen.

Die erweiterte 2. Auflage wurde durch die maßgebliche Unterstützung des Landkreises Böblingen ermöglicht. Der Landesanstalt für Umweltschutz Baden-Württemberg gebührt mein Dank für die Erlaubnis, das vergriffene Heft 31 aus der Serie »Beihefte zu den Veröffentlichungen für Naturschutz und Landschaftspflege in Baden-Württemberg« in dieses Buch als Reprint integrieren zu dürfen. Dem Verleger Dr. Manfred Hennecke danke ich für seine Koordination bei dieser 2. Auflage.

---

1) 1978 erfaßte G. ELBL zusammen mit dem Verfasser innerhalb einer 168 km^2 großen Untersuchungsfläche alle Greife.

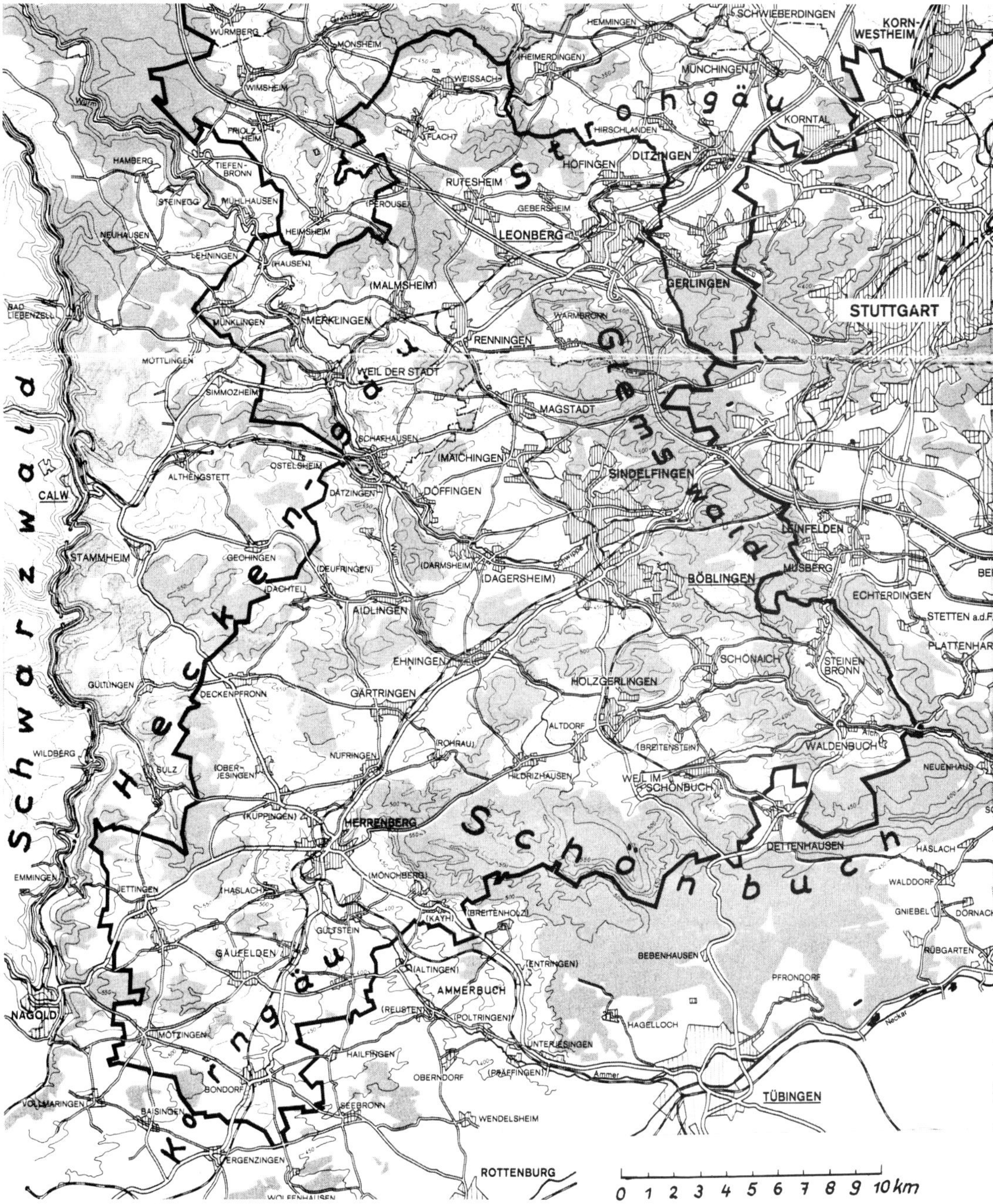

Abb. 1. Topographie des Untersuchungsgebietes. Verkleinerter Ausschnitt aus der Karte 1:200 000 der Planungsstelle der regionalen Planungsgemeinschaft Württemberg-Mitte (Stuttgart). – Graue Fläche = Waldgebiete. Vgl. auch Abb. 10.

3. Topographisch-geologischer Überblick*

Die Landschaft, in der die Untersuchungen durchgeführt wurden, weist zwar keine schroffen Gegensätze auf, dennoch zeigt sie recht unterschiedliche Erscheinungsformen. Diese sind überall durch die anstehenden Gesteine geprägt. Sie entstammen ausnahmslos dem Mesozoikum, genauer gesagt der Trias bis zum beginnenden Jura. Auch die Erdneuzeit hat nicht nur durch Abtragungen allein, sondern auch durch Ablagerungen wie Löß, Schwemmaterial, Moore ihren Anteil an der Formung der Erdoberfläche teilgenommen. Für die Bodenfruchtbarkeit und damit die Vegetation ist dieser Einfluß nicht unerheblich.

Flächenmäßig am weitesten verbreitet sind die Ablagerungen aus der Keuper- und Muschelkalkzeit. Das älteste anstehende Gestein ist der Buntsandstein. Er findet sich in einem schmalen Streifen an der Westgrenze des Beobachtungsgebietes, nämlich entlang dem tiefeingeschnittenen Tal der Nagold. Von dort aus dringt er auf kurze Strecken in die Täler von Agenbach und Fischbach (Sulz am Eck und Gültlingen) und in das Würmtal vor. Hier, im Nordwesten, finden sich an Nagold und Würm auch die tiefstgelegenen Punkte (ca. 320 m und 380 m ü. NN), während die höchsten südlich und südöstlich davon, nahe Jettingen (ca. 590 m) und auf dem Bromberg im Schönbuch (583 m) zu suchen sind. Da die geologischen Schichten von Nordwesten nach Südosten einfallen, ist die Differenz der genannten Höhenmarken nicht mit der Mächtigkeit der Ablagerungen von Muschelkalk und Keuper identisch. Tritt an der tiefsten Stelle der Buntsandstein zu Tage, so ist es im Schönbuch eine geringmächtige aber harte Bank des Rhätsandsteins, der „Deckel" des Keupers sozusagen, der die Kuppe des Brombergs formt. Nördlich bis in Ostrichtung von ihm, infolge einer Verwerfung aber tiefer liegend, findet sich sogar auf größere Flächen hin Juragestein, nämlich Schwarzer Jura, Lias α. An seiner dunklen Farbe und dem Reichtum an spezifischen Fossilien ist er leicht kenntlich.

Den wichtigsten Anteil an den Kräften, die die Erdoberfläche unseres Gebiets geformt haben, können wir neben Hebungen und Senkungen, ausgehend von der Erdtiefe, der Härte des an der Oberfläche liegenden Gesteins zuschreiben. An ihr fanden die erodierenden Elemente, das Wasser vor allem, einmal weniger, einmal mehr Widerstand. Verschiedenerlei Stufungen, Verebnungen, Hänge, Kuppen und Mulden bildeten sich. Die markantesten Formen haben hinterlassen: der Rhätsandstein, Stubensandstein und Schilfsandstein aus dem Keuper, der Muschelkalk und der bereits erwähnte Buntsandstein im Nagoldtal. Im Keupergebiet zeigen sich stellenweise auch Stufungen in Hängen mit Bunten Mergeln, besonders aber im Gips- und im Lettenkeuper, wo sie auf Einlagerungen von Kieselsandstein zurückzuführen sind. Bekannt sind auch die buckelreichen Hänge des Knollenmergels. Diese treten allerdings in unserem Bereich wenig in Erscheinung. Keuper ist mit seinen Gesteinen nicht nur für härtere Konturen, sondern mit Mergeln für sanfte Geländeformen verantwortlich. Diese sind vielfach noch mit Lößablagerungen unterschiedlicher Mächtigkeit überdeckt, die noch weiter zur Glättung beitragen und darüber hinaus die Bewirtschaftung des Bodens bestimmen.

---

* Von JOSEF WOHLSCHLAGER, Sindelfingen. Vgl. auch Kapitel »Geologie« von FRIEDRICH WURM in: »Naturnahe Lebensräume und Flora in Schönbuch und Gäu«

Abb. 2. Im Würmtal bei Grafenau mit Würmhalde, Kienenberg und Baumberg.
Foto J. WOHLSCHLAGER

Ganz besonders charakteristisch sind die Stellen, in denen die aus der Keuperlandschaft kommenden Wasserläufe in den Muschelkalk eindringen. Wo Muschelkalk und Keuper keiner starken Faltung unterworfen waren, ist es ein typisches Bild: sanfte Mulden erhalten unvermittelt Verengungen, Täler schneiden sich ein, steile Felswände steigen auf. Das Wasser der Bäche, das oberhalb der Felsenschwelle geruhsam mit geringem Gefälle dahinglitt, erhält sprudelndes Leben, Bachbett und Ufer werden steinig, die Hänge zu beiden Seiten sind bewaldet oder tragen dürftige Schafweiden mit Wacholderbüschen garniert.

Die einmündenden Täler bringen zumeist kein Rinnsal mehr – sie sind Trockentäler. Diese Erscheinungen werden noch dadurch verstärkt, daß die Oberflächenwasser in den Bächen gerade in entgegengesetzter Richtung zum Fallen der Gesteinsschichten ablaufen, nämlich nach Norden. Dadurch mußten sich überall oberhalb der Muschelkalkschwelle, an der oberen Würm, der Glems, der Schwippe und all deren Nebenbächen Sumpfgebiete bilden. Diese hatten noch vor wenigen Jahrzehnten Ausdehnungen, die man heute kaum mehr für möglich hält. Wahrscheinlich hat, von der starken Überbauung abgesehen, kein menschlicher Eingriff ähnliche Folgen für die ursprüngliche Tierwelt gehabt, wie die Entwässerung dieser Feuchtgebiete. Die Wälder sind geblieben, großflächige Ackerlandschaften bestehen noch, sogar Schafweiden vermitteln einen Eindruck aus früheren Zeiten, aber Sümpfe und Moore sind getilgt. Nach den letzten Überresten muß man suchen.

Im Zusammenhang mit der mit Eifer betriebenen Entwässerung haben selbstredend auch fast alle Bäche ihr ursprüngliches Aussehen eingebüßt. Nur noch an ganz wenigen Stellen, so auf kurze Strecken an der Würm unweit Merklingen und unterhalb Aidlingen, zeigen sie sich so, daß sich mit etwas Phantasie ein früherer Landschaftseindruck rekonstruieren läßt.

Das Gebiet des Keupers mit seinen schweren, lehmigen, mergeligen und tonigen Böden bringt zahlreiche kleine Quellen und viele kleine Rinnsale hervor. Im Muschelkalk, wo das Niederschlagswasser versickert, sind Quellen rar, dafür aber stärker. Im kleineren Maßstab zeigen sich hier also Erscheinungen wie im Karst. Im Heckengäu westlich Leonberg besteht auch das seltsam anmutende Phänomen, daß Bäche an der Oberfläche sich mit Wässern, die in tieferen Schichten fließen, kreuzen. Die einen fließen nordwärts, die anderen fast entgegengesetzt gen Südosten. Davon läßt allerdings das Landschaftsbild kaum etwas erahnen.

Unserer Landschaft fehlen zwar große Kontraste, aber immerhin ist auch die Spanne zwischen bewaldeten Rücken, sumpfigen Mulden, trockenen, wasserlosen Kalkflächen und fruchtbaren Gäuböden sehr beachtlich – auch jetzt noch, ohne die einstigen Feuchtgebiete.

4. Klima*

Der besondere Klimacharakter des Kreisgebiets ergibt sich durch seine Lage im Regenschatten des Schwarzwaldes. Die mittlere jährliche Niederschlagssumme beträgt auf den Muschelkalkhöhen am Westrand des Landkreises um 750 mm, liegt meist um 700 mm und fällt in Teilen des Oberen Gäus und Strohgäus sowie in der Schwippebucht bei Böblingen und Sindelfingen noch darunter. Diese Gebiete gehören damit zu den niederschlagsärmsten Teilen des Landes. Der größte Teil der Niederschläge fällt während der Vegetationszeit.

Die mittlere Jahrestemperatur beträgt je nach Höhenlage 7–8°C. Die Jahresschwankung zwischen der mittleren Januartemperatur von etwa −1°C und der mittleren Julitemperatur von 17°C wird mit 18°C gemessen. Frühjahrsfröste, deren Schäden für den Obstbau schon die Oberamtsbeschreibung von 1850 beklagt, kommen im Kreisgebiet häufig vor. – Obwohl westliche Windrichtungen deutlich vorherrschen, läßt ein Vergleich der Klimadaten mit den Nachbargebieten eine mehr kontinentale Tönung des Klimas im Kreisgebiet erkennen.

Dieses Großklima wird durch Relief und Vegetation differenziert zu dem jeweiligen Kleinklima der einzelnen Landschaftselemente. Der Rahmen ist etwa aus den beiden kleinen, im Kreis gelegenen Naturschutzgebieten zu erkennen: Dem Grafenberg am nach Südwesten gerichteten Keuperstufenrand, an dem örtlich auch noch Wein angebaut wird, mit seinen Steppenheidepflanzen und der Wiese im Mahdental auf Markung Sindelfingen, wo inmitten des Waldgebietes nordisch-alpine Pflanzenrelikte im kühlen Talgrund vorkommen.

---

* Von Ottmar Burr, Sindelfingen

Abb. 3. Streuobstwiese am Schönbuch-Südrand bei Mönchberg. Foto W. SCHUBERT

5. Die Biotope

5.1 Das Kulturland*

Seit dem frühen Mittelalter war die offene Feldflur der einzelnen Markungen Jahrhunderte lang in drei Zelgen eingeteilt, die in jährlichem Wechsel mit Winterfrucht (Dinkel), danach Sommerfrucht (überwiegend Hafer) angebaut wurden, um im dritten Jahr unbebaut (brach) zu liegen und dem Vieh als Sommerweide zu dienen. Weide waren die überschwemmungsgefährdeten Talauen und, soweit nicht Wald oder Rebland, die weniger ackerbaufreundlichen Keuperböden. Die Wiesen waren in der Regel zweimähdig.

Um 1770 mache die stark angestiegene Bevölkerungsdichte eine intensivere Bodennutzung erforderlich: die Brache wurde zunehmend mit Hackfrucht (Erbsen, Bohnen, Rüben, Hanf) oder Klee, Esparsette und ähnlichen Futterpflanzen angeblümt, dagegen das Vieh auch den Sommer über im Stall gefüttert.

Eine neue Epoche des Ackerbaus begann um 1850 mit der Zehntablösung und dem einsetzenden Bau von Feldwegen, die den Zelgzwang aufhoben, die individuelle Nutzung der einzelnen Ackerstücke ermöglichten und dadurch rasch zu einem fast völligen Verschwinden der restlichen Brachfläche führten. Der Anbau von Handelsgewächsen wie Zuckerrüben, Ölmagen (Mohn) und Raps und Hopfen wurde gefördert. Auch der Obstbau, zunächst weitgehend auf die Chausseebäume beschränkt, nahm im 19. Jahr-

* Von Dr. WOLFGANG BURR, Sindelfingen

hundert, vielerorts gefördert durch kommunale Baumschulen, einen Aufschwung. Vor allem die ehemaligen Weinberge und ortsnahen Wiesen, selbst Äcker, wurden mit Hochstämmen von Äpfeln, Birnen, Zwetschgen und in den begünstigten Lagen Kirschen bepflanzt. In neuester Zeit seit etwa 1960 sind vor allem die ortsnahen Obstbaumwiesen durch Bebauung allerdings stark rückläufig und lediglich im Herrenberger Gäu sind noch ausgedehnte, meist mit Mostobst bestockte Obstbaumwiesen erhalten geblieben.

Der rationelle Einsatz des seit Mitte der 1950er Jahre in großem Maßstab erhöhten Maschinenparks der voll mechanisierten Landwirtschaft verlangt den Verzicht auf jeden Fruchtwechsel, und die modernen Pflanzenschutz- und Düngemittel erlauben dies. So sind seitdem verbreitet Monokulturen entstanden, die mit verschiedenen Chemikalien zur Düngung, Unkraut-, Krankheits- und Schädlingsbekämpfung behandelt werden müssen.

5.2 Die Wälder*

Von dem 618 km² großen Gebiet des Landkreises Böblingen sind 207 km², also ein Drittel, Wald. Der Schönbuch im Süden ist als bewaldetes Keuperbergland weit bekannt. Durch geschlossenes Waldgebiet, den Glemswald, ebenfalls auf Keuper, zwischen Stuttgart, Leonberg und Böblingen/Sindelfingen, verläuft die Ostgrenze des Kreises. Geringen Waldanteilen im Oberen Gäu südlich Herrenberg und in einem Streifen fruchtbaren, auf Gipskeuper auch mit feuchten Wiesen durchsetzten Landes entlang des Keuperstufenrands bis nach Leonberg folgt gegen Westen die Muschelkalklandschaft des Heckengäus mit größeren und kleineren Waldungen. Deren gegen die Kreisgrenze zunehmender Anteil von Tannen und Fichten leitet teilweise schon zum Schwarzwaldvorland über.

Bodenverhältnisse und geschichtliche Entwicklung haben im Kreisgebiet zu einer Vielfalt der Waldbestände geführt, die bei den geringen Unterschieden in der Höhenlage überraschend ist. Zwischen Keuperbergland mit der natürlichen Waldgesellschaft submontaner Buchen-Eichenwald und dem Heckengäu, dessen natürliche Waldgesellschaft entsprechend als submontaner, tannenarmer Buchen-Eichen-Tannenwald bezeichnet wird, verläuft die Grenze des natürlichen Verbreitungsgebiets der Weißtanne.

War die im ganzen von Natur vorherrschende Buche auf Tonböden und sonstigen extremen Standorten im Laubmischwald nur gering oder nicht mehr vertreten, so wurde sie innerhalb der nach der Rodung verbliebenen Wälder durch Stockausschlagbetrieb und Waldweide stark zurückgedrängt. Bei Beginn einer planmäßigen Forstwirtschaft bestand der Wald im Keuperbergland oft überwiegend aus Birke, Aspe und Weide mit großen Blößen dazwischen, im Heckengäu aus Mittelwäldern mit Eiche, Buche und auch Tanne im Oberholz, jedoch oft auch viel Strauchwerk von Hasel und Dornen im Unterholz.

In diesen Waldzustand griff mit dem Aufhören der Waldweide und dem Abschuß des Rotwildes um 1815/20 die Forstwirtschaft mit der Förderung von Eiche und Buche, wo dies der Waldzustand erlaubte, sonst mit Anbau von Nadelbäumen ein. Während im Keuperbergland zunächst an spätere Rückumwandlung der Kiefern- und Fichtenbestände in Laubholz gedacht war, setzte sich am Schwarzwaldrand schon bald, seit 1870

* Von OTTMAR BURR, Sindelfingen

Abb. 4. Eichen-Buchen-Mischwald bei Dagersheim. Foto W. SCHUBERT

auch in den übrigen Wäldern, die Erziehung von Nadelholzbeständen mit großem Nutzholzanteil auf einem erheblichen Teil der Fläche als Zielsetzung durch. Daraus ergab sich bis 1920 eine rasche, seither langsamere Zunahme des Anteils der Nadelbäume auf inzwischen 35 % Fichte mit etwas Douglasie, 6 % Tanne und 17 % Kiefer mit etwas Lärche, zusammen 58 % Nadelholz. Mit 22 % Buche, 17 % Eiche und 3 % Birke, Hainbuche, Esche, Erle und anderen Laubbäumen steht Laubholz jetzt auf 42 % der Waldfläche.

Die Vielfalt der Bestände und damit auch Biotope, die aus diesen Baumarten gebildet werden, läßt sich hier nicht vollständig darstellen. Lichten, niederen Kiefernwäldchen auf den Kuppen des Heckengäus und an der Kante des Keuperstufenrands stehen hohe, wüchsige Fichten- und Tannenforste auf Lehmböden, gleichaltrig aufgewachsenen oder aus Mittelwald ungleichaltrig zusammengewachsenen hochstämmigen Eichenbeständen

Abb. 5. Buchen-Altholz im Schönbuch. Foto W. SCHUBERT

besonders um Ehningen, Böblingen und Sindelfingen, noch mancher knorrige Laubwald im Schönbuch oder Heckengäu gegenüber, der die Herkunft aus dem ehemaligen „Plenterwald" nicht verleugnet. Während es früher zwar einzelne alte Bäume gab und insbesondere die Forstleute bis um 1900 darauf achteten, daß die alten Eichen möglichst lange verteilt wurden, zu denen seit etwa 1700 wegen dem Übermaß an Rotwild und Weidevieh im Keuperbergland kein Eichenjungwuchs mehr nachgewachsen war, kamen geschlossene Bestände höheren Alters bis zum Beginn unseres Jahrhunderts kaum vor. In manchen Wäldern stocken inzwischen auf einem Drittel der Fläche über hundertjährige Bestände, im ganzen auf etwa 20 % der Waldfläche.

Zahlreiche Eichenbestände sollen ein Alter von etwa 200 Jahren erreichen, dem sie nach der seit 1820 erfolgten Begründung junger Eichenbestände in den nächsten Jahrzehnten entgegenwachsen. Auch für die anderen Baumarten wurde die Umtriebszeit

Abb. 6. Wacholderheide am Venusberg bei Aidlingen. Foto J. WOHLSCHLAGER

– das Alter, in dem die Bestände durchschnittlich zur Verjüngung kommen sollen – in der Regel so hoch in Aussicht genommen, wie es die Gesundheit der Bestände erlaubt. Ebenso werden, wo es möglich ist, einzelne alte Bäume erhalten.

Da die Bewahrung des Landschaftscharakters, also auch der Zusammensetzung des Waldes aus Nadel- und Laubbäumen, ein wesentliches Ziel der Forstwirtschaft ist, werden, besonders auch im Rotwildgebiet des inneren Schönbuch, erhebliche Anstrengungen unternommen, um die natürliche Verjüngung der Laubholzbestände zu erreichen oder Laubholz auf Standorten, auf denen die Fichte vom Sturm geworfen wird, wieder anzupflanzen. Die im Kapitel über Biotopveränderungen (6.7) enthaltenen Aussagen beziehen sich auf einzelne Bestände oder auf Waldteile, in denen zeitweise kein wenig jüngerer Bestand das zur Verjüngung kommende Altholz ersetzen kann, aber nicht auf die Behandlung des Waldes im ganzen durch die Forstwirtschaft, die allerdings auch die natürliche Dynamik allen Lebens berücksichtigen muß.

5.3 Das Ödland im Heckengäu*

In der Muschelkalklandschaft des Heckengäus waren auch flachgründige Kuppen und Talhänge, soweit sie nicht Wald geblieben waren, früher als Ackerland genutzt worden. Darauf weisen die zahlreichen Steinriegel hin, zu denen sich hier wie auch entlang der

* Von OTTMAR BURR, Sindelfingen

Abb. 7. Heckengäu bei Heimsheim („Betzenbuckel"). Foto W. SCHUBERT

Wege und vieler gegenwärtig landwirtschaftlich genutzter Flächen die in generationenlanger Arbeit von den Äckern abgelesenen Steine aufhäuften. Auf diesen Steinriegeln wuchsen aus Schwarz- und Weißdorn, Heckenrosen, Hartriegel, Liguster, Schneeball und Feldahorn dichte Hecken zusammen, die dem Gebiet den Namen gaben.

Wo der Ackerbau aufgegeben wurde, entstanden auf den ehemaligen Feldern Trokkenrasen und Wacholderheiden und, wenn der Schäfer ausblieb, fanden sich zunehmend Kiefern und Laubbäume ein. Letztere, besonders Kirschen, wuchsen auch zwischen den Hecken aus den Steinriegeln auf. Schon seit dem 19. Jahrhundert wurden solche Flächen auch mit Kiefer aufgeforstet und seit etwa 20 Jahren zunehmend als Wochenendgrundstücke genutzt.

Am Nordwest- und Westrand des Kreises Böblingen verläuft ein Streifen dieses Hecken- oder Schlehengäus in wechselnder Breite zwischen Weissach und Jettingen. Der Hauptteil von Weissach über Weil der Stadt bis Aidlingen wurde in den von den Landesbehörden in Zusammenarbeit mit den Gemeinden aufgestellten Landschaftsentwicklungsplan für das Heckengäu einbezogen, der dem Ziel dient, die Hauptmerkmale dieser Landschaft zu erhalten und ihre Zersiedlung zu vermeiden.

Im Gemeindegebiet von Weissach stehen zum Beispiel 850 ha landbauwürdigen Flächen 230 ha landbauproblematische (Grenzflur) und 250 ha nicht mehr landbauwürdige Flächen (Untergrenzflur) gegenüber. Im zum Kreis Böblingen gehörenden Teil des Heckengäus – also auch außerhalb des Gebiets des Heckengäuplans – werden zur Grenzflur knapp 2000 ha, zur Untergrenzflur annähernd 1500 ha zu zählen sein.

Abb. 8. Würmtal bei Hausen. Foto J. WOHLSCHLAGER

Während die Grenzflur gegenwärtig noch oder wieder mit ausreichendem Ertrag landwirtschaftlich genutzt werden kann, soll die Untergrenzflur nach den Gesichtspunkten der Landschaftspflege teils durch extensive Weide oder mechanische Pflege von der sich sonst einstellenden Bewaldung freigehalten werden, teils – wo dies ohne wesentliche Störung der Landschaft möglich ist – der natürlichen Sukzession überlassen werden. Etwa 20 % der nicht mehr landbauwürdigen Fläche sind, besonders im Anschluß an vorhandenen Wald, zur Aufforstung freigegeben; auf knapp 10 % können Gartenhausgebiete ausgewiesen werden.

5.4 Ehemalige Feuchtgebiete – Gewässer*

Wer die Landschaft des Beobachtungsgebietes nur nach dem Erscheinungsbild der Gegenwart beurteilt, bemerkt vielleicht zunächst nicht ohne weiteres, daß große Flächen darin früher sumpfig gewesen sein sollen. Wenn er es erfährt, ist er verwundert, denn Zeugen dafür findet nur noch das geschulte Auge. Im topographisch-geologischen Überblick wurde auf diese Verhältnisse bereits hingewiesen. Die früheren Sumpfgebiete erstreckten sich vor allem in den Bereichen Maichingen-Sindelfingen-Böblingen, Ehningen-Rohrau-Nufringen-Gärtringen sowie, z. T. in geringer Ausdehnung, im Magstadter Hölzertal, um Renningen-Warmbronn und ab Eltingen glemsaufwärts. Auch die Talauen

* Von JOSEF WOHLSCHLAGER, Sindelfingen

der Würm waren streckenweise versumpft. Im Gebiet des Muschelkalks zeigen sich nicht selten ausgedehnte Nässestellen, wo Quellen austreten. Noch vor zwanzig Jahren, als die Quellen noch nicht im jetzigen Umfang gefaßt und Tiefstellen noch nicht aufgefüllt waren, fielen solche Quellsümpfe vielerorts auf: bei Aidlingen, Deufringen, Dachtel, bei Weil der Stadt, bei Gültlingen, Sulz und an anderen Orten. Teilweise lagerte sich dabei auch Tuff ab, wie bei Gültlingen und Sulz am Eck. Sogar auf der Hochfläche des Muschelkalks konnten sich da und dort in Senkungen vernäßte Mulden ausbilden. Von Gärtringen bis Mötzingen kann man solche zum Teil noch heute antreffen – allerdings weisen sie nur bescheidene Ausmaße auf. Andere Plätze zeigen periodische Wasseransammlungen, wie der aufgelassene Maichinger Steinbruch an der Straße nach Grafenau oder das Gewann mit dem bezeichnenden Namen ,,See" beim ,,Affalterried" östlich von Darmsheim.

In den weitflächigen Mulden zwischen Leonberg und Herrenberg waren die Sümpfe vielfach so ausgedehnt, daß sich Niedermoore ausbilden konnten. Auch in Sindelfingen erinnern sich Ortsansässige noch gut an das Torfstechen in den jüngst vergangenen Kriegszeiten. Der aus dem früheren Morast entstandene dunkle Ton tritt bei Grabungen in tiefergelegenem Flachgelände immer wieder zu Tage. Er ist durch den Wasserentzug freilich auf einen Bruchteil seiner ursprünglichen Dicke zusammengeschrumpft.

Die Entstehung dieser Sümpfe war, wie bereits angedeutet, durch Lage, Neigung und Beschaffenheit der Trias-Ablagerungen vorgeprägt: Die Schichten fallen nach Südosten, die Gewässer jedoch müssen in nordwestlicher Richtung, sozusagen ,,bergauf", abfließen. Dabei erodierten die weichen Mergelschichten, Gipskeuper und Lettenkeuper schneller, als sich die Abflüsse aus den weiträumig ausgeschwemmten Mulden in den harten Muschelkalk einzusägen vermochten. Erst in jüngerer Zeit hat der Mensch dann durch Begradigen und Vertiefen der Wasserläufe das langwierige Mühen der Natur beschleunigt, wobei zu sagen ist, daß die Natur niemals die Feuchtgebiete beseitigt hätte. Sie hätten nur, durch das Weitererodieren an der Bergseite bewirkt, ,,wandern" müssen; das Gleichgewicht wäre erhalten geblieben.

5.5 Die Siedlungen*

Während die Vorzugsräume in unserer Gegend seit der Jungsteinzeit kontinuierlich besiedelt sind, hat die Betrachtung der einzelnen Siedlungsplätze der Gegenwart im Kreis Böblingen auszugehen von der germanischen bzw. deutschen Besiedlung im Mittelalter. Nach der alemannischen Landnahme seit etwa 260 n. Chr. wurden zuerst die den waldreichen Keuperbergen von Glemswald und Schönbuch im Westen s-förmig vorgelagerten altbesiedelten Lößböden von Strohgäu im Norden, ,,Schwippebucht" bei Sindelfingen und Oberem Gäu westlich und südlich von Herrenberg sowie die gleichfalls lößbedeckte Liasplatte im inneren Schönbuch um Holzgerlingen und Weil besiedelt. Auch die weniger ackerbaufreundlichen Muschelkalkhöhen an der westlichen Kreisgrenze wurden nach Ausweis der aus einem Personennamen und der Endung -ingen gebildeten Ortsnamen, freilich noch weniger intensiv, sehr früh besiedelt, während der römerzeitliche Siedlungsboden auf Keupersandstein, beispielsweise im südlichen Schönbuch und bei der Solitüde, aufgegeben wurde und teils heute noch von Wald bestockt ist.

* Von Dr. Wolfgang Burr, Sindelfingen

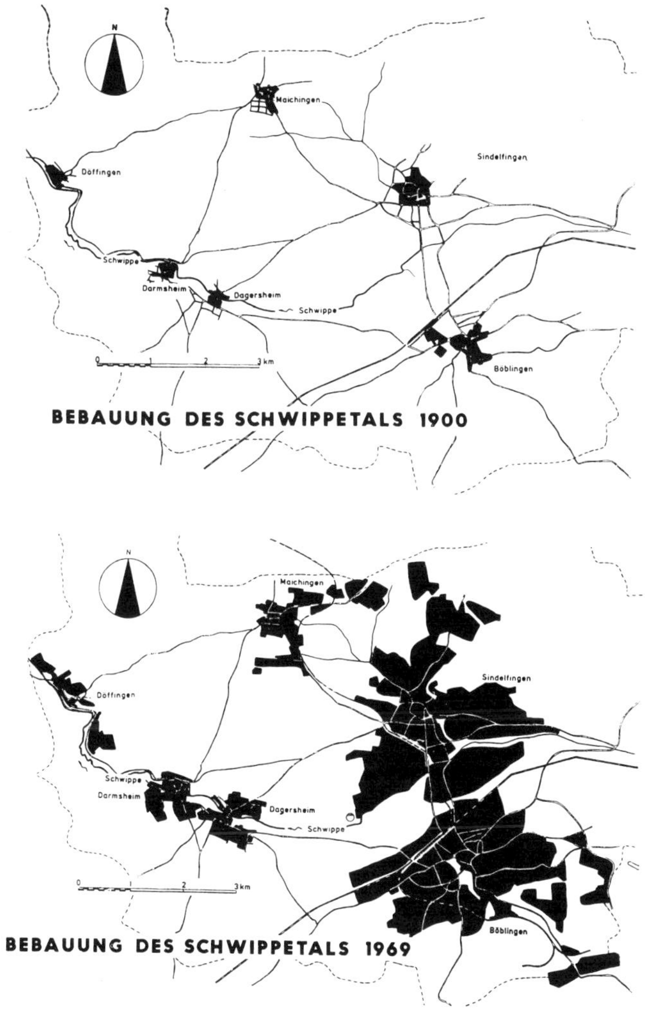

Abb. 9. Zunahme der überbauten Fläche des Schwippetales seit 1900 (aus: Sindelfinger Heimatbuch 1970: 346).

Obwohl die Ausbau- und Rodesiedlungen am Rande und im Innern der Keuperberge zum Teil erst dem hohen Mittelalter entstammen, zählen selbst die kleinsten unter ihnen um 1830 schon dreihundert Einwohner und deren acht größte mit 1500 bis über 2000 Einwohnern erreichten oder übertrafen sogar die sechs Städte des heutigen Bezirks. Die fast durchweg im 13. Jahrhundert gegründeten Städte des heutigen Kreises Böblingen unterschieden sich zu Beginn des 19. Jahrhunderts vor allem durch ihre Ummauerung mit zweischaligen Natursteinmauern von den Dörfern. Den ländlichsten Charakter hatte zweifellos die volkreichste von ihnen: Sindelfingen mit 3367 Einwohnern im Jahre 1834 (1977: 53931 Einw.).

Die entscheidende Veränderung der Umwelt hin zur Industrielandschaft ging von den Eisenbahnen aus, die seit den 1860er Jahren unseren Raum berührten und bald durchgehend erschlossen. Sie veränderten nicht nur unmittelbar das Landschaftsbild in bis dahin unbekanntem Maße mit ihrem geschotterten Gleiskörper, ihren Einschnitten, Bahndämmen, Dränagen, Brücken und Tunnels, sondern schafften auch durch die Möglichkeit zu Massentransporten die Voraussetzung zum Einsatz von Dampfmaschinen.

Hatte sich die Bautätigkeit, von vereinzelten Neubauten entlang bestehender Straßen und Wege abgesehen, während des 19. Jahrhunderts ganz überwiegend im Ersatz abgängiger Bausubstanz und dem Ausbau von Dachböden und anderen Nebenräumen, dem Einbau von Öfen und Anbau von Abtritten erschöpft, zumal die Bevölkerungszahl nach der Agrarkrise der Jahrhundertmitte stark abgenommen hatte, so begann um die Wende zum 20. Jahrhundert, ausgehend von den Städten, eine Phase der Ortskernerweiterung durch Wohn-, Fabrik- und öffentliche Zweckbauten an einem planmäßig angelegten Straßennetz. Sie verbrauchten zunächst den Kranz von (Obst-)Gärten, der bis dahin die Ortschaften umgeben hatte, und griffen auch in die Feldmark über. Trabantensiedlungen wurden auf bisherigen Heideflächen (Döffingen, Maichingen, Leonberg) oder im Wald (Stuttgart, Böblingen, Sindelfingen) errichtet.

Der Bau der Autobahn im Nordosten des Bezirks im Jahre 1935 markiert den Beginn des Automobilzeitalters, dessen immer breiter werdende, betonierte oder asphaltierte Straßen und Parkplätze nicht nur das Landschaftsbild entscheidend prägten, sondern durch Versiegelung des Bodens den Wasserhaushalt verändert haben.

Diese oben aufgezeigte Entwicklung des Landschaftsverbrauchs verstärkte sich vor allem ab etwa 1960 und reicht bis in unsere heutige Zeit.

Der Kreis Böblingen beherbergte 1977 289 000 Einwohner. Mit 471 Einwohnern/km^2 liegt die Besiedlung wesentlich über dem Landesdurchschnitt mit 258 Einwohnern/km^2 (1975). – Die Siedlungsfläche nahm 4549 ha (ca. 7,3 %) ein. Unter Berücksichtigung der Wege, Straßen, öffentlichen Plätze, Eisenbahnen mit 4027 ha ergibt sich bereits eine Summe von 8576 ha bzw. ca. 14 % der Gesamtfläche!

Tabelle 1. Bodennutzung im Kreis Böblingen im Jahre 1977

1) Landwirtschaftlich genutzte Fläche	28 270 ha	46,0 %
1a) Ackerland	18 026 ha	29,4 %
davon Getreide	12 655 ha	20,6 %
1b) Dauergrünland einschl. Baumwiesen	8 823 ha	14,4 %
2) Wälder	21 271 ha	34,7 %
3) Ödland	1 590 ha	2,6 %
4) Gewässer	250 ha	0,4 %
5) Bebauungs- und Verkehrsfläche	8 576 ha	14,0 %
Kreis Böblingen, Gesamtfläche	61 367 ha	100 %

Quelle: Statistische Berichte des Statistischen Landesamtes Baden-Württemberg

Abb. 10. Übersichtskarte mit den ungefähren Grenzen des Bearbeitungsgebietes. – Kartengrundlage: Verkleinerter Ausschnitt aus der Verwaltungs- und Verkehrskarte Baden-Württemberg 1:200 000, Ausgabe 1979/80. Vervielfältigt mit Genehmigung des Landesvermessungsamts Baden-Württemberg, Büchsenstr. 54, 7000 Stuttgart 1, Az. 5.11/120. →

Strohgäu
Glemswald
Schönbuch
Heckengäu
Korngäu
Schwarzwald
STUTTGART
PFORZHEIM
MÜHLACKER
VAIHINGEN a. d. E.
SACHSENHEIM
BESIGHEIM
BIETIGHEIM-BISSINGEN
MARKGRÖNINGEN
ASPERG
Möglingen
Schwieberdingen
Hemmingen
Eberdingen
Mönsheim
Weissach
Wimsheim
Wurmberg
Wiernsheim
Tiefenbronn
Friolzheim
Rutesheim
LEONBERG
GERLINGEN
KORNTAL-MÜNCHINGEN
DITZINGEN
FEUERBACH
BOTNANG
HESLACH
DEGERLOCH
VAIHINGEN
SINDELFINGEN
BÖBLINGEN
Magstadt
Renningen
WEIL DER STADT
HEIMSHEIM
Simmozheim
Althengstett
Ostelsheim
Grafenau
CALW
BAD LIEBENZELL
Unterreichenbach
Neuhausen
Gechingen
Deufringen
Aidlingen
Ehningen
Gärtringen
Nufringen
HERRENBERG
Holzgerlingen
Altdorf
Hildrizhausen
Schönaich
Steinenbronn
WALDENBUCH
Weil im Schönbuch
Dettenhausen
Walddorfhäslach
Pliezhausen
TÜBINGEN
Kusterdingen
Wannweil
ROTTENBURG am Neckar
Neustetten
Ammerbuch
Gäufelden
Jettingen
NAGOLD
Bondorf
Mötzingen
Eutingen i. G.
Deckenpfronn
WILDBERG
Rohrdorf
LEINFELDEN
ECHTERDINGEN
NECKAR

6. Vogelwelt – Allgemeiner Teil

6.1 Übersicht (Stand 1978)

Die naturräumliche Begrenzung „Schönbuch und Gäu" ist relativ ungenau. Für die Festlegung der beobachteten Durchzügler und auch Brutvögel wurde die Grenze des Landkreises Böblingen, Stand 1977, gewählt. Innerhalb des Kreises konnten bislang 221 Vogelarten nachgewiesen werden. Von den 127 ermittelten Brutvögeln schreiten zur Zeit noch etwa 100 regelmäßig zur Brut; etwa 7 Arten brüten nur unregelmäßig oder periodisch und mind. 20 Arten sind inzwischen ausgestorben. Die restlichen 94 Arten sind Durchzügler und Gäste; davon ziehen 13 Arten regelmäßig durch, etwa 33 Arten traten nur unregelmäßig auf und 55 Arten konnten nur selten oder ausnahmsweise, davon 18 Arten nur vor 1930 nachgewiesen werden. Als Irrgäste dürften Groß- und Zwergtrappe, Rothalsgans und Bartlaubsänger gelten; bei Flamingo und evtl. auch Kormoran könnte es sich um Zooflüchtlinge gehandelt haben. Eindeutige Flüchtlinge aus menschlicher Gefangenschaft werden nicht berücksichtigt.

Im „speziellen Teil" sind alle wildlebenden Vogelarten aufgeführt, die innerhalb der Kreisgrenze Böblingen nachgewiesen wurden. Es handelt sich in erster Linie um solche Arten, die in neuerer Zeit ab etwa 1955 beobachtet wurden. Ältere und auch neuere Angaben, insbesondere solche aus dem vorigen Jahrhundert, wurden nur dann berücksichtigt, wenn die Artbestimmung in ausreichendem Maße gesichert ist oder glaubhaft erscheint. Bei einigen Arten wurden „Die Vögel Baden-Württembergs, eine Übersicht" von Hölzinger, Knötzsch, Kroymann & Westermann (1970) zu Rate gezogen.

Das Schwergewicht wurde auf die Brutvögel gelegt. Solche Brutvögel, deren Bestand gefährdet ist oder ein bemerkenswertes Verbreitungsmuster aufweisen, werden ausführlicher beschrieben.

Der zum Teil katastrophale Rückgang einiger Brutvogelarten kann aufgrund einer großräumigen Bestandserhebung, die im Jahre 1960 vom Verfasser auf Anregung von Herrn Dr. h. c. G. Haas † im gesamten Kreis Böblingen mit seinen ehemaligen Grenzen durchgeführt wurde, aufgezeigt werden.

Obwohl die Untersuchungen neuerdings über die Kreisgrenze BB hinausgehen, erhöht sich die Anzahl der Brutvögel nicht zwangsläufig, es konnten allerdings in den benachbarten Gebieten noch Restvorkommen einiger im Kreis Böblingen bereits ausgestorbener Vogelarten gefunden werden.

6.2 Die Vogelwelt in der vom Menschen gestalteten Landschaft

Der heutige Landschaftscharakter ist im wesentlichen mitgeprägt durch die menschlichen Besiedlungs-, Kultivierungs- bzw. Nutzungsaktivitäten. Die damit verbundenen Veränderungen haben in den letzten Jahrhunderten und vor allem in neuester Zeit einen starken Wandel der Fauna und Flora nach sich gezogen, der zunächst auch bemerkenswerte Bereicherungen für die Vogelwelt mit sich brachte. So schuf der Mensch mit den Rodungen der ehemaligen Urwälder und der Umwandlung in Kulturland neue Biotope, in denen sich eine Reihe von Vogelarten erstmals ansiedeln konnte. Ja selbst im unmittelbaren Wohnbereich fanden einige Arten Schutz und Brutmöglichkeiten. Die

Abb. 11. Mittelberg bei Weil der Stadt. Foto J. WOHLSCHLAGER

engsten Anpassungen sind zweifellos bei Weißstorch, Rauch- und Mehlschwalbe, Mauersegler, Hausrotschwanz, Haussperling, Schleiereule u. a. bekannt geworden. Andererseits wurde in bislang unberührten Biotopen eine Reihe von sog. „Kulturflüchtern" verdrängt.

Obwohl wir für unser Gebiet nur auf einige Oberamtsbeschreibungen aus dem vorigen Jahrhundert zurückgreifen können, die leider nur wenige brauchbare Angaben aus der Vogelwelt enthalten, so müssen die Veränderungen auch im vorigen Jahrhundert bereits recht einschneidend gewesen sein. So konstatierte Professor Dr. LEYDIG in der Oberamtsbeschreibung Tübingen (1867):

„Jedem, der irgend einen Fleck Erde seit längeren Jahren mit Rücksicht auf die Fauna entweder selbst ins Auge gefaßt hat, oder die hierauf bezüglichen Angaben früherer Beobachter vergleicht, muß die große Veränderung, mit anderen Worten das Verschwinden vieler Formen der freien Tierwelt sich bemerkbar machen. Namentlich in neuerer Zeit geht das Vernichtungswerk einen sehr raschen Gang."

Den Grund findet LEYDIG in der menschlichen Überbevölkerung und in der durch sie bedingten immer weiter gehenden Kultur des Bodens, insbesondere auch in der jetzigen Behandlung des Waldes als „Forst". TSCHERNING (1895) belegt den Rückgang für einige Greifvögel aus den Schönbuch-Waldgebieten. Die bereits im vorigen Jahrhundert festgestellte Tatsache und Begründung trifft im gleichen, vielleicht sogar im verstärktem Maße für unsere jetzige Zeit zu.

6.3 Zur Situation der Feuchtgebiete im Landkreis Böblingen und ihre Bedeutung für die Vogelwelt

Innerhalb der Kreisgrenze sind nahezu alle ehemaligen Moor- und Feuchtgebiete im offenen Kulturland entwässert, überbaut oder durch Straßenbau etc. beeinträchtigt worden. Zur Zeit existieren neben dem Teich am Schaichhof und dem Nufringer Eisweiher nur noch einige kleine Teiche innerhalb von Waldgebieten, die für die Vogelwelt merkwürdigerweise immer nur eine geringe Anziehungskraft ausgeübt haben. Es sind in erster Linie die ohnehin häufige Stockente und das Teichhuhn, die auch kleinste Waldtümpel und -gewässer besiedeln. Der Zwergtaucher, der an einigen Teichen früher noch regelmäßig nistete, ist inzwischen durch den sprunghaft anwachsenden Angler- und auch Ausflugsbetrieb (z. B. Hölzersee und Renninger See) verdrängt worden. Besonders nachteilig hat sich an einigen Tümpeln (z. B. Schlanderer See, Maurener See, Hinterlinger See) das Beseitigen der Ufervegetation ausgewirkt. Einigen Arten hat man somit jegliche Brutmöglichkeit genommen.

- Gemeinsam mit den Anglern sollten an den wenigen noch vorhandenen Teichen in unserem Gebiet Ruhezonen vereinbart werden, in denen eine ausreichende Vegetationszone geschaffen werden und auch erhalten bleiben sollte. Zwei Seiten oder die Hälfte eines Weihers sollten während der Brutzeit von etwa April bis August von den Anglern als Ruhezone akzeptiert und nicht betreten werden.

Wesentlich anziehender und artenreicher waren von jeher Feuchtgebiete und Wasserflächen in weiten, baumlosen Wiesentälern in den ehemaligen ausgedehnten Moorkomplexen, die sich von Sindelfingen bis nach Nufringen erstreckten. Bis in die neueste Zeit waren Reste dieser ehemals unzugänglichen Moore am Schlanderer See, bei Böblingen (die sog. ,,Hulb"), bei Ehningen, Rohrau und am Nufringer Eisweiher erhalten geblieben.

Die ,,Hulb" bei Böblingen war zweifellos (bis etwa 1975) eines der hervorragendsten und bedeutendsten Feuchtgebiete im gesamten Raum zwischen Neckar und Schwarzwald, ja sogar von ganz Nordwürttemberg. Zusammen mit den Schwippewiesen und dem ehemaligen Flugplatzgelände handelte es sich um Biotope, die sowohl für brütende als auch durchziehende und rastende Vogelarten besonders geeignet waren. Als Brutvögel waren der Kiebitz (max. ca. 25 Bp.),die Bekassine, der Flußregenpfeifer (1 Bp. im Reparaturgelände 1973–1976, die Knäkente, die Schafstelze, die Rohrammer (ca. 20 Bp.), der Wiesenpieper, das Braunkehlchen u. a. bedeutsam. Von den zahlreichen Durchzüglern sind folgende Arten bemerkenswert: Rohrweihe, Spieß-, Löffel- und Pfeifente, Zwergtrappe 1×, Großer Brachvogel, Regenbrachvogel, Zwergschnepfe, Bekassine, Grünschenkel, Dunkler Wasserläufer, Rotschenkel, Kampfläufer, Bruch- und Waldwasserläufer, Rotkehlpieper, Brachpieper, Schilfrohrsänger, Blaukehlchen u. v. a. Zur Zeit wird die ,,Hulb" unter den Hallen einer rasch wachsenden Industrieansiedlung und einem dichten Straßennetz begraben und für immer zerstört.

Der Schlanderer See hat durch die Umbauung der Stadt Sindelfingen seine ehemalige Bedeutung als Rast- und Brutgebiet verloren. Die Feuchtwiesen bei Rohrau und der Nufringer Eisweiher werden durch die neue Kläranlage und den Bau der Autobahn beeinträchtigt. Um so wichtiger erscheint es, auch innerhalb unseres dicht besiedelten Gebietes Ersatzbiotope für die oben aufgeführten Arten zu schaffen und zu erhalten. Für

Abb. 12. Schwippetal bei Döffingen-Darmsheim. Foto J. WOHLSCHLAGER

einen naturnahen Unterricht könnten Schulen in periodischen Abständen Exkursionen an diese künstlich geschaffenen Ersatzbiotope durchführen. Es versteht sich von selbst, daß Jagd- und Anglerbetrieb und sonstige wirtschaftliche Interessen in einem solchen Gebiet unterbleiben müßten.

Bachläufe

Bachläufe innerhalb von Stadtgebieten werden neuerdings nicht mehr aus Betonfertigteilen (ökologisch tote Bachläufe), sondern aus grobem Steinwurf gefertigt. Diese erfreuliche Entwicklung bei den wasserbautechnischen Maßnahmen ist zu begrüßen. Aus ornithologischer Sicht bedeutet jedoch jede Bach- bzw. Flußbegradigung stets den Verlust einer vielgestaltigen Uferböschung mit einer üppigen Vegetation (Schilfzone!), die der Vogelwelt Unterschlupf und Nistmöglichkeiten bietet. Der ursprüngliche Bachlauf sollte nach Möglichkeit stets erhalten bleiben. Notwendige Regenrückhaltebecken sollten als Dauerstau ausgeführt werden, um unsere ohnehin wasserarme Landschaft zu bereichern.

6.4 Brutvögel

Von den rund 100 gegenwärtig im Landkreis Böblingen noch brütenden Arten schreiten etwa 50 Arten vorwiegend in Waldgebieten oder in Feldgehölzen zur Brut. Die restlichen Arten brüten bevorzugt in offenem Kulturland oder Ödlandbiotopen, weitere 6 Arten brüten im unmittelbaren menschlichen Siedlungsbereich. In unserem gewässerarmen Gebiet nisten nur noch 4 eng ans Wasser gebundene Arten.

Von einigen in der Bundesrepublik gefährdeten Arten weisen die nachfolgenden im Untersuchungsgebiet noch gute Bestände auf: Wespenbussard, Habicht, Sperber, Rotmilan, Baumfalke, Waldschnepfe (Schönbuch), Hohltaube, Mittelspecht (zweithäufigster Specht!), Dorngrasmücke (Heckengäu), u. a.

Einige bemerkenswerte Verbreitungsmuster bzw. Arealgrenzen sind bei den folgenden Arten erwähnenswert:

Der Berglaubsänger erreicht am Schönbuch-Südrand die Nordgrenze seiner regelmäßigen Verbreitung; einige isolierte früher besetzte Posten bei Rohrau, Döffingen, Dätzingen und Aidlingen sind offensichtlich nicht mehr oder nur noch unregelmäßig besiedelt.

Die südöstliche Verbreitungsgrenze der Schafstelze durchläuft unseren Kreis, und die äußersten Vorposten sind entlang der Würm zu finden.

Das inselartige Auftreten des Halsbandschnäppers im mittleren Württemberg weist in den östlichen Waldgebieten des Kreises bemerkenswert hohe Dichten auf, endet jedoch abrupt am westlichen Rande des Schönbuchs, ohne daß hierfür triftige Gründe angeführt werden könnten.

Isolierte Brutplätze halten der Wiesenpieper und der Flußregenpfeifer bei Böblingen besetzt. Es handelt sich hierbei um die einzigen Brutvorkommen in dem Raum zwischen Schwarzwald und Neckar.

Die Kiebitz-Bestände zählen zu den höchsten in Nordwürttemberg; allerdings ist der hohe Bestand mit 83 Brutpaaren im Jahre 1968 bereits wieder stark geschrumpft.

Vom ehemals verbreiteten und häufigen Braunkehlchen gibt es nur noch im Gäu bei Herrenberg nennenswerte Bestände.

6.5 Gäste – Vogelzug

Alle sicher nachgewiesenen Durchzügler und Gäste innerhalb der Grenzen des Kreises Böblingen werden in knapper Form abgehandelt. Obgleich die Beschäftigung mit einer Reihe nordischer Durchzügler, z. B. der Limikolen, recht reizvoll ist, so ist doch ihr bescheidenes Auftreten in unserem gewässerarmen Raum nahezu bedeutungslos und die Aussagekraft ist nur gering. Für eine Reihe von Wasservögeln haben die Aufzeichnungen bereits historischen Wert, da z. B. die Hauptrastgebiete wie das Schwippegebiet und die „Hulb“ bei Böblingen sowie der Schlanderer See in Sindelfingen neuerdings durch Bebauung mit Industrieansiedlungen und Straßen nicht mehr als Rastplatz geeignet sind.

Die alljährlich stattfindenden Wanderungen einiger „Tagzügler“ können vor allem im Herbst an geeigneten Stellen des Gebietes, besonders bei Tiefdruck-Wetterlagen registriert werden. Bei Hochdruck-Wetterlagen ziehen die Vögel in größeren Höhen und entgehen somit oft der Beobachtung. Der spärliche Greifvogeldurchzug kann zwar an den meisten Orten beobachtet werden, jedoch sind z. B. der Schloßberg bei Herrenberg und das Venusberggebiet bei Dätzingen besonders ergiebig. Im Gäu bei Herrenberg kann die Wiesenweihe fast alljährlich auf dem Frühjahrszug im April/Mai beobachtet werden und zählt somit zu den wenigen Landstrichen in Württemberg, wo diese seltene Art nahezu regelmäßig auftritt. Der „Breitfrontenzug“ einiger häufiger Vogelarten erreicht im Oktober seinen Höhepunkt. Es sind vor allem Buchfinken- und

Abb. 13. Mittelspecht ♂.   Foto B. MAIER

Ringeltauben-Schwärme, die gerichtet in südwestlicher Richtung abziehen und an günstigen Tagen mehrere Tausend Exemplare umfassen. Massierter Schwalbendurchzug beschränkt sich meist auf einige wenige Tage: z. B. 2700 Ex. am 25. 9. 1977 bei Rohrau.

Größere Zugbewegungen können Ende Oktober/Anfang November auch bei der Saatkrähe beobachtet werden, wobei es vor allem im Frühjahr zu großen Ansammlungen bis zu 4000–5000 Ex. (am 4. 3. 1973 bei Böblingen) kommen kann. Auch bei der Ringeltaube kommt es im Frühjahr zu starken Zugbewegungen (am 24. 3. 1974 mit mehreren Tausend Exemplaren in kaum abreißenden, nach Nordosten ziehenden Schwärmen besonders eindrucksvoll).

Die meist niedrig ziehenden Buchfinken-Schwärme sind oft mit einzelnen Bergfinken gemischt. Neben diesen Schwärmen ziehen Trupps und auch einzelne Vögel, die meist durch ihre Stimme oder auch Habitus bestimmt werden: Zeisige, Hänflinge, Kernbeißer, Stieglitz, Stelzen, Pieper, Ammern, Lerchen, Drosseln usw.

Eine ausgeprägte Zug-Leitlinie fehlt innerhalb des Beobachtungsgebietes, sofern man von dem Randeffekt des Schwarzwaldes absieht.

6.6 Bestandsveränderungen

Negative Bestandsveränderungen

Wirft man einen Blick auf die Karten in den Oberamtsbeschreibungen aus dem vorigen Jahrhundert und vergleicht mit den heutigen Besiedlungsräumen, so wird verständlich, daß unsere Vogelwelt seit jener Zeit starke Verluste an Lebensräumen sowie an spezifischen Biotopen, z. B. Moor- bzw. Feuchtgebiete, hinnehmen mußte. Es erstaunt nicht, daß inzwischen eine Reihe von Vogelarten ausgestorben ist. Das populärste Beispiel ist unzweifelhaft das Verschwinden des Weißstorches, der Anfang dieses Jahrhunderts noch in mehreren Orten und zuletzt 1954 in Merklingen brütete. Weniger bekannt ist, daß auch der Schwarzstorch früher in den Schönbuch-Waldgebieten vereinzelt heimisch war und zuletzt um 1923 bei Rohrau horstete (C. KERN). TSCHERNING (1895) schließt aus einer Reihe von erlegten Vögeln, daß früher im Schönbuch auch Steinadler, Würgfalken (sehr wahrscheinlich handelte es sich um den Wanderfalken [*Falco peregrinus*], der nach BERGE im Jahre 1837 bei Bebenhausen im Schönbuch gebrütet hat [FISCHER 1914]), Uhus und Kolkraben nisteten. Soweit den O.A.-Beschreibungen u. a. zu entnehmen ist, sind einige weitere Arten durch Trockenlegung der Moore usw. ausgestorben: Knäkente, Krickente, Zwergdommel, Tüpfelsumpfhuhn, Wasserralle, Bekassine sowie Haselhuhn, Auerhuhn und Drosselrohrsänger.

In den letzten 15–20 Jahren wurde selbst bei häufigen Brutvögeln ein katastrophaler Rückgang bemerkt, der über das normale Maß an Bestandsschwankungen weit hinausging und sogar zum Erlöschen einiger Brutbestände führte: z. B. Raubwürger, Rotkopfwürger, Ziegenmelker, Heidelerche, Steinschmätzer. – Bis zum Jahre 1960 noch häufige Arten konnten 1973 nur noch spärlich festgestellt werden: Neuntöter, Gartenrotschwanz, Wachtel, Wachtelkönig, Pirol, Zwergtaucher, Teichrohrsänger, Gelbspötter, Kukkuck, Wendehals, Braunkehlchen.

Die Bestände der Mehl- und Rauchschwalbe sind stark rückläufig und in den Städten wie Sindelfingen und Böblingen bis auf Einzelvorkommen nahezu erloschen.

Die Bestände von Steinkauz und Schleiereule, in geringerem Maße auch die des Raubwürgers, wurden im Jahrhundertwinter 1962/63 nahezu ausgelöscht bzw. reduziert. Während vom Steinkauz nur zwei Bruten 1973/74 bekannt wurden, gelangen bei der Schleiereule seit 1972 wieder mehrere Brutnachweise. Der geringe Bestand des Raubwürgers erholte sich in den folgenden Jahren bis 1967, erlosch 1973 jedoch endgültig.

Besonders deutlich tritt eine zunehmende Arten- und Individuen-Verarmung in den rasch wachsenden Industrie- und Siedlungsräumen und in den offenen Kulturgebieten mit veränderter landwirtschaftlicher Nutzung innerhalb des Kreises in Erscheinung.

Wenig gut untersucht sind die alljährlichen, vom Menschen nicht beeinflußten Bestandsveränderungen bei häufigen Arten. Die Ursachen der z. T. periodischen Schwankungen sind in dem wechselnden Nahrungsangebot zu sehen. Besonders ausge-

Abb. 14. Halsbandschnäpper ♂. Foto W. SCHUBERT

prägt wird dies bei Nahrungsspezialisten wie beim F i c h t e n k r e u z s c h n a b e l deutlich, der nur in Jahren mit guter Fichtenmast bei uns auftritt und auch zur Brut schreitet.

In sog. „Mäusejahren“ werden überdurchschnittliche Siedlungsdichten und Nachwuchsraten bei M ä u s e b u s s a r d, T u r m f a l k, W a l d o h r e u l e und auch S c h l e i e r e u l e erreicht. Das Zusammenbrechen der Mäusekalamität reduziert auch die Feinde wieder auf den ursprünglichen Stand. Das befürchtete Überhandnehmen des Mäusebussards durch das Abschußverbot, welches immer wieder von einigen Jagdausübenden vorgebracht wird, konnte aufgrund langjähriger Beobachtungen seit etwa 1958 nicht bestätigt werden. Wegen zunehmendem Interesse und genaueren Beobachtungen werden lediglich mehr Mäusebussarde registriert.

Das ungeklärte Ausbleiben oder spärliche Auftreten der Wespen kann beim W e s p e n b u s s a r d (*Pernis apivorus*) zu völligem oder teilweisen Brutausfall führen, ohne daß in den folgenden Jahren eine Bestandsreduzierung erkennbar geworden wäre (SCHUBERT 1977).

Weniger deutlich treten Bestandsveränderungen auch bei einer Reihe weiterer Arten auf. Die Ursachen sind z. T. umstritten und teilweise noch unbekannt.

Beim H a l s b a n d s c h n ä p p e r werden z. B. durch Vermehrung des Nisthöhlenangebotes in Waldgebieten lokale Zunahmen registriert, andererseits kann an Orten mit einem natürlichen Höhlenangebot wie z. B. in Obstbaumwiesen am Schönbuch-Südrand, weniger deutlich auch in Waldgebieten mit konstantem Nisthöhlenangebot, ein relativ starker Rückgang festgestellt werden. Ob es sich nur um Verlagerungen oder auch um

Rückgangserscheinungen infolge verstärkter Spritzung in den Obstanlagen handelt, muß zunächst offenbleiben.

An dieser Stelle muß darauf hingewiesen werden, daß für die Ermittlung solcher großräumiger Verlagerungen ein enormer Zeitaufwand notwendig ist. Von Einzelpersonen ist dies kaum zu bewältigen.

Die Bestandsverluste einiger Greife, wie Habicht und Sperber, die vorwiegend durch Fang und Abschuß verursacht wurden, sind durch die ganzjährige Unterschutzstellung aller Greife gestoppt worden, und beim Habicht kann wieder eine deutliche Erholung registriert werden. Die zum Teil unbekannten Bestandseinbußen bei Rotmilan, Schwarzmilan und Baumfalke konnten allerdings trotz Unterschutzstellung nicht ausgeglichen werden.

Positive Bestandsveränderungen

Die rasche Ausbreitung der Türkentaube in Mitteleuropa führte auch zur Besiedlung unseres Raumes. Eine ökologische Nische im menschlichen Siedlungsbereich wurde innerhalb weniger Jahre von dieser zierlichen Taube, deren ursrüngliche Heimat im Balkan liegt, erobert.

Die Haubenlerche, deren Bestand ab 1960 rasch anstieg, findet ebenfalls in menschlichen Siedlungen bei Schulen, Hochhäusern, Industrieanlagen in buschfreiem Gelände Lebensräume, die ihren ursprünglichen Biotopen in der Steppe ähneln.

Das Heranwachsen der Nadelforste in den ehemaligen, reinen Laubmischwäldern ermöglichte das periodische Brüten des Fichtenkreuzschnabels, und auf den eingelagerten Kahlschlägen mit Fichtenschonungen findet der Feldschwirl jetzt geeignete Lebensbedingungen.

Die Wacholderdrossel, deren Kolonien erstmals um 1950 gefunden wurden, ist heute ein verbreiteter Brutvogel in Biotopen mit Wiesen und angrenzenden Bäumen, gelegentlich auch in Siedlungen.

Lokale, meist nur vorübergehende Bestandsveränderungen sind in der obigen Aufstellung nicht berücksichtigt.

6.7 Gefährdung durch menschliche Einflüsse

Abgesehen von unregelmäßigen klimatisch bzw. ernährungsbedingten natürlichen Einflüssen und Schwankungen sind die menschlichen Einwirkungen für unsere Vogelbestände am gravierendsten und nachhaltigsten.

Jagd, Falknerei, Vogelfang, Aushorstung

Diese Faktoren spielen erfreulicherweise in unserem Gebiet nur eine bescheidene Rolle. Lediglich im offenen Kulturland mit Fasanenhege wurden Habicht und Sperber, lokal auch der Mäusebussard, früher stark dezimiert. Seit der Unterschutzstellung im Jahre 1968 konnte sich z. B. der Habicht aus den weitläufigen Waldgebieten des Schönbuchs wieder an geeigneten Orten im gesamten Kreisgebiet ansiedeln.

Wesentlich schwerwiegender dürften sich die Massenjagden – vor allem im Mittelmeerraum – für unsere Zugvögel auswirken.

Biotopverluste und Biotopveränderungen

Die nachhaltigsten Gefährdungen stellen Biotopverluste und Biotopveränderungen dar. Die bedeutenden Flächenverluste in der offenen Kulturlandschaft seit etwa 1900 im Ballungsraum ,,Mittlerer Neckar" sind beispielhaft für den Sindelfinger und Böblinger Raum dargestellt (Abb. 9). Dabei wurden in neuester Zeit auch wichtige Feuchtgebiete entlang der Schwippe vom Schlanderer See in Sindelfingen bei Dagersheim und die ,,Hulb" bei Böblingen für eine Reihe seltener, ans Wasser gebundener Brutvögel wie Bekassine, Knäkente, Kiebitz usw. als auch für Durchzügler für immer zerstört.

Das weitere rasche Wachstum der Ortschaften und die Zersiedlung bzw. Zerstückelung der freien Landschaft mit Aussiedlerhöfen, neuen Straßentrassen, touristischen Einrichtungen usw. führt zur weiteren Einengung und bei fehlenden, ungestörten Freiräumen letztlich zum Verschwinden auch solcher Arten, wie Rotmilan, Baumfalke, Hohltaube, deren Brutgebiet zwar im Waldesinnern oder am Waldrand, deren Jagd- bzw. Nahrungsgebiete vorwiegend aber in der offenen Feldflur zu sehen sind.

Biotopveränderungen

Die ehemaligen Laubbestände mit relativ schwacher Nutzung wurden seit dem vorigen Jahrhundert zunehmend mit Nadelholzkulturen aufgeforstet. Zur Zeit beträgt der Nadelholzanteil bereits etwa 58%. Zu der Umwandlung in Nadelwaldmonokulturen kommt eine intensivere Bewirtschaftung auch der Laubholzaltbestände, insbesondere der zahlreichen, jetzt zu schlagreifen Beständen herangewachsenen etwa 160–200jährigen Eichenmischwälder. Die hohen Preise für Eichenholz begünstigen die Situation.

Da erst in den letzten Jahren auch die ökologische Bedeutung des Laubwaldes durch neue Laub- oder Mischwaldanpflanzungen gewürdigt bzw. gefördert wird, fehlen jüngere Eichenbestände im Alter zwischen etwa 5 und 70 Jahren nahezu völlig. Trotz dieser oben aufgezeigten Fehlbestände soll künftig eine verstärkte Nutzung gerade der Eichenaltbestände durchgeführt werden.

Auch nach eigenen Untersuchungen ist die Artenvielfalt und Siedlungsdichte in den Laub-, insbesondere in den unterholzreichen Eichenaltholzbeständen, wesentlich größer als in Nadelforsten. In Eichenaltholzbeständen bei Böblingen konnten bis zu 42 Vogelarten brütend registriert werden, davon 5 Arten der ,,Roten Liste". Am geringsten ist die Artenvielfalt in Fichtenmonokulturen z. B. im Waldesinnern des Schönbuch-Waldgebietes, wo durchschnittlich nur etwa 34 Arten zur Brut schreiten. Die Umwandlung in Nadelforste führt zu einer weiteren Verarmung nicht nur unserer Vogelwelt, sondern auch der gesamten Fauna und Flora.

Chemikalien: Pestizide

Neueste Untersuchungen durch CONRAD (1977) über die Giftbelastung der Vogelwelt in der BRD zeigen, daß in allen analysierten Eiern von wildlebenden Vögeln starke Anreicherungen mehrerer chlorierter Kohlenwasserstoffe wie Aldrin, DDT, Dieldrin, Heptachlor, Hexachlorbenzin, Lindan sowie polychlorierte Biphenyle (PCB) nachgewiesen werden konnten. Die Konzentrationen waren bei Eiern aus landwirtschaftlichen Gebieten besonders hoch und überschritten die Grenzwerte, die bei Lebensmitteln für den menschlichen Verzehr zugelassen sind[2)].

---

2) Bei 3 Sperbereiern, die vom Tierhygienischen Institut Freiburg untersucht wurden, konnte eine sehr hohe Pestizidbelastung auch für unser Bearbeitungsgebiet bestätigt werden.

Bei dem im Beobachtungsgebiet festgestellten katastrophalen Rückgang einiger Vogelarten innerhalb eines Jahrzehnts handelt es sich fast ausschließlich um insektenfressende Arten des offenen Kulturlandes. Etwa im gleichen Zeitraum wurde u. a. auch der ehemals häufige Maikäfer – eine wichtige Nahrungsquelle für einige Vögel – stark mit DDT-Sprühmitteln, lokal mit dem Hubschrauber, bekämpft. Er ist heute so gut wie ausgerottet. In der BRD ist die Anwendung von DDT seit 1971 erheblich eingeschränkt, und eine wesentliche Gefahr ist hier somit gebannt[3)]. Allerdings soll der Verbrauch von Schädlingsbekämpfungsmitteln in den Entwicklungsländern bis zum Jahre 1985 erheblich gesteigert werden. Einige unserer Zugvögel werden auf dem Weg ins Winterquartier oder im Winterquartier durch die Pestizidanwendungen direkt betroffen. Seit dem beobachteten Tiefstand einiger Vogelarten im Jahre 1973 konnten sich die kümmerlichen Restbestände halten und einige Arten sogar wieder etwas erholen.

Nach Beobachtungen von K. SCHÜLE an 2 Bachstelzenpaaren im Jahre 1974 bei Merklingen/BB überlebten zwar die Altvögel eine Anwendung eines als harmlos deklarierten ,,Wuchsmittels" bzw. Unkrautbekämpfungsmittels auf benachbarten Feldern, für die Nestlinge war aber die angewendete Menge (Überdosis?) tödlich. Weitere Untersuchungen erscheinen dringend nötig.

- Äußerst sparsamer Einsatz aller auch als ,,harmlos" bezeichneten Chemikalien sei daher dringend geboten.

Sonstige Verlustursachen

Verluste, die alljährlich – vorwiegend zur Zugzeit – durch Verunglücken an elektrischen Leitungen, Gebäuden mit großen Fensterflächen, Zäunen und Fahrzeugen usw. entstehen, sind nach den vorliegenden Beobachtungen beachtlich. Bei einigen standorttreuen Eulen oder auch den ohnehin spärlichen Greifen oder Großvögeln sind solche Verluste noch schwerwiegender einzustufen.

Es würde zu weit führen, auf die vielfältigen, bestandsmindernden Einwirkungen oder Folgeerscheinungen des modernen Tourismus wie ,,Erschließungsmaßnahmen" für den erholungssuchenden Stadtmenschen usw. einzugehen. Sehr wahrscheinlich haben sie jedoch zum Erlöschen der Heidelerchen-Population im Heckengäu im wesentlichen Maße mit beigetragen. Bei dem letzten bekannten Brutpaar des Rotkopfwürgers im Kreis Böblingen im Jahre 1974 wurden zwei Brutversuche jeweils durch wildes Campieren unter dem Brutbaum vereitelt.

Einschneidende Störungen werden nicht durch kurzfristig verweilende Wanderer, sondern durch wildes Parkieren, stundenlanges Camping inmitten der Brutplätze sowie durch Einzäunen und wildes Bebauen der Grundstücke verursacht. Arten wie die Heidelerche, die am Brutplatz äußerst scheu und emfindsam reagiert, können solche Störungen und Veränderungen nicht verkraften.

6.8 Schutzmaßnahmen

Zeitgemäßer Vogelschutz bedeutet verstärktes Eintreten für die Ziele des klassischen Umweltschutzes wie die Erhaltung einer möglichst urwüchsigen, abwechslungsreichen Landschaft mit einer vielfältigen, artenreichen Fauna und Flora. Der technische Umwelt-

3) Siehe jedoch neueste Befunde beim Sperber!

Abb. 15. Hainbuchenwald im Schönbuch. Foto W. SCHUBERT

schutz hilft uns, die schädigenden Einflüsse der menschlichen Zivilisation auf die gesamte Umwelt in einem erträglichen Rahmen zu halten.

Nicht nur aus ethischen Überlegungen sollte die Erhaltung einer artenreichen Vogelwelt zu den Aufgaben unseres menschlichen Kulturschaffens zählen. Vögel sind wichtige Indikatoren für Störungen im ökologischen Gefüge und können somit auch Gefahrenquellen für den Menschen aufzeigen. So wurden gefährliche Anreicherungen von Pestiziden, z. B. DDT und Schwermetallen, durch Summierung über eine lange Nahrungskette bei höheren Lebewesen zuerst bei einigen verendeten Greifvögeln nachgewiesen. In einigen Ländern, darunter auch in der Bundesrepublik, führte dies zu einer drastischen Einschränkung oder zu einem völligen Anwendungsverbot z. B. von DDT bzw. zur Festlegung von zulässigen Höchstmengen in Nahrungsmitteln.

Die neuerdings festgestellten starken Rückgangserscheinungen in der Vogelwelt haben teilweise tiefgreifende Ursachen durch menschliches Wirken. Die aufgezeigten Probleme sind wohl nur durch veränderte ethische Wertvorstellungen zu bewältigen, bei denen der Schutz unserer Umwelt stärkere Berücksichtigung findet.

Für die Beurteilung einer Landschaft können ornithologisch-ökologische Bewertungsmaßstäbe bzw. Kriterien anhand der „Roten Liste“ nützlich sein. Im folgenden Abschnitt sind einige Beispiele des neuerdings propagierten „Artenschutzprogrammes“ angeführt. In der „Roten Liste“ – Stand 1. 1. 1977 – sind für Baden-Württemberg bzw. die Bundesrepublik die stark gefährdeten Vogelarten mit ihren Gefährdungsursachen nach einheitlichen Kriterien zusammengetragen. Gezielte Schutzmaßnahmen für diese stark gefährdeten Vogelarten muß vordringliches Anliegen sein. Priorität besteht im Schutz des Brut- und Lebensraumes (Biotopschutz). In unserem dichtbesiedelten Kultur- und Wirtschaftsraum stellen sich hierbei erhebliche Probleme. Dies führt sogar dazu, daß bereits unter Landschaftsschutz stehende Gebiete oder auch Waldteile für das angestrebte notwendige Wachstum geopfert werden.

Zur Lebensraumsicherung einiger gefährdeter Arten sollten jedoch einige weitere typische Kulturlandschaften von der weiteren Besiedlung ausgenommen werden, z. B. offenes Kulturland mit Wiesen und ausgedehnten Obstbaumwiesen im Gäu bei Herrenberg. Die ökologisch wichtige Bedeutung der Waldrandzonen muß hier hervorgehoben werden und sollte bei künftigen Planungen stärkere Beachtung finden. Ganz besonderer Schutz sollte auch den größeren Obstbaumwiesen zuteil werden, insbesondere wenn sie an Wälder grenzen. Erfolgversprechender erscheinen Maßnahmen innerhalb ausgedehnter Waldungen und im Heckengäu.

Bei der Erstellung des „Heckengäuplanes“ unterbreitete der Verfasser den verantwortlichen Planern Vorschläge nach ornithologisch-ökologischen Gesichtspunkten, um einigen dort noch gefährdeten Arten wie Heidelerche, Neuntöter, Nachtigall, Dorngrasmücke usw. ausreichenden Lebensraum und ungestörte Brutplätze zu sichern. Nur zum Teil konnten diese wohlgemeinten Vorschläge bei der Planung berücksichtigt werden.

Obgleich unsere Waldgebiete durch gesetzliche Bestimmungen relativ gut vor nachteiligen Eingriffen geschützt sind, so sind zur Erhaltung einiger gefährdeter Vogelarten einige Faktoren wie die Baumartenzusammensetzung und deren Alter von wichtiger Bedeutung.

Der Mittelspecht brütet in der Regel nur in Eichenalthölzern von über 100 Jahren, gelegentlich auch in angrenzenden alten Obstbaumwiesen. Der Schutz dieser in der Bundesrepublik seltenen und gefährdeten Art ist nur dann gewährleistet, wenn ausreichend große Alteichenbestände geschont und als „Banngebiet“ mit eingeschränkter Nutzung (Plenterbetrieb mit Naturverjüngung) ausgewiesen werden.

In gleicher Weise müßte man auch einige Buchenaltbestände in den größeren Mischwäldern schützen, in denen z. B. der Schwarzspecht seine Nisthöhlen hämmert und somit auch für die stark gefährdete Hohltaube Brutmöglichkeiten schafft.

Die Bestände unserer heimischen Greife sind jetzt durch die im Jahre 1973 in Kraft getretenen Bestimmungen in der Bundesrepublik und in einigen benachbarten Ländern sehr wahrscheinlich gesichert, sofern sich die Giftbelastung und auch die Zersiedlung der Landschaft in Grenzen hält und die Verluste einiger Arten wie Rotmilan, Wespenbussard, Baumfalke auf dem Zuge oder im Winterquartier nicht weiter ansteigen.

6.9 Natur- und Landschaftsschutzgebiete und ihre Bedeutung für die Vogelwelt

Das umfangreichste Schutzgebiet ist der „Naturpark Schönbuch" mit insgesamt 13 750 ha, davon entfallen 4540 ha auf den Kreis Böblingen. In den Schutz eingeschlossen sind neben den ausgedehnten Waldungen auch die exponierten Keuperhänge am Südabfall und angrenzende Gebiete im nördlichen Bereich mit z. T. ausgedehnten Streuobstwiesen. Im westlichen Bereich bei Herrenberg durchschneidet jetzt die Autobahn wertvolle Landschaftsteile, und in unmittelbarer Nähe ist eine Mülldeponie vorgesehen. Obwohl die gesetzlichen Voraussetzungen für den Schutz der Landschaft vorhanden sind, werden an einigen weiteren Orten innerhalb der Schutzzonen nachteilige Veränderungen geplant und auch genehmigt. Im Naturpark Schönbuch brüten zur Zeit 11 gefährdete Vogelarten der „Roten Liste".

Außerhalb des Schönbuches gibt es eine Reihe weiterer kleiner Schutzgebiete, die vor allem aus botanischen Gründen wichtig sind. Insgesamt sind 9725 ha (15,4%) der gesamten Fläche des Landkreises als Landschaftsschutzgebiet geschützt. Als Brutstätte und als Nahrungsgebiete sind auch kleinere Schutzzonen vor allem außerhalb des Waldes wertvoll und notwendig. Zur Sicherung einiger gefährdeter Vogelbestände sind jedoch zusätzliche oder vorbeugende Hilfsmaßnahmen notwendig (s. auch Schutzmaßnahmen, 6.8). Eine weitere „Erschließung" der geschützten Gebiete wie im Naturpark Schönbuch und im Heckengäu für Freizeit- und Erholungszwecke des Menschen sollte nur nach gründlicher Abwägung und Berücksichtigung auch ornithologisch-ökologischer Gesichtsunkte durchgeführt werden.

7. Vogelwelt – Spezieller Teil

7.1 Faunenliste der festgestellten Vogelarten (Stand 1978)[4)]

Abkürzungen:

ad.	adult = Altvogel	juv.	juvenil, Jungvogel
Bp.	Brutpaar(e)	max.	maximal
Ex.	Exemplar(e)	O.A.	Oberamt(sbeschreibung)
immat.	immatur = Vogel im Jugendkleid		
♂, ♀	Männchen, Weibchen	3,4	3 ♂, 4 ♀

Ehemalige und heutige Landkreise:

BB	Böblingen	HOR	Horb
CW	Calw	LEO	Leonberg
ES	Esslingen	PF	Enzkreis (Pforzheim)
FDS	Freudenstadt	TÜ	Tübingen

Sterntaucher – *Gavia stellata*

Dieser seltene Durchzügler wurde am 28. 11. 1879 bei Böblingen erlegt (FISCHER 1914).

---

4) Angaben und Einzeldaten ohne Namensnennung stammen in der Regel vom Verfasser oder wurden von ihm überprüft.

Haubentaucher – *Podiceps cristatus*

Nur 2 Beobachtungen liegen vor: 10. 4. 1954 1 Ex. am Oberen See in Böblingen (E. SEITZ) und am 22. 8. 1966 1 Ex. auf überschwemmten Wiesen der Hulb bei Böblingen (W. RIEDEL).

Rothalstaucher – *Podiceps griseigena*

Am 21. 8. 1966 rastete 1 Exemplar auf den überschwemmten Wiesen der Hulb bei Böblingen (W. RIEDEL).

Schwarzhalstaucher – *Podiceps auritus*

Ein Exemplar wurde am 14. 11. 1852 bei Böblingen erlegt (Beleg in der Sammlung des Naturkundemuseums Stuttgart).

Zwergtaucher – *Podiceps ruficollis*

Neuerdings nur noch am Maurener Teich, am Klostersee Sindelfingen und an den Hinterlinger Seen (1960/61 mind. 2 Bp.) unregelmäßiger Brutvogel bzw. Brutverdacht. Vor 1965 nistete die Art fast regelmäßig an weiteren Gewässern: Hölzersee, Teich bei Renningen, Nufringer Eisweiher und sehr wahrscheinlich auch am Weiher beim Schaichhof. Nur ausnahmsweise brütete die Art 1959 am ehemaligen Feuerlöschteich bei Sindelfingen und an der Würm bei Dätzingen (am 10. 4. 1960 enthielt ein schwimmendes Nest, welches an einem herabhängenden Weidenast befestigt war, bereits 1 Ei).

Das Verschwinden dieser Art ist auf starke Beunruhigung der Brutplätze und auf das Beseitigen der zum Brüten notwendigen Ufervegetation zurückzuführen.

Kormoran – *Phalacrocorax carbo*

Am 15. 10. 1966 wurde ein junges Exemplar in Sindelfingen am Brandenkopfweg ermattet gegriffen (Sindelfinger Zeitung). Am 3. 4. 1974 rasteten 2 Exemplare auf den Hinterlinger Seen (E. GABLER). Erlegt wurde 1 Kormoran von Hofjäger HANNEMANN (O.A. Leonberg 1930). Am 27. 10. 1980 zogen bei Hildrizhausen 2 Trupps mit 8 (3 ad. und 5 immat.) und 32 Ex. nach Südwesten.

Graureiher – *Ardea cinerea*

Ehemaliger Brutvogel. Ein Paar brütete alljährlich in einem Forchenbestand unweit Waldenbuch (O.A. Stuttgart-Amt 1852). Zwischen Rohrau und Ehningen im Distrikt Haine bestand seit mind. 1920 eine stattliche Kolonie, die vorübergehend ca. 20 Bp. umfaßte (C. KERN). Im Jahre 1946 konnten dort noch mind. 6 Horste bestätigt werden; mit der Schußerlaubnis nach dem Krieg schmolz die Kolonie rasch zusammen, und 1959 brütete letztmalig 1 Paar auf einer Fichte (W. SICKSCH). Ein weiterer Brutplatz befand sich an der Würm bei Aidlingen, wo ebenfalls 1959 letztmalig ein Paar auf einer Kiefer horstete (W. BREITLING). Begründeter Brutverdacht bestand für ein Paar am Goldersbach im Schönbuch südlich Hildrizhausen bis etwa 1962 (HÄUSSERMANN). Die letzte Brutkolonie innerhalb des Beobachtungsgebietes bestand bei Merklingen an der Würm. Dieses Vorkommen, welches bereits in der O.A. Leonberg 1930 erwähnt wird, umfaßte in den Jahren um 1955 etwa 6 Paare und erlosch 1959 nach dem Fällen der Horstbäume bzw. nach einem Fischsterben. Nahrungssuchende Reiher können neuerdings auch während der Brutzeit gelegentlich an abgelegenen Gewässern beobachtet werden, und auf dem Durchzug wurden max. 6 Ex. zusammen am 25. 9. 1977 bei Rohrau registriert.

Purpurreiher – *Ardea purpurea*

Ende April 1959 hielt sich ein Exemplar in dem Schilfgebiet an der Schwippe bei der Kläranlage Böblingen auf (HÄUSSLER, KELLER).

Nachtreiher – *Nycticorax nycticorax*

Am 5. 6. 1973 hielt sich ein Altvogel am Teich bei Renningen auf (J. ERBACHER u. a.), und am 3. 6. 1979 rasteten 2 Altvögel am Nufringer Eisweiher (W. EPPLE u. a.).

Zwergdommel – *Ixobrychus minutus*

W. SICKSCH beobachtete bis 1960 nahezu regelmäßig balzrufende Vögel am Maurener Teich, und am 7. 5. 1964 konnte W. RIEDEL dort noch einen Altvogel beobachten. Am Mönchsbrunnen bei Sindelfingen soll die Art früher gebrütet haben; E. GABLER fand noch 1973 ein Nest mit 4 Jungen. Am Schlanderer See bei Sindelfingen hielt sich mind. vom 30. 7.–11. 9. 1960 ein flügelverletztes ♂ auf. Ein am Nufringer Eisweiher gefangenes ♀ wurde gekäfigt und ging ein (undatierte Mitteilung von W. HOLCH).

Rohrdommel – *Botaurus stellaris*

LANDBECK (1834) führt ein bei Leonberg erlegtes Exemplar an. Etwa im Jahre 1955 verunglückte 1 Exemplar an einer Hochspannungsleitung bei Mötzingen (Beleg in Privatsammlung in Hohenreutin).

Weißstorch – *Ciconia ciconia*

Ehemaliger Brutvogel. Die Liste von ERTEL (1968) über die ehemaligen Storchvorkommen kann aufgrund ergänzender Nachforschungen bei örtlichen Vogelkennern für das jetzige Kreisgebiet wie folgt neu gefaßt werden[5]:

Aidlingen (1905, H. WINTER)
Böblingen (1935)
Bondorf (1928, BM BAUER)
Breitenstein (1903)
Dagersheim (1949?)
Darmsheim (1907)
Döffingen (?)
Ehningen (1918)
Eltingen (1831–?)
Gärtringen (1920)
Gültstein (1918)
Herrenberg (1929)
Hildrizhausen (1906)
Kuppingen (1890)
Leonberg (1889?)
Maichingen (1916?)
Magstadt (1925?, A. MANN)
Mauren (ca. 1920, C. KERN)
Merklingen (1956, K. SCHÜLE)
Nufringen (1920)
Renningen (1920)
Rohrau (1918, C. KERN)
Sindelfingen (1934)
Steinenbronn (1918, MOZER)
Warmbronn (1845–?)
Weil der Stadt (vor einigen Jahren brütend, O.A. Leonberg 1930)

Schwarzstorch – *Ciconia nigra*

Nach LANDBECK (1846) nistete der Waldstorch in den Wäldern bei Tübingen und beim Einsiedel. Etwa 1925 brütete 1 Paar nördlich Rohrau. Der Horst war auf einer Fichte mitten im Waldgebiet „Haine" errichtet. Den Kotspuren nach zu schließen, befanden sich Junge im Horst (C. KERN u. a.). Es dürfte sich hierbei um den letzten bekanntgewordenen Brutnachweis in Baden-Württemberg handeln.

FISCHER (1914) führt ein bei Böblingen erlegtes Exemplar an (Naturalien-Kabinett). Einige neuere Beobachtungen: 31. 8. 1973 1 Ex. am Kl. Goldersbach (M. DETTINGER);

5) In Klammern jeweils das Jahr, in dem letztmals der Storchenhorst besetzt war. Die Gewährsleute werden angeführt, sofern die Orte nicht bereits bei ERTEL 1968 verzeichnet sind.

17. 10. 1973 1 Ex. bei Nufringer Eisweiher (fide W. EPPLE); 5. 6. 1974 ein nach Nordosten ziehendes Ex. bei Mauren; 26. 9. 1978 1 Ex. bei Sindelfingen nach Südwesten ziehend.

Flamingo – *Phoenicopterus ruber*

Bei Rohrau hielt sich vom 6. bis 19. 10. 1968 ein ziemlich ruffreudiges Exemplar auf, welches dort fast täglich beobachtet werden konnte (B. u. L. KROYMANN); wohl Zooflüchtling.

Höckerschwan – *Cygnus olor*

Eingebürgerte Exemplare können am Sindelfinger und Böblinger See beobachtet werden, und am Teich in Heimsheim schreitet ein Paar seit etwa 1964 zur Brut.

Saatgans – *Anser fabalis*

Unregelmäßiger Durchzügler und Wintergast. Nach W. HOLCH erscheinen die sogenannten „Schneegänse" – wohl meist Saatgänse – nicht jeden Winter. Genauere Daten liegen erst aus neuerer Zeit vor: 20. 2. 1959 7 Ex. bei Dagersheim nach NE ziehend; im Februar 1960 wurde ein Exemplar, welches sich mehrere Tage bei Gültstein aufgehalten hatte, erlegt (Flügel befindet sich in der Sammlung von E. SEITZ); 17. 1. 1963 1 Ex. der Rasse *A. f. rossicus* (Tundra-Saatgans) bei Bondorf erlegt (Präparat bei K. DENGLER, Öschelbronn); 10. 3. 1963 2 Ex. über Böblingen und am 1. 1. 1979 15 Ex. über Maichingen ziehend.

Graugans – *Anser anser*

Am 6. 11. 1968 20 Ex. bei Rohrau (E. JESERICH, B. u. L. KROYMANN); nach einer weiteren Beobachtung von C. KERN war der Trupp zwei Tage anwesend.

Ringelgans – *Branta bernicla*

Nach FISCHER (1914) wurde 1 Exemplar bei Leonberg erbeutet.

Rothalsgans – *Branta ruficollis*

Nach FISCHER (1914) wurde am 1. 1. 1844 bei Eltingen/Leonberg ein prachtvolles ♂ erlegt und befand sich im Naturalien-Kabinett in Stuttgart.

Pfeifente – *Anas penelope*

Unregelmäßiger Durchzügler im Spätherbst (7 Daten zwischen 17. Okt. und 12. Dez.) und im Frühjahr (9 Daten zwischen 7. Februar und 5. April); max. 7 Ex. (3,4) am 31. 3. 1964 auf überschwemmten Wiesen bei Rohrau.

Schnatterente – *Anas strepera*

Selten festgestellter Durchzügler im Herbst und im Frühjahr. 4 Daten: 19. 10. 1958 1,0 Ex. Sindelfinger See; 1. 4. 1964 1,1 Ex. Rohrau (W. RIEDEL); 16. 3. 1965 2,1 Ex. Rohrau; 31. 8. 1968 1 Ex. Hulb bei Böblingen (W. RIEDEL).

Krickente – *Anas crecca*

Regelmäßiger Durchzügler im Spätsommer und Herbst (frühestes Datum: 27. 7. 1963 2 Ex. Hulb bei Böblingen) und im Frühjahr (spätestes Datum: 16. 4. 1961 1,0 Ex. Hulb bei Böblingen) (W. RIEDEL); unregelmäßiger vereinzelter Wintergast; ausnahmsweise im Jan. 1971 Ansammlungen von 53 Ex. an der Ammer bei Gültstein (W. RIEDEL). Weitere große Ansammlungen: 16 Ex. am 5. 9. 1968 Rohrau (B. u. L. KROYMANN); 15 Ex. 21. 8. 1966 Hulb bei Böblingen (W. RIEDEL); 13 Ex. 20. 3. 1964 Hulb bei Böblingen.

Abb. 16. Knäkente ♂. Foto A. LIMBRUNNER

Stockente – *Anas platyrhynchos*

Einzige regelmäßig brütende Ente (in einem Seggensumpf bei Böblingen 1970 5 Brutpaare/3 ha, B. u. L. KROYMANN).

Außerhalb der Brutzeit wurden Ansammlungen bis zu 500 Exemplaren angetroffen (30. 1. 1959 Hulb bei Böblingen), die auf den ausgedehnten, zeitweise überschwemmten Wiesen rasteten. Am Sindelfinger und Böblinger See und am Sulzgraben bei Rohrau halten sich im Herbst bzw. im Hochwinter alljährlich um 100–300 Ex. auf.

Spießente – *Anas acuta*

Nicht ganz regelmäßiger Durchzugsgast im Frühjahr (16 Daten) zwischen 2. März (1964 0,1 Ex. Sindelfinger See; 1969 2,2 Ex. Rohrau) und 6. April (1965 0,1 Ex. Schwippe bei Böblingen). Maximal 18 Ex. am 31. 3. 1964 bei Rohrau. Im Herbst bisher nur 1968 festgestellt (16.–19. Okt. 4 Ex. bei Rohrau, B. u. L. KROYMANN).

Knäkente – *Anas querquedula*

Unregelmäßiger Brutvogel; 1958 bestand starker Brutverdacht auf der Hulb bei Böblingen und ca. 1967 fand W. SCHWAB bei der Kläranlage Böblingen ein Gelege, welches später zerstört wurde. Alljährlicher Durchzügler im Frühjahr, nicht ganz regelmäßiger Durchzugsgast im Spätsommer. Im Frühjahr bei Rohrau 1964 außergewöhnche Ansammlungen bis max. 55 Ex. (31. 3. 1964).

Extremdaten: 5. 3. 1959 (3,4 Ex. Schlanderer See); 11. 5. 1958 (1,0 Ex. Hulb bei Böblingen); 1. 7. 1958 (1,0 Ex. Schlanderer See bei Sindelfingen); 21. 9. 1969 (5 Ex. Hulb bei Böblingen, R. u. I. GIROD).

Löffelente – *Anas clypeata*

Spärlicher Durchzügler. 6 Frühjahrsdaten (19. 4. 1958 2,0 Ex. E. SEITZ; 31. 3. 1964 6,3 Ex. und 2. 4. 1964 1,1 Ex. Rohrau; 2. 4. 1964 1,0 Ex. Hulb bei Böblingen; 16. 3. 1969 1,1 Ex. Hulb bei Böblingen, B. u. L. KROYMANN; 29. 3. 1969 1,3 Ex. Hulb bei Böblingen, R. u. I. GIROD); nur 1 Herbstdatum (5. 8. 1968 2 Ex. Rohrau, B. u. L. KROYMANN).

Kolbenente – *Netta rufina*

Vom 26. 4.–1. 5. 1978 rastete 1 ♀ auf dem Oberen See in Böblingen (A. CASATA, W. SCHUBERT).

Tafelente – *Aythya ferina*

Spärlicher Durchzugsgast. Es liegen nur 8 Daten vor (1 ♀ verweilte vom 22. 3.–3. 4. 1959 auf dem Oberen See in Böblingen; 5. 3. 1964 1,0 Ex. Sindelfinger See; 8. u. 9. 12. 1964 0,1 Ex. Sindelfinger See; 21./22. 8. 1966 1,1 Ex. überschwemmte Wiesen der Hulb bei Böblingen, W. RIEDEL; 7. 12. 1968 1,0 Ex. Unterer See in Böblingen, W. RIEDEL).

Das spärliche Auftreten der Tauchenten erklärt sich durch das Fehlen von geeigneten Gewässern.

Reiherente – *Aythya fuligula*

Spärlicher Durchzugsgast. Nur 7 neuere Daten liegen vor: 27. 11. 1950 1,1 Ex. Nufringer Eisweiher, H. LÖHRL; 10. 3. 1960 0,1 Ex. Sindelfinger See; 28. 3. 1965 1,0 Ex. Nufringer Eisweiher, W. SCHNEIDER; 26. 11. 1967 2,0 Ex. Oberer See in Böblingen, W. RIEDEL; 6. 11. 1975 0,1 Ex. am Teich bei Herrenberg, P. NOVOTNY; 28. 11. 1975 0,1 Ex. Sindelfinger See; 6. 2. 1979 1,1 Ex. Fischweiher bei der Kläranlage Böblingen.

Eiderente – *Somateria mollissima*

Im Naturalien-Kabinett befindet sich ein Stück aus Eltingen vom November 1838. Am 5. 1. 1974 fand G.v. HEITSCHEL-HEINEGG SE Weissach eine verendete Eiderente (♀), die am 15. 6. 1973 bei Papirahu in Estland/UdSSR noch nicht flügge beringt wurde.

Trauerente – *Melanitta nigra*

LANDBECK (1834) erhielt ein im Winter 1833 auf einem kleinen Bach bei Leonberg geschossenes Exemplar.

Samtente – *Melanitta fusca*

Im November 1879 wurde ein Stück bei Eltingen/LEO geschossen (FISCHER 1914).

Schellente – *Bucephala clangula*

Nach FISCHER (1914) befand sich ein Belegexemplar von Weil im Schönbuch im Naturalien-Kabinett in Stuttgart.

Gänsesäger – *Mergus merganser*

Nach LANDBECK (1834) wurde ein Exemplar bei Leonberg erlegt.

Steinadler – *Aquila chrysaetos*

Sehr wahrscheinlich ehemaliger Brutvogel der Schönbuch-Wälder. TSCHERNING

Abb. 17. Rotmilan. Foto W. SCHUBERT

(1895) nimmt an, daß die in den inneren Huten des Schönbuchs erlegten Vögel meist diesen Teilen des Waldes entstammen.

Im Oberforst Tübingen wurden von 1675–1721 insgesamt 134 Steinadler erlegt, davon auf Gebieten des jetzigen Kreises Böblingen: 1 Ex. 1676/77 Steinenbronn, je 1 Ex. 1678/79 bei Waldenbuch, Weil im Schönbuch und Steinenbronn, 2 Ex. 1685/86 bei Steinenbronn, 1 Ex. 1686/87 Weil im Schönbuch, 2 Ex. 1697/98 bei Hildrizhausen, 2 Ex. 1715/16 bei Waldenbuch, 1 Ex. 1719/20 bei Mönchberg.

Rotmilan – *Milvus milvus*

Seltenster Greif im Kreis Böblingen mit 7 Paaren; 4 weitere Brutplätze sind in Grenzgebieten im Krs. Calw (1 Bp., Nagold (1 Bp.) und am Schönbuchrand/TÜ (2 Bp. bekannt. Die Horste werden bevorzugt am Waldrand auf Eichen (12 Horste), auf

Buchen (4×), Kiefern (3×), Tannen (3×) in ca. 14–25 m Höhe errichtet. Max. Siedlungsdichte 4 Bp./168 km^2 = 1 Bp./42 km^2. Geringste Entfernung zwischen zwei Horsten im Jahre 1974 5 km, 1978 6,8 km. Der Bestand ist seit der Unterschutzstellung der Greife 1973 zwar in den letzten 4 Jahren konstant geblieben, jedoch sind seit 1960 mind. 4 Brutplätze nicht mehr belegt: Holzgerlingen (zuletzt 1973), Rohrau (zuletzt 1973 Brutverdacht), Herrenberger Steige (Horst zuletzt 1969 belegt, DREXLER; durch Bau der Autobahn verwaist), Hailfingen/TÜ (Horst zuletzt 1973 belegt), Leonberg (zuletzt 1970), Weissach (21. 5. 1974 1 Ex.). In den benachbarten weitläufigen Gebieten der ,,Fildern" ist die Art durch starke Bebauung und den fehlenden Jagdraum bereits ausgestorben: belegte Horste fand PFINGSTTAG zuletzt 1965 bei Echterdingen/ES und 1960 letztmals im Plieninger Wald/S. Durch zunehmende ,,Beunruhigung" der Waldränder durch Forstarbeiten, Wegebau, Modellflieger usw. wechseln die Brutpaare neuerdings fast alljährlich über große Distanzen: z. B. bei Grafenau 1977 3,5 km, 1978 3,1 km; bei Dagersheim 1977 0,6 km und 1978 1,1 km.

Bruterfolg: 1974 wurden in 7 kontrollierten Horsten jeweils 3 Junge gefunden; 1977 und 1978 flogen aus 8 untersuchten Horsten nur jeweils 2 Junge aus.

Jahresrhythmus: Früheste Ankunft nach milden Wintern ab Ende Februar (20. 2. 1977, 22. 2. 1958), meist erst Anfang März. Nach Norden durchziehende Exemplare wurden am 27. 1. 1977 bei Sindelfingen und am 11. 2. 1968 bei Schönaich beobachtet. Einzelne Brutpaare verweilen bis Anfang Oktober. Nicht alljährliche Dezemberbeobachtungen (z. B. 3. u. 9. 12. 1959, 26. 12. 1964, 1. 12. 1973 5 Ex. nach Westen fliegend) betreffen offenbar Schneeflüchter, die unser Gebiet überfliegen. Ein Zusammenhang mit der neuen Überwinterungstradition im Donau-Alb-Gebiet ist nicht zu erkennen. Zu einem ersten Überwinterungsversuch kam es möglicherweise im Jahre 1968: am 1. 2. 1968 wurde ein Exemplar bei Oberjessingen erlegt, welches seit mind. 3 Wochen unter dem Giebel einer Scheune übernachtet hatte (F. TRAMPISCH u. a.).

Schwarzmilan – *Milvus migrans*

Ehemaliger Brutvogel im Krs. Böblingen. An 2 Orten wurden Horste gefunden: bei Rohrau (zuletzt 1964 Brutverdacht) und an dem langjährig besetzten Brutplatz bei Dagersheim, wo noch 1969 Brutverdacht bestand. 1980 bestand Brutverdacht bei Merklingen.

Jahresperiodik: Die Ankunft an den Brutplätzen erfolgte in den letzten Märztagen (24. 3. 1974, 30. 3. 1956, 31. 3. 1964), ausnahmsweise wurde bereits am 28. 2. 1959 1 Exemplar beobachtet. Neuerdings ist die Art regelmäßiger Durchzügler im Frühjahr (19. 3. 1977–19. 5. 1976), umherstreifende (?) noch am 5.6.1973 (1 Ex. bei Rutesheim) und am 9. 6. 1963 (2 Ex. bei Deckenpfronn); unregelmäßiger auf dem Herbstzug (25.7.1978 1 Ex. bei Warmbronn – 3. 9. 1960 2 Ex. bei Sindelfingen); max. 5 Exemplare am 18. 8. 1979 bei Holzgerlingen.

Seeadler – *Haliaetus albicilla*

Am 10. 3. 1963 zog ein junges Exemplar auf der Hulb bei Böblingen nach Nordosten; das niedrig fliegende Tier setzte nach kurzem Kreisen seine Wanderung fort und konnte dabei sicher bestimmt werden.

Rauhfußbussard – *Buteo lagopus*

Seltener Wintergast; ein vertrautes Exemplar hielt sich vom 16. 1.–12. 2. 1957 östlich Maichingen auf. Ein weiteres Tier, bei dem die befiederten Ständer erkannt wurden, beobachtete R. KUHN am 30. 12. 1962 bei Hildrizhausen. Einige weitere Meldungen erscheinen nicht ausreichend gesichert.

Mäusebussard – *Buteo buteo*

Er ist der häufigste und auffälligste Greif unserer Fluren. Die Horste werden bevorzugt an ruhigen Waldrändern, aber auch tief im Waldesinnern an Schneisen, Lichtungen oder Hanglagen errichtet. In Gebieten mit ursprünglich reinen Laubbeständen wird eindeutig die Eiche als Horstbaum bevorzugt. 1977 waren von 82 belegten Horsten 52 (63 %) auf Eichen errichtet und 12 (14,6 %) auf Kiefern. Im Heckengäu mit vorwiegender und ursprünglicher Nadelwaldbestockung dominiert die Kiefer als Horstbaum. 1978 waren 25 (52 %) von 48 Horsten auf Kiefern errichtet; mit Abstand folgen Tanne (7 Horste), Buche (6 Horste), Lärche und Eiche (je 4 Horste), Fichte (2 Horste). Vor allem in „Mäusejahren" belegt der Mäusebussard auch alte Krähennester auf relativ freistehenden (Obst-)Bäumen in der offenen Kulturlandschaft – mit Vorliebe in waldarmen Gebieten des Gäus. Hier wurden die Bruten auf Birnbäumen (8×), Apfelbäumen (3×), Pflaumenbäumen (2×) in nur 3,5–12,6 m Höhe und je 1× auf einer Pyramiden- und Silberpappel gefunden.

Bestandsschwankungen/Siedlungsdichte: Je nach dem Auftreten seiner Hauptbeute – der Feldmaus – schwanken Bruterfolg und auch Siedlungsdichte. Bemerkenswerterweise blieben 1974 während einer Feldmauskalamität einige Horste im Innern des Schönbuchs am Bromberg, die 1973 besetzt waren, verwaist. Andererseits horsteten Paare in sonst unbesiedelten Revieren in der offenen Kulturlandschaft, einige sogar dicht bei Ortschaften. Nach einem guten Brutjahr und mildem Winter 1974/75 kreisten im Frühjahr die balzenden Exemplare in ungewöhnlicher Dichte. Mit dem Zusammenbrechen der Feldmauskalamität schmolz jedoch die Zahl der Altvögel sichtbar zusammen. Mehrere tote Mäusebussarde wurden gefunden, deren Todesursache nicht geklärt werden konnte. Der Brutbestand 1975 blieb nach lokalen Untersuchungen unter der Dichte des Vorjahres. Bereits 1977 folgte wieder ein „Mäusejahr" mit guter Siedlungsdichte und gutem Bruterfolg des Mäusebussards. Nach dem relativ harten Winter 1977/78 lag 1978 die Siedlungsdichte des Mäusebussards unter den Vorjahresdaten. In dem mäusearmen Jahr 1979 sank die Siedlungsdichte nochmals stark ab und der Bruterfolg war so niedrig wie noch nie beobachtet.

In einer Kontrollfläche von 168 km^2 brüteten 1978 106 Paare, davon konnten 82 Horste gefunden werden. Die Siedlungsdichte betrug 1 Bp./1,6 km^2. Die größte Horstdichte wurde in einem Mischwald bei Aidlingen mit 11 besetzten Horsten ermittelt (= 2,75 Bp./km^2 Waldfläche); dabei betrug der geringste Horstabstand nur 54 m!. In der Regel sind die Horstabstände über 200 m. Geschätzter Bestand im Krs. Böblingen 1978 ca. 280 Paare (= 1 Bp./2,2 km^2)

Bruterfolg: Während in „Mäusejahren" Gelege mit 3 oder 4 Eiern normal sind, werden in mäusearmen Jahren oft nur 1 oder 2 Eier gelegt bzw. kommen nur 1 oder 2 Junge zum Ausfliegen. 1978 flogen aus 48 Horsten insgesamt nur 55 Jungvögel aus. Die Nachwuchsrate betrug somit nur 1,15 Jungvögel/Horst.

Aber sogar in mäusereichen Jahren kann es vorkommen, daß von 3 oder 4 geschlüpften Jungen jeweils der schwächste Jungvogel, sogar halberwachsen, von den Geschwistern attackiert, schließlich getötet und wohl (?) gefressen wird. In einem Horst bei Dätzingen mit 3 Jungen wurde das Nesthäkchen vom ältesten Geschwister solange mit dem Schnabel bearbeitet, daß es den Kopfverletzungen erlag und verschwand (G. Elbl, W. Marquardt). Vom 14. 5. zum 15. 5. 1977 verschwand das Nesthäkchen von insgesamt 4 Jungen aus einem Horst bei Altingen/Tübingen.

Von 8 Gelegen auf Obstbäumen kamen 1974 nur 2 Bruten zum Ausfliegen.

J a h r e s p e r i o d i k : Zwischen 18. September – mit Schwerpunkt im Oktober – und April ziehen Einzeltiere oder kleine Verbände über unser Gebiet. Nach einer mehrwöchigen Schlechtwetterperiode zogen am 12. Oktober 1974 zwischen 10 Uhr und 12.30 Uhr 110 Ex. am Schloßberg Herrenberg nach Südwesten. Am 27. 10. 1979 zogen bei Rohrau 71 Ex. nach Süden. Nach Neuschneefällen kam es in den offenen Tallagen zwischen Ehningen – Rohrau – Nufringen am 18. 2. 1978 mit 57 Exemplaren zu kurzfristigen Massierungen. Der Winterbestand beträgt in milden Wintern in diesem Gebiet ca. 16–20 Exemplare. Zumindest ein Teil der Altvögel verharrt in den Brutrevieren, da bereits an milden Januar- und Februartagen Balzflüge durchgeführt und Horste begründet werden. In der Kontrollfläche von 168 km^2 wurden im Dezember 1980 mindestens 70 Ex. erfaßt. Dies entspricht ⅓ des Brutbestandes.

Sperber – *Accipiter nisus*

Als Brutvogel ist der Sperber heute nur noch in einigen Waldgebieten mit eingesprengten Fichtenbeständen zu finden. Vergleichszahlen aus früheren Jahren fehlen, jedoch war nach Mitteilung zuverlässiger Beobachter der Sperber vor ca. 15 Jahren ein regelmäßig und häufig zu beobachtender Greif. Nach neuesten lokalen Untersuchungen nimmt die Art weiter ab. E. GABLER erfaßte z. B. im Sindelfinger Stadtwald 1969 3 Brutpaare. Nach stetigem Rückgang konnte er in diesem Gebiet seit 1978 keine erfolgreiche Brut mehr nachweisen. Gesamtbestand im Krs. Böblingen ca. 25–30 Bp. (1978–1980).

In einem Untersuchungsgebiet von 168 km^2 gelangen 1978 nur an insgesamt 8 Orten Brutzeit-Feststellungen bzw. 3 Horstfunde (1 Bp./21 km^2). Geringster Horstbestand 1,8 km. Bei 2 Horsten flogen mind. 8 Jungvögel aus, im 3. Horst schlüpften aus dem 5er-Gelege keine Jungen. In mind. 3 weiteren Revieren konnte kein Bruterfolg registriert werden (G. ELBL, W. SCHUBERT). W. STEGMAIER ermittelte 1977 in Schönbuchwaldgebieten im Krs. Tübingen und Esslingen jeweils minimale Horstabstände von 1,7 km. Im folgenden Jahr 1978 brütete dort infolge Holzeinschlages jeweils nur ein Paar.

Die Ursachen des starken Rückganges sind wohl vor allem in der starken Anwendung von diversen Chemikalien (Pestiziden), besonders im landwirtschaftlichen Bereich, zu sehen. Für diese Annahme spricht auch, daß Biotope, die von landwirtschaftlich genutzten Flächen umgeben sind, nur noch selten vom Sperber besiedelt werden oder in solchen Gebieten kaum ein Bruterfolg nachweisbar ist. Andererseits horsten Sperberpaare mit gutem Bruterfolg fast ausschließlich im Innern ausgedehnter Waldgebiete oder sind von Ödlandbiotopen umgeben oder durchsetzt.

P e s t i z i d e : Bei 3 Sperbereiern aus 2 verschiedenen Gelegen bei Dätzingen und Darmsheim im Jahre 1978 wurden vom Tierhygienischen Institut Freiburg folgende Rückstände ermittelt (Werte bezogen auf Fettgehalt):

HCB	min. 0,31–4,98 ppm	Lindan	min. 0,16–0,44 ppm
p.p.DDE	min. 207–300 ppm	PCB	min. 251–565 ppm

Die sehr hohen Werte sind vergleichbar mit den von CONRAD (1977) für den Sperber ermittelten Durchschnittswerten für die BRD (p.p. DDE 232,2 ppm, PCB 480 ppm). Die hohen Werte bei p.p.DDE sind insofern besorgniserregend, da DDE bereits seit 1971 nur noch in Ausnahmefällen, z. B. im Forst, angewendet werden darf.

N a h r u n g : Eine Untersuchung im Jahre 1975 durch DORIS WALTER an einem Sperberpaar in der Sindelfinger Winterhalde während der Brut- und Aufzuchtszeit von Ende April bis Ende Juli gab Aufschluß über den Speiseplan der Sperberfamilie. Ergebnis: Die am häufigsten vorkommenden Vogelarten Kohlmeise, Blaumeise, Buchfink wurden am meisten geschlagen. Es folgten Rotkehlchen, Amsel, Kleiber und Singdrossel relativ häufig auf der Beuteliste.

Ein Zusammenhang bestand auch zwischen Beute- und Jahreszeit. Im April und Mai wurden die größeren Vogelarten wie Eichelhäher, Buntspecht und Misteldrossel ein Opfer des Sperbers. In dieser Jahreszeit war das größere ♀ an der Jagd noch ausschlaggebend beteiligt, wogegen Mitte Mai und später allein das ♂ für die Futterbeschaffung zuständig war.

Habicht – *Accipiter gentilis*

Dieser stark verfolgte Greif wurde in den Staatsforsten des Schönbuchs geschont und ist seit der Unterschutzstellung im Jahre 1968 jetzt wieder in allen größeren Waldungen heimisch. Die Horste werden vorzugsweise inmitten der Waldungen in Altholzbeständen errichtet; nur ausnahmsweise brütete 1974 ein Paar unmittelbar am Waldrand in einem alten Mäusebussardhorst. Von 21 Horsten waren 1977 9 auf Tannen, 5 auf Kiefern, 4 auf Lärchen und je ein Horst auf Buche, Eiche, Fichte in ca. (1× 8 m) 14–26 m Höhe errichtet.

In einem Untersuchungsgebiet von 168 km^2 wurden 1978/79 13 bzw. 14 Brutpaare (Bp.) ermittelt. Dies entspricht einer Siedlungsdichte von 1 Bp./13 bzw. 12 km^2 und stellt eine optimale Besiedlung dar. Die geringsten Horstabstände betrugen 1976/1977 1,8 km bei Bebenhausen/TÜ und 2,2 km bei Aidlingen in den Jahren 1977/1978. Gesamtbestand im Krs. Böblingen 1977–1980 ca. 28–32 Bp. (≙ 1 Bp./22 km^2).

Bruterfolg Gelege mit 3 Eiern (4×) oder 4 Eiern (5×) wurden gefunden; zum Ausfliegen kamen jedoch meist nur 1 Jungvogel (2×), 2 Junge (> 10×) oder 3 Junge (> 7×); aus mindestens 3 Horsten flog kein Jungvogel aus. Die Nachwuchsrate betrug somit 2,1 Juv./Horst.

An einem Horst mit 2 Jungen bekämpften sich die knapp halberwachsenen Jungen stets heftig vor dem Füttern oder auch vor dem Eintragen eines Lärchenzweiges. Unter einem weiteren Horst lagen die Überreste eines fast flüggen, offensichtlich gekröpften Jungvogels.

Jahresperiodik: Nach dem Ausfliegen der Jungen kann man diese gelegentlich in recht auffälliger Weise in Ortsnähe unmittelbar neben Häusern kreisend oder jagend beobachten. Die Altvögel dagegen sieht man meist nur kurzfristig bei den Pirschflügen, und lediglich während der Balzzeit von Februar–April, seltener auch nach der Brutzeit, kreisen sie über den Revieren. Nur am 24. 3. 1974 1 kreisendes und hoch nach Nordost ziehendes Ex. und am 27. 10. 1974 ein nach Südwesten ziehender Jungvogel.

Wespenbussard – *Pernis apivorus*

Brutvogel in fast allen größeren Waldungen; zweimal in kleinen vorgelagerten Wäldchen mit ca. 1 ha brütend. Die Horste werden an Waldrändern, ebensooft im Waldesinnern an Lichtungen und Schneisen, gern auch an der oberen Kante eines Bergrückens, meist höher in den Baumkronen als Horste des Mäusebussards, selbst erbaut. Nur in einem Fall wurde ein alter Mäusebussardhorst belegt. Einige Male wurden bereits völlig zerfallene, jahrelang nicht mehr benutzte Horste wieder ausgebaut. Als Horstbäume werden Eichen (1976 17 Horste) und relativ oft Buchen (1976 15 Horste) bevorzugt; gelegentlich findet man Horste auf Kiefern (3×), Birke (1×), Tanne (1×), Fichte (1×). Die Horste waren zwischen 14,8 und 28,5 m (!) hoch erbaut und sind im Sommerhalbjahr meist nur bei bekannter Lage des Horstes zu finden.

Siedlungsdichte: In einer 168 km^2 großen Untersuchungsfläche wurden 1978 (gutes Wespenjahr) ca. 19 Brutpaare mit 11 belegten Horsten ermittelt (= 1 Bp./8,8 km^2). Die größte Siedlungsdichte wurde in einem Waldgebiet zwischen Böblingen

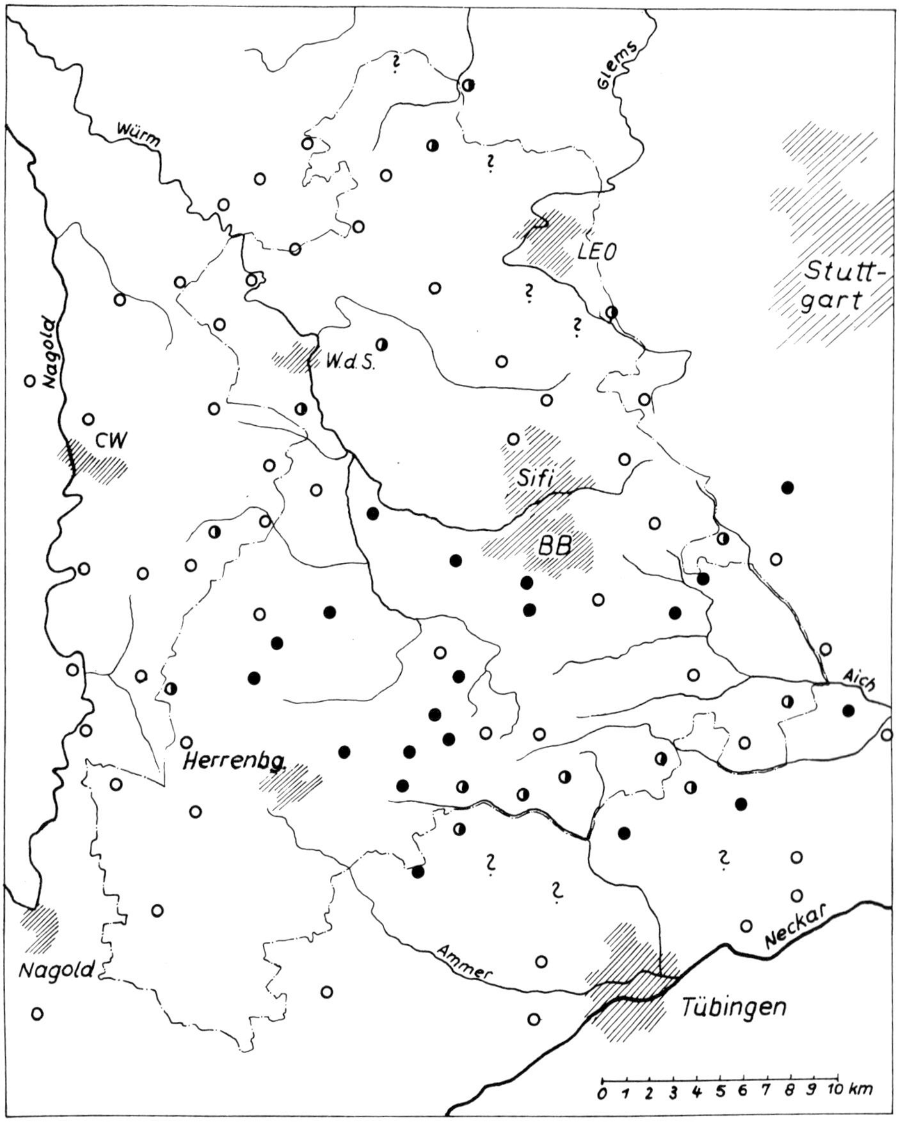

Abb. 18. Verbreitung des Wespenbussards 1973–1979. ● Horstfund, ◑ Brutverdacht bei Horstfund im Winter, ○ Brutverdacht.

und Ehningen (ca. 7,5 km^2) gefunden (= 1 Bp./2,5 km^2 Waldfläche). Die geringste Entfernung zwischen 2 belegten Horsten betrug 1977/78 nur 1,1 km bei Böblingen, 1,7 km bei Gärtringen, 2,4 km bei Hildrizhausen, 2,6 km bei Sindelfingen und 2,7 km bei Magstadt. Gesamter Bestand im Krs. Böblingen nach erfaßten Revieren (1973–79) ca. 46 Bp. (≙ 1 Bp./13,5 km^2).

B e s t a n d s s c h w a n k u n g e n : Nach vorliegenden Beobachtungen sind Bestandsschwankungen gering, und ein Rückgang im Kreis Böblingen ist seit 1960 nicht nachweisbar. Dies ist insofern bemerkenswert, weil 1973 und 1975 (teilweise 1976) in weiten Gebieten Süddeutschlands keine erfolgreich brütenden Paare festgestellt werden konnten.

Ein bereits 1959 bekanntgewordener Brutplatz am Rande der Stadt Sindelfingen war auch 1978 besetzt, obwohl das Brutrevier in den letzten Jahren durch neue Siedlungen von 3 Seiten umschlossen ist und die Häuser bereits 300–450 m an den Horst heranreichen; seit 1979 ist dieser Brutplatz allerdings verwaist.

B r u t e r f o l g : Bei Ausbleiben der Wespen (Hauptnahrung: Wespenbrut) kann es zu totalen Brutausfällen kommen (z. B. 1973, 1975 und Teilausfälle 1976). Dabei spielte 1973 auch die ungünstige Witterung mit mehrtägigen Regenfällen während der Jungenaufzucht eine wesentliche Rolle (s. SCHUBERT 1977). In dem günstigen Wespenjahr 1978 wurde von 15 Horsten in 4 Horsten die Brut durch unbekannte Ursachen vorzeitig zerstört. In allen bekannten Horsten waren stets 2 Eier bzw. 2 Junge.

F e i n d e : 3 Altvögel wurden vom Habicht (Brustfedern) geschlagen. Ein ♀ wurde 1974 unter dem Horstbaum gerupft, die noch nicht flüggen Jungen wurden vom ♂ weiterversorgt. Fast erwachsene Jungvögel wurden 2× vom Marder im Horst erbeutet (1977 bei Dettenhausen/TÜ – W. RIEDEL; 1978 Hardtwald/TÜ – W. SCHUBERT).

J a h r e s z e i t l i c h e s   A u f t r e t e n : In der Regel kehren die Wespenbussarde aus ihren tropischen Winterquartieren in der 3. Dekade im Mai in die Brutgebiete zurück; einzelne Exemplare können auch früher, z. B. am 7. 5. 1975, 14. 5. 1960, 15. 5. 1976/77, beobachtet werden; starker Durchzug wurde 1975 bereits am 17. 5. registriert: zwischen 8 Uhr und 17 Uhr 35 zogen insgesamt 19 Exemplare, meist einzeln oder paarweise bis max. 4 Exemplare zusammen, nach Nordosten.

Erfolglos brütende Vögel ziehen vorzeitig ab Mitte Juli wieder ab. Dies traf vor allem in den wespenarmen Jahren 1973, 1975 und 1976 zu, aber auch in guten Wespenjahren können einzelne, gerichtet ziehende Tiere Ende Juli (1976, 1978) beobachtet werden. Der Abzug der heimischen Brutpaare erfolgt Ende August (1978 letzte Beobachtung am 21. 8.) oder in den ersten Septembertagen (1976 letzte Beobachtung am Brutplatz am 4. September). Starker Durchzug von nordischen Ex. (wohl skandinavische Populationen) erfolgt in der ersten Septemberwoche. Imposanter Durchzug nach mehrtägiger Schlechtwetterlage am 3. 9. 1978: zwischen 13 Uhr und 16.30 Uhr zogen insgesamt 243 Vögel über Sindelfingen nach Südwesten. Der Haupttrupp umfaßte 84 Exemplare, die restlichen Verbände bestanden aus kleineren Trupps bis max. 20 Ex. Ausnahmsweise konnten noch am 2. 10. 1973 2 Tiere registriert werden.

P e s t i z i d e : Ein vom Tierhygienischen Institut Freiburg untersuchtes Ei aus dem Schönbuch enthielt bemerkenswerterweise im Vergleich zu den untersuchten Sperbereiern nur niedrige Pestizid-Rückstandswerte (Werte bezogen auf Fettgehalt):

HCB	0,2 ppm	Lindan	0,17 ppm
p.p.-DDE	3,76 ppm	PCB	9,88 ppm

Rohrweihe – *Circus aerugineus*

Regelmäßiger Durchzügler; 33 Daten von Mitte März (17. 3. 1960 1 Ex. Hulb bei Böblingen) bis Mitte Mai (15. 5. 1960 1 Ex. am Truppenübungsplatz BB, J. MARTENS, W. SCHUBERT) und im Herbst 15 Feststellungen zwischen Anfang September (5. 9. 1959 1 Ex. bei Maichingen) und Anfang Oktober (6. 10. 1974 1 ♀ bei Dätzingen). Maximal 3 Tiere zusammen (17. 9. 1967 3 ♂ beim Flugplatz Tailfingen, B. u. L. KROYMANN, 22 .9. 1968 3 Ex. bei Rohrau, W. RIEDEL). Bei Zugplanbeobachtungen wurden am

29. 9. 1974 bei Dätzingen zwischen 15.50 Uhr und 16.20 Uhr 2 ♂ und 4 weibchenfarbene Ex. – meist einzeln nach Südwesten abziehend – bemerkt.

Kornweihe – *Circus cyaneus*

Nahezu alljährlicher Durchzügler im Winterhalbjahr. Die neueren Nachweise lauten: 2. 4. 1957 1,0 Ex. Sindelfingen; 29. 3. 1958 0,1 Ex. Böblingen; 7. 12. 1958 0,1 Ex. Maichingen; 24. 1. 1959 0,1 Ex. Sindelfingen; 17. 3. 1965 0,1 Ex. Böblingen; 22. 4. 1967 1,0 Ex. Böblingen (E. SEITZ); 25.4.1969 1,0 Ex. Leinfelden (J. ERBACHER); 15. 10. 1974 1,0 Ex. Sindelfingen; 20. 12. 1974 1 ♀ Rohrau; 23. 12. 1974 0,1 Ex. Ostelsheim/CW; 1. 1. 1975 0,1 Ex. Dätzingen; 4.11.1975 0,1 Ex. Tailfingen; 16. 3. 1976 0,1 Ex. Reusten/TÜ; 11. 11. 1976 1,1 Ex. bei Tiefenbronn (R. u. I. GIROD); 22. 4. 1977 0,1 Ex. Weissach; 8. 4. 1978 1,0 Ex. Dettenhausen/TÜ (W. STEGMAIER); 21. 10. und 26. 11. 1979 je 1,0 Ex. bei Weil im Schönbuch (M. DETTINGER; W. SCHUBERT); 7. 11. 1980 0,1 Ex. bei Maichingen.

Wiesenweihe – *Circus pygargus*

Wie vielleicht schon im vorigen Jahrhundert (vgl. die Angaben bei FISCHER 1914) ist auch heute noch das Gäu in der Umgebung Herrenberg und Böblingen eine der wenigen Landstriche Baden-Württembergs, in denen die Wiesenweihe fast regelmäßig auf dem Frühjahrszug beobachtet werden kann. Die neueren Nachweise lauten: 29. 4. 1958 1,0 Ex. Hulb bei Böblingen; 25. 4. 1959 1,0 Ex. Sindelfingen; 9. 4. 1960 0,1 Ex. Sindelfingen; 23. 4. 1960 0,1 Ex. Maichingen; 11. 4. 1964 0,1 Ex. Mötzingen; 15. 4. 1964 1,0 Ex. erlegt bei Bondorf (s. a. MARTENS 1964); 25. 4. 1965 0,1 Ex. Bondorf; 30. 4. 1968 1 Ex. Rohrau (B. u. L. KROYMANN); 25. 5. 1968 0,1 Ex. Bondorf (B. u. L. KROYMANN); 23. 5. 1973 0,1 Ex. Oberjettingen; 13. 5. 1974 1,0 Ex. bei Dätzingen (G. ELBL, W. SCHUBERT); 7. 5. 1975 0,1 Ex. Sindelfingen; 18. 5. 1975 0,1 Dätzingen (M. KUNZ); 2. 5. 1976 1,0 Ex. Tailfingen und 0,1 Ex. Reusten/TÜ.

Auf dem Herbstzug wurde jeweils 1 ♀ am 22. 8. 1959 bei Maichingen und am 15. 8. 1979 bei Sindelfingen beobachtet (W. SCHUBERT, W. STEGMAIER).

Fischadler – *Pandion haliaetus*

Die Waldvogteirechnungen des Tübinger Oberforstes erwähnen folgende Erlegungen: . . . 1680/82 Weil im Schönbuch 1 Ex.; 1685/86 Waldenbuch 1 Ex.; 1686/87 Weil im Schönbuch 2 Ex.; . . . (TSCHERNING 1895).

Aus neuerer Zeit liegen 9 Durchzugsdaten aus dem Kreis Böblingen vor: 15. 10. 1958 1 Ex. Hulb/Böblingen; 15. 4. 1968 1 Ex. bei Mötzingen (B. u. L. KROYMANN); Ende April 1968 1 Ex. bei Weil im Schönbuch (J. ERBACHER); 27. 3. 1975 1 Ex. Altdorf; 8. 4. 1976 1 Ex. Sindelfingen; 1. 10. 1976 1 Ex. Sindelfingen (W. SCHUBERT, W. STEGMAIER); 26. 3. 1977 1 Ex. Dätzingen; 10. 4. 1977 1 Ex. bei Dettenhausen/TÜ (W. STEGMAIER); 6. 11. 1977 1 Ex. Dätzingen.

Baumfalke – *Falco subbuteo*

Dieser seltene Greif nistet in verlassenen Krähenhorsten an Waldrändern mit eingesprengten Kiefern oder an erhöhter Stelle mit guter Übersicht auch im Waldesinnern und auf größeren Waldlichtungen wie z. B. am Truppenübungsplatz bei Böblingen. Er dringt tiefer in das Waldesinnere ein als der Turmfalke und brütet stellenweise in unmittelbarer

Abb. 19. Baumfalke. Foto W. SCHUBERT

Nachbarschaft. Innerhalb der neuen Kreisgrenzen sind in den letzten Jahren etwa 8 Brutreviere bekannt geworden. Im westlich angrenzenden Gebiet des Kreises Calw östlich der Nagold konnten 5 weitere Brutreviere gefunden werden. Seit den Bestandserhebungen im Jahre 1960 sind mind. 3 Reviere nicht mehr besetzt: (Truppenübungsplatz, Hochberg bei Aidlingen, Mahdental bei Sindelfingen). Die Ursache dürfte auf Einengung des Lebensraumes zurückzuführen sein.

Bislang wurden Horste mit 3 Eiern bzw. Jungen und 1 Horst mit 2 Eiern gefunden. In dem 2er-Gelege schlüpfte 1974 nur 1 Jungvogel, im verbliebenen Ei war das Embryo vorzeitig abgestorben und die Eischale wies Risse auf. Aus einem 3er-Gelege schlüpften 1975 zwar alle 3 Jungen, aber nach 2 Tagen war eines verschwunden. Als Täter kommt ein Eichhörnchen in Frage, welches dicht am Horst von den Altvögeln heftig attackiert wurde. In den Jahren 1976 und 1977 hatten mind. 3, sehr wahrscheinlich sogar 6 Paare keinen Bruterfolg.

Die 2 Jungen eines Horstes benötigten vom Schlüpfen bis zum Ausfliegen 30 Tage.

Nach mehrtägigen Beobachtungen wurden die Nestlinge ausschließlich mit Kleinvögeln gefüttert. Unter 23 gesammelten Teilrupfungen an zwei Horsten befanden sich allein 6 Mauersegler, davon 3 Altvögel; weiterhin 3 Mehlschwalben, 3 Stieglitze, 2 Grünlinge, 2 Singdrosseln, 2 Feldsperlinge,

1 Rauchschwalbe, 1 Goldammer, 1 Haussperling, 1 Heckenbraunelle und 1 Laubsänger. In Speiballen der Jungen fand E. WENDT auch Reste sowie vollständig erhaltene Käfer, deren Länge nur ca. 4 mm betrug (er bestimmte sie als Laufkäfer, die evtl. vom Boden aufgenommen wurden, was er auch aus 3 verschluckten Grashalmen folgerte; möglicherweise wurden aber die Insekten mit der Beute aufgenommen – Verf.). Die Reste eines Säugers dürften von den benachbarten Turmfalken stammen, denen er gelegentlich die Beute abgejagt hatte. Die Beute wurde in der Regel vom ♂ herbeigeschafft und im Fluge an das ♀ übergeben, welches die Beute nach weiterer Bearbeitung an die Jungen verfütterte.

Noch 40 Tage nach dem Ausfliegen wurden am 15. 9. 1975 die Jungen im Alter von 70 Tagen vom ♀ gefüttert.

Verhalten: Horstplätze sind infolge des relativ ruhigen Verhaltens nur schwer zu finden. In das Revier eingedrungene Rivalen werden vom Weibchen mit scharfen „*kizirr, kizirr . . .*" Rufen vertrieben. Eichhörnchen und Habichte sowie menschliche Störenfriede werden in Horstnähe mit heftigen „*Kjikjikjik*" Rufen und raschen Sturzflügen attackiert. Vorwiegend lautlos werden Elstern, Eichelhäher, Rabenkrähen und Mäusebussarde angegriffen. Ringeltauben und Kleinvögel werden selbst in unmittelbarer Horstnähe geduldet. Das ♀ eines Brutpaares fühlte sich sogar dann gestört, wenn aus ca. 200 m Entfernung vom gegenüberliegenden Hang der Horst mit Feldstechern beobachtet wurde. Das ♀ fütterte dann die Nestlinge nicht mehr und 2mal wurden die Beobachter über diese große Distanz hinweg rufend attackiert. Bei Störungen wurde die Beute vom ♀ selbst gefressen. Dicht am Horst vorbeiwandernde, reitende oder auf dem Felde arbeitende Menschen wurden nicht beachtet.

Jahreszeitliches Auftreten: Die Ankunft erfolgt ab Ende April, ausnahmsweise bereits am 12. 4. 1975 bei Mötzingen. Ein erfolglos brütendes Paar war bereits am 4. 8. 1977 weggezogen, und ein Paar mit 2 Jungen wanderte gemeinsam zwischen dem 18. und 21. 9. 1975 aus dem Brutrevier ab. Zwei späte Daten: 5. 10. 1960 bei Böblingen und am 10. 10. 1974 ein Durchzügler bei Herrenberg.

Wanderfalke – *Falco peregrinus*

Unregelmäßiger Durchzügler und Wintergast; letzter Nachweis am 3. 10. 1973 bei Dätzingen ein gerichtet ziehender Vogel. Zwischen 1955 und 1966 nahezu alljährlich festgestellt; mehrtägig rastende Exemplare konnten auf den Feldern bei der Kläranlage Böblingen zwischen dem 14. 1.–17. 1. 1960 und bei Schönaich zwischen dem 1.–10. 1. 1969 (W. SCHUBERT, R. KUHN) auch jagend beobachtet werden. Zur Brutzeit wurde ein kreisendes Exemplar beim Steinbruch Darmsheim am 1. 5. 1963 und ein jagendes Exemplar am 11. 4. 1964 bei Eutingen/HOR registriert.

Nach BERGE (1840) hat der Wanderfalke im Jahr 1837 bei Bebenhausen/TÜ im Schönbuch gebrütet.

Merlin – *Falco columbarius*

FISCHER (1914) führt 4 alte ♀ aus Böblingen an, und in der Vogelwarte Radolfzell im Schloß Möggingen steht ein ♂ mit der Aufschrift „Böblingen".

Aus neuerer Zeit liegen nur 6 gesicherte Daten vor: 11. 9. 1958 1,0 Ex. bei Heimsheim; 20. 4. 1960 0,1 Ex. Maichingen; 10. und 14. 4. 1963 0,1 Ex. zwischen Böblingen und Dagersheim; 2. 4. 1964 0,1 Ex. Rohrau; 5. 11. 1977 1,0 Ex. bei Herrenberg; 25.2.1978 2 ♀ beim Schaichhof.

Rotfußfalke – *Falco vespertinus*

Durchzügler. Bei Holzgerlingen im Schönbuch wurde 1859 1 Ex. erlegt (FISCHER 1914). Neuere Daten: 7. 5. 1959 0,1 Ex. bei Sindelfingen (W. RIEDEL, W. SCHUBERT); 15. 5. 1966 0,1 Ex. bei Böblingen (E. SEITZ); 17. 5. 1968 1,0 Ex. bei Magstadt (E. GABLER); 3. 6. 1973 1,0 Ex. Venusberg bei Aidlingen (A. SCHWAB).

Turmfalke – *Falco tinnunculus*

Zweithäufigster Greif nach dem Mäusebussard. Er meidet das Waldinnere und ist nur auf sehr großen Waldlichtungen wie z. B. am Truppenübungsplatz bei Böblingen anzutreffen. Zum Brüten belegt er meist alte Krähennester an Waldrändern oder Feldgehölzen; vor 1960 auch isoliert stehende Birn-, Apfel- und Pappelbäume sowie auf Starkstrommasten usw. Gelegentlich werden auch Bruten in alten Elsternnestern oder in Horsten des Mäusebussard aufgezogen. In größeren Steinbrüchen brüten bis zu 2 Paare in Nischen oder auf Simsen; innerhalb der Ortschaften nisten einzelne Paare auf Kirchtürmen oder seltener auf hohen Schornsteinen (z. B. Fa. Daimler Benz).

Bestand/Siedlungsdichte/Bruterfolg: Mehr noch als beim Mäusebussard ist die Siedlungsdichte und auch der Bruterfolg beim Turmfalk vom Auftreten seiner Hauptbeute – der Feldmaus – abhängig. Im Mäusejahr 1977 brüteten z. B. bei Gechingen/Calw im Heckengäu in kleinen Kiefernwäldchen auf einer Fläche von ca. 1 km^2 5 Paare erfolgreich; im folgenden Jahr 1978 mit sehr schwachem Auftreten der Feldmaus konnte im gleichen Gebiet nur 1 Paar (ohne Bruterfolg) festgestellt werden (G. ELBL). Bei Hildrizhausen brüteten 1977 2 Paare am Waldrand, 1978 fehlten dort die Brutpaare. Infolge der Mäusearmut konnte 1978 innerhalb einer Untersuchungsfläche von 168 km^2 bei ca. 45 Bp. kein Bruterfolg ermittelt werden. Lediglich E. GABLER berichtete, daß 1978 bei Stadtbruten von 3 bzw. 4 geschlüpften Jungen jeweils nur 1 Jungvogel zum Ausfliegen kam. Als Beute ermittelte er relativ viele Haussperlinge. R. GIROD erfaßte 1971 im ehemaligen Krs. Leonberg 27 Brutpaare, davon 9 als Felsbrüter.

Jahreszeitliches Auftreten: Die Zahl der Überwinterer ist gering, insbesondere in strengen Wintern. In den offenen Tallagen entlang des Krebsbaches zwischen Ehningen und Nufringen konnten am 18.2.1978 auf einer Fläche von ca. 7 km^2 max. 13 Ex., zwischen Dagersheim und Ehningen 6 Ex. erfaßt werden; in engen Taleinschnitten in westlich angrenzenden Gebieten bei Gärtringen und Aidlingen hielten sich meist jeweils nur 2 Vögel auf. R. GIROD erfaßte im ehemaligen Landkreis Leonberg (289 km^2) zwischen 26. 12. 1970 und 6. 1. 1971 23 Exemplare. Im schneereichen Dezember 1980 konnten am 8./9. 12. in dem Untersuchungsgebiet von 168 km^2 20 Exemplare erfaßt werden.

Alpenschneehuhn – *Lagopus mutus*

Bei den von LANDBECK 1834 und 1846 erwähnten Alpenschneehühnern, die einige Male bei Malmsheim/LEO beobachtet und ein Exemplar im Winter 1829/30 bei Leonberg erlegt wurden, dürfte es sich um verstrichene Vögel aus dem Schwarzwald handeln, die um 1750 im Nordschwarzwald eingebürgert wurden (HÖLZINGER, KNÖTZSCH, KROYMANN & WESTERMANN 1970).

Auerhuhn – *Tetrao urogallus*

Ehemaliger Brutvogel; in den Akten werden Hildrizhausen und Weil im Schönbuch als Balzplätze genannt (TSCHERNING 1896). „Der Prinz of Wales erlegte am 8. 4. 1913 auf Markung Breitenholz/TÜ bei der kgl. Jagdhütte einen prächtigen Hahn . . . ein weiteres Stück wurde am 24. 4. 1913 im Herrenberger Stadtwald – Abt. Mönchgarten – geschossen" (FISCHER 1914).

„Als Standvogel bis vor wenigen Jahren im Stadtwald Sindelfingen, wenn auch einzelne Tiere hin und wieder in den Waldgebieten des O.A. Leonberg gesehen und geschossen werden, so im oberen Glemstal" (O.A. Leonberg 1930). Die letzten zuverlässigen Meldungen stammen aus dem Bromberggebiet im Schönbuch. Nach Förster HÄUSSERMANN † waren 1932 noch zwei Hahnen bekannt.

Haselhuhn – *Tetrastes bonasia*

Ehemaliger Brutvogel; „noch in den Berichten von 1611 ist constatiert, daß die Haselhühner in den Forsten ..Böblingen.. durch die Kälte gelitten haben" (WAGNER 1876). Auch in den Forsten von Leonberg muß ein ordentlicher Bestand vorhanden gewesen sein. Nach den Wildberichten waren 1714 Tübinger Forst (der auch den Schönbuch umfaßte), „44 Stck. Haselwild" (TSCHERNING 1896). Die Oberamtsbeschreibung von Herrenberg teilt mit, daß das Haselhuhn zuweilen im Herrenberger Spitalwald vorkomme. Außerdem schreibt Oberförster FRIBOLIN 1887: „Im Döffinger Tannenwald standen immer einige Paare und wurden geschont" (FISCHER 1914). Im Jahre 1848 wurde ein Haselhuhn im Schönbuch bei Weil im Schönbuch geschossen (O.A. Böblingen 1850).

Noch zu Anfang dieses Jahrhunderts, etwa 1920, wurde 1 Ex. nordöstlich Oberjettingen erlegt, wo zuvor noch Brutverdacht bestand (F. ROOS). Bis zum Jahre 1923 hielten sich Haselhühner am Bromberg im Schönbuch auf (T. DÖTTLING).

Rebhuhn – *Perdix perdix*

Brutvogel im offenen Kulturland und Ödland; vor allem im Heckengäu noch regelmäßig anzutreffen. In Obstbaumwiesen wurde am 20. 7. 1976 bei Mötzingen ein Nest am Fuße eines Apfelbaumes gefunden. Siedlungsdichte: in intensiv genutzter, offener Kulturlandschaft ohne Buschwerk 3–7 rufende Ex./65 ha (1978 bzw. März 1980) ≙ ca. 0,05–0,1 Ex./10 ha.

Wachtel – *Coturnix coturnix*

Brutvogel im offenen Kulturland, bevorzugt in Getreidefeldern. Die Art unterliegt jährlich erheblichen Bestandsschwankungen mit stark abnehmender Tendenz. Im Raum Böblingen – Dagersheim – Maichingen – Sindelfingen wurden z. B. 1959 an 7 Orten und 1960 nur noch an 2 Stellen Vögel verhört; von 1973–1978 fehlten aus diesem Raum jegliche Feststellungen. Während um 1960 die Art noch regelmäßig im Gäu angetroffen werden konnte, gelangen bei Bestandserhebungen 1973 nur an insgesamt 9 Orten Ruf-Nachweise. In den folgenden Jahren blieben auch diese z. T. langjährig besetzten Vorkommen unbesetzt, obwohl dort keine Biotopveränderung stattgefunden hatte. Im Jahre 1979 trat die Art wieder verstärkt im Kreisgebiet auf. Allein um Maichingen konnten im Juni/Juli 6 Rufer registriert werden, weiterhin Einzelexemplare bei Lehenweiler, Weil der Stadt, Ostelsheim, Schafhausen und um Bondorf mind. 4 Ex.

Fasan – *Phasianus colchicus*

Einbürgerungen zeigten insbesonders in den deckungsarmen Gegenden nicht den gewünschten Erfolg. Die Exemplare wanderten offensichtlich in geeignetere Biotope ab. Im Heckengäu und in den Riedgebieten behauptet sich die Art gut.

Kranich – *Grus grus*

Als Durchzügler wird der Kranich bereits in der O.A. Leonberg 1930 erwähnt. W. HOLCH führt die Art dreimal an: 22. 11. 1933 ca. 30 Ex. bei Gültstein (Lehrer EBNER); 22. 11. 1942 ca. 20 Ex. bei Sindelfingen (K. ALDUNG); 27. 10. 1950 ca. 40 Ex. bei Hildrizhausen (Frl. VOLZ). Schäfer C. KERN stellte in mehreren Jahren im März rufende Trupps in großer Höhe über das Gebiet bei Rohrau ziehend fest. Die letzte Beobachtung erfolgte dort im März 1968 mit 12 Exemplaren. Am 1. 4. 1979 rasteten 4 Ex. beim

Ihinger Hof/Schafhausen (A. SCHWAB), und am 16. 12. 1979 zog 1 Ex. über Dätzingen nach Süden (Verf.).

Wasserralle – *Rallus aquaticus*

Sehr wahrscheinlich ehemaliger Brutvogel in den ursprünglichen Moorgebieten. Merkwürdigerweise fehlen zuverlässige ältere Berichte. In den verbliebenen Moorresten am Nufringer Eisweiher verhörte W. HOLCH in den Jahren von 1933 bis 1956 mehrfach Wasserrallen und hielt ein Brüten für sehr wahrscheinlich. Dort konnte im Jahre 1969 ab Ende Mai und im Juni mehrmals ein rufender Vogel bestätigt werden (R. GIROD, B. u. L. KROYMANN, E. ZWIRNER, Verf.) sowie 1978 mehrmals zur Brutzeit (W. EPPLE). Auf dem Durchzug wurde die Art am Schlanderer See (1 ad. Ex. vom 10. 9.–1. 10. 1959, W. RIEDEL, E. SEITZ, Verf.) und im Schwippe-Hulb-Gebiet bei Böblingen (je 1 Ex. am 29. 2., 5. 3., 18. 9., 2. 10. 1960 und am 10. 3. 1963) beobachtet.

Im Dezember 1875 wurde 1 Ex. bei Dätzingen erlegt (Naturalien-Kabinett) (FISCHER 1914).

Tüpfelsumpfhuhn – *Porzana porzana*

Bemerkenswerterweise liegen aus dem vorigen Jahrhundert von diesem seltenen Sumpfhuhn zuverlässige Meldungen aus den ehemals ausgedehnten Moorgebieten bei Sindelfingen und Böblingen vor: KÖNIG v. WARTHAUSEN (1889): Als Brutvogel . . . in den Torfstichen von Böblingen und Sindelfingen häufig! Zwei undatierte, ausgebalgte Vögel im Gasthof ,,Adler" in Nufringen wurden am Eisweiher erlegt; ebenda beobachteten B. u. L. KROYMANN am 17. 8. 1969 einen Durchzügler.

Daß die Art auch heute noch unser Gebiet auf dem Zuge überquert, zeigt ein noch lebend gefundenes Tier, welches am 3. 8. 1978 bei dem nächtlichen Flug an einem Aussiedlerhof am Venusberg bei Aidlingen verunglückte und am folgenden Tag verendete (F. STOBER).

Wachtelkönig – *Crex crex*

Brutvogel. Den einzigen Hinweis für sein Brüten lieferte W. HOLCH, der in den Wiesen bei Affstätt einen toten Jungvogel fand. – Um 1955 wurde die Art in Kornfeldern unmittelbar am Ortsrand von Maichingen regelmäßig Anfang Juli verhört. Bereits in den folgenden Jahren blieb dieses Vorkommen unbesetzt. Zwischen 1955 und 1970 gelangen an über 7 weiteren Orten Brutzeit-Feststellungen; nach jahrelanger Unterbrechung konnte am 25. 6. 1979 wieder ein Rufer im Affalterried bei Darmsheim verhört werden.

Teichhuhn – *Gallinula chloropus*

Verbreitung: An den meisten unregulierten Bächen und stehenden Gewässern ist das Teichhuhn als Brutvogel noch regelmäßig anzutreffen. Es fehlt an vegetationsarmen, begradigten Bachläufen sowie an Bachabschnitten, an denen der Wald unmittelbar ans Ufer reicht. Von 55 Paaren, die 1970 im Kreis Böblingen erfaßt wurden, brüteten 41 Paare an Bachläufen und 14 Paare an stehenden Gewässern. Im Krs. Calw brüteten nur 6 Paare an stehenden Gewässern (E. BUOB).

Bestand/Siedlungsdichte: W. RIEDEL erfaßte 1970 im Krs. Böblingen (mit seinen ehemaligen Grenzen) 55 Paare. In dem unter Naturschutz stehenden, unveränderten Abschnitt der Würm zwischen Aidlingen und Dätzingen brüteten 1970 allein

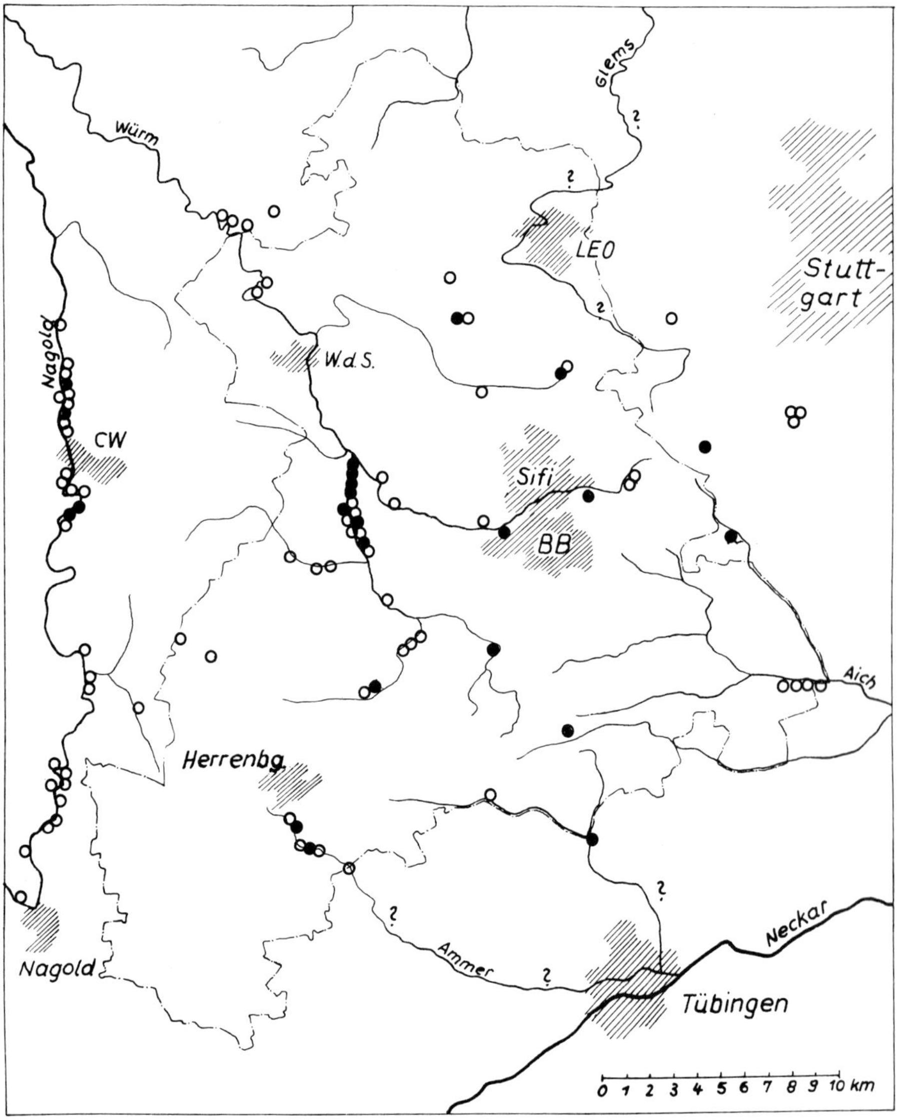

Abb. 20. Verbreitung des Teichhuhns 1971. ● Nestfund, ○ Brutverdacht.

ca. 14 Paare auf ca. 4 km Länge. 1971 erfaßte E. BUOB zwischen Kentheim und Ernstmühl an der Nagold/Krs. Calw 14 Paare auf 7 km Länge. Im gesamten Krs. Calw ermittelte er ca. 40 Paare. – Minimaler Nestabstand: ca. 50 m an Bachläufen (W. RIEDEL).

Jahresrhythmus/Tagesaktivität: Ein Großteil der Teichhühner überwintert nach neueren Untersuchungen an den eisfreien Bächen der Würm, der Nagold und auch der Ammer.

Zwischen 6. 1. und 28. 1. 1972 erfaßte E. BUOB z. B. an der Nagold unterhalb Ebhausen bis Malmen auf 61,5 km Flußlänge 94 Ex.

Brutdaten: Das Nest wird direkt auf dem Wasser oder dicht darüber bis ca. 0,4 m hoch, meist auf herabhängenden Weidenästen, in Schwertlilienbeständen oder sonstiger Vegetation am Bachufer und in Weidenbüschen bis zu 1,8 m vom Wasser entfernt, gebaut. – Der Legebeginn setzt ab Ende April ein, und Vollgelege wurden Anfang Mai, meist erst Anfang Juni gefunden. E. BUOB fand am 16. 4. 1971 an der Nagold bei Calw ein Gelege mit 9 Eiern. Zweitbruten dürften regelmäßig vorkommen. An dem Stadtweiher in Stuttgart-Rohr konnte am 6.6.1973 ein Altvogel mit etwa 10tägigen Jungen beobachtet werden, der an einem Nest baute, in dem bereits 3 Eier abgelegt waren. Die Gelege der 2. Brut findet man bis Mitte Juli (16. 7. 1971 Eier, E. BUOB). – Gelegegröße: 7 Eier – 4×, 8 Eier – 7×, 9 Eier – 5×, 10 bzw. 11 Eier je 1×.

Bläßhuhn – *Fulica atra*

Aus dem vorigen Jahrhundert fehlen Brutzeitdaten, und die Art konnte lediglich auf dem Durchzug z. B. an kleinen Bächen bei Waldenbuch/BB (O.A. Böblingen 1850) festgestellt werden.

In der ehemaligen Lehmgrube und am Berner-See bei Böblingen brüteten einige Paare bis zur Auffüllung im Jahre 1956. Zwischen 1957 und 1963 fehlte die Art als Brutvogel im gesamten Krs. Böblingen. Erst ab 1963 wurde zunächst der Maurener Teich, der Hölzersee, der Schlanderer See, der Nufringer Eisweiher, der Klostersee in Sindelfingen, der Mönchsbrunnen (1968) und der Schaichhof (mind. ab 1969) neu besiedelt, gebrütet wird jedoch nur an einigen regelmäßig.

Großtrappe – *Otis tarda*

Eine Großtrappe wurde 1830 beim Schaichhof im Schönbuch gefangen (LANDBECK 1830).

Zwergtrappe – *Tetrax tetrax*

Am 26. 6. 1971 rastete ein ♂ auf der Hulb bei Böblingen (B. u. L. KROYMANN).

Kiebitz – *Vanellus vanellus*

Der Nufringer Eisweiher galt lange Zeit als einziger Brutplatz im mittleren Württemberg. In den 20er und 30er Jahren waren keine weiteren Brutplätze bekannt. 1936 brüteten dort 2–3 Bp., 1948 2 Bp. (W. HOLCH in KROYMANN 1969b). Neben diesem „bekannten“ Vorkommen bestand nach C. KERN wenigstens in den 1920er Jahren unweit davon, nördlich Rohrau, ein weiterer und größerer Brutplatz. Laut KERN war der Kiebitz dort früher häufiger und Gelege wurden oft gefunden. Ein weiterer Brutplatz bestand am Schlanderer See bei Sindelfingen. Die ersten Brutmeldungen von 2–3 Bp. stammen aus dem Jahre 1947 (W. GOTTHARD). Das Brutgelände wurde u. a. durch Ausbaggern des Teiches im Jahre 1961 bzw. durch Bebauung des umliegenden Geländes zerstört. 1960 wurden 6 Kolonien mit mind. 12–15 Bp. im gesamten Kreisgebiet gefunden (W. SCHUBERT). 1968 ermittelten B. u. L. KROYMANN 16 Kolonien mit 83 Bp., zu denen ein weiteres Vorkommen beim Venusberg hinzuzuzählen ist (1968 erstmal 1 Bp., 1969 2 Bp., W. BREITLING †). Ein ähnlich bemerkenswertes Vorkommen stellt der ganz von Wald umschlossene Truppenübungsplatz östlich Böblingen dar. Laut STERZ brütete dort in den Jahren von etwa 1965–1973 1 Paar. Der bedeutendste Brutplatz auf

Abb. 21. Kiebitz. Foto W. SCHUBERT

der Hulb/Böblingen, der noch 1974/75 an die 21 Brutpaare umfaßte, ist jetzt endgültig durch Industrieansiedlungen zerstört worden.

Die vorübergehende Zunahme ist in der Umstellung der Habitatansprüche des Kiebitzes von Feuchtländereien auf Ackerplätze zu sehen. Die ursprünglichen Biotope wurden meist nur von wenigen Paaren besiedelt. Auf Ackerbrutplätzen wurden Kolonien mit über 20 Bp. gefunden (Tailfingen 1968). Die größte Siedlungsdichte innerhalb einer Kolonie fand Verf. 1964 bei Merklingen auf einem brachliegenden Acker in einem Wiesental. 9 gefundene Gelege befanden sich auf dem etwa 75 ar großen Acker. Der geringste Nestabstand betrug ca. 14 m.

Der Kiebitzbrutbestand zwischen Schwarzwald und Schwäbischer Alb wurde im Frühjahr 1968 von B. u. L. KROYMANN aufgenommen (KROYMANN 1969a, 1969b). Es zeigte sich, daß unser Landkreis mit seiner abwechslungsreichen, hier und da noch von kleinen Flächen trockener oder sumpfiger Brache aufgelockerten Feldflur die kiebitzreichste Gegend des mittleren Württembergs ist. Weitere Einzelheiten können den sehr ausführlichen Arbeiten von B. KROYMANN entnommen werden.

Jahreszeitliches Auftreten: Ankunft normalerweise Ende Februar (z. B. 24. 2. 1958, 27. 2. 1959, 25. 2. 1960, 21. 2. 1962, 26. 2. 1964). Nach milden Wintern neuerdings auch schon früher, z. B. am 2. 1. 1969 6 Ex. auf der Hulb, anschließend im Februar Beobachtungen an sieben weiteren Tagen (B. KROYMANN). Vor 1961 wurde von herbstlichen Ansammlungen bzw. Durchzug nichts bemerkt. 1963 wurden bei Böblingen ab Ende Juli Ansammlungen von 22 Ex. beobachtet, die im August bis 45 Ex. anwuchsen. 1968 und 1969 erreichten bzw. übertrafen die herbstlichen Ansammlungen die Frühjahrszahlen. B. u. L. KROYMANN ermittelten z. B. am 18. 8. 1968 330 Ex. zwischen Böblingen und Herrenberg; der Haupttrupp umfaßte am 9. 10. 1968 248 Ex., am 24. 8.

1969 274 Exemplare. Nach den von B. u. L. KROYMANN in beiden Jahren allwöchentlich (und teilweise täglich) vorgenommenen Zählungen handelt es sich um einen großen Kiebitzverband, der seine Sammelplätze bei Böblingen Anfang Juli aufsuchte und bis in den November hinein dablieb. Hiervon zu trennen sind Winterfluchterscheinungen wie z. B. das Auftreten eines 56 Ex. umfassenden Trupps noch am 20. 12. 1964. Während des Frühjahrdurchzuges rasteten am 4. 3. 1973 im gesamten Krs. Böblingen an 9 Stellen insgesamt 1580 Ex., die am nächsten Tag bereits weitergezogen waren. Der größte Trupp umfaßte 422 Ex. bei Maichingen. Am 18. 3. 1973 fand wieder lebhafter Durchzug statt. Zwischen 7.45 Uhr und 11 Uhr überflogen in geringer Höhe mind. 626 Ex. in 6 Trupps das Kreisgebiet in nordöstlicher Richtung. 1972 verweilten den ganzen November hindurch, zuletzt am 24. 11., 210–284 Ex. im Affalterried bei Maichingen. 1973 konnten verweilende Trupps von 30 bis max. 80 Ex. registriert werden. Der traditionelle Rastplatz im Affalterried südl. Maichingen wurde durch Wegeausbau, Anlegen eines Modellflugplatzes und damit verbundener starker Beunruhigung seit dem Jahre 1975 aufgegeben, und die Ansammlungen im Flugplatzgelände betrugen im Herbst 1977 nur noch max. 38 Ex. (27. 11. 1977).

Sandregenpfeifer – *Charadrius hiaticula*

Unregelmäßiger Durchzügler, dessen Auftreten wesentlich vom Vorhandensein von Schlickflächen abhängig ist. So stammen von bisher 55 Beobachtungen allein 47 Daten aus den Jahren von 1959 bis 1961, als noch die alte Böblinger Kläranlage (1963 modernisiert) mit ihren großen Schlammflächen existierte.

Frühjahrszug: 29. 4. 1963/31. 5. 1959, max. 3 Ex. am 30. 5. 1959; Herbstzug: 15. 7. 1959/23. 10. 1960, max. 4 Ex. vom 9.–11. 2. 1960 (alle Daten stammen von der Kläranlage Böblingen).

Flußregenpfeifer – *Charadrius dubius*

Brutvogel (1 Bp.) im ehemaligen Flugplatzgelände bei Böblingen seit 1973 (B. u. L. KROYMANN). In den Jahren von 1954 bis 1972 war die Art nur unregelmäßiger Gast auf dem Frühjahrszug (30. 3. 1964/4. 5. 1960 bzw. 31. 5. 1959) und insbesondere auf dem Herbstdurchzug (10. 7. 1960/8. 9. 1954), max. 4 Ex. am 16. 7. 1960 an den Klärteichen bei Böblingen.

Mornellregenpfeifer – *Eudromias morinellus*

Am 17. 9. 1966 wurde ein Exemplar auf einem Acker bei Tailfingen beobachtet (E. BUOB, B. u. L. KROYMANN).

Goldregenpfeifer – *Pluvialis apricaria*

Unter den großen Kiebitzverbänden konnten vor allem im Herbst ab Ende September auch Goldregenpfeifer beobachtet werden: 11 Daten ab 22. 9. 1968 (1 Ex. bei Rohrau, B. u. L. KROYMANN); bis zuletzt am 20. 12. 1974 2 Ex. bei Maichingen; max. 20 Ex. am 19. 11. 1975 bei Maichingen. G. u. I. GIROD stellten am 1. u. 4. Nov. 1973 sogar 78 Ex. bei Ergenzingen/FDS fest.

Vom Frühjahrszug liegen folgende Daten vor: 24. 2. 1958 1 Ex. Hulb bei Böblingen; 11. 3. 1967 9 Ex. bei Tailfingen (B. u. L. KROYMANN, E. BUOB); 17. 3. 1968 5 Ex. bei Rohrau (B. u. L. KROYMANN); 11. 3. 1974 1 Ex. zieht nach Nordosten bei Sindelfingen.

Steinwälzer – *Arenaria interpres*

Einzige Beobachtung eines Exemplares durch W. RIEDEL am 24. 8. 1966 auf der Hulb bei Böblingen. Durch starke Regenfälle waren die Wiesen in der letzten Augustdekade stark überschwemmt.

Abb. 22. Bekassine. Foto W. SCHUBERT

Bekassine – *Gallinago gallinago*

Ehemaliger Brutvogel: sehr wahrscheinlich brütete die Art noch Anfang dieses Jahrhunderts regelmäßig in den ausgedehnten Mooren bei Sindelfingen, Böblingen und bei Rohrau (O.A. Böblingen 1852 u. a.). Auch nach der Entwässerung der Moore bestand in den verbliebenen Restmooren und an den folgenden Orten noch vereinzelt Brutverdacht. W. HOLCH beobachtete z. B. nach 1933 ein balzfliegendes Exemplar an den Ammerquellen bei Herrenberg, und im Merklinger Ried konnten am 12. 4. 1974 – kurz vor der Begradigung der Würm – zwei eifrig balzfliegende Vögel beobachtet werden (Verf.). Erst im Mai 1969 gelang der Brutnachweis durch Fund eines 2er-Geleges auf der „Hulb" bei Böblingen (KROYMANN 1969). Ein weiteres Gelege fand B. KROYMANN im Jahre 1970 daselbst und vermutete ein zweites Brutpaar. Noch im Jahre 1973 konnte am 17. 4. ein sehr hoch fliegendes balzendes Exemplar auf der Hulb beobachtet werden (Verf.). Durch Bebauung ist dieses bemerkenswerte Brutvorkommen in Nordwürttemberg jetzt endgültig erloschen. Auch bei Rohrau bestand mind. bis 1975 Brutverdacht. Mit dem Bau der Kläranlage und der Autobahn trockneten die Gebiete zusehends aus, und Bruthinweise fehlen seitdem im gesamten Gebiet.

Auf dem Frühjahrszug konnte die Art auf der Hulb/BB bis max. 39 Exemplare am 26. 3. 1969 (B. u. L. KROYMANN) beobachtet werden. Auf dem Herbstzug kam es dort zu bemerkenswerten Ansammlungen: z. B. 70 Ex. am 24. 8. 1966 (W. RIEDEL) auf überschwemmten Wiesen, und im Herbst 1968 wurden mehrmals große Trupps beobachtet, die max. 111 Ex. am 14. 10. umfaßten (B. u. L. KROYMANN).

Abb. 23. Zwergschnepfe („Hulb“ 1974). Foto W. SCHUBERT

Überwinterungen konnten alljährlich an der Schwippe bei Böblingen in Einzelexemplaren und in milden Wintern bis zu 6 Ex. (1968/69) nachgewiesen werden, ebenso alljährlich an der Ammer bei Gültstein und wahrscheinlich auch im Gebiet Ehningen-Rohrau (B. u. L. KROYMANN).

Doppelschnepfe – *Gallinago media*

Am 19. 4. 1958 rastete ein Exemplar auf den überschwemmten Wiesen der Hulb bei Böblingen. Aus geringer Entfernung konnten u. a. die weißen Schwanzseiten, vor allem der schwerfällige Flug gegenüber den gleichzeitig anwesenden Bekassinen registriert werden (W. SCHUBERT). Am 23. 9. 1972 gelang im gleichen Gebiet ein weiterer Nachweis dieses seltenen Durchzüglers durch I. u. R. GIROD, B. u. L. KROYMANN.

Zwergschnepfe – *Lymnocryptes minimus*

Regelmäßiger Durchzügler. 37 Daten von 1959 bis 1967 aus den Monaten Oktober bis April, jedoch keine Überwinterung: 8. 10. 1961/18. 4. 1960; max. 5 Ex. am 2. 1. 1960 am Schlanderer See (E. SEITZ). Aus den Jahren 1968 und 1969 entstammen allein 102 Daten den intensiven Beobachtungen von B. u. L. KROYMANN: Extremdaten 9. 10. 1968/4. 5. 1969; keine Überwinterung. Am 3. 11. 1968 max. 19 (!) Ex. an 3 Plätzen (bei Rohrau 7 + 5 Ex., 3 Ex. Schwippewiesen und 4 Ex. Hulb bei Böblingen – J. HÖLZINGER, B. u. L. KROYMANN, K. SCHILHANSL). Mit Bebauung der Hulb ist ein bedeutendes Rastgebiet dieser Art verlorengegangen.

Waldschnepfe – *Scolopax rusticola*

Brutvogel in den ausgedehnten Waldungen des Schönbuchs und den Waldungen zwischen Böblingen und Stuttgart. Als regelmäßiger Brutvogel wird die Waldschnepfe auch für das Oberamt Leonberg (1930) angegeben, exakte ältere und neuere Daten fehlen allerdings.

Außerhalb des Schönbuches sind mir folgende Nachweise bekannt geworden: Im Maichinger Wald fand P. DROBIK im Jahre 1957 2 Jungvögel im Distrikt Salzklinge bei der Autobahn. Unweit der obigen Stelle fand E. GABLER im Sindelfinger Stadtwald 1968 ein Gelege mit 2 Eiern und Anfang Mai 1969 wieder ein Nest mit einem Ei; Brutverdacht bestand 1969 und 1971 beim Distr. Seehau, wo er am 4. 5. 1969 eine frische Rupfung fand. Östlich des Truppenübungsplatzes bei Musberg fand BÖPPLE 1957 ein 4er-Gelege; J. EMBERT traf auch neuerdings balzfliegende Exemplare an benachbarten Orten an und vermutet ihr Brüten. Nördlich Holzgerlingen fand J. RIEDINGER etwa 1957 ein Gelege, und A. CASATA stöberte Mitte Mai 1977 ein Exemplar aus einer jungen Fichtenschonung südlich Böblingen auf. – Im westlichen Teil des Kreises konnte am 20. 4. 1974 bei Deckenpfronn ein Tier hochgemacht werden.

Aus den Schönbuchwaldungen sind mehrere Brutnachweise und Brutzeitfeststellungen bekannt geworden. Förster T. DÖTTLING konnte in den Jahren bis 1933 am Birkensee/Bromberg mehrmals Gelege finden. Westlich Waldenbuch bemerkte R. HERRMANN im Distr. Weiler Berg Ende Mai 1967 3 nichtflügge Jungvögel. Südlich des Schaichhofes fand J. RIEDINGER in den Jahren von 1955–1968 mehrmals Gelege beim Ausschneiden der Beersträucher auf Sturmflächen, und P. BREISENDANZ registrierte in diesen Gebieten bis südlich zum Goldersbach in den Jahren 1975/1976 über 5 besetzte Balzplätze. 1975 und 1976 wurden dort je ein 4er-Gelege gefunden (T. DÖTTLING, P. BREISENDANZ, W. KLAIBER). Im östlich angrenzenden Gebiet bei Dettenhausen/TÜ gibt J. ERBACHER die Waldschnepfe als Brutvogel in mehreren Paaren an und fand daselbst im Schwarzen Hau am 26. 5. 1971 4 Junge. Südwestlich der Kälberstelle im Krs. Tübingen fand B. MAIER 1978 2 Gelege.

Im westlichen Bereich des Schönbuchs mit weniger idealen Biotopen fand Förster HÄTINGER 1924 bei Entringen/TÜ ein 2er-Gelege, und W. HOLCH hegte Brutverdacht für den Herrenberger Stadtwald, da er die Art zwischen 1933 und 1958 wiederholt während der Brutzeit beobachten konnte. Bei Hildrizhausen beobachtete A. GECKELER 1976 mind. 5, 1977 allerdings nur 1 balzende Schnepfe. In der Ketterlenshalde bei Ehningen konnten C. KERN und W. SICKSCH die Art auch im Mai (z. B. 1959) beobachten.

Jahreszeitliches Auftreten: Vereinzelte Exemplare scheinen zu überwintern. KASTNER stellte z. B. an einem Seitenbach des Sommerhofenbaches bei Sindelfingen im Winterhalbjahr 1973/74 mehrmals 2 Ex. fest. Am 22. 11. 1824 wurde 1 Ex. im Revier Weil im Schönbuch erlegt M. ZEYHER, 1957). Balzfliegende Tiere können insbesondere auf dem Frühjahrszug im März und während der Brutzeit im Mai, Juni bis Anfang Juli (3. 7. 1973 1 Ex. Gunzberg/Dettenhausen/TÜ, J. ERBACHER) beobachtet werden.

Großer Brachvogel – *Numenius arquata*

Regelmäßiger, meist einzelner Durchzügler; seit 1954 über 45 Daten. Brütete sehr wahrscheinlich vorübergehend auf dem sumpfigen Gelände des ehemaligen Flugplatzes zuletzt bis 1959, wo am 30. 5. 1959 ein balzfliegender Vogel beobachtet werden konnte.

Abb. 24. Waldschnepfe (Schönbuch 1976). Foto W. KLAIBER

Seitdem regelmäßig auf dem Frühjahrszug zwischen 4. 3. 1973/25. 4. 1965 und auf dem Herbstzug zwischen 21. 7. 1968/23. 10. 1968; 1 Ex. am 9. 7. 1969 (B. u. L. KROYMANN); Maximum 9 Ex. am 9. 9. 1963.

Regenbrachvogel – *Numenius phaeopus*

Unregelmäßiger Durchzügler. Am 14. 4. 1965 wurden bei Haslach aus einem Trupp von 8 Ex. 2 Regenbrachvögel herausgeschossen (Belege fotografiert). In diesem Zusammenhang ist die Beobachtung eines Exemplares bei Eutingen/HOR vom 25. 4. 1965 interessant, da der Ort nur etwa 13 km von Haslach entfernt liegt. Weitere Daten: 1 Ex. am 8. 5. 1960 bei Sindelfingen (J. MARTENS, Verf.) und am 21. 7. 1968 auf der Hulb bei Böblingen (E. SEITZ).

Uferschnepfe – *Limosa limosa*

Nach FISCHER (1914) wurde im Mai 1852 ein altes ♂ bei Böblingen geschossen (Naturalien-Kabinett). Neuere Beobachtungen: am 15. 4. 1970 1 Ex. bei Rohrau (B. u.

L. KROYMANN); am 20. 4. 1973 2 Ex. auf überschwemmten Wiesen bei Rohrau; am 16. 7. 1973 2 Ex. bei Hildrizhausen (J. ERBACHER); am 17. 4. 1975 2 Ex. bei Rohrau.

Pfuhlschnepfe – *Limosa lapponica*

Am 6. 9. 1960 ein ziehendes Exemplar auf der Hulb bei Böblingen (W. SCHUBERT).

Dunkler Wasserläufer – *Tringa erythropus*

Nicht ganz regelmäßiger Durchzügler; 27 Beobachtungen seit 1959. Frühjahrszug: 26. 4. 1968/4. 5. 1965, meist einzeln, 1 Ex. am 1. 3. 1960 an der Kläranlage, max. 2 Ex. am 27. 4. 1968 und 1 Ex. Rohrau (W. RIEDEL). Herbstzug: 13. 8. 1967/18. 10. 1959; zwei Sommerdaten: 1 Ex. am 17. 6. 1965 und am 21. 6. 1960 3 Ex.; max. 13 Ex. am 22. 8. 1966 auf der Hulb/BB (W. RIEDEL).

Rotschenkel – *Tringa totanus*

Nicht regelmäßiger Durchzügler; 25 Beobachtungen seit 1960. Frühjahrszug: 13. 3. 1960/23. 4. 1967, max. 4 Ex. am 28. 3. 1969 (R. u. I. GIROD); regelmäßiger auf dem Herbstzug: 19 Daten zwischen dem 12. 8. 1967 und 25. 9. 1968 sowie 2 Sommerdaten am 14./15. 6. 1961 je 1 Ex. an der Kläranlage/BB

Grünschenkel – *Tringa nebularia*

Regelmäßiger, meist einzelner Durchzügler. 59 Daten seit 1956. Frühjahrszug: 25. 4. 1960/28. 5. 1961 (insges. 22 Ex.); 3 Ex. am 8. 6. 1965 Hulb (W. RIEDEL); je 1 Ex. am 12.+13. 6. 1965 Hulb (W. RIEDEL). Maximum: 29 Ex. an 3 Stellen im nördl. Kreis Böblingen, davon 8 Ex. bei Maichingen in einem Trupp; 8 Ex. auf der Hulb und 13 Ex. bei Rohrau am 27. 4. 1968. Herbstzug: 26. 7. 1969/11. 9. 1960 (insges. 34 Ex.); Maximum: 5 Ex. bei Rohrau und 1 Ex. Hulb am 21. 8. 1966 (W. RIEDEL).

Waldwasserläufer – *Tringa ochropus*

Regelmäßig auf dem Durchzug. 119 Beobachtungen seit 1957. Frühjahrszug: 16. 3. 1965/14. 5. 1961, oft mehrere (insges. 28 Ex.); je 1 Ex. am 5.+8. 6. 1963 und 2. 6. 1962; Maximum: 6 Ex. am 12. 4. 1963. Herbstzug: 23. 6. 1960/26. 9. 1957, meist einzeln (insges. 91 Ex.); Maximum: 5 Ex. am 21. 7. 1968 Kläranlage/Böblingen. Am 7. 4. 1968 10 Ex. im Kreis Böblingen (W. RIEDEL).

Bruchwasserläufer – *Tringa glareola*

Regelmäßiger Durchzügler; seit 1957 liegen über 200 Beobachtungen vor. Zieht besonders im Herbst in wesentlich höherer Individuenzahl durch als der Waldwasserläufer. Frühjahrszug: 17. 4. 1965/6. 6. 1965, Trupps bis zu 6 Ex. keine Ausnahme; Maximum: 17 Ex. am 13. 5. 1958 Schlanderer See/Sindelfingen. 1 Ex. am 24. 5. 1969 durch Auto bei Döffingen getötet. Herbstzug: 27. 6. 1960/8. 10. 1960, oft Trupps mit mehr als 10 Ex.; Maximum: ca. 25 Ex. am 2. 8. 1965 bei Rohrau (SCHNEIDER).

Flußuferläufer – *Actitis hypoleucos*

Regelmäßig durchziehend; 92 Beobachtungen seit 1957. Vorwiegend einzelne Stücke. Einem sehr spärlichen Frühjahrszug (10 Daten) steht ein wesentlich stärkerer Herbstzug (82 Daten) gegenüber. Frühjahrszug: 27. 4. 1954 1 Ex. Calw/Nagold (K. ROTH) bis 28. 5. 1963. Herbstzug: 7. 7. 1960/20. 9. 1957; Maximum: 5 Ex. am 24. 7. 1960 Kläranlage/Böblingen. – Am 31. 8. 1969 ein ♀ tot (Verkehrsopfer) auf der Straße bei der Kläranlage aufgefunden.

Zwergstrandläufer – *Calidris minuta*

Seit 1957 nahezu regelmäßig erscheinend. Wie bei *Charadrius* ist das Auftreten der *Calidris*-Arten im Kreis ebenfalls an geeignete Schlickflächen gebunden, wie sie 1959 und 1960 in besonderer Ausdehnung bei der alten Kläranlage und am Schlanderer See vorhanden waren; so fallen in diese Jahre allein 33 der insgesamt 47 Zwergstrandläufer-Beobachtungen. Frühjahrszug: nur zwei Beobachtungen am 14.+15. 5. 1958; 4 bzw. 1 Ex. am Schlanderer See. Herbstzug: Meist in kleineren Trupps, 23. 8. 1959/8. 10. 1961, Maximum: 7 Ex. Kläranlage/BB und 2 Ex. Schlanderer See am 7. 9. 1959.

Temminckstrandläufer – *Calidris temminckii*

Unregelmäßig erscheinend; biotopabhängig wie Zwergstrandläufer. 16 Beobachtungen seit 1958. Frühjahrszug: 11. 5. 1958/26. 5. 1969 (insges. 8 Ex.), Maximum: 3 Ex. am 13. 5. 1961 Kläranlage/BB. Herbstzug: 10. 8. 1960/3. 9. 1969 (insges. 8 Ex.), Maximum: 3 Ex. am 13. 8. 1960 Kläranlage/BB (W. Riedel) -.

Alpenstrandläufer – *Calidris alpina*

Nicht alljährlich Herbstdurchzügler. Nur eine Frühjahrsbeobachtung am 21. 3. 1964 1 Ex. bei Rohrau. Herbstzug: Seit 1957 43 Daten, davon allein im Jahre 1960 19 Beobachtungen an der Kläranlage/BB. – Extrem-Daten: 20. 8. 1960/27. 10. 1968 (insges. 42 Ex.), Maximum: 7 Ex. am 17. 9. 1960 Kläranlage/BB (W. Riedel).

Sichelstrandläufer – *Calidris ferruginea*

Am 30. 8. 1959 sahen W. Riedel und W. Schubert 1 junges Ex. an einem Feuerlöschteich bei Sindelfingen. Eine weitere Beobachtung gelang am 4. 9. 1972 am Nufringer Eisweiher.

Kampfläufer – *Philomachus pugnax*

Regelmäßiger Durchzügler. Kampfläufer ziehen meist in kleinen Trupps durch und finden sich oft in Gesellschaft mit Kiebitzen oder Bruchwasserläufern. 121 Beobachtungen seit 1957. Frühjahrszug: 28. 2. 1969/28. 5. 1959 (insges. 46 Ex.); Maximum: 30 Ex. Flugplatz und 13 Ex. Schlanderer See am 11. 5. 1958; 34 ♂ bei Rohrau am 31. 3. 1964. ♂ im Prachtkleid wurden bisher nur gelegentlich beobachtet. Herbstzug: 13. 7. 1969/31. 10. 1959 (insges. 75 Ex.); Maximum: je 27 Ex. am 17. 9. 1967 Hulb/BB (W. Riedel, E. Seitz) und am 18. 9. 1968 bei Rohrau (B. u. L. Kroymann).

Odinshühnchen – *Phalaropus lobatus*

Vom 11.–13. 9. 1968 rastete 1 Ex. auf einer überschwemmten Wiese bei Rohrau (B. u. L. Kroymann, W. Riedel).

Triel – *Burhinus oedicnemus*

Am 24. 4. 1966 beobachteten B. u. L. Kroymann ein Ex. auf der Tailfinger Markung.

Raubmöwe – *Stercorarius* spec. *(parasiticus?)*

Am 9. 4. 1967 zog 1 Ex. (vielleicht Schmarotzerraubmöwe) bei Herrenberg nach Norden (R. Kuhn).

In diesem Zusammenhang ist die Beobachtung einer rastenden, immat. Spatelraubmöwe (*Stercorarius pomarinus*) bemerkenswert, die R. u. I. Girod bei Ergenzingen/Horb ausgiebig beobachten konnten.

Silbermöwe – *Larus argentatus*

Nur eine Beobachtung eines Altvogels am 26. 3. 1969 auf der Hulb/BB durch B. u. L. KROYMANN.

Sturmmöwe – *Larus canus*

Am 29. 10. 1966 beobachtete W. RIEDEL 2 ad. und 3 immat. Ex. mit 18 Lachmöven vergesellschaftet auf einem Acker bei Sindelfingen. Zwei weitere Beobachtungen durch B. u. L. KROYMANN auf der Hulb bei Böblingen am 26. 3. 1969 und am 25. 3. 1971.

Zwergmöwe – *Larus minutus*

Am 24. 2. 1958 ein Altvogel zusammen mit 3 Lachmöwen auf überschwemmten Wiesen der Hulb/BB (E. SEITZ, W. SCHUBERT).

Lachmöwe – *Larus ridibundus*

Regelmäßiger Durchzügler; umherstreifende oder ziehende Exemplare in allen Monaten. Über 114 Beobachtungen seit 1952–1978; meist in kleinen Verbänden bis 40 Ex. Große Ansammlungen: auf dem Herbstzug wurden am 10. 11. 1968 115 Ex. am Böblinger Oberen See beobachtet (E. SEITZ), und Ende Januar 1979 rasteten an der Sindelfinger Müllkippe ca. 250 Ex. (Sindelfinger Zeitung v. 2. 2. 1979).

Trauerseeschwalbe – *Chlidonias niger*

Durchzügler; zwischen 1. 5. 1969 und 21. 8. 1966 liegen insgesamt 8 Durchzugsdaten mit max. 7 Ex. am 8. 6. 1965 auf überschwemmten Wiesen der Hulb vor (W. RIEDEL).

Hohltaube – *Columba oenas*

Als Brutvogel trifft man die Hohltaube meist gemeinsam mit dem Schwarzspecht in abgelegenen Buchenalthölzern an. Verbreitungsschwerpunkte sind die ausgedehnten Buchenbestände des mittleren und östlichen Schönbuchs sowie seiner nördlichen Ausläufer. In neuerer Zeit nur noch in Buchenaltbeständen und seltener auch in Eichenüberhältern nistend. Bei Merklingen brütete etwa 1954 1 Paar in einer Kastanienallee (K. SCHÜLE), und PALESCH bemerkte in den Jahren von 1945–1947 im Schloßgarten Ehningen ständig ein Paar.

Bestand/Siedlungsdichte: Gesamtbestand ca. 60 Bp. im Krs. Böblingen. Allein im Jahre 1973 konnten noch mind. 30 Brutpaare ermittelt werden und 18 besetzte Bruthöhlen sowie 2 Bruten in künstlichen Nisthöhlen wurden gefunden. Im mittleren Schönbuch nördlich des Goldersbaches zwischen Teufelsbrücke und Falkenstein bestanden 1973 mind. 7 Reviere auf etwa 3,8 km Wegstrecke. Die geringste Entfernung zwischen 2 Brutplätzen betrug ca. 350 m; zwischen balzrufenden Exemplaren ca. 60–80 m (S-BB, N-Sulz, Falkenkopf). Durch Aufhängen von Nisthöhlen kann die Siedlungsdichte gesteigert werden. Im östlichen Schönbuch im Grenzgebiet des Forstbezirks Neuenhaus/ES waren in den Jahren von 1956–1965 jährlich mind. 20 bis max. 43 (!) (1960) Nistkästen belegt. Unter Berücksichtigung von 2–3maligem Brüten war der Bestand mit ca. 8–18 Paaren bemerkenswert hoch. 1972 waren von 48 aufgehängten Kästen nur noch 4 belegt. Nordwestlich Gärtringen bestand bis 1963 eine Kolonie mit etwa 5 Paaren im Heiligenwäldle. Nachdem der Buchen-Eichenbestand gelichtet wurde und die Überhälter mit den Bruthöhlen gefällt wurden, blieb die Art dort aus (C. BECK). Ebenso erging es mind. 3 Bp. auf dem Truppenübungsplatz bei Böblingen, die zuletzt

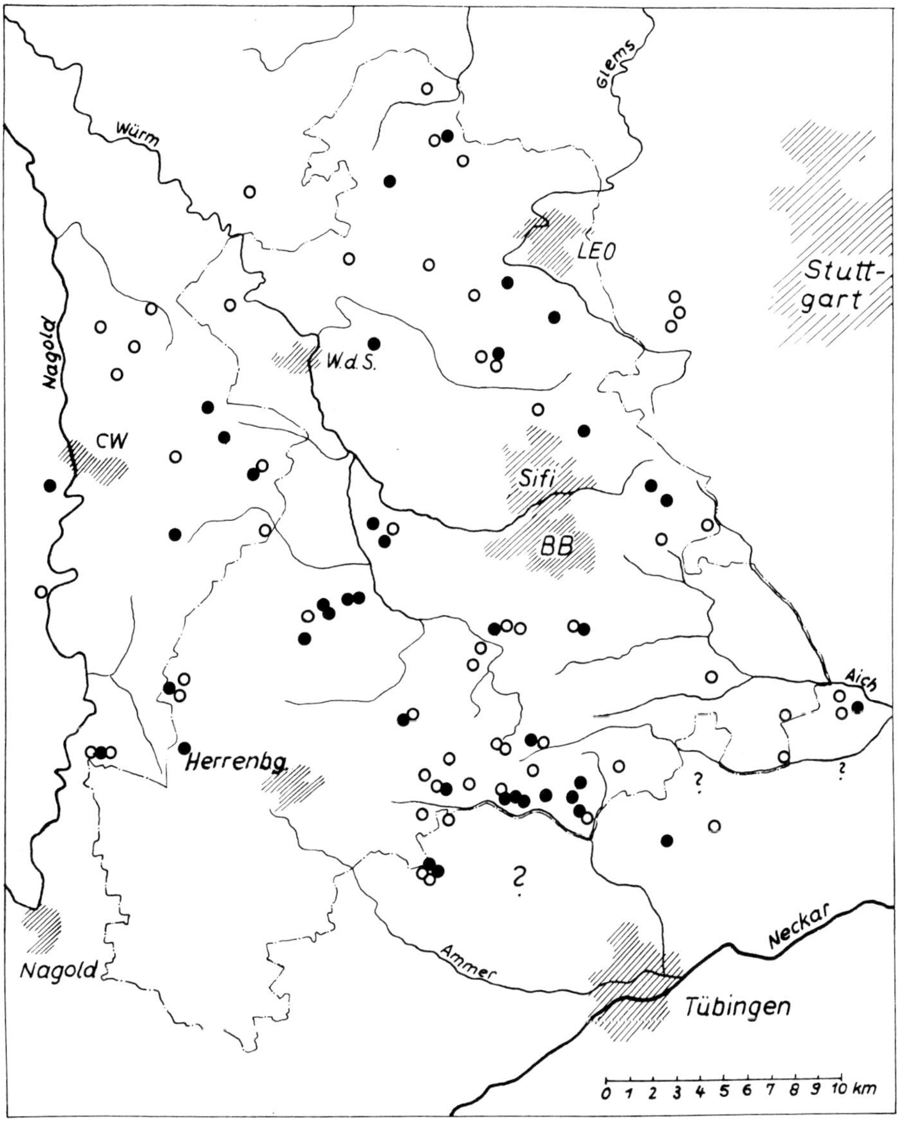

Abb. 25. Verbreitung der Hohltaube 1973–1977. ● Bruthöhle, ○ Brutverdacht.

1960 registriert wurden. Der festgestellte Rückgang an einigen weiteren Orten ist fast ausschließlich auf das Fällen der Buchenaltbestände mit den Bruthöhlen zurückzuführen.

Nur im westlichen Teil des Gebietes tritt seit einigen Jahren die Dohle als Nistplatzkonkurrent in Erscheinung. Erstmals wurde dies in Nagold/CW am Schloßberg 1959 beobachtet. Die kleine Population von etwa 5–10 Paaren wurde schließlich verdrängt (W. Haas, H. Graf). In einzelnen Paaren brütet die Hohltaube neuerdings (?) bei Oberjettingen, Dachtel, Gechingen, Sulz in Brutnachbarschaft mit der Dohle.

J a h r e s z e i t l i c h e s A u f t r e t e n : Die Ankunft erfolgt gewöhnlich im März, gelegentlich schon früher (14. 2. 1971 1 Ex. B. u. R. GIROD, Venusberg; 23. 2. 1964 1 Ex. Nufringer Eisweiher). Balzrufe konnten ab Anfang März bis Mitte August verhört werden. Zur Nahrungssuche müssen die Altvögel oft weite Strecken zurücklegen. Die Brutpaare im mittleren Teil des Schönbuchs bei der Teufelsbrücke müssen mindestens 3,5 km fliegen, um auf die nächstgelegenen Felder zu gelangen. Bereits Ende Mai, wenn die Jungen in den Bruthöhlen gefüttert werden, kann man regelmäßig kleinere Trupps bis max. 12 Ex. (am 28. 5. 1974 bei Malmsheim) gemeinsam bei der Nahrungssuche auf den Feldern beobachten. Auf dem Zug können meist einzelne Ex. oder kleine Trupps unter den Ringeltaubenschwärmen beobachtet werden; am 13. 9. 1959 rasteten mind. 120–140 Ex. unter ca. 200 Ex. Ringeltauben auf den Feldern südlich Tailfingen im Gäu. Späteste Beobachtung am 27. 10. 1963 4 Ex. bei Rohrau. Auf dem Heimzug wurde am 3. 3. 1974 bei Dätzingen ein nach Norden ziehender artreiner Trupp mit 76 Ex. bemerkt; L. u. B. KROYMANN notierten am 31. 3. 1968 einen Trupp mit 70 Ex. beim Hardtwald/TÜ. Eine späte Beobachtung am 27. 10. 1963 mit 4 Ex. bei Rohrau.

G e f ä h r d u n g / S c h u t z m a ß n a h m e n : Durch Abholzen alter Buchenbestände ist eine weitere Abnahme zu befürchten. Eine Wiederansiedlung mit künstlichen Nisthöhlen scheint nur dort erfolgreich, wo in unmittelbarer Nähe noch Brutpaare vorkommen.

Ringeltaube – *Columba palumbus*

Häufiger, verbreiteter Brutvogel. Extremdaten: 7. 2. 1959/22. 11. 1964. H. GECKELER stellte 1968/69 eine erfolgreiche Überwinterung eines Exemplares an einer Futterstelle in Hildrizhausen unter Haustauben fest.

Türkentaube – *Streptopelia decaocto*[6)]

Sie wanderte vom Balkan her ein und brütet bei uns nur im Bereich der Ortschaften. Erstmals im Gebiet wurde die Türkentaube 1949 in Herrenberg beobachtet (W. HOLCH). 1959 wurde in Mötzingen 1 brutverdächtiges Paar festgestellt (R. WAGNER). Die weitere Ausbreitung mit Angabe des Jahres, in der die Art erstmals beobachtet wurde: 1961 4 Ex. in Ehningen (W. SICKSCH), 1962 Maichingen 1 Paar (W. SCHUBERT), 1963 in Sindelfingen 1 Brutpaar (W. SCHUBERT, STELZER), seit etwa 1963 in Leonberg (O. PRADE), 1964 in Nebringen 1 Paar (J. FRIEDRICH), seit ca. 1965 in Bondorf (SCHWÄGLER), 1965 in Böblingen ein brutverdächtiges Paar, 1967 in Althengstett 2 Paare und in Aidlingen 1 Paar (W. BREITLING, W. RIEDEL), 1968 in Schönaich und in Weil im Schönbuch je 1 Paar (R. KUHN, E. REH), Weil der Stadt und Merklingen je 1 Ex., Renningen 4 Ex. und seit 1969 in Hildrizhausen. In den darauffolgenden Jahren wurde die Art noch in folgenden Orten festgestellt (genaues Jahr der Besiedlung nicht bekannt): Hausen, Malmsheim, Magstadt, Dätzingen, Darmsheim, Steinenbronn, Gärtringen, Nufringen, Oberjesingen, Affstätt, Gültstein, Tailfingen und Unterjettingen.

B e s t a n d s a n g a b e n : In Böblingen waren 1967 mind. 7 Paare ansässig und bei einer Exkursion in Leonberg einschließlich Eltingen wurden 1978 7 rufende Ex. bzw. Paare ermittelt. In Mötzingen erhöhte sich der Bestand von 1 Paar (1959) auf mind. 10 Paare 1969 (R. WAGNER). In Sindelfingen wurden 1963 1 Bp., 1965 5 Bp., 1967 13 Bp. und 1978 14 Paare festgestellt (W. SCHUBERT, STELZER, W. RIEDEL). In Sindelfingen waren 1978 8 Brutplätze von 1967 nicht besetzt. An mehreren alten Brutplätzen traten neuerdings Elstern auf (3 Nester).

[6)]Bearbeiter: WALTER RIEDEL

Größere Ansammlungen wurden notiert am: 8. 11. 1965 mit mind. 32 Ex. auf Äckern und Wiesen am Ortsrand von Sindelfingen, 16. 11. 1969 mind. 90 Ex. an der Kläranlage Böblingen (B. u. L. KROYMANN) und am 18. 11. 1975 mind. 135 Ex. im Park der Fa. Daimler Benz AG, Sindelfingen (W. SCHUBERT).

Turteltaube – *Streptopelia turtur*

Nach den Oberamtsbeschreibungen Böblingen, Herrenberg, Leonberg und Stuttgart – Amt war die Turteltaube im vorigen Jahrhundert zwar spärlicher, doch regelmäßiger Brutvogel, was auch ein Abschuß eines ♀ am 14. 6. 1903 bei Weil im Schönbuch wahrscheinlich macht (FISCHER 1914). HOLCH gibt sie für die Jahre nach 1933 bis ca. 1950 für das Herrenberger Gäu, z. B. bei Affstätt, als Brutvogel an. In neuerer Zeit konnte die Art im Gäu z. B. bei Mötzingen (in mehreren Jahren ab 1958–1976 zur Brutzeit auch balzrufend, R. WAGNER) sowie bei Öschelbronn (im Juni 1968 5 am Boden balzende Ex., G. BRAUN) und bei Gültstein (am 13. 6. 1973 1 balzrufendes Ex. im Erholungsheim, Verf.) brutverdächtig angetroffen werden.

1973 gelang ein Brutnachweis durch Fund eines Nestes am Mönchsbrunnen bei Sindelfingen (GABLER 1977). Balzrufende Exemplare konnten in geeigneten Biotopen weiterhin im Dagersheimer Wald (18. 5. 1975 1 Ex.) und am Truppenübungsplatz bei Böblingen (20. 6. 1976, W. STEGMAIER) sowie im Enzkreis bei Eberdingen im Heckengäu (am 22. u. 23. 5. 1975 1 Ex.) beobachtet werden. Die Turteltaube gilt neuerdings somit nur noch als äußerst seltener und unregelmäßig auftretender Sommergast.

Jahreszeitliches Auftreten: Auf dem Frühjahrszug Anfang Mai (5. 5. 1959 2 Ex. Böblingen) bis Ende Mai. Spät im Jahr noch am 28. 9. 1969 1 Ex. bei Dätzingen (W. RIEDEL).

Kuckuck – *Cuculus canorus*

Brutvogel, bevorzugt in Waldgebieten und auch im Heckengäu. Als Wirtsvogel konnte E. GABLER im Sindelfinger Stadtwald den Waldlaubsänger (1967) und das Rotkehlchen (1969) feststellen; W. STEGMAIER fand 1973 im Schönbuch einen Jungvogel, der vom Zaunkönig gefüttert wurde. Bei Weil im Schönbuch wurde ein Jungkuckuck in einem Nest des Hausrotschwanz gefunden (P. BREISENDANZ u. a.). – Extremdaten: 11. 4. 1977/6. 9. 1959.

Schleiereule – *Tyto alba*

Vor dem Jahrhundertwinter 1962/63 waren mehrere Brutplätze auf Kirchtürmen bekannt: Döffingen, Mauren, Gärtringen, Nufringen, Böblingen, Sindelfingen usw.

1964 wurden 2 Ex. aus Bondorf beim Präparator eingeliefert; ein weiteres Anfang Dezember 1966 aus dem Gäu. Ende März 1968 hörte F. TRAMPISCH 1 Ex. am Ortsrand von Öschelbronn, und 1967 wurden 2 Ex. in einem Taubenschlag in Nebringen getötet (Präparate bei Herrn J. FRIEDRICH). Am 18. 5. 1971 beobachtete E. GABLER 2 Ex. in der Martinskirche in Sindelfingen. Erst 1972 wurde wieder ein Brutvorkommen in Tailfingen im Gäu bekannt, und ein Exemplar wurde am 18. 3. 1973 bei Nufringen beobachtet. Seit mind. 1973 brütet ein Paar in Bondorf und 1977 sogar 2 Paare in nur 540 m Entfernung. Weitere Bruten sind 1977 aus Merklingen, Rutesheim, Weil im Schönbuch, Weil der Stadt, Neuhengstett, Ostelsheim, Calw bekannt geworden. 1979 brütete nur 1 Paar in Merklingen erfolgreich.

Abb. 26. Steinkauz. Foto W. Schubert

Steinkauz – *Athene noctua*

Noch Brutvogel? Zwei Brutvorkommen bei Maichingen (1955–1957) und ein Vorkommen westlich Magstadt (1957) konnten in den folgenden Jahren nicht mehr bestätigt werden. Ein Brutplatz östl. Nufringen (24. 3. 1960 Höhle in Obstbaum mit 3 Eiern) ist verwaist. Südwestlich Rohrau konnte am 24. 3. 1960 1 Ex. aus einer Obstbaumhöhle gestöbert werden.

Nach dem strengen Winter 1962/63 liegen Beobachtungen nur aus Sindelfingen (12. 3. 1965) und vom Nufringer Eisweiher (12. 10. 1968) vor. Erst 1967 wird je eine erfolgreiche Brut bei Bondorf (R. Wagner) und in Sindelfingen beim Städt. Krankenhaus (E. Gabler) festgestellt. Seitdem fehlen jegliche Bruthinweise.

Waldkauz – *Strix aluco*

Zahlreicher Brut- und Jahresvogel. E. Gabler ermittelte 1968 im Sindelfinger Stadtwald (1600 ha) 10 rufende Ex., davon wurden 6 Bruten nachgewiesen.

Waldohreule – *Asio otus*

Noch verbreiteter und zahlreicher Brut- und Jahresvogel. Bevorzugt kleine Wäldchen im offenen Kulturland. Nach eigenen Beobachtungen ist die Waldohreule zumindest im nordwestlichen Kreisgebiet häufiger als der Waldkauz. Im Sindelfinger Stadtwald wies E. Gabler 1968 5 Bruten nach. Am 6. 5. 1956 wurde bei Dagersheim ein 7er-Gelege in altem Krähennest auf Pappel in 12 m Höhe ca. 50 m vom Waldrand entfernt gefunden;

Abb. 27. Waldohreule. Foto W. SCHUBERT

4 m darunter brütete eine Rabenkrähe im selben Baum! In Mäusejahren findet man Bruten auch in Krähennestern in Obstbaumwiesen weitab vom Walde.

Sumpfohreule – *Asio flammeus*

„Sodann wird die Sumpfohreule von manchen O.A.-Beschreibungen als Durchzugsvogel angegeben, so von Herrenberg, Leonberg“ (FISCHER 1914). Je ein Stück befindet sich im Gasthaus „Adler“ in Nufringen, im Goldberggymnasium Sindelfingen und in der Schule in Gültstein, die jeweils aus der Umgebung stammen sollen (erlegt bzw. verunglückt). Weiterhin steht ein ausgebalgtes Exemplar bei Herrn WINTER in Aidlingen, welches ca. 1950 bei Aidlingen gefunden worden ist.

Ziegenmelker – *Caprimulgus europaeus*

In den O.A.-Beschreibungen Böblingen (1850), Stuttgart-Amt (1852), Leonberg (1930) wird die Art als Brutvogel aufgeführt. Nach zuverlässigen Beobachtern wurde die Art wiederholt bei Aidlingen bzw. Deufringen bis ca. 1963 (W. BREITLING, H. WINTER) und auch am Truppenübungsplatz und Sprengplatz bei Böblingen balzfliegend festgestellt (E. GÖB u. a.). Im Juni 1969 bemerkte J. ERBACHER ein balzfliegendes Ex. bei Weil im Schönbuch. Am 6. 6. 1965 beobachtete W. SCHNEIDER 1 Ex. am Waldrand beim Maurener Teich, am 16. 5. 1975 ebenso J. ERBACHER ein balzfliegendes Ex. bei Steinenbronn.

Ein Brutnachweis liegt aus dem westlich angrenzenden Gebiet bei Dachtel/CW vor. P. BÖTTINGER fand um 1960 in heideartigem Biotop ein 2er-Gelege.

Mauersegler – *Apus apus*

Häufiger Brut- und Sommervogel in größeren Ortschaften. Neuerdings sind auch Bruten in Starenkästen bekannt geworden: 1978 und 1979 in Möttlingen und 1979 in Merklingen. Die Ankunft erfolgt meist erst Ende April/Anf. Mai, ausnahmsweise bereits am 14. 4. 1953. In der Regel zieht der Mauersegler bereits Ende Juli/Anf. August wieder ab; am 28. 7. 1977 hatten sich z. B. beim Schaichhof ca. 400 Ex. versammelt. Späte Beobachtungen gelangen am 22. 9. 1968 und am 29. 9. 1968.

Eisvogel – *Alcedo atthis*

W. HOLCH beobachtete ihn vor 1960 häufig an der Ammer und im Schönbuch am Goldersbach und glaubt an ein Brüten daselbst. An der Aich östlich Waldenbuch soll ein Paar bis 1959 gebrütet haben (SCHREINER). 1967 versuchte ein Paar am Gr. Goldersbach beim Falkenstein zu brüten. Wegen starker menschlicher Störungen konnte kein Bruterfolg festgestellt werden (E. REH). Im Grenzgebiet bei Bebenhausen/TÜ brütete 1977/78 ein Paar (W. KLAIBER).

Extremdaten: 14. 3. 1960 (1 Ex. Schlanderer See)/12. 12. 1959 (1 Ex. Schwippe/BB).

Blauracke – *Coracias garrulus*

In den O.A.-Beschreibungen wird sie mehrmals angeführt. Ein junges ♂ steht im Naturalien-Kabinett (FISCHER 1914). Einzige neuere Beobachtungen am 19. 5. 1968 im Gäu bei Bondorf (B. u. L. KROYMANN) und am 15. 5. 1981 1 Ex. bei Maichingen (G. ELBL, W. SCHUBERT).

Wiedehopf – *Upupa epops*

Ehemaliger Brutvogel; 1967 erstmals als Brutvogel bei Sindelfingen nachgewiesen (E. GABLER). Im gleichen Gebiet äußerte er Brutverdacht für 1968 und 1969 durch rufende und fütternde Exemplare. – Weiterhin bestand Brutverdacht bei Aidlingen im Jahre 1963, wo bereits am 6. 5. 1960 1 Ex. beobachtet wurde. Am 17. 5. 1958 1 balzrufendes Ex. am Ortsrand von Weil im Schönbuch. Bei Holzgerlingen und Schönaich wurde die Art bis mind. 1973 jährlich zur Brutzeit regelmäßig beobachtet und auch belegte Höhlen gefunden (J. RIEDINGER, R. MOZER).

Neuerdings nur noch spärlicher Durchzügler im April/Mai und August/September. Extremdaten: 4. 4. 1976/16. 9. 1967.

Abb. 28. Eisvogel. Foto B. MAIER

Grauspecht – *Picus canus*

Brutvogel der Laubwälder und einiger angrenzender Obstbaumbestände. Lediglich im westlichen Teil des Gebietes im Heckengäu und in den Ausläufern des Schwarzwaldes ist er nur spärlich in den eingestreuten Buchenbeständen heimisch. In Buchenbeständen des Schönbuches ist er regelmäßiger anzutreffen als der Grünspecht. Eine stärkere Bindung an alte Buchenbestände und auch Laubmischwälder ist zu erkennen. Aus diesen wohl ursprünglichen Biotopen dringt er lokal in die angrenzenden Obstanlagen ein und brütet daselbst. Als vierthäufigste Spechtart nach dem Grünspecht erreicht er z. B. entlang von Bachläufen eine größere Dichte als dieser. 1973 konnten am Südrand des Sindelfinger Stadtwaldes beim Freibad und westlich Schönaich gleichzeitig drei rufende ♂ von einer Stelle aus verhört werden. Im Frühjahr 1973 wurden auf allen Exkursionen vergleichsweise 54 rufende Grauspechte und 66 rufende Grünspechte erfaßt. Gesamtbestand im Krs. Böblingen ca. 145 Paare (127 erfaßte Reviere). Die Balzrufe kann man von Ende

Abb. 29. Grauspecht ♂. Foto B. MAIER

Februar bis Ende Mai vernehmen, am ehesten in den Vormittagsstunden, aber auch am Nachmittag und in den Abendstunden; nur ganz selten im Juli/August. Als Standvogel bemerkt man ihn im Winterhalbjahr zur Nahrungssuche auch mitten in Ortschaften an Gebäuden.

Die Bruthöhlen waren meist in Buchen und Eichen, je 1mal in Walnuß- und Apfelbaum in einer Höhe von ca. 4–8 m gezimmert.

Grünspecht – *Picus viridis*

Die Verbreitung deckt sich nahezu mit dem Vorkommen des Grauspechtes. Gegenüber dem Grauspecht bevorzugt er trockenere und etwas offenere Biotope und überwiegt z. B. im Heckengäu, andererseits tritt er im Bereich von Bachläufen zahlenmäßig zurück. Eine erfolgreiche Brut wurde 1976 in Obstbaumbeständen dicht neben Fabrikhallen in ca. 1,5 km Entfernung vom Walde bei Maichingen gefunden.

Abb. 30. Grünspecht ♂. Foto W. SCHUBERT

Als dritthäufigste Spechtart ist er nur wenig häufiger als der Grauspecht und erreicht meist nur eine geringe Siedlungsdichte. Die Balzrufe können von Mitte Januar bis Ende Mai und regelmäßig auch noch nach der Brutzeit vernommen werden. Bestandserfassungen durch Linientaxierungen sind problematisch, da z. B. am 23. 3. 1973 bei einer Waldbegehung westlich Schönaich zunächst nur 3 Grauspechte riefen, auf dem Rückweg mit 1 Stunde Zeitverschiebung nur 2 Grünspechte. Gesamtbestand im Krs. Böblingen ca. 150 Paare (133 erfaßte Reviere). Im Winterhalbjahr streifen die Vögel auch im Bereich der Siedlungen in Gärten und Parks umher (s. a. Grauspecht).

Die Bruthöhlen wurden vorwiegend in Eichen und Buchen, ferner Walnuß (2×), Apfel (2×) in 1,7 bis ca. 12 m Höhe errichtet.

Schwarzspecht – *Dryocopus martius*

Brutvogel in Waldungen mit alten Buchenbeständen, ausnahmsweise mit Eichenüberhältern; nur an ruhigen Orten auch am Waldrand nistend. Die Siedlungsdichte ist gering. In dem 7,5 km^2 großen Eichenwaldgebiet zwischen Böblingen und Ehningen ist zur Zeit nur ein Brutpaar bekannt. Ein weiteres Paar, welches im westlichen Teil brütete, blieb seit mind. 1972 verschollen (mit ihm verschwanden auch die dort brütenden Hohltauben). Bemerkenswert erscheint auch das Fehlen der Art in den benachbarten Eichenmischwäldern der Ketterlenshalde (4 km^2) und der Gärtringer Mark (2,6 km^2). In Buchenaltbeständen im Schönbuch oder im Sindelfinger Stadtwald wird eine größere Dichte erreicht: E. GABLER ermittelte im Sindelfinger Stadtwald 1975 5 Paare (= 1 Bp./ 3,8 km^2). Im Herrenberger Stadtwald riefen am 19. 4. 1975 auf ca. 5 km Weglänge 4 Ex., ein weiteres östlich davon am Falkenkopf. Etwa 1,3 km östlich des Falkensteines konnte am 15. 5. 1975 die Bruthöhle eines weiteren Paares gefunden werden. Im Heckengäu werden auch kleinere Waldgebiete besiedelt. Der Brutbestand im Kreis Böblingen beträgt ca. 35 Bp. (mind. 31 erfaßte Reviere).

Die Bruthöhlen wurden fast ausschließlich 8–18 m hoch in Buchen (mind. 10×), eine Höhle in eine ca. 250jährige Eiche gezimmert.

Buntspecht – *Dendrocopos major*

Brutvogel in allen Waldgebieten und lokal im Gäu auch in angrenzenden Obstbaumgebieten; ausnahmsweise weit außerhalb des Waldes bei Tailfingen 1975 eine Brut in einem Pflaumenbaum neben einem kleinen Feldgehölz. Als häufigster Specht erreicht er in Eichenmischwäldern Siedlungsdichten von max. 1,5 Bp./10 ha (1976 3 Bruten im Nordteil des Hardtwaldes/TÜ). Zwei besetzte Höhlen bei Schönaich waren nur etwa 30 m voneinander entfernt. 36 besetzte Höhlen, die 1973 (12) und 1974 (24) gefunden wurden, waren in Eichen (18×), Fichte (4×), Buche (3×), Kirsche (3×), je eine Höhle in Aspe, Birke, Birne, Erle, Kiefer, Lärche, Pappel, Pflaumenbaum (1975), Ulme gezimmert; Höhe 2,6 bis 18 m.

Die Jungen flogen 1974 zwischen dem 30. 5. und 9. 6. aus; 1975 wurden noch am 17. 6. die Jungen in 3 Bruthöhlen gefüttert.

Das Bettelrufen der Jungen ist kurz vor dem Ausfliegen auf relativ große Entfernung zu hören, und das Auffinden der Höhlen ist in diesem Zeitraum recht einfach.

In dem Eichenwicklerjahr 1974 pendelte ein Brutpaar, dessen Höhle in einem Kiefern-Buchen-Bestand errichtet war, Anfang Juni regelmäßig über die Obstbaumwiesen in den 1,65 km entfernten Eichenbestand, um Nahrung für seine fast flüggen Jungen herbeizuschaffen. Die Eichenwickler bildeten offensichtlich eine ergiebige Nahrungsquelle.

Mittelspecht – *Dendrocopos medius*

Als Brutvogel alter Eichenbestände und einiger angrenzender Obstbaumbestände ist seine Verbreitung begrenzt; in den westlich angrenzenden Gebieten im Heckengäu sowie im Schwarzwald fehlt die Art weitgehend. In den noch ausgedehnten Eichenmischwäldern des Kreises Böblingen ist dieser sonst seltene oder spärliche Brutvogel nach dem Buntspecht der zweithäufigste Specht! In angrenzenden Obstbaumbeständen nistet die Art bis zu 400 m vom Waldrand entfernt, 1971 ausnahmsweise in einem einzelstehenden Apfelbaum innerhalb der Ortschaft Hirsau/CW (E. BUOB). Im gesamten Beobachtungsgebiet konnten über 190 besetzte Reviere bzw. balzrufende Exemplare und 25 Bruten ermittelt werden, davon entfallen allein 170 Reviere auf den Kreis Böblingen. Im

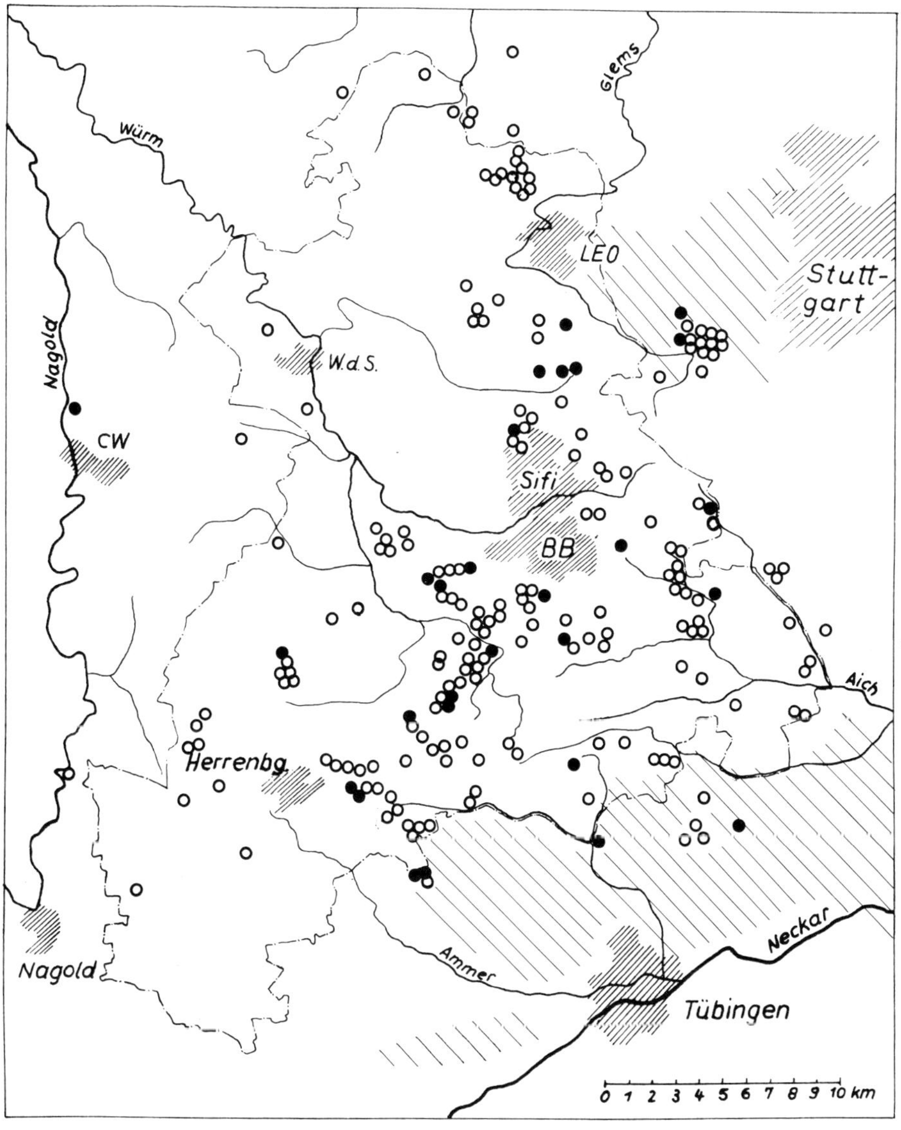

Abb. 31. Verbreitung des Mittelspechtes 1973–1978. – Vgl. Foto Abb. 13. ● Nisthöhle, ○ Brutverdacht, geeignete Biotope schraffiert.

benachbarten Kreis Calw gelang bislang erst ein Brutnachweis und an 2 weiteren Orten bestand Brutverdacht. In geeigneten Biotopen wird eine Dichte von max. 2 Bp./10 ha (Hardtwald/TÜ) erreicht. Mit zunehmendem Nadelholzanteil sinkt die Dichte rasch ab und beträgt z. B. in der Gärtringer Mark mit zahlreichen eingestreuten Fichtenschonungen nur noch 0,26 ♂/10 ha. Die starke Nutzung der Eichenaltbestände und die

Umwandlung in Nadelforste hat einschneidende Auswirkungen auf die Bestände dieser in der Bundesrepublik gefährdeten Art.

Weitere Details können der Puplikation von SCHUBERT (1978) entnommen werden.

Kleinspecht – *Dendrocopos minor*

Bevorzugt werden ausgedehnte Obstbaumbestände und lichte Eichenmischwälder vor allem an Waldrändern, seltener im Waldesinnern, besiedelt. Ein Brutpaar stellte sich in einem Eichenbestand am „Sindelfinger Spitz" bei Musberg erst dann ein, nachdem der Bestand 1973 gelichtet wurde (G. EMBERT). Seit 1959 konnte die Art an über 50 Orten zur Brutzeit registriert werden, davon entfallen 16 Reviere auf Obstbaumbestände. Diese schwierig zu erfassende Art hat durch die starken Rodungen der Obstbaumbestände Brutplätze verloren. Bruthöhlen wurden bislang 5mal in Apfelbäumen und je einmal in einer Buche und einer Weide unmittelbar am Waldrand gefunden.

Balzrufende Exemplare wurden ab Anfang Januar (6. 1. 1971) bemerkt; die Rufreihen können auch noch nach der Brutzeit im Juni und später, z. B. Ende Sept./Anfang Oktober, vernommen werden. Die ersten flüggen Jungen wurden am 29. 5. 1974 bei Bondorf beobachtet. Bei zwei weiteren Bruten flogen die Jungen in den ersten Junitagen, z. B. am 9. 6. 1975, aus.

Umherstreifende können im Winterhalbjahr weitab ihrer Brutgebiete beobachtet werden; am 9. 11. 1974 bemerkte ich auf der Tailfinger Mark ein ♀, welches aus dem Mark einiger Stauden weiße, längliche Puppen herausholte.

Eine Bruthöhle westlich Hildrizhausen mit Jungen war am folgenden Tag sehr wahrscheinlich von einem umherstreifenden Buntspecht aufgeweitet und ausgeraubt worden.

Wendehals – *Jynx torquilla*

Bevorzugte Brutgebiete sind Obstbaumwiesen; gelegentlich brütet er auch in der Randzone alter Eichenmischwälder, nur ausnahmsweise trifft man ihn zur Brutzeit auf Waldlichtungen mit parkartigem Charakter (z. B. bei der Schnapseiche südlich des Schaichhofes am 10. 5. 1959 2 Sänger, am 19. 5. 1959 1 Sänger) an. Im Heckengäu brütet er auch in recht offenen Lagen mit eingestreuten alten Bäumen oder in kleinen Kiefernwäldchen.

Bestandsschwankungen/Siedlungsdichte: Um 1960 konnte die Art noch regelmäßig in meist mehreren Exemplaren in den Obstanlagen rund um die Ortschaften verhört werden. Durch Rodung der Obstbäume für Siedlungen, Industrie usw. wurde ein Teil der Brutplätze zerstört, und heute ist diese gefährdete Art nur noch an wenigen geeigneten Orten anzutreffen. Bemerkenswerte Bestände konnten neuerdings nur noch am Schönbuch-Südrand östlich Herrenberg und im angrenzenden Gäu festgestellt werden. Zwischen Herrenberg und Mönchberg 1973 mind. 14, 1974 16 Sänger; zwischen Mönchberg und Breitenholz am 22. 5. 1973 12 Sänger. Um Tailfingen riefen am 19. 4. 1974 6 Exemplare und zwischen Kayh und Altingen/TÜ westlich des Hardtwaldes am 8. 5. 1975 11 Exemplare. Im Würmtal zwischen Aidlingen und Dätzingen wurden Anfang Juni 1973 6 Rufer erfaßt. Je 3 Sänger wurden NW/Hildrizhausen (30. 4. 1973), S/Böblingen im Gebiet „Hörnle" (24. 5. 1974, 17. 5. 1975), östlich Weil im Schönbuch (25. 5. 1974), SW/Merklingen (23. 5. 1975) verhört. An weiteren Orten meist nur einzelne Rufer. – Im gesamten Krs. Böblingen wurden 1973/74 ca. 86 Sänger

Abb. 32. Heidelerche ♀. Foto W. SCHUBERT

erfaßt. Geschätzter Gesamtbestand ca. 100 Paare (1973). – Extremdaten: 4. 4. 1957/ 19. 9. 1959.

Heidelerche – *Lullula arborea*

Brutvogel in Ödlandbiotopen des Heckengäus und auf dem Truppenübungsplatz bei Böblingen sowie in kurzrasigen Streuobstwiesen. Am Schönbuch-Südrand konnte die Art zwischen 1973–1977 nur noch außerhalb des Kreises Böblingen im Grenzgebiet bei Breitenholz und Kayh/TÜ als Brutvogel festgestellt werden. In geeigneten Biotopen kam die Art früher auch im Oberamt Leonberg (1930) als Brutvogel vor. 1960 wurden allein im Bereich des Venusberges bei Aidlingen und in Ödlandgebieten südlich Deufringen innerhalb der Kreisgrenzen 16 Brutpaare ermittelt. Im angrenzenden Gebiet bei Dachtel im Krs. Calw konnten 1960 3 Sänger und 1963 sogar 6 Sänger notiert werden. Auf dem Truppenübungsplatz östlich Böblingen wurden 1960 ca. 7 Paare erfaßt. 1973 waren alle bekannten Vorkommen innerhalb des Altkreises Böblingen erloschen; lediglich am Truppenübungsplatz konnte 1974 1 Sänger vermerkt werden. Bei großräumigen Bestandsuntersuchungen im gesamten Heckengäu südl. der Enz bis Wildberg/Nagold konnten in den Jahren 1973–1975 nur noch 5–8 besetzte Reviere gefunden werden. Der Bestand in diesen Gebieten dürfte aufgrund von Teiluntersuchungen und Mitteilungen einiger Gewährsleute in den Jahren vor 1960 (K. ROTH, K. SCHÜLE, A. GENGENBACH u. a.) grob auf mind. 80 Bp. geschätzt werden. Als Ursache für den katastrophalen Rückgang dieser am Brutplatz sehr scheuen Art dürfte die wachsende Beliebtheit der Ödlandbiotope als ,,Tummelplatz“ (wildes Campieren, Parken usw.) für erholungssuchende Großstadtmenschen eine wesentliche Rolle spielen. Dafür sprechen auch die Reliktvorkommen in Gebieten abseits des Touristenstromes (siehe SCHUBERT 1981).

Jahreszeitliches Auftreten: 23. 2. 1975/21. 11. 1962; Hauptdurchzug Mitte März (max. 65 Ex. bei Schönaich am 18. 3. 1962, R. KUHN) und Oktober (max. 54 Ex. am 6. 10. 1974 zwischen 7–12 Uhr bei Dätzingen).

Ohrenlerche – *Eremophila alpestris*

Am 3. 12. 1972 rastete auf der Hulb bei Böblingen ein Exemplar (I. u. R. GIROD).

Haubenlerche – *Galerida cristata*[7)]

Die erste Nachricht über diese Art liegt aus Leonberg vor: „ferner die . . . vielfach längs der Eisenbahnen eingewanderte Haubenlerche", VOGEL in O.A. Leonberg (1930).

Dieser ursprüngliche Steppenvogel hat heute im Kreis Böblingen eines seiner größten Brutvorkommen innerhalb von Württemberg. Die Brutplätze liegen in neuerer Zeit in oder am Rande von neuangelegten, aufgelockerten Siedlungen mit Wohnblöcken und manchmal bei Schulen, Kindergärten, Kirchen und Hochhäusern. Die großen Flächen zwischen den Bauten und an Randgebieten bestehen aus brachliegenden Grasflächen, die wegen Planierungsarbeiten mit mehr oder weniger unbewachsenen Flächen oder mit jungem Zierrasen, teils mit Blumenbeeten und niederen Ziersträuchern, und befestigten Gehwegen und Plätzen durchsetzt sind. Vereinzelte Bäume und Büsche sind in der Regel klein. Seit 1973 brütet die Art auch im neuen Industriegelände auf der Hulb bei Böblingen. Dagegen fehlt sie nach 1945 auf Eisenbahngelände auch außerhalb der Brutzeit.

Die erste Brut wurde 1961 in Böblingen festgestellt. Mit einem weiteren Paar in Ludwigsburg waren es die ersten Brutnachweise in Württemberg nach dem Krieg. Bis 1965 blieb es bei einem Brutpaar in Böblingen, während erstmals 1974 in Sindelfingen ein Paar beobachtet wurde. – In den nahe beieinander liegenden Orten Böblingen, Sindelfingen, Maichingen, Dagersheim und Darmsheim entwickelte sich der Bestand in folgender Weise (Bp.): 1961–1963: 1; 1964: 2; 1965: 3; 1966: 5; 1967: 7; 1968: 10; 1969: 10; 1970: 14; 1971: 20; 1972: 23; 1978: 33 Paare. Der Bestand in ganz Württemberg betrug 1972 etwa 37 Brutpaare. – Im übrigen Untersuchungsgebiet wurde die Art brütend oder brutverdächtig erstmals festgestellt in Schönaich 1967, Herrenberg 1971 und Magstadt 1975 (W. SCHUBERT), Steinenbronn ca. 1970 (ZAISER).

Bruterfolg: Die im Kreis Böblingen von 1961 bis 1972 durchgeführten Kontrollen ergaben folgendes Ergebnis: Bei 11 Nestern wurde festgestellt, daß die Jungen zum Ausfliegen kamen. Von Gelegen oder Nestern mit Jungen wurden 8 aus ungeklärten Gründen verlassen oder zerstört, 2 von Kindern vernichtet, 1 durch Rasenmäher, 1 durch ein Baufahrzeug und 2 – wahrscheinlich wegen starker Regenfälle – verlassen. 2 noch leere Nestmulden wurden zerstört.

Umherstreifende Vögel wurden im Herbst außerhalb der Orte auf Feldern beobachtet.

Feldlerche – *Alauda arvensis*

Häufiger Brutvogel im offenen Kulturland und im Heckengäu. Siedlungsdichte: Auf dem Wächtersberg bei Sulz/CW wurden am 23. 5. 1973 mind. 18 Sänger erfaßt (= 0,67 Bp./10 ha). Auf dem aufgeschütteten Gelände der Hulb brüteten 1974 10 Paare (= 3 Bp./10 ha).

[7)]Bearbeiter: WALTER RIEDEL

Abb. 33. Haubenlerche. Foto W. SCHUBERT

Zur Hauptzugzeit im März und Oktober/November können große Schwärme auf den Feldern beobachtet werden: z. B. am 4. 3. 1973 ca. 1200 Ex. bei Rohrau und 700 Ex. bei Maichingen; am 11. 3. 1973 sogar ca. 2500 Ex. bei Rohrau. Schneeflüchter: am 22. 2. 1973 zogen ca. 700 Ex. in 5 Trupps mit max. 250 Ex. um 17 Uhr über Sindelfingen nach Südwesten ab. In milden Wintern überwintert die Art: z. B. am 17. 1. 1976 mind. 450 Ex. in 5 Trupps auf den Feldern südlich Maichingen rastend. Bei Maichingen rasteten im Januar 1975 bis 240 Ex. auf den Feldern, und bei Böblingen überwinterte 1964 ein kleiner Trupp von 25 Ex. Weitere Januardaten aus anderen Jahren liegen vor.

Uferschwalbe – *Riparia riparia*

Nahezu regelmäßiger, spärlicher Durchzügler. Frühjahrszug: 18. 4. 1960/30. 5. 1960 (10 Daten); Herbstzug: 16. 8. 1972/3. 10. 1968 (14 Daten); meist einzeln bis 4 Ex. zusammen; ausnahmsweise 24 Ex. am 23. 9. 1968 bei Rohrau (B. u. L. KROYMANN).

Rauchschwalbe – *Hirundo rustica*

Häufiger Brutvogel der Ställe in menschlichen Siedlungen. In Städten wie Sindelfingen oft nur noch in Reitställen. In den Stallungen eines Bauernhofes in Haslach brüten gleichzeitig bis zu 18 Paare, in anderen Stallungen meist nur wenige Paare.

Während des Herbstzuges können unser Gebiet große Anzahlen überfliegen, z. B. am 21. 9. 1975 innerhalb einer halben Stunde ab 9.10 Uhr über 204 Ex. bei Gechingen; am 25. 9. 1977 zogen bei Rohrau zwischen 8.20 und 11.15 Uhr 2750 Ex. nach Süden durch. Eine späte Beobachtung am 12. 11. 1974 mit 2 Ex. bei Sindelfingen (Schwalbenkatastrophenjahr!). Vom Frühjahrszug liegen nur von Mitte Mai 1976 Durchzugszahlen vor: u. a. am 14. 5. 1978 8 Ex. bei Sindelfingen nach Nordosten ziehend; früheste Beobachtung am 26. 3. 1960.

Mehlschwalbe – *Delichon urbica*

Häufiger Brutvogel in den Dörfern, aus den Städten ist sie meist schon verdrängt worden und brütet da oft nur noch in wenigen Paaren. Einige Paare nisteten mitten im ausgedehnten Fabrikgelände der Fa. Daimler Benz AG von mind. 1959–1964; neuerdings auch dort fehlend.

In Möttlingen sind an einer Hauswand neben der Hauptstraße seit einigen Jahren bis zu 29 Nester besetzt, in Gültstein brüten an einem Fachwerkhaus max. 23 Paare (1979). Durch Aufhängen von künstlichen Schwalbennestern an den Außenwänden kann dieser Art geholfen werden.

Extremdaten: 7. 4. 1955/9. 11. 1974.

Schafstelze – *Motacilla flava*

Erstmals 1959 zwischen Böblingen und Dagersheim in 2 Paaren brütend festgestellt. 1968 und 1969 konnten sie B. u. L. KROYMANN am Nufringer Eisweiher brütend nachweisen. Auf der Hulb bei Böblingen brüteten mind. ab 1958 bis zu 3 Paare (1975), zuletzt 1976 (Industrieansiedlung). Ein weiterer Brutplatz befand sich im Affalterried bei Darmsheim (mind. bis 1976 besetzt), der durch einen Modellflugplatz vernichtet wurde. Brutverdacht bestand bereits 1957 westlich des Floschenwäldchens bei Sindelfingen (jetzt Gartenanlage). Möglicherweise bereits früher im Gäu bei Herrenberg brütend, da W. HOLCH angibt: „. . . auch brütend". Neuerdings nur im Reparaturgelände/ Böblingen und an der Würm bei Dätzingen.

Extremdaten: 31. 3. 1959/13. 10. 1974 (7 einzeln ziehende Ex. bei Sindelfingen). Maximale Ansammlungen: mind. 50 Ex. am 13. 9. 1959 am Nufringer Eisweiher bzw. am 24. 9. 1968 ebenda (B. u. L. KROYMANN).

Aschköpfige Schafstelze – *Motacilla flava cinereocapilla*

Ein Nachweis eines ♂ am 27. 4. 1959 bei Sindelfingen am Schlanderer See.

Nordische Schafstelze – *Motacilla flava thunbergi*

Spärlicher Durchzügler im Mai; bisher liegen 10 Daten vor zwischen 9. 5. 1965 und 20. 5. 1959/64; max. 8 ♂ am 10. 5. 1960 am Schlanderer See bei Sindelfingen und 22 Ex. (8 ♂) auf der Hulb bei Böblingen am 8. 5. 1974.

Gebirgsstelze – *Motacilla cinerea*

Brutvogel an Bachläufen, bevorzugt in Waldgebieten oder an menschlichen Bauten auch innerhalb von Ortschaften, z. B. in Aidlingen, Dätzingen, Deufringen, Sindelfingen, Waldenbuch usw. Verbreitungsschwerpunkte sind die Bäche innerhalb des Schönbuchs und des Schwarzwaldes (im Krs. Calw). – Vereinzelte Winterdaten liegen vor.

Bachstelze – *Motacilla alba*

Verbreiteter Brutvogel. In Sindelfingen sammelten sich im September bis zu 80 Ex. (am 16. 9. 1964) in einem einzelstehenden geschützten Busch im Fabrikgelände der Fa. Daimler Benz AG zum Übernachten. Extremdaten: 19. 2. 1959/28. 12. 1961.

Spornpieper – *Anthus novaeseelandiae*

Am 11. 5. 1973 rastete 1 Ex. auf einem Saatfeld im Affalterried bei Sindelfingen (erster Nachweis in Baden-Württemberg).

Brachpieper – *Anthus campestris*

Seit 1959 wird diese Art nahezu regelmäßig auf dem Durchzug beobachtet: Frühjahrszug mit 31 Daten: 25. 4. 1959/12. 5. 1963, max. 11 Ex. am 3. 5. 1963; Herbstzug 21 Daten: 20. 8. 1967/18. 9. 1965, max. 7 Ex. am 6. 9. 1959.

Baumpieper – *Anthus trivialis*

Regelmäßiger Brutvogel der mit Bäumen bestandenen Feldflur, vor allem in Streuobstwiesen und auf Waldlichtungen sowie in lichten Laubbeständen. Siedlungsdichte: Am Wächtersberg bei Sulz/CW wurden am 23. 5. 1973 16 Sänger erfaßt (= 0,59 Bp./10 ha). – Extremdaten: 17. 3. 1967/12. 10. 1974.

Wiesenpieper – *Anthus pratensis*

Regelmäßiger, häufiger Durchzügler und lokaler Brutvogel. 1970 erstmals als Brutvogel in 2 Paaren (1 Gelege) auf Markung Böblingen angetroffen. Im Mai weitere Paare bzw. singende ♂ bei Dagersheim (R. u. I. GIROD, B. u. L. KROYMANN). Frühjahrszug: 2. 2. 1964/8. bzw. 16. 5. 1959, am 25. 3. 1960 max. etwa 150 Ex. am Schlanderer See; Herbstzug: 18. 9. 1960/30. 12. 1968, max. 92 Ex. Rohrau (B. u. L. KROYMANN).

Rotkehlpieper – *Anthus cervina*

Spärlicher Durchzügler. Frühjahrszug: 12 Daten vom 16. 4. 1966–21. 5. 1968; Herbstzug: 6 Daten vom 18. 9. 1968–7. 11. 1968; max. 9 Ex. am 30. 4. 1969 Reusten/TÜ (B. KROYMANN 1970).

Wasserpieper – *Anthus spinoletta*

Regelmäßiger Durchzügler und Wintergast. Meist einzeln bis max. 6 Ex. (23. 2. 1965 u. 5. 10. 1959) sowie 12 Ex. am 25. 12. 1972. B. u. L. KROYMANN stellten bei Rohrau ungewöhnliche Ansammlungen fest: 22. 11. 1968 18 Ex., 18. 1. 1969 11 Ex., 5. 2. 1969 16 Ex., 1. 3. 1969 42 (!) Ex.

Neuntöter – *Lanius collurio*

Noch regelmäßiger Brut- und Zugvogel. Er besiedelt bevorzugt das heckenreiche Gäu, insbesondere Waldränder aber auch größere Waldlichtungen und Obstbaumwiesen.

Der vor einem Jahrzehnt noch häufige Brutvogel hatte vor allem unter dem Beseitigen der Hecken, besonders entlang der Waldränder, zu leiden. In den letzten Jahren von 1973–1978 kommt die Art selbst in geeigneten Biotopen wie z. B. im Heckengäu nur noch spärlich vor.

Der starke Rückgang des Neuntöters kann nur zu einem Teil auf Biotopverluste zurückgeführt werden. Das weiträumige Verschwinden dieser Art auch in optimalen Biotopen kann nur auf andere Faktoren begründet werden, deren Ursachen in heimischen Brutgebieten liegen müssen. Sehr wahrscheinlich hängt der Rückgang mit den Maikäferbekämpfungsaktionen zusammen, bei denen DDT-Mittel zur Anwendung kamen (zeitliche Übereinstimmung liegt vor).

Extremdaten: 1. 5. 1958/19. 9. 1959.

Schwarzstirnwürger – *Lanius minor*

Obwohl die Art noch bis etwa 1959 auf den benachbarten Fildern brütete, sind die Daten und Angaben in den O.A.-Beschreibungen Böblingen „. . . nicht selten“ nicht zweifelsfrei. – Glaubwürdig erscheint die Angabe in der O.A.-Beschreibung Leonberg (1930), nach der die Art (1887 von Mai bis Juni) als seltenster Würger neben Raub- und Rotkopfwürger mit Bestimmtheit als Brutvogel angegeben wird. – Neuere Daten fehlen.

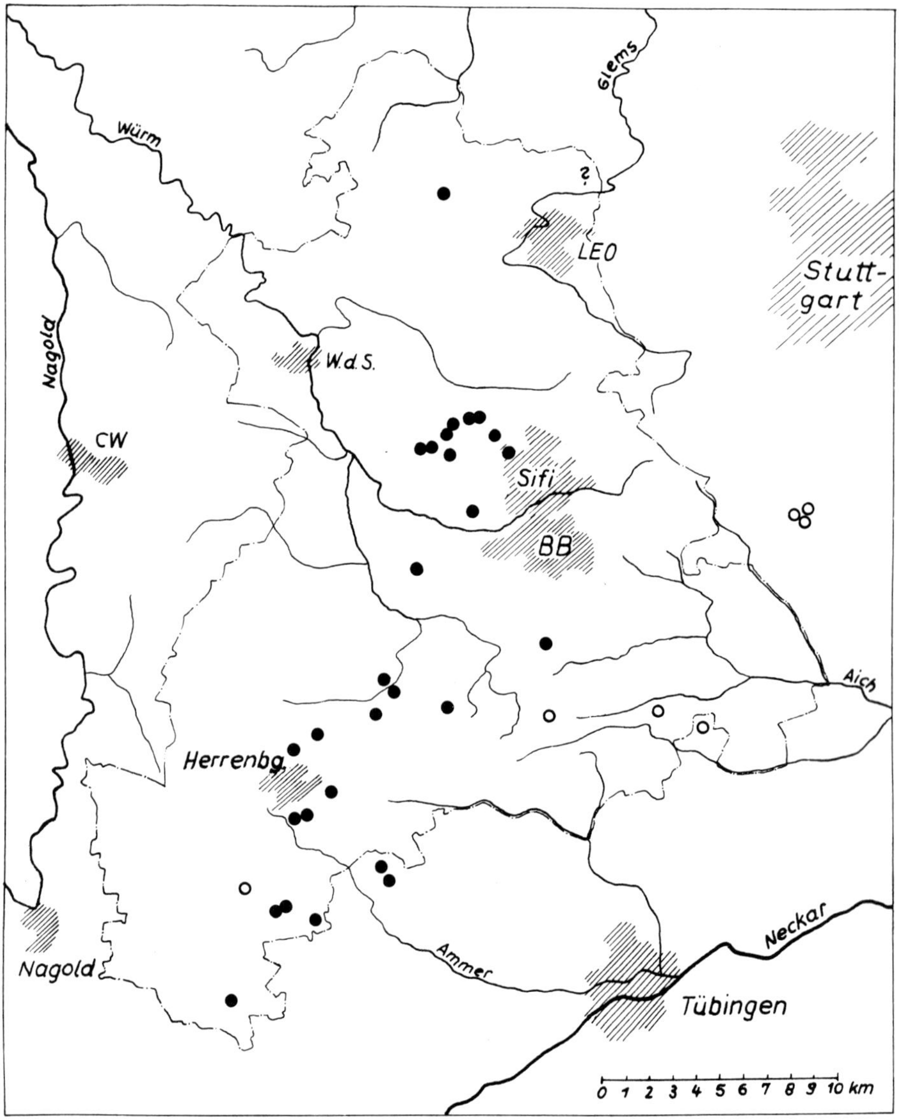

Abb. 34. Verbreitung des Rotkopfwürgers um 1960. ● Brutnachweis, ○ Brutverdacht.

Rotkopfwürger – *Lanius senator*

In der offenen Kulturlandschaft mit gruppenartig stehenden Obstbäumen, in Streuobstwiesen und an verkehrsarmen Obstbaumalleen, gern auch in Siedlungsnähe, war der Rotkopfwürger z. B. in dem Raum zwischen Maichingen und Bondorf vor 1960 ein zahlreicher Brutvogel. Bei der Bestandsaufnahme im Jahre 1960, die allerdings nur in ca. 60–70 % der vorhandenen Streuobstwiesen durchgeführt wurde, konnten etwa 25

Paare, davon 16 Nester gefunden werden. Allein in den Obstanlagen um Maichingen brüteten 8 Paare, um Tailfingen mind. 4 Paare. Bei Teiluntersuchungen im Jahre 1964/65 brüteten z. B. um Maichingen nur noch 3 Paare, und 1973–1978 konnten hier, wie auch an den Brutplätzen bei Tailfingen, keine Brutpaare mehr gefunden werden. Im gesamten Kreis Böblingen gelangen 1973 nur noch 2 Brutnachweise; seit 1974 ist nur ein Brutplatz bekannt, der ab 1979 verwaist blieb.

Gründe des Rückganges: Biotopveränderungen waren nur in einigen Fällen für das Verschwinden des Rotkopfwürgers maßgeblich, denn die meisten Reviere sind auch heute noch unverändert. Bereits Anfang der 60er Jahre sind 4 Brutplätze an Straßenalleen aufgegeben worden. Der Rückgang der meisten Paare blieb ungeklärt und kann nur in der Anwendung von Pestiziden vermutet werden (siehe SCHUBERT 1981).

Extremdaten: 3. 5. 1958/2. 8. 1958.

Raubwürger – *Lanius excubitor*

Ehemaliger Brutvogel. In Streuobstwiesen, vereinzelt auch in Steppenheidegebieten mit locker stehenden Kiefern war der Raubwürger ein verbreiteter Brutvogel. 1960 wurden 21 Brutpaare (12 Nestfunde) erfaßt. Bei einer Teilerfassung im nördlichen Gebiet des Kreises Böblingen konnten 1963 nach dem Jahrhundertwinter in 8 ehemaligen Revieren nur noch 2 erfolgreich brütende Paare ermittelt werden. 1973 konnte im gesamten Kreis Böblingen nur ein besetztes Revier im Steppenheidegebiet bei Dätzingen gefunden werden. Inzwischen ist auch dieses Vorkommen erloschen. Selbst im Mäusejahr 1974 und 1977 gelangen keine Brutzeitfeststellungen.

Das Aussterben eines guten Bestandes innerhalb weniger Jahre erscheint durch natürliche Faktoren allein, wie extreme Winter, nicht glaubwürdig. Hinweise sprechen dafür, daß die ohnehin dezimierten Bestände vor allem in sog. „Mäusejahren“ durch Vergiftungsaktionen der Feld- und Wühlmäuse regional völlig ausgerottet wurden.

Seidenschwanz – *Bombycilla garrulus*

Unregelmäßig erscheinender Wintergast. In den Jahren 1954, 1964, 1965, 1966, 1968, 1969, 1971, 1976 wird die Art mehrfach beobachtet. Insgesamt liegen 34 Daten von Ende November bis Anfang April (4. 4. 1976) vor. Maximum 40 Ex. am 12. 12. 1965 bei Schönaich (R. KUHN).

Wasseramsel – *Cinclus cinclus*

Nur an klaren, raschfließenden Gewässern, wie z. B. am Goldersbach im Schönbuch und auch in Aidlingen, brütet diese Art. Durch Aufhängen von Brutnischen unter Brücken kann dieser Art geholfen werden. An der Sulz bei Steinenbronn brütete 1 Paar bis 1959, und im Jahre 1966 bestand an der Berstlach am Mönchsbrunnen Brutverdacht (H. BÖPPLE, E. GÖB). Am Oberlauf der Würm und Glems brütete die Art (O.A. Leonberg 1930). Infolge starker Verschmutzung des Wassers sind diese Vorkommen jetzt verwaist.

Zaunkönig – *Troglodytes troglodytes*

Verbreiteter und häufiger Brutvogel in den Waldungen, besonders zahlreich in wasserführenden Klingen und vereinzelt in Parks.

Heckenbraunelle – *Prunella modularis*

Häufiger Brutvogel in jüngeren Fichtenschonungen und Dickungen in Waldungen und im Heckengäu.

Extremdaten: 14. 3. 1958/27. 9. 1967; aus den Jahren 1967–1971 liegen 6 Januar- und 7 Dezemberdaten vor (W. RIEDEL).

Schilfrohrsänger – *Acrocephalus schoenobaenus*

Fast regelmäßiger Frühjahrsdurchzügler, spärlicher auf dem Herbstdurchzug. Frühjahrszug mit 20 Daten 7. 4. 1968/10. 5. 1959; Herbstzug mit 8 Daten 9. 8. 1964/20. 9. 1959; meist einzeln bis max. 6 Ex. am 27. 4. 1968 an der Kläranlage/BB. Ein balzfliegendes und singendes Exemplar hielt sich mind. vom 17. 6.–27. 6. 1960 am Schlanderer See bei Sindelfingen auf.

Seggenrohrsänger – *Acrocephalus paludicola*

Nur 3 Daten: 29. 4. 1958 1 Ex. an der Schwippe bei Böblingen; 19. 9. 1959 1 Ex. auf der Hulb bei Böblingen (W. SCHUBERT); 7. 10. 1968 1 Ex. bei Rohrau (B. u. L. KROYMANN).

Sumpfrohrsänger – *Acrocephalus palustris*

Die Art brütet an kleineren Bachläufen mit reichlicher Ufervegetation und in Getreidefeldern im offenen Kulturland. Bereits in der O.A.-Beschreibung Leonberg (1930) wird vermerkt: „brütet in manchen Jahren (z. B. 1925) sehr häufig in Kornfeldern, in anderen Jahren (z. B. 1927) äußerst selten.“ Ein gutes Vorkommen befindet sich entlang der Würm zwischen Aidlingen und Dätzingen mit ca. 18 Sängern am 1. 6. 1973. In dem Riedgebiet westlich Weil der Stadt sangen am 28. 5. 1974 10 Sänger, im Merklinger Ried am 12. 6. 1975 8 Sänger, zwischen Altingen/TÜ und Gültstein am 23. 5. 1973 8 Sänger, südlich Ehningen am 27. 5. 1975 8 Sänger. Gesamter Bestand im Kreis Böblingen ca. 120–140 Sänger (1973–76). Neuere Daten aus Getreidefeldern fehlen.

Extremdaten: 13. 5. 1974/28. 9. 1959.

Teichrohrsänger – *Acrocephalus scirpaceus*

Ehemals zahlreicher Brutvogel; 1960 wurden z. B. entlang der Würm auf ca. 4 km Länge zwischen Aidlingen und Dätzingen 22 Brutpaare erfaßt. Dieses bedeutsame Vorkommen innerhalb des Altkreises Böblingen war 1973 erloschen, obwohl keine Biotopveränderungen stattgefunden hatten. Nach meinen Beobachtungen waren die schmalen Schilfbänder entlang des Baches, wohl durch die Verschmutzung des Wassers, etwas dürftiger geworden und genügten offensichtlich nicht mehr den Anforderungen an den Brutplatz. Am 22. 7. 1956 konnten an der Würm östlich Ehningen 12 Nester gefunden werden. Bereits in den folgenden Jahren blieb durch Beseitigen des Schilfes dieses Vorkommen verwaist. Bestand 1979 im Kreis Böblingen: 7 Paare.

Extremdaten: 3. 5. 1967/15. 10. 1969.

Drosselrohrsänger – *Acrocephalus arundinaceus*

Am Berner See in Böblingen 1× festgestellt (W. HOLCH); der Weiher wurde 1957 zugeschüttet! Je 1 Sänger wurde an der Würm bei Döffingen am 6. u. 17. 6. 1960 und an der Ammer zwischen Altingen und Gültstein am 7. 6. 1964 beobachtet. Am 28. 5. 1977 konnte 1 Ex. an der Würm bei Hausen verhört werden.

Feldschwirl – *Locustella naevia*

Im Untersuchungsgebiet werden vier recht unterschiedliche Biotope besiedelt: mit f e u c h t e m Untergrund werden Schilfriedgebiete in offenen Tallagen sowie an einigen Stellen auch stark verkrautete mehrjährig brachliegende Wiesen, weiterhin Waldlichtun-

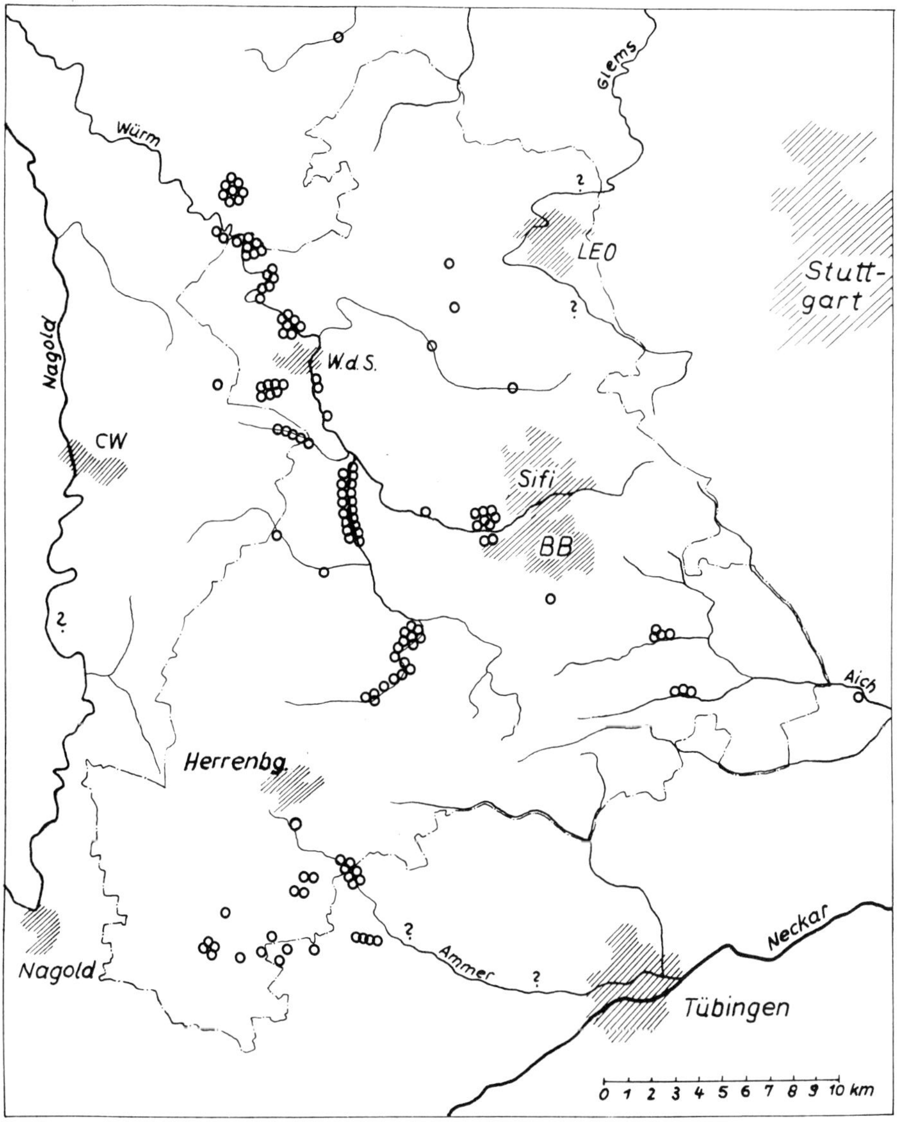

Abb. 35. Verbreitung des Sumpfrohrsängers 1973. ○ Sänger bzw. Brutverdacht.

gen mit jungen Fichtenkulturen bevorzugt entlang von Bächen aber auch auf Bergrücken (Truppenübungsplatz und Schönbuch) bewohnt; in trockenen Lagen ist die Art im gesamten Heckengäu und am Schönbuch-Südrand zu finden. In allen diesen Biotopen ist der Untergrund mit üppigem, hohen Grasbestand und sonstigem Pflanzen- und Strauchwerk dicht bedeckt, was für die Nestanlage und die Nahrung und somit seiner Verbreitung von ausschlaggebender Bedeutung ist.

Die Besiedlung der Schilfgebiete entlang der Schwippe bei der Kläranlage Böblingen erfolgte erstmals 1963. Bis zu 4 Sängern konnten dort während der Brutperiode 1973/74 verhört werden. Durch die Verlegung des Bachbettes und Trockenlegung des Riedgebietes ist die Art seit 1976 wieder verschwunden. In den feuchten Wiesen südlich Ehningen stellte sich die Art mit ausbleibender Nutzung in dem jetzigen Schilfried mit max. 7 Sängern am 11. 5. 1975 bzw. 6 Sängern am 27. 5. 1975 ein. Auf dem Truppenübungsplatz bei Böblingen wurden in jungen Fichtenkulturen max. 11 Sänger am 21. 6. 1959 notiert. Nach Biotopveränderung und Hochwachsen der Fichten konnten am 5. 6. 1974 nur noch 5 Sänger ermittelt werden. Im Würmtal zwischen Aidlingen und Dätzingen sangen am 1. 6. 1973 9 Sänger. Auch im Heckengäu kommt es zu bemerkenswerten Verdichtungen. R. GIROD erfaßte am 13. 6. 1971 am Westhang des Betzenbuckel (494 m) bei Heimsheim/Enz 7 Sänger. Am 29. 4. 1974 konnte ich dort 5–7 Sänger bestätigen, 3 weitere Sänger bemerkte ich in den nahegelegenen Grundwiesen. Am 7. 5. 1974 sangen am Betzenbuckel nur 3 Ex. und am 10. 6. 1973 nur 2 Exemplare.

Im gesamten Heckengäu südlich der Enz konnten 1974 und auch 1975 im Mai ca. 80 Sänger, davon 24 im Kreis Böblingen, 25 im Kreis Calw und 32 im Enzkreis, erfaßt werden.

In den Schönbuchwaldgebieten des Kreises Böblingen westlich Dettenhausen konnte die Art an etwa 30 Stellen verhört werden. Während einer Exkursion am 4. 5. 1974 konnten allein in dem Gebiet zwischen Altdorf und Goldersbach 15 Sänger festgestellt werden.

Besonders bei den Daten Anfang Mai sind möglicherweise auch Durchzügler mit erfaßt. Bereits Ende Mai sinkt die Gesangsaktivität rasch ab, und die Gesangszeit beschränkt sich dann oft nur auf wenige Minuten in der Morgen- und Abenddämmerung. Ende Juni ist wieder ein deutlicher Gesangshöhepunkt festzustellen, der bis Anfang August abebbt (letzter Gesang am 16. 8. 1978).

Gelbspötter – *Hippolais icterina*

Sehr spärlicher Brutvogel. – 1960 wurde die Art trotz intensiver Beobachtungstätigkeit nur an insgesamt 6 Orten gehört. Brutnachweise liegen von folgenden Orten vor: Sindelfinger Friedhof (1957/1958), Sindelfingen Eichholz (1956), Obstanlagen nördlich von Maichingen (1957, 1959 – 2 Bp.). Die meisten Vorkommen sind inzwischen erloschen. – Früheste Ankunft: 6. 5. 1956; Abzug: ?

Gartengrasmücke – *Sylvia borin*

Häufiger Brut- und Zugvogel im Heckengäu; in aufgelockerten Wäldern (Mischwälder) und Parks. – Früheste Ankunft: 21. 4. 1956; späteste Beobachtung am 23. 9. 1972 1 Ex. Venusberg.

Mönchsgrasmücke – *Sylvia atricapilla*

Verbreiteter und häufiger Brut- und Zugvogel. – Extremdaten: 4. 4. 1974/6. 10. 1974 (1 Ex. Venusberg/Dätzingen).

Klappergrasmücke – *Sylvia curruca*

Brutvogel mit schwerpunktartiger Verbreitung im Heckengäu und auch in Parks, Friedhöfen und Gärten innerhalb menschlicher Siedlungen; sehr vereinzelt auch an Waldrändern oder auf Waldlichtungen mit Fichtenschonungen. Gegenüber der Dorngrasmücke bevorzugt die Klapper- oder Zaungrasmücke im Heckengäu ausgedehnteres und höheres Buschwerk, welches mit Bäumen durchsetzt sein kann.

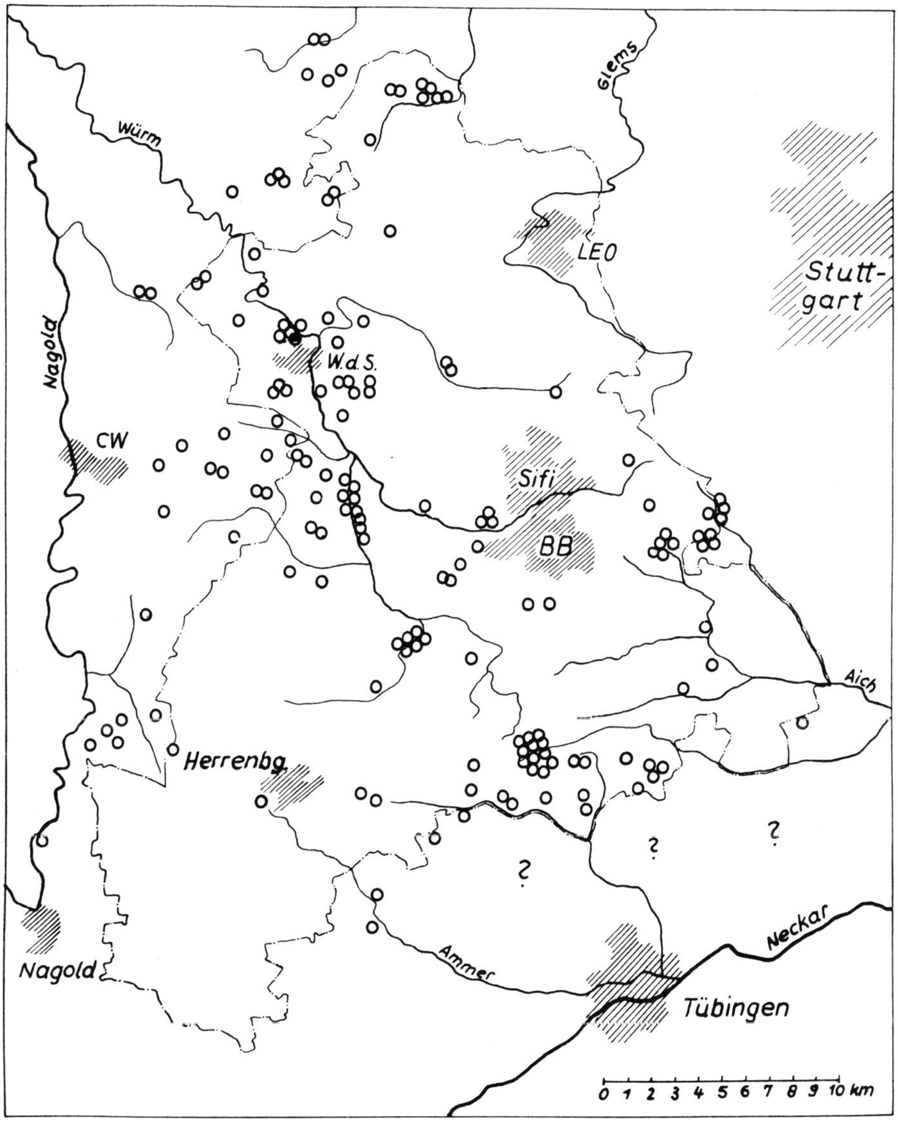

Abb. 36. Verbreitung des Feldschwirls 1973–1978. ○ Sänger bzw. Brutverdacht (Mitte Mai bis Anfang August).

S i e d l u n g s d i c h t e : Auf dem Venusberg bei Aidlingen im Heckengäu konnten bis zu 10 Sänger am 8. 6. 1973 erfaßt werden. Die Siedlungsdichte ist stets geringer als bei der Dorngrasmücke. Im gleichen Gebiet wurden vergleichsweise 35 ♂ der Dorngrasmücke gezählt. Ein relativ günstiges Verhältnis stellte R. GIROD in Heckengäu-Gebieten des ehemaligen Kreises Leonberg 1971 mit 61 singenden Klapper- zu 135 Dorngrasmücken fest (143 km^2). Innerhalb Sindelfingen konnten 1960 mind. 10 Sänger ermittelt werden. 1973/74 wurden im gesamten Kreis Böblingen 56 singende Klappergrasmücken erfaßt, davon entfallen 35 Sänger auf das Heckengäu, 7 wurden in Ortschaften registriert. Da die Vorkommen in Siedlungen nur ungenügend erfaßt wurden, darf für den gesamten Kreis Böblingen ein Bestand von ca. 70–90 Paaren geschätzt werden.

Extremdaten: 5. 4. 1964/8. 9. 1963.

Dorngrasmücke – *Sylvia communis*

Die Art besiedelt offenes Gelände mit Hecken und Gebüschkomplexen, meidet meist den unmittelbaren Waldrand und fehlt im Waldesinnern und in Siedlungen völlig. Diese in der Bundesrepublik ehemals häufige Vogelart besitzt vor allem im Heckengäu noch einen bemerkenswerten Verbreitungsschwerpunkt. Zwischen 1973 und 1974 konnten im Heckengäu in den Kreisen Böblingen, Calw, Enz (südl. der Enz) insgesamt ca. 410 Sänger erfaßt werden; davon entfallen 139 auf den Kreis Böblingen, 130 auf den Kreis Calw. Der Gesamtbestand im Kreis Böblingen dürfte ca. 280–300 Sänger betragen, davon wurden 260 erfaßt (1973). Bei einer Teilerhebung im Jahre 1971 ermittelten I. u. R. GIROD in Teilen des ehemaligen Kreises Leonberg 135 Sänger auf einer Fläche von 135 km^2. Eine dichte Besiedlung wurde 1974 im Venusberggebiet – westlich bis Ostelsheim – mit ca. 95, am Wächtersberg bei Sulz mit 30, am Killberg bei Gültlingen mit 22, am Mittelberg bei Weil der Stadt mit 20, westl. Simmozheim mit 17, am Betzenberg bei Heimsheim mit 10, am Dickenberg bei Heimsheim mit 18 und um Weissach mit 31 Sängern ermittelt. Eine maximale Dichte von ca. 6 Sängern/10 ha wurde am 8. 6. 1973 bei Aidlingen am Venusberg erreicht. (Der Anteil der Nichtbrüter kann bei dieser Art sehr hoch sein, so daß über die tatsächliche Anzahl der Brutpaare keine Angaben gemacht werden können.)

Extremdaten: 11. 4. 1967/8. 9. 1956.

Bartlaubsänger – *Phylloscopus schwarzi*

Am 5. 8. 1960 wurde am Schlanderer See bei Sindelfingen ein Laubsänger beobachtet, der nach Stimme und Färbung als Bartlaubsänger, *Phylloscopus schwarzi*, bestimmt wurde. Der Vogel ähnelte in der Färbung des Gefieders einer Klappergrasmücke (*Sylvia curruca*) und hatte einen auffallenden, weißlichen Überaugenstreif. Keine Grünfärbung!

Der Bartlaubsänger ist in Europa Irrgast (8 Vorkommen) und wurde in Deutschland nur zweimal auf Helgoland festgestellt (SCHUBERT 1969).

Fitis – *Phylloscopus trochilus*

Häufiger Zug- und Brutvogel der lichten Waldungen und im Heckengäu. – Extremdaten: 26. 3. 1974/2. 9. 1974.

Zilpzalp – *Phylloscopus collybita*

Sehr häufiger Zug- und Brutvogel der Wälder, Parks, Friedhöfe und im Heckengäu. Max. Siedlungsdichte 3 Bp./2 ha bei Aidlingen/Unholdenbühl. – Extremdaten: 1. 3. 1960/27. 10. 1967 (bzw. 11. 11. 1974).

Berglaubsänger – *Phylloscopus bonelli*

Lokal vorkommender Brutvogel am Schönbuch-Südrand und vereinzelt bei Aidlingen, Deufringen, Döffingen, Renningen, Rohrau, Rutesheim auftretend (s. a. GATTER 1969). Letztere Vorkommen scheinen neuerdings nicht mehr besetzt zu sein. Bereits LÖHRL

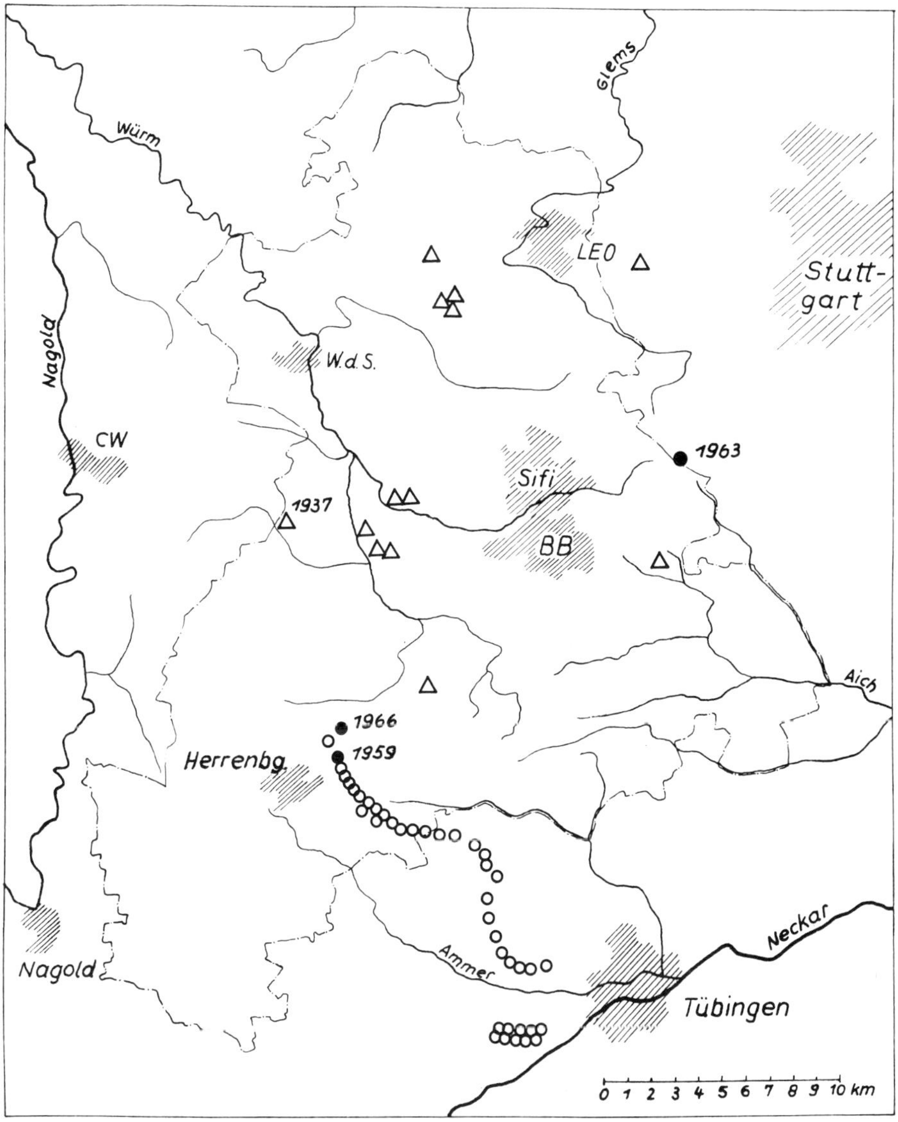

Abb. 37. Verbreitung des Berglaubsängers. ● Brutnachweis, ○ Sänger bzw. Brutverdacht, △ frühere oder unregelmäßig besetzte Vorkommen.

(1973) fand ihn am ganzen Südwesthang des Schönbuches, von Tübingen bis Herrenberg, weiterhin bei Aidlingen, Deufringen.

Am Schönbuchrand von Nufringen bis Kayh konnten 1960 ca. 20 Sänger ermittelt werden. Das Vorkommen bei Aidlingen wurde 1959, 1960, 1963 (Sänger) bestätigt. Je ein Nestfund gelang bei Herrenberg (1969 Verf.) und bei Nufringen (1966 W. RIEDEL).

Früheste Beobachtung am 28. 4. 1959 1 Sänger bei Herrenberg.

Waldlaubsänger/Berglaubsänger – Mischling

Im Frühjahr 1978 konnte ein Mischling beim Maurener See mehrfach beobachtet und verhört werden. Dem Aussehen nach glich er einem Waldlaubsänger mit gelblichem Bürzel. Der Gesang enthielt waldlaubsängerartige „*djü, djü, djü* . . .“ – Strophen, wich aber sonst stark von diesem ab und hatte auch keine Ähnlichkeit mit dem Berglaubsänger-Lied.

Waldlaubsänger – *Phylloscopus sibilatrix*

Häufiger Zug- und Brutvogel der Mischwälder. – Früheste Ankunft am 13. 4. 1959; Abzug: ?

Wintergoldhähnchen – *Regulus regulus*

Sommergoldhähnchen – *Regulus ignicapillus*

Beide Arten sind verbreitete Brutvögel der Nadelwälder; Siedlungsdichte–Untersuchungen fehlen bislang.

Grauschnäpper – *Muscicapa striata*

Nicht seltener Brutvogel in Ortschaften und den angrenzenden Obstanlagen, in Wäldern nur spärlich vertreten. In Sindelfingen waren 1960 etwa 20 und in Maichingen ca. 12 Vorkommen bekannt. Um Tailfingen wurden 1974 12 besetzte Reviere erfaßt. – Extremdaten: 28. 4. 1967/12. 9. 1959.

Trauerschnäpper – *Ficedula hypoleuca*

Vereinzelt am Rande von Halsbandschnäpper-Kolonien brütend. Als Durchzügler häufig, im Frühjahr oft bis Ende Mai singend vor Nisthöhlen. Brutnachweise gelangen mehrfach im Sindelfinger Stadtwald (E. GABLER), z. B. 1967, weiterhin bei Weil im Schönbuch (1977); ein nestbauendes Paar wurde 1978 bei Weissach beobachtet.

Abb. 38. Trauerschnäpper ♂ (Schönbuch 1977). Foto W. SCHUBERT

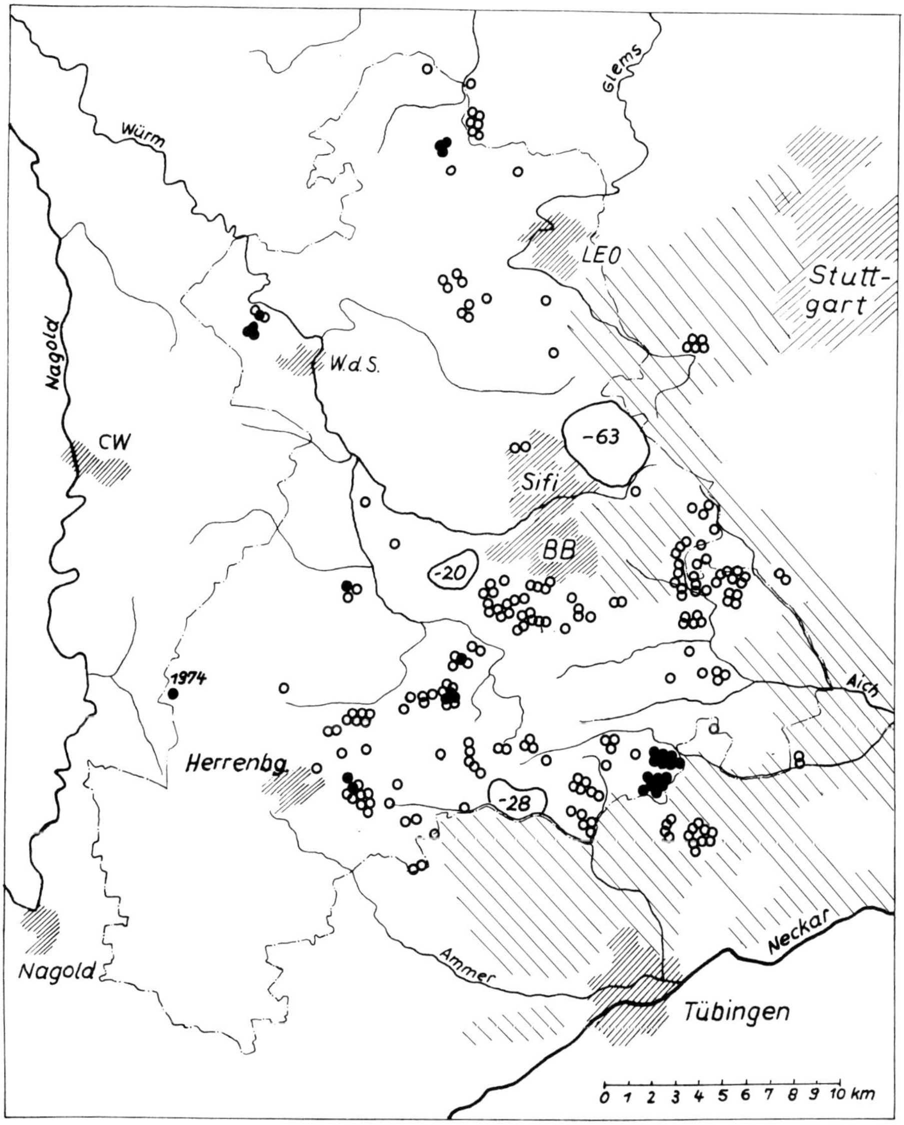

Abb. 39. Verbreitung des Halsbandschnäppers 1973–1975. – Vgl. Foto Abb. 14. ● Brutnachweis, ○ Sänger oder Brutverdacht, Brutgebiet ohne genaue Erfassung schraffiert.

Der Frühjahrszug beginnt ab Mitte April bis Ende Mai; auf dem Herbstdurchzug im September ist die Art regelmäßig zu beobachten.

Halsbandschnäpper – *Ficedula albicollis*

Relativ häufiger Brutvogel in Laubmischwäldern und in angrenzenden Streuobstwiesen. Bereits LÖHRL (1951) schreibt: ,,als Ausgangsbasis kann man die Obstgüter rund um den Schönbuch vermuten . . .". Bereits westlich Herrenberg in vergleichbaren Biotopen fehlt die Art oder brütet dort nur vereinzelt und unregelmäßig.

Am Schönbuchrand zwischen Herrenberg und Kayh konnten in den Streuobstwiesen am 26. 5. 1960 mind. 15 Sänger verhört werden; neuerdings ist dieses Vorkommen allerdings stark geschrumpft, und 1974/75 konnten dort nur etwa 5 Sänger ermittelt werden. Ein noch stark besetztes Vorkommen wurde bei Hildrizhausen (1974 8, 1975 11, 1977 10 Ex.) gefunden.

Neben diesen bereits von LÖHRL beschriebenen Vorkommen in Obstbaumwiesen, trifft man die Art in den Schönbuch-Waldungen und in Mischwäldern bei Weissach in bemerkenswerten Zahlen an: Im Bromberggebiet wurden am 26. 5. 1973 28 Sänger in Buchenalthölzern ermittelt, am 19. 5. 1975 dagegen nur 12. Laut Förster FRANK waren bei Weil im Schönbuch 1973 von 182 Nistkästen 24 (=13 %) vom Halsbandschnäpper belegt. Im Sindelfinger Stadtwald waren 1978 63 Nistkästen besetzt (E. GABLER). Am Langen Rücken bei Bebenhausen/TÜ erfaßte ich am 30. 5. 1973 15 Sänger und im Dagersheimer Wald am 20. 5. 1973 und 1974 18 Sänger und zwischen Böblingen und Mauren am 10. 5. 1975 22 Sänger, zwischen Steinenbronn-Truppenübungsplatz und Musberg 1973 30 Sänger (18 Bruten) usw.

Ein weit nach Westen vorgeschobener Brutplatz befindet sich bei Merklingen mit ca. 6 Paaren (1977). 1974 brütete 1 Paar nördlich Sulz. – Gesamtbestand im Kreis Böblingen mind. 300–350 Paare.

Extremdaten: 18. 4. 1975/6. 8. 1976.

Schwarzkehlchen – *Saxicola torquata*

Seltener Durchzügler, ausnahmsweise 1968 im Merklinger Ried brütend (A. GENGENBACH, H. GRAF). Eine weitere Brutzeitbeobachtung am 22. 6. 1974: ein Paar bei Aidlingen in einem Kartoffelfeld.

Herbstzug: 20. 9. 1957 1,1 Ex. Schlanderer See Sindelfingen, 10. 9. 1961 1,2 Ex. und 13. 9./24. 9. 1961 1,0 Ex. Kläranlage bei Böblingen.

Braunkehlchen – *Saxicola rubetra*

Stark abnehmender Brutvogel der Wiesen und Riedgebiete. Besonders kraß ist der Rückgang in dem gut erfaßten Gebiet zwischen Böblingen und Dagersheim. In dem Wiesental entlang der Schwippe und auf der „Hulb" wurden im Juni 1960 26, 1969 noch 10, 1974 3 Brutpaare registriert; seit 1975 ist dieses bedeutende Vorkommen durch Industrieansiedlung, durch Straßenbauwerke und Bachbegradigung völlig erloschen. In einem weiteren Kontrollgebiet im nördlichen Teil des Altkreises Böblingen sank der Bestand von 16 Paaren (1960) auf 11 Paare (1969) und weiter auf 6 Paare (1973). In den Wiesen um Rohrau (Löwenwiesen und Nufringer Eisweiher) sank der Bestand von mind. 7 Paaren (1960) auf 2 Paare (1973). Im Hölzertal östlich Magstadt sank der Bestand von 4 Paaren (1960) auf 1 Paar (1973). An weiteren 9 Stellen verschwand die Art völlig. – Gesamtbestand im Kreis Böblingen max. 70 Paare (1973–75).

Extremdaten: 7. 4. 1963/19. 9. 1964; 7. 10. 1973 bei Rohrau.

Gartenrotschwanz – *Phoenicurus phoenicurus*

Nur noch lokal in guten Beständen brütend; insbesonders ist die Art aus den Siedlungsgebieten, wo sie um 1960 häufig anzutreffen war, durch zunehmende Bebau-

Abb. 40. Braunkehlchen ♂. Foto W. SCHUBERT

Abb. 42. Gartenrotschwanz ♂. Foto W. SCHUBERT

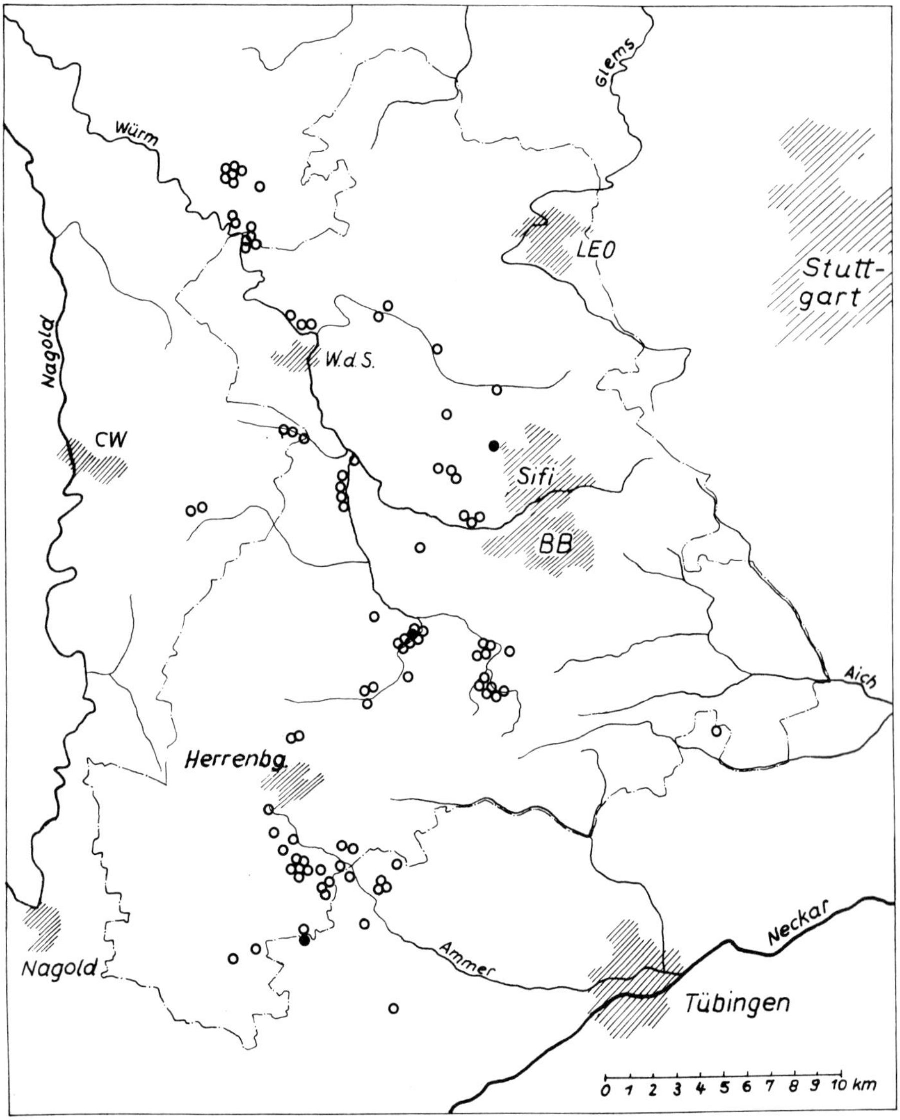

Abb. 41. Verbreitung des Braunkehlchens 1973–1975. ● Brutnachweis, ○ Brutverdacht.

ung verdrängt worden. In Waldgebieten tritt die Art von jeher nur spärlich auf. Verbreitungsschwerpunkte sind heute Streuobstwiesen: Um Tailfingen konnten z. B. am 29. 5. 1974 noch 19 Sänger erfaßt werden; um Bondorf nur 7; westlich Breitenholz/TÜ am 30. 5. 1974 9; am Schönbuchrand und zwischen Mönchberg und Herrenberg am 22. 5. 1973 ca. 25 Sänger; westlich Hildrizhausen am 3. 6. 1974 7, am 13. 5. 1975 8, am

Abb. 43. Nachtigall. Foto W. SCHUBERT

22. 5. 1977 sogar 16 und am 21. 5. 1978 12 Sänger; weiterhin am 17. 5. 1975 12 Sänger südlich Böblingen am „Hörnle"

Extremdaten: 5. 4. 1956/4. 10. 1975.

Hausrotschwanz – *Phoenicurus ochruros*

Häufiger Brutvogel in menschlichen Siedlungen an Bauten und auch in Steinbrüchen.

Extremdaten: 11. 3. 1957/12. 11. 1959, ausnahmsweise bereits im Februar am 5. u. 11. 2. 1967 1 Ex. in Schönaich (R. KUHN) und am 26. 2. 1969 1 Ex. in Sindelfingen (E. GABLER).

Nachtigall – *Luscinia megarhynchos*

Fast stets unter der Höhenlinie von 440 m brütet die Art im Heckengäu im Bereich von Weissach und nördlich davon bis zur Enz, bevorzugt entlang von Bächen oder Senken. Bei Weissach/BB wurden 1974 und 1975 jeweils 9 Sänger erfaßt.

Isolierte, unregelmäßig besetzte Vorkommen bestehen bzw. bestanden bei Sindelfingen (Mönchsbrunnen mind. bis 1961, Floschenstadion vom 7. 5.–27. 5. 1969, Mai 1976 und 1977 Teufelsloch und Sommerhofental, (E. GABLER), bei Waldenbuch an der Aich/Liebenau (bis zur Bachbegradigung, WÖHRLE), bei der Rauhmühle (1974 M. ZAISER), bei der Totenbachmühle (1975), bei Weil der Stadt 1974/75, bei Mauren (1969), in Herrenberg (1959, 1975), bei Haslach (regelmäßig bis 1974), bei Tailfingen (1975). – Wegen Biotopveränderungen sind einige Vorkommen nicht mehr besetzt.

Blaukehlchen – *Luscinia svecica*

Nicht ganz regelmäßiger Durchzügler. Vom Frühjahrszug liegen 16 Daten vor: 31. 3. –5. 5., vom Herbstzug nur 4 Daten: 10. 9.–20. 9. 1959, bis max. 3 Ex. am 5. 4. 1960.

Rotkehlchen – *Erithacus rubecula*

Häufiger Brutvogel in Waldungen und auch in Parkanlagen. Einzelne Exemplare können auch im Winter beobachtet werden.

Steinschmätzer – *Oenanthe oenanthe*

Ehemaliger Brutvogel. Auf dem Venusberg bei Aidlingen brütete die Art vor 1950 in mehreren Paaren, z. T. bis unmittelbar an den Ortsrand in Steinmauern und Steinhaufen (W. Breitling †). Zuletzt bestand dort 1960 Brutverdacht für 1 Paar. Bis 1959 nistete 1 Paar innerhalb des Werksgeländes auf dem Holzplatz der Fa. Daimler Benz AG in Sindelfingen und 1 Paar in der Lehmgrube westlich Sindelfingen. Im Jahre 1960 konnten im Kreis Böblingen mind. 16 Vorkommen, davon 10 Brutnachweise vor allem in Steinbrüchen, gefunden werden. Im Jahre 1974 waren alle bekannten Vorkommen erloschen. Nur 1973 bestand bei Schafhausen noch Brutverdacht. Außerhalb des Kreises Böblingen brütete 1973 und 1974 1 Paar auf dem Betzenbuckel bei Heimsheim/PF.

Auf dem Durchzug kann die Art noch regelmäßig in baumlosen Gebieten ab Anfang April (z. B. 4. 4. 1964) bis Ende Mai (25. 5. 1973) und auf dem Herbstzug bis Anfang Oktober und durch wetterbedingten Zugstau bis zum 27. 10. 1974 (1 Ex. bei Rohrau) beobachtet werden. Maximale Ansammlungen bis 11 Ex. am 11. 10. 1974 im Affalterried bei Sindelfingen.

Misteldrossel – *Turdus viscivorus*

Brutvogel der Waldungen in geringer Dichte; ausnahmsweise nistete die Art 1957 westlich Magstadt auf einem Birnbaum der Straßenallee ca. 80 m vom Waldrand entfernt und 1960 bei Herrenberg auf einem Birnbaum unmittelbar am Waldrand. Im Heckengäu werden auch kleine Kiefernwäldchen bewohnt, und einzelne Sänger können gelegentlich in Obstanlagen, weit vom Waldrand entfernt, registriert werden. Eine Bevorzugung der Nadelbestände ist erkennbar, jedoch brütet die Art vereinzelt auch in nahezu reinen Laubmischwäldern. In Nadelforsten des Schönbuchs wurden am 28. 3. 1976 NE Mönchberg 4 Sänger auf ca. 1,2 km Weglänge erfaßt.

Jahreszeitliches Auftreten: Die Brutgebiete in den ehemaligen Laubmischwäldern werden im Winterhalbjahr von Ende Oktober bis Anfang März fast ausnahmslos geräumt, lediglich in den Tannenbeständen mit Mistelbeeren im westlichen Teil des Untersuchungsgebietes können auch überwinternde Paare und Trupps beobachtet werden; z. B. im Döffinger Wald: 28. 11. 1959 + 11. 1. 1959 je 2 Ex., 9. 2. 1974 3 × 2 Ex.; W Rutesheim: 5. 1. 1975 2 Ex. bzw. 1 Sänger; W Weissach: 16. 1. 1973 2 und 2 Ex. (1 Sänger); bei Ostelsheim: 2. 1. 1973 3 Sänger; bei Hasenstall/Deckenpronn/CW: 18. 1. 1976 11 Ex.; ausnahmsweise auch bei Ehningen am 23. 1. 1973 ein Sänger und bei Rohrau am 5. 1. 1975 1 Ex.

Wacholderdrossel – *Turdus pilaris*

Die Verbreitung dieser Art ist von mehr oder weniger ausgedehnten Wiesenflächen abhängig, in deren Nähe auch Bäume zur Anlage der Nester vorhanden sind. Optimale Biotope sind Streuobstwiesen oder Feldgehölze im offenen Kulturland, auch gern in Siedlungsnähe oder stellenweise innerhalb der Häuser oder in Parkanlagen sogar im Zentrum der Städte (z. B. in Herrenberg 1975; 1973 brütete 1 Paar in Böblingen unmittelbar neben einer stark frequentierten Tankstelle). Besiedelt werden auch Waldränder und Waldwiesen. Die ersten zuverlässigen Meldungen über kleinere Brutkolonien bei Bondorf, Haslach und Maichingen stammen aus den Jahren um 1950 (W. Holch, K. Phillip). Im Jahre 1955 bestanden bereits mehrere Kolonien bei Maichingen. Bei einer großräumigen Bestandserhebung im Jahre 1960 konnten innerhalb der ehemaligen Kreisgrenzen mind. 142 Paare in 21 Kolonien sowie 9 Einzelbrüter mit insgesamt 114 Nestern gefunden werden. Die anfänglich eng zusammenhaltenden Paare der Kolonien brüten neuerdings oft nur einzeln oder in größerer Entfernung zueinander. Im nördlichen Teil des Kreises Böblingen in Gebieten des ehemaligen Kreises Leonberg erfaßte R. GIROD 1971 117 Brutpaare, davon nur 1 Kolonie mit 6 Paaren, meist nur 1 oder 2 Brutpaare. Der Gesamtbestand hat sich zwar in den folgenden Jahren durch Besiedlung auch weniger geeigneter Biotope noch erhöht, seit 1973 konnte jedoch keine nennenswerte Zunahme der Bestände registriert werden. In einigen Streuobstwiesen oder Feldgehölzen ist der Bestand seit 1960 nahezu konstant geblieben.

Aufschlußreich sind die Zahlen der umherstreifenden oder auf Wiesen rastenden Trupps im Winterhalbjahr, die um 1958 max. ca. 400 Ex. (18. 11.) und neuerdings über 2500 Ex. umfassen können (z. B. am 24. 12. 1974 2530 Ex. westlich Maichingen, 19. 11. 1977 2430 Ex. bei Rohrau). Während in milden Wintern auch große Trupps überwintern (z. B. 1. 12. 1974 mind. 1380 Ex., 24. 12. 1974 2530 Ex., 19. 1. 1974 ca. 2500 Ex., 9. 2. 1974 1450 Ex. bei Maichingen) war ein Trupp von 2430 Ex. bei Rohrau nach Schneefällen am 27. 11. 1977 abgezogen. Kleinere Trupps verweilen jedoch auch in strengen Wintern und dringen nach starken Schneefällen in die Siedlungen (an Ebereschen oder Ligusterbüschen usw.) zur Nahrungssuche ein. Die großen Trupps bei Maichingen flogen zum Übernachten in den 2 km entfernten Wald bei Döffingen. Am 24. 12. 1980 zogen um 10 Uhr innerhalb von 5 Minuten 1067 Ex. in langgestreckten Trupps nach Südwesten.

Zur Brutbiologie: Die Nester werden bevorzugt in Obstbäumen (ca. 75 % der gefundenen Nester) – gern auf den unteren waagrechten Ästen – zwischen 1,5 m und 7 m, auf Nadelbäumen auch wesentlich höher bis zu ca. 16 m hoch sowohl am Stamm als auch auf weit ausladenden Ästen (bis zu 5 m seitlich entfernt – und nur 4 m hoch) errichtet. Ein Nest war in einem Thuja-Busch in 1,8 m Höhe gebaut.

Mehrmals wurden Nester mit nur 2 Jungen (2×), 3 Jungen (4×), 4 Jungen (7×) gefunden. 28 Nester enthielten 5, 27 Nester enthielten 6 Junge oder Eier. Nur in einem Nest wurden 7 Eier gezählt. Die Eiablage beginnt in der ersten Aprildekade (14. 4. 1960 4 Eier, 23. 4. 1960 4 Junge, ca. 2 Tage alt, bei Maichingen). Einige Paare zeitigen (alljährlich?) 2 Bruten, wie dies im Jahre 1974 an zwei Kolonien bei Tailfingen (6 Bp.) und bei Gärtringen (4 Bp.) nachgewiesen und für weitere Jahre aufgrund der jahreszeitlich späten Bruten vermutet wurde: z. B. bei Maichingen am 6. 7. 1963 ein Nest mit 2 Eiern und am 16. 7. 1960 3 Junge, ca. 10 Tage alt.

Singdrossel – *Turdus philomelos*

Verbreiteter, häufiger Brutvogel, bevorzugt in Waldungen, vereinzelt auch in Streuobstwiesen und in Parkanlagen usw.

Extremdaten: 14. 2. 1960/4. 11. 1973.

Rotdrossel – *Turdus iliacus*

Häufiger Durchzügler: auf dem Frühjahrszug zwischen 29. 2. 1960–20. 4. 1969 mit max. 60 Ex. am 29. 3. 1958, ausnahmsweise noch am 1. 5. 1960 ein Sänger bei Holzgerlingen in einer Wacholderdrossel-Kolonie. Auf dem Herbstzug vom 3. 10. 1963–3. 12. 1963, starker Durchzug am 18. 10. 1959: zwischen 8 und 9 Uhr zogen insgesamt mind. 300 Ex. in Trupps von 15–50 Ex. niedrig über Sindelfingen nach Südwesten. Vereinzelte Winterdaten liegen vor: z. B. am 18. 12. 1976 2 Ex. am Truppenübungsplatz; im Jan./Febr. 1975 ein Ex. unter Wacholderdrosseln bei Maichingen.

Ringdrossel – *Turdus torquatus*

Am 10. 4. 1960 ein Sänger bei der Kläranlage Böblingen und am 28. 4. 1973 ein ♂ bei Deckenpfronn. – Am 8. 4. 1979 rastete ein ♂ der nordischen Rasse *T. torquatus torquatus* am Nufringer Eisweiher.

Amsel – *Turdus merula*

Verbreiteter, gemeiner Brut- und Jahresvogel, im menschlichen Siedlungsbereich in großer Siedlungsdichte.

Schwanzmeise – *Aegithalos caudatus*

Brutvogel der Waldungen und im Heckengäu.

Beutelmeise – *Remiz pendulinus*

Am 8. 4. 1967 rasteten 4 Exemplare bei der Kläranlage Böblingen (A. SCHWAB), und ein Pärchen hielt sich am 9. 4. 1974 am Nufringer Eisweiher auf. Am 12. 10. 1971 ein junges Exemplar ebenda. Im Merklinger Ried rasteten am 19. 10. 1980 12 Exemplare (W. SCHUBERT, K. SCHÜLE).

Haubenmeise – *Parus cristatus*

Verbreiteter Brutvogel der Nadel- und auch Mischwälder.

Sumpfmeise – *Parus palustris*

Verbreiteter Brutvogel der Mischwälder.

(Von der **Weidenmeise,** *Parus montanus*, fehlen ausreichend gesicherte Daten.)

Blaumeise – *Parus caeruleus*

Verbreiteter Brut- und Jahresvogel der Wälder und Parkanlagen.

Kohlmeise – *Parus major*

Verbreiteter Brut- und Jahresvogel der Wälder und Parkanlagen.

Tannenmeise – *Parus ater*

Verbreiteter Brut- und Jahresvogel der Nadel- und Mischwälder.

Kleiber – *Sitta europaea*

Verbreiteter Brut- und Jahresvogel der Wälder, Parkanlagen und Streuobstwiesen.

Waldbaumläufer – *Certhia familiaris*

Verbreiteter Brutvogel in größeren Waldungen, insbesondere in Nadelwaldungen, aber auch in reinen Buchenbeständen und, gemeinsam mit dem Gartenbaumläufer, in Eichenmischwäldern. Jahresvogel.

Gartenbaumläufer – *Certhia brachydactyla*

Verbreiteter Brutvogel in Eichenmischwäldern und Kiefernbeständen, insbesonders auch im offenen Gelände, z. B. in Obstbaumwiesen und Parkanlagen. 1973 wurden über 50 Sänger erfaßt. In den ausgedehnten Schönbuch-Waldungen fehlt die Art und kann nur in Randgebieten, wie z. B. am Herrenberger Friedhof, am Kohltor bei Hildrizhausen usw., beobachtet werden. Jahresvogel.

Grauammer – *Emberiza calandra*

Lokaler, spärlicher Brutvogel mit abnehmender Tendenz. In den weiten, offenen Tallagen des Gäus, entlang der Schwippe, des Krebsbaches bei Rohrau, am Nufringer

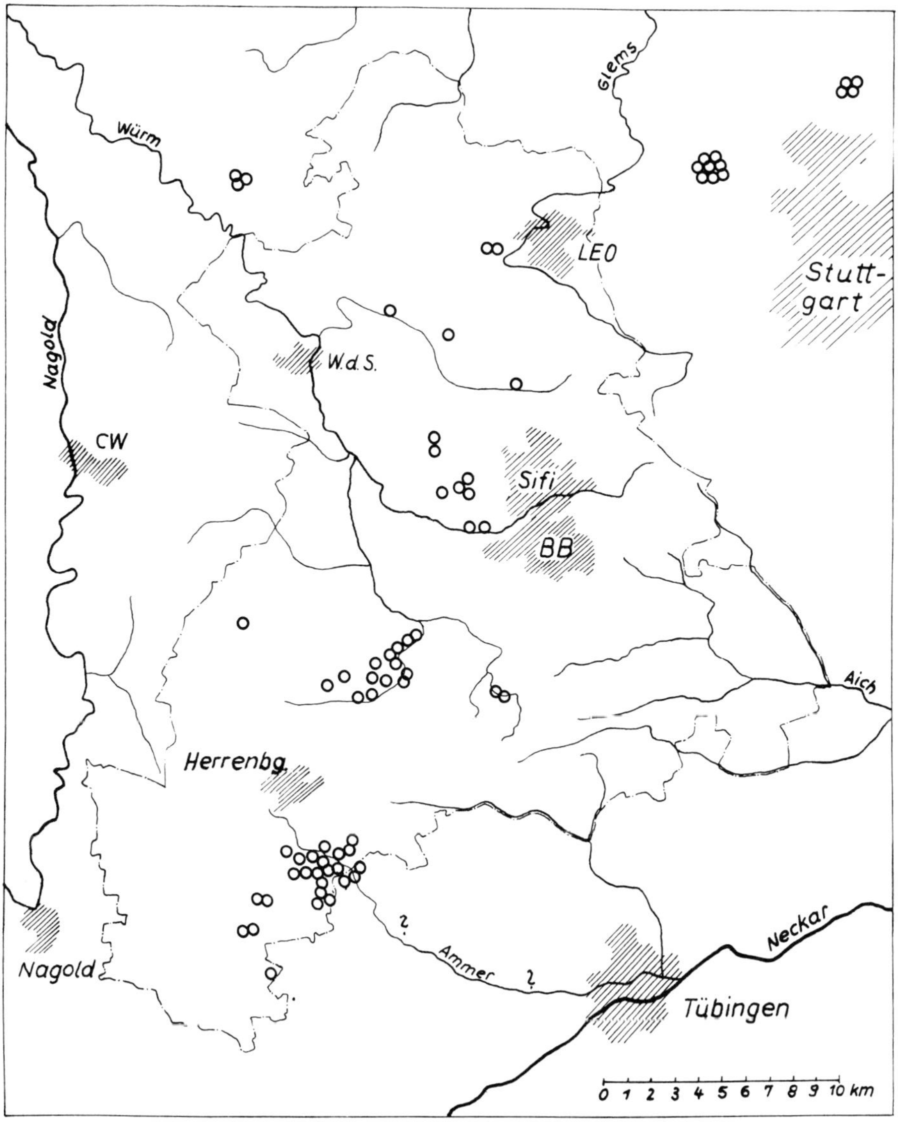

Abb. 44. Verbreitung der Grauammer 1973. O 1 Sänger.

Eisweiher und an der Ammer bei Gültstein noch regelmäßig – in wechselnder Anzahl – vorkommend. Nur bis zum Jahre 1960 wurden einzelne singende Exemplare westlich Weil im Schönbuch, am Schlanderer See und östlich Magstadt gehört (26. 6./5. 6./ 17. 6.).

1973 wurden im Kreis Böblingen 56 Sänger erfaßt. In den Ammerwiesen südöstlich Gültstein sangen am 7. 6. 1964 allein 15 (!) Ex., wo 1960 nur 3 und 1974 9 Ex. verhört werden konnten. Erloschen ist das Vorkommen entlang der Schwippe östlich Dagersheim, wo 1959 5 Paare ermittelt wurden (Bachbegradigung und Straßenbau), und auf der Hulb/BB, wo 1973 2 Sänger notiert wurden (Industriegebiet), einige weitere Vorkommen scheinen nicht mehr besetzt zu sein. Winterbeobachtungen: 31. 12. 1961 2 Ex., 23. 1. 1960 1 Ex., 26. 1. 1964 4 Ex. Bei Rohrau zogen am 31. 3. 1964 gegen 18 Uhr 3 Trupps mit insgesamt 85 Ex. und am 1. 4. 1964 5 Trupps mit insgesamt 61 Ex. (Verf., W. RIEDEL) nach Nordosten.

Goldammer – *Emberiza citrinella*

Häufiger Brutvogel im offenen Kulturland im Heckengäu und an Waldrändern, in Waldlichtungen, in jungen Fichtenkulturen und in Obstanlagen. – Siedlungsdichte: Am Wächtersberg bei Sulz/CW wurden am 23. 5. 1973 34 Sänger erfaßt (≙ 1,26 Bp./10 ha).

Bemerkenswerte Neststandorte: 9. 6. 1956 bei Maichingen auf Apfelbaum 3,5 m hoch (!), 15. 7. 1956 bei Maichingen – Apfelbaum 4 m hoch (!), 20. 5. 1957 bei Maichingen in 1,8 m Höhe unter dem Dach eines Gartenhäuschens. 31. 5. 1957 bei Maichingen in Strohhaufen 1 m hoch.

Im Winterhalbjahr in Scharen umherstreifend: z. B. 23. 2. 1964 mind. 350 Ex. östlich Gärtringen, 28. 12. 1968 mind. 240 Ex. bei Rohrau und 220 Ex. östlich Gärtringen.

Zaunammer – *Emberiza cirlus*

Brutverdacht bestand 1980 im Merklinger Ried: am 11. 5. nahm O. ROTHACKER den Gesang auf Tonband auf; Ende Juni und am 6. 7. beobachteten K. u. P. SCHÜLE im gleichen Gebiet ein Paar. Am 12. 7. 1955 rastete ein ♂ westlich Sindelfingen.

Ortolan – *Emberiza hortulana*

Spärlicher Durchzügler: 30. 4. 1973 1 Ex. Gültstein; 1. 5. 1965 1 Ex. Darmsheim (W. RIEDEL); 6. 5. 1978 1 Ex. Maichingen; 8. 5. 1960 5 Ex. Sindelfingen-Darmsheim; 9./10. 5. 1960 2 bzw. 1 Ex. Hulb/Böblingen (W. RIEDEL) – 17. 9. 1967 1,1 Ex. Böblingen-Kläranlage (W. RIEDEL, E. SEITZ); 20. 9. 1974 1 Ex. Hulb/Böblingen; 10. 10. 1974 1 Ex. Herrenberg.

Zippammer – *Emberiza cia*

FISCHER (1914): „Gefangen wurde die Zippammer nach BERGE schon öfters bei Schönaich".

Rohrammer – *Emberiza schoeniclus*

Spärlicher Brutvogel in Riedgebieten und in ungemähten Wiesen. Der Bestand betrug 1973 etwa 53 Paare. Durch Bebauung der Hulb und Bachbegradigung der Schwippe bei Böblingen ist der Bestand im Kreis Böblingen seit 1977 auf ca. 35 Paare gesunken.

Auf dem Frühjahrszug Ansammlungen bis max. 162 Ex. auf der Hulb am 11. 3. 1974, auf dem Herbstzug ca. 80 Ex. östlich Dagersheim am 10. 10. 1963 auf den Feldern. Vereinzelt auch im Winter zu beobachten, z. B. am 12. 1. 1964 und 19. 12. 1974 4 Ex. auf der Hulb.

Schneeammer – *Plectrophenax nivalis*

Spärlicher Durchzügler und Wintergast. – 23. 2. 1963 ca. 20 Ex. Hulb/Böblingen (W. RIEDEL); 9. 3. 1963 1 Ex. Hulb/Böblingen; Vom 12.–25. 1. 1964 rasteten 3 Ex. auf der Hulb bei Böblingen, am 25. 1. 1964 hatte sich ein weiteres Ex. dazugesellt (W. RIEDEL,

Abb. 45. Rohrammer. Foto W. SCHUBERT

Verf.); 12. 1. 1969 1 Ex. Hulb/Böblingen (W. RIEDEL) und am 20. 12. 1974 1 Ex. bei Maichingen (B. u. L. KROYMANN).

Buchfink – *Fringilla coelebs*

Verbreiteter, gemeiner Brutvogel. – Eine späte Brut wurde am 25. 8. 1956 westlich Maichingen mit 4 fast flüggen Jungen gefunden. Im Frühjahr und Herbst in großen Schwärmen durchziehend: z. B. am 13. 10. 1973 zwischen 11 und 12 Uhr 1253 Ex. bei Rohrau und am 6. 10. 1974 zwischen 7 und 12 Uhr 3725 Ex. bei Dätzingen ziehend.

Bergfink – *Fringilla montifringilla*

Regelmäßiger, häufiger Durchzügler und Wintergast. – Extremdaten: 1. 10. 1980/ 28. 4. 1979.

Ungewöhnliche Ansammlungen: 16. 3. 1963 ca. 3000 Ex. rasten im Dagersheimer Wald und ziehen innerhalb 30 Min. nach Norden ab (W. RIEDEL). 22. 11. 1972 ca. 3000 Ex. bei der Müllkippe Herrenberg, am 3. 2. 1973 ca. 1200 Ex. Magstadt; 14.–23. 3. 1969 ca. 5000 Ex. bei Sindelfingen (E. GABLER); am 3. 1. 1981 ca. 40000 Ex. bei Böblingen (R. PRINZINGER, E. GABLER u. a.).

Im Winterhalbjahr 1982/83 erfolgte ein ungewöhnlich starker Masseneinflug. Ab Ende Oktober 1982 wurden ziehende Verbände mit mehreren Tausend Exemplaren beobachtet. Mitte Dezember gelang der Fund eines großen Schlafplatzes im Hölzertal bei Magstadt, der um die Jahreswende etwa 5–10 Millionen (!) Bergfinken umfaßte. Trotz mildem Wetter und Schneearmut schrumpfte der Bestand rasch zusammen und war am 18. Januar 1983 wieder verwaist.

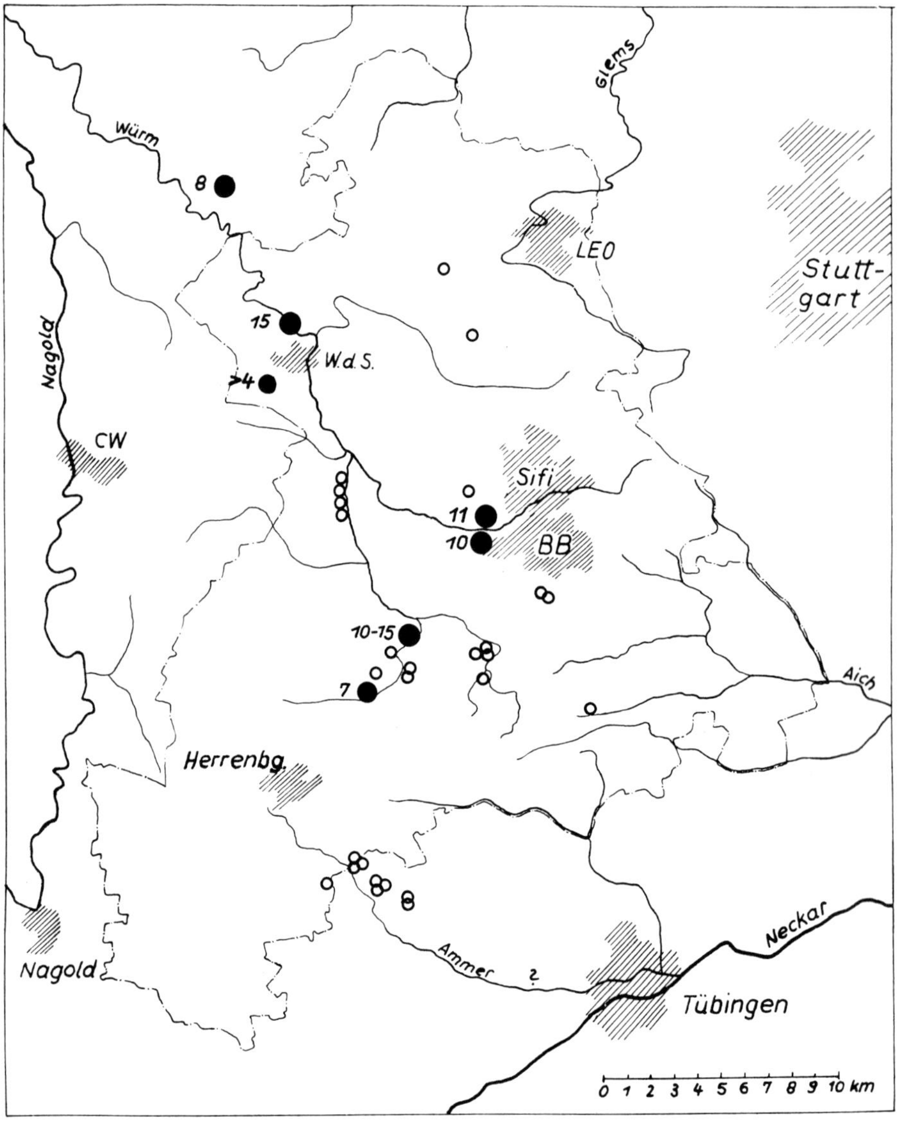

Abb. 46. Verbreitung der Rohrammer 1973–1975. ○ 1 Sänger, 11 ● 11 Brutpaare.

Girlitz – *Serinus serinus*

Zahlreicher Brutvogel in Ortschaften und angrenzenden Obstbaumwiesen. – Extremdaten: 21. 2. 1962/17. 11.1963/21. 11. 1980.

Grünling – *Carduelis chloris*

Verbreiteter, gemeiner Brutvogel. – Zwei späte Bruten bei Sindelfingen: 27. 8. 1960

Abb. 47. Kernbeißer. Foto B. MAIER

Nest mit 4 fast flüggen Jungen; am 22. 9. 1967 1 Nest mit 3 Jungen ca. 10 Tage alt (E. GABLER).

Stieglitz – *Carduelis carduelis*

Zahlreicher Brutvogel in Ortschaften und in Streuobstwiesen. – Im Winter kann man gelegentlich Einzelexemplare und Trupps bis 22 Ex. (29. 1. 1969 B. u. L. KROYMANN) beobachten. 20 Ex. am 22. 1. 1975 im Dagersheimer Wald (einige Exemplare dort 1973/74 und 1974/75 überwinternd); max. Ansammlungen: ca. 180 Ex. am 21. 9. 1975 Hulb/Böblingen.

Zeisig – *Carduelis spinus*

Regelmäßiger Durchzügler, Wintergast und sehr wahrscheinlich unregelmäßiger spärlicher Brutvogel.

Nach zuverlässigem Gewährsmann soll 1960 1 Paar in Maichingen in einer Fichtengruppe gebrütet haben. Am 9. 5. 1960 wurden in der Nähe 2 Ex. beobachtet. Zur Brutzeit werden gelegentlich einzelne Ex. in den Wäldern angetroffen. 1963 konnten bereits am 9. Juni umherstreifende Trupps bemerkt werden: 22 Ex. bei Aidlingen und 15+3+8 Ex. bei Dachtel. Außerhalb der Brutzeit werden umherstreifende und auch ziehende Trupps beobachtet (z. B. 18. 10. 1959 9 Trupps mit insg. 120 Ex.); max. 200 Ex. am 20. 1. 1963 im Goldersbach (R. KUHN). Zug: 13. 9. 1963/10. 5. 1968 (singende Exemplare bei Rutesheim).

Birkenzeisig – *Carduelis flammea*

Spärlicher Durchzügler; es liegen 18 Daten vor zwischen 19. 10. 1963 und 22. 3. 1964, max. 8 Tiere am 26. 11. 1972; zu ungewöhnlicher Jahreszeit beobachtete R. KUHN am 14. 7. 1969 ein Ex. (entflogen?) in Schönaich.

Berghänfling – *Carduelis flavirostris*

Während des Einfluges in Süddeutschland konnte Anfang Nov. 1969 1 Ex. bei Sindelfingen beobachtet werden. Mind. 2 überfliegende Vögel am 24. 11. 1978 bei Sindelfingen.

Hänfling – *Carduelis cannabina*

Verbreiteter Brutvogel im Heckengäu, auf Waldlichtungen mit Fichtenschonungen und innerhalb der Ortschaften in Gärten. Brütet stellenweise und unstet kolonieartig, z. B. 1955 in einer Bahndammhecke bei Maichingen bis zu 4 Nester auf ca. 60 m.

Im Winter nur unregelmäßig in wenigen Ex. zu beobachten; max. 70 Ex. am 31. 12. 1961. Max. Ansammlungen im Herbst bis 550 Ex. am 22. 9. 1977 bei Simmozheim.

Kernbeißer – *Coccothraustes coccothraustes*

Brutvogel der Laubmischwälder und der angrenzenden Streuobstwiesen; in dem Park der Fa. Daimler Benz AG in Sindelfingen konnte 1978 eine jahreszeitlich späte Brut (die Jungen flogen am 9. 8. 1978 aus) gefunden werden.

Siedlungsdichte: In den Streuobstwiesen zwischen Kayh und Altingen brüteten auf ca. 40 ha 4 Paare.

Jahreszeitliches Auftreten: Im Winterhalbjahr streifen in manchen Jahren große Trupps umher. Am 3. 1. 1975 hielten sich in Weißbuchenbeständen am Bromberg/Schönbuch ca. 800–900 Ex. auf. Am 16. 3. 1963 bemerkte W. Riedel einen Trupp von mind. 500 Ex., die während 30 Min. gemeinsam mit ca. 3000 Bergfinken aus dem Dagersheimer Wald abzogen. Gewöhnlich umfassen die Trupps etwa bis zu 180 Ex. (am 16. 1. 1971 bei Ehningen, R. Girod).

Im Eichenwicklerjahr 1974 pendelte am 3. 6. 1 Paar regelmäßig zur Nahrungssuche aus einem Buchen-Kiefern-Bestand, wo die bereits flüggen Jungen bettelten, über Streuobstwiesen in den ca. 1,4 km entfernten Eichenwald.

Fichtenkreuzschnabel – *Loxia curvirostra*

In Jahren mit guter Fichtenmast brütet die Art in größeren geschlossenen Nadelwaldungen mit eingelagerten Laubmischbeständen am Rande von Schonungen, Schneisen, Wegen usw. in Fichtenalthölzern. Verbreitungsschwerpunkte sind die bereits lichten, schlagreifen Fichtenaltbestände im Schönbuch, aber auch außerhalb in Fichten-Tannen-Beständen im NW-Teil des Gebietes, dabei werden je nach dem Fruchten der Lärchen oder Kiefern diese besonders gern als bequem zu erreichende Nahrungsquelle aufgesucht.

Bestand/Siedlungsdichte: Nach invasionsartigem, schwarmweisen Einfliegen im Sommer und Herbst aus östlichen Richtungen kommt es im folgenden Winterhalbjahr bzw. Frühjahr (1× im Sommer) zu kolonieartigen Verdichtungen in geeigneten Biotopen. 1975 konnten über 84 besetzte Reviere erfaßt werden, und 1978 wurden über 115 brutverdächtige Paare ermittelt. Da die Brutpaare sich während der Brutzeit bzw. Jungenaufzucht relativ unauffällig verhalten, sind sicherlich viele Paare übersehen worden. Insbesondere 1978 waren fast alle geeigneten Biotope besetzt, allerdings konnten viele Orte nicht überprüft werden. – Die Gesangsreviere lagen in günstigen Fällen nur ca. 60–80 m voneinander entfernt.

Daten zur Brutbiologie: 12 Nestfunde aus den Jahren 1975 (3) und 1978 (9). Die Nester waren stets auf alten Fichten, meist dicht (0,8–2,5 m) unterhalb des Gipfels und ostwärts gerichtet direkt am Stamm, erbaut. Nur zweimal waren die Nester auf starken Seitenästen in ca. ⅔

Abb. 48. Fichtenkreuzschnabel – fütterndes ♂ am Nest. Foto W. SCHUBERT

Höhe des Baumes 1,4 m bzw. 1,3 m vom Stamm entfernt und stets unter darüberhängenden Zweigen zwischen 21,5 m und 35 m hoch gebaut.

Die gefundenen Gelege bzw. Bruten verteilen sich auf die Monate Januar 1 ×, Februar 2×, März 4×, April 2×, Mai 1×, Juli 1×. – Nachwuchsrate: 2× 3 Eier bzw. Juv., 4× 4 Eier bzw. Juv.

Die Jungen fliegen je nach der jahreszeitlich bedingten Fütterungsdauer mit ca. 14 Tagen im Mai bis ca. 25 Tagen im Februar/März aus. Der Bebrütungsbeginn setzt bei sehr kaltem Wetter mit Frostlage mit dem ersten Ei ein, während bei milder Wetterlage die Bebrütung erst mit dem vorletzten Ei (1×) oder mit dem letzten Ei (6×) erfolgt. Die Jungen fliegen entsprechend dem Bebrütungsbeginn gleichzeitig oder um jeweils mind. 1 Tag verschoben aus.

Jahreszeitliches Auftreten: In guten Zapfenjahren beginnt der Einflug der Kreuzschnäbel ab Ende Mai und dauert bis Oktober/November. Nach der Brutzeit ab Mitte Mai wandern die Familienverbände in großen Trupps (max. 75 Ex. am 19. 5. 1975 beim Schaichhof) umher bzw. streifen (1975) nach Südosten ab. Einzelne Exemplare und kleine Trupps können jedoch das ganze Jahr über auch in zapfenarmen Jahren insbesondere im Schönbuch beobachtet werden.

Gimpel – *Pyrrhula pyrrhula*

Verbreiteter Brutvogel in den Wäldern und auch in größeren Parkanlagen. Auf dem Sindelfinger Friedhof konnte 1956 und 1958 je eine Brut nachgewiesen werden. Jahresvogel.

Haussperling – *Passer domesticus*

Brutvogel menschlicher Siedlungen und Bauten; nur gelegentlich weit außerhalb der Ortschaften in Obstbaumwiesen bei unbewohnten Gartenhäuschen und 1975 bei Altingen/TÜ im Horstrand eines besetzten Mäusebussardhorstes auf einem Birnbaum, max. 1,6 km von einer menschlichen Siedlung entfernt, nistend. Außerhalb der Orte auch unter Brücken, in Steinbrüchen, in Nistkästen u. ä. brütend. Freistehende Nester wurden bislang in Obstbäumen (5×) und in Pyramidenpappeln (bei Gültstein 1977) meist in der Nähe menschlicher Siedlungen gefunden, wobei es sich oft nur um Spielnester handelte.

Im Winterhalbjahr pendeln die Exemplare der Ortschaften regelmäßig auf die nahegelegenen Felder. Die nahrungssuchenden Trupps umfassen dabei bis über 1000 Exemplare (z. B. 1105 Ex. am 26. 8. 1975 bei Sindelfingen).

Feldsperling – *Passer montanus*

Brutvogel im offenen Kulturland mit Baumbeständen; gelegentlich am Waldrand und in Waldlichtungen bis zu 400 m entfernt vom Waldrand (im Schönbuch südlich Hildrizhausen) nistend.

Schwerpunkte der Verbreitung sind Obstbaumwiesen mit reichlichem Nisthöhlenangebot. In den kolonieartigen Verdichtungen kommt es zu Siedlungsdichten bis 8 Bp./4 ar bei einem minimalen Nestabstand von 5,5 m (1974 in Nistkästen bei Holzgerlingen).

Im Horstrand eines Mäusebussardpaares bei Deckenpfronn waren 1974 zwei besetzte Feldsperlingsnester in nur ca. 0,4 m Entfernung errichtet. Die Nester werden bevorzugt in Nistkästen, Baumhöhlen, Felsspalten in Steinbrüchen und auch in besetzte Greifvogelhorste, vor allem bei Mäusebussard (mind. 5×) und Rotmilan (1×), gebaut.

Je nach Witterung beginnt die Eiablage bereits Anfang April (8. 4. 1974 je 1 Ei bei Gültstein und Böblingen und 3 Eier bei Gültstein), meist erst ab Anfang Mai. Ein spätes Gelege wurde bei Maichingen am 1. 8. 1955 mit einem Ei begonnen.

Jahresperiodik: Im Herbst sammeln sich die Exemplare und streifen (oft gemeinsam mit Goldammern) auf den Feldern umher; dabei wurden Trupps bis ca. 400 Ex. (am 1. 12. 1973 auf der Tailfinger Mark ca. 350 Ex. und am 21. 10. 1976 mind. 400 Ex. im Heckengäu bei Gechingen/CW) beobachtet.

Star – *Sturnus vulgaris*

Verbreiteter häufiger Brutvogel. – Eine Überwinterung konnte noch nicht nachgewiesen werden, jedoch konnten einzelne Tiere bis Ende Dezember (z. B. 31. 12. 1961) beobachtet werden. Die ersten heimziehenden Vögel und Trupps werden bereits Ende Januar bemerkt, ausnahmsweise bereits Anfang Januar in milden Wintern (z. B. am 8. 1. 1978 1 Ex. bei Maichingen). Max. Ansammlungen an dem Schlafplatz Tailfinger Mark am 28. 9. 1977 mit ca. 8000–10 000 Exemplaren.

Pirol – *Oriolus oriolus*

Um 1960 noch verbreiteter Brutvogel in den Laubmischwäldern. Seitdem starke Abnahme. Im gesamten Kreis Böblingen konnten 1973 nur noch 18 Sänger ermittelt werden. An über 16 Orten, wo die Art um 1960 zur Brutzeit registriert werden konnte, fehlte die Art 1973. Die Brutbiotope sind weitgehend unverändert, so daß Pestizide (Maikäferbekämpfung!) für den Rückgang in Frage kommen. – Extremdaten: 6. 5. 1956/2. 9. 1959.

Eichelhäher – *Garrulus glandarius*

Verbreiteter Brutvogel in Waldungen, in Obstbaumwiesen (2×); ausnahmsweise wurde am 10. 4. 1971 im Sindelfinger Friedhof 1 Ex. beim Nestbau beobachtet (W. Riedel).

Während Invasionen konnten auch Zugbewegungen registriert werden, z. B. am 4. 10. 1977 47 Ex. zwischen 9–11 Uhr nach Südwesten ziehend.

Elster – *Pica pica*

Verbreiteter Brutvogel im offenen Kulturland, in Parkanlagen (z. B. in Sindelfingen, Böblingen, Herrenberg usw.) brütend. In der O.A.-Beschreibung Leonberg (1930) wird die Art als weniger häufig als die Rabenkrähe bezeichnet.

Im Winterhalbjahr Ansammlungen bis max. 27 Ex. am 15. 2. 1964 bei Aidlingen und 26 Ex. am 3. 12. 1956 bei Sindelfingen.

Tannenhäher – *Nucifraga caryocatactes*

Dickschnabel-Tannenhäher – *N.c. caryocatactes*

Die dickschnäbelige Nominatform brütet bereits im westlichen Bereich des Untersuchungsgebietes bei Althengstett am Standortübungsplatz und möglicherweise bei Gechingen im Masenwald, wo am 17. 3. 1973 ein warnendes Exemplar beobachtet wurde. Bei gelegentlichen Beobachtungen im Herbst dürfte es sich um umherstreifende Tiere dieser Rasse handeln: z. B. am 14. 8. 1964 1 Ex. am Venusberg (W. BREITLING); am 6. 9. 1975 ca. 5 Ex. westlich Simmozheim, 7. 9. 1975 1 Ex. bei Möttlingen/CW, 21. 9. 1975 2+2 Ex. im Lochwald bei Gechingen usw.

Dünnschnabel-Tannenhäher – *N.c. macrorhynchos*

Bei den nachfolgenden Beobachtungen handelt es sich sehr wahrscheinlich um den Sibirischen Tannenhäher (*N.c. macrorhynchos*). In Invasionsjahren tritt er als Durchzügler und Gast auf und zeichnet sich vor allem durch seine Vertrautheit aus. An einem Futterhaus in Böblingen bemerkte E. SEITZ je 1 Ex. am 27. 1./17. 2. und 25. 3. 1955. C. KERN beobachtete im Sommer 1967 mehrfach 1 Ex. östlich Rohrau. Im Sindelfinger Stadtwald beobachtete E. GABLER am 21. 12. 1968 und am 6. 1. 1969 je 5 Ex., die sehr vertraut waren, und 2 Ex. am 3. 1. 1968. Im Sept. 1968 hielten sich bis zu 25 (!) Ex. westlich Waldenbuch mind. 2 Wochen lang auf (R. HERRMANN). Am 12. Okt. 1968 beobachtete P. DROBIK bei Magstadt 4 Ex., und O. WENGER bemerkte 7 vertraute Exemplare im Sept. 1968 nördlich Steinenbronn. W. KLAIBER filmte im Herbst 1968 im Schönbuch bei Bebenhausen 1 Ex. beim Ausgraben eines Wespennestes. Im darauffolgenden Sommer 1969 konnte H. WINTER in Aidlingen in seinem Garten mind. 2 Monate lang ständig 1 Ex. beobachten!

Dohle – *Corvus monedula*

Brutvogel in wenigen Paaren; fehlt im nördlichen und östlichen Beobachtungsgebiet. Die Ausbreitungsgrenze könnte damit begründet werden, daß nur solche Gebiete besiedelt werden, die innerhalb eines bestimmten Aktionsradius von dem bekannten Schlafplatz bei Nagold liegen. Ein unregelmäßig besetzter Brutplatz befindet sich in Böblingen. Ein Paar brütete dort in einem stillgelegten Schornstein eines Hauses in den Jahren um 1960. Brutverdacht besteht auch in neuester Zeit durch futtersuchenden Altvogel z. B. am 10. 5. 1975. In der Martinskirche in Sindelfingen brütete 1974 1 Paar (E. GABLER 1977). Ein bedeutendes Vorkommen auf dem Turm der Schloßkirche in Herrenberg wird bereits von W. J. FISCHER (1914) erwähnt. Durch Versperren der Öffnungen im Jahre 1928 wechselten die Paare in den 2,3 km entfernten Steinbruch bei Haslach (SCHMOLZ). Seit den Sprengarbeiten an der Brutwand (1975) ist dieses langjährig besetzte Vorkommen erloschen. Ein Teil dieser Kolonie siedelte sich im folgenden Jahr im Steinbruch in Ehningen an und ein weiterer Teil schien die Brutkolonie in

Reusten/TÜ zahlenmäßig zu verstärken. Bis zur Renovierung der Kirche in Gärtringen im Jahre 1955 (?) brüteten dort einige Paare (C. KERN).

Eine Reihe weiterer Brutvorkommen konnte in neuerer Zeit in Wäldern gefunden werden. Größere Kolonien bestehen allerdings nur im Kreis Calw. Der Schloßberg bei Nagold/CW wurde erstmals 1959 besiedelt; der Bestand betrug 1973 10 Paare (H. GRAF). Die Kolonien bei Mindersbach und Wildberg umfaßten 1973 bzw. 1974 ebenfalls etwa 10 Paare, bei Stammheim brüteten 1974 5 Paare usw. Innerhalb des Kreises Böblingen sind in Waldgebieten nur Einzelbrüter bei Aidlingen, Darmsheim und Sulz bekannt geworden, die im Waldesinnern bis zu 1 km vom Waldrand entfernt in alten Schwarzspechthöhlen nisteten.

Nur vom Haslacher Steinbruch liegt eine unvollständige Zahlenreihe über die Bestandsentwicklung vor: 1960 mind. 8 Nester; 1964 mind. 4 Paare; 1965 nur 3 Paare; 1968 13 Paare; 1973 7 Nester; 1974 mind. 10 Paare; 1975 5 Paare; 1976: 0.

Der gesamte Bestand im Kreis Böblingen betrug 1977 nur etwa 7 Paare.

Nach Beobachtungen bei Sulz bzw. Dachtel (4. 4. 1976 17 Ex. fliegen um 18.45 Uhr gerichtet nach SW; 1. 6. 1976 5 Ex. gerichtet um 19.50 Uhr nach SW; 10. 11. 1977 um 16.40 Uhr 42 Ex. hoch über Haslach nach W.) fliegen die Brutpaare zu einem Schlafplatz bei Nagold. – Auf dem Frühjahrs- und Herbstdurchzug können unter den ziehenden und rastenden Saatkrähentrupps oft einzelne Dohlen oder Trupps bis max. 80 Ex. (am 5. 3. 1960 auf der Hulb/BB unter ca. 600 Saatkrähen) beobachtet werden.

Westlich Merklingen rasteten am 30. 10. 1973 unter 45 Dohlen mind. 3 Ex. mit weißen Halsflecken – Merkmal der osteuropäischen Rasse *C.m. soemmeringi.*

Überwinterung einiger einheimischer Brutvögel ist zu vermuten, da einzelne Winterbeobachtungen an der Brutkolonie des Haslacher Steinbruches (z. B. 24 Ex. am 6. 1. 1970 W. RIEDEL) und neuerdings am Steinbruch Ehningen vorliegen.

Saatkrähe – *Corvus frugilegus*

Regelmäßiger Durchzügler und Überwinterer im offenen Kulturland. Bei der Kläranlage Sindelfingen überwinterten u. a. 1959 und 1960 mind. 80 Ex. an einer Futterstelle für Rebhühner. Bei Maichingen überwintern jährlich ca. 120 Ex., die allabendlich nach Norden vermutlich zu dem Schlafplatz bei Weilimdorf/Stuttgart flogen. Anfang März 1960 sammelten sich auf der Hulb bei Böblingen abends bis ca. 600 Ex. (5. 3. 1960); am 12. 3. 1960 waren fast alle abgezogen; am 4. 3. 1973 rasteten auf einem Acker bei Böblingen ca. 4000–5000 Exemplare.

Extremdaten: 17. 10. 1959/3. 4. 1960; im Jahre 1959 hielten sich 2 Nichtbrüter vom 30. 5.–15. 7. 1959 an der Kläranlage bei Böblingen auf.

Rabenkrähe – *Corvus c. corone*

Brutvogel im Bereich des offenen Kulturlandes. Die Horste werden bevorzugt an Waldrändern oder nicht weit davon entfernt im Walde und in der offenen Feldflur auf mehr oder weniger freistehenden (Obst-)Bäumen und auf Hochspannungsmasten, ausnahmsweise 1960 auf einen vorübergehend stillgelegten Baukran innerhalb eines Industriegeländes in Sindelfingen, errichtet. In Siedlungen nisten die Paare auch in Friedhöfen und Parkanlagen mit Baumgruppen (z. B. Wilhelminenheim und DaimlerBenz-Park in Sindelfingen) selbst in der Nähe stark begangener Wege. In Obstbaumwiesen zwischen Herrenberg und Mönchberg fand F. SCHÜFER in den Jahren nach 1945 jährlich ca.

15–20 Horste, wo heute nur noch 3–4 Paare nisten. In den meisten Streuobstwiesen ist der Bruterfolg durch starke menschliche Verfolgung gering und die Bestände sind dort geschrumpft. Ein noch relativ dicht besetztes Vorkommen in Streuobstwiesen konnte 1976 bei Gültlingen/CW mit 5 Bruten (auf ca. 24 ha) gefunden werden.

Zur Brutbiologie: Nach milden Wintern beginnen die Paare bereits ab Ende Januar (z. B. am 12. 1. 1975) mit dem Horstbau. Die Horste werden gern hoch bis ca. 28 m gebaut; der niedrigste befand sich in 4,2 m Höhe auf einer jungen Lärche. Die Eiablage erfolgt meist erst ab Anfang April, in milden Wintern ab Ende März, ausnahmsweise brütete 1 Exemplar bereits am 12. 3. 1975. Am 12. 4. 1975 waren die 5 Jungen eines 6er-Geleges bei Böblingen frisch geschlüpft. Nachgelege können noch Anfang Juni (9. 6. 1956 4 Eier bei Maichingen) gefunden werden. Ein abnormes Ei maß nur 24 × 8 mm. In einem 5er-Gelege befand sich ein hellblaues Ei fast ohne Zeichnung.

Jahreszeitliches Auftreten: Standvogel; außerhalb der Brutperiode werden regelmäßig die Schlafplätze an der Nagold im Kreis Calw und auch bei Weilimdorf/Stuttgart zum Übernachten aufgesucht. Die Exemplare aus dem Raum westlich Sindelfingen fliegen allabendlich zu dem Schlafplatz südlich Calw in ca. 16 km Entfernung, die Exemplare aus dem Raum um Sindelfingen und östlich davon fliegen in nördlicher Richtung sehr wahrscheinlich zu dem bekannten Schlafplatz bei Weilimdorf in ca. 16 km Entfernung. Ein weiterer Schlafplatz befindet sich bei Möttlingen/CW dicht außerhalb der Kreisgrenze. Ab Anfang August versammelten sich dort 200 Ex. (2. 8. 1977). Ein unregelmäßig und von wenigen Paaren besetzter Schlafplatz ist bei Dagersheim bekannt.

Nebelkrähe – *Corvus corone cornix*

Sehr unregelmäßiger Durchzügler; insgesamt liegen 10 Daten vor. – Extremdaten: 18. 10. 1959/7. 3. 1965.

Kolkrabe – *Corvus corax*

Der Kolkrabe war Mitte vorigen Jahrhunderts noch über ganz Württemberg verbreitet und dürfte auch in unserem Gebiet gebrütet haben; Hinweise für ein mögliches Brüten finden wir in der O.A.-Beschreibung Stuttgart-Amt (1851) und bei TSCHERNING (1895): „In der Nähe von Leonberg auf den Höhen über Eltingen konnte ich in den Jahren 1835–1837 allabendlich noch ein aus der Ebene des Strohgäus heimkehrendes, den ausgedehnten Waldungen zwischen Warmbronn und Magstadt zustrebendes Paar dieser Vögel beobachten und ihren dumpfen Ruf vernehmen."

*

In dem vorliegenden Verzeichnis der Vogelarten wurden Arten ohne exaktes Beobachtungsdatum oder detaillierte Beobachtungsumstände nicht berücksichtigt: z. B. Alpenmauerläufer (einmal Weil der Stadt – O.A. LEO 1930), Dreizehenmöwe (O.A. Böblingen 1850), Flußseeschwalbe (FISCHER 1914), Sperbereule (O.A. LEO 1930), Sperbergrasmücke (O.A. LEO 1930), Sperlingskauz (FISCHER 1914), Uhu (FISCHER 1914, O.A. LEO 1930, O.A. Stuttgart-Amt 1851, Herrenberg 1855).

7.2 Alphabetisches Verzeichnis der Vogelarten und ihr Status (Stand 1978)

Erklärung der Zeichen und Abkürzungen:
rB = regelmäßiger Brutvogel zwischen 1955 und 1978
uB = unregelmäßig brütend oder Brutverdacht
eB = ehemaliger Brutvogel
rG = regelmäßiger Durchzügler bzw. Wintergast
uG = regelmäßiger Gast (4–15× nachgewiesen)
sG = seltener Gast (1–3× nachgewiesen); vor 1930 [ ]
\+ = positive Bestandsveränderungen zwischen 1960 und 1978 (Brutvögel)
− = negative Bestandsveränderungen zwischen 1960 und 1978 (Brutvögel)
* = bedrohte Brutvögel in der BRD; ,,Rote Liste" vom 1. 1. 1977
** = vom Aussterben bedrohte Brutvögel in der Bundesrepublik Deutschland

	Vogelart	Seite	rB	uB	eB	rG	uG	sG	+	−
	[Alpenmauerläufer]	109	.	.	.	.	.	[?]	.	.
	Alpenschneehuhn	51	.	.	.	.	.	[×]	.	
	Alpenstrandläufer	63	.	.	.	.	×	.	.	
	Amsel	98	×	.	.	.	.	.	+	.
**	Auerhuhn	51	.	.	×	.	.	.	.	
	Bachstelze	80	×	.	.	.	.	.	.	−
	Bartlaubsänger	88	.	.	.	.	.	×	.	.
*	Baumfalke	48	×	.	.	.	.	.	.	−
	Baumpieper	81	×	.	.	.	.	.	.	−
*	Bekassine	58	.	.	×	.	.	.	.	−−
	Bergfink	101	.	.	.	×	.	.	.	.
	Berghänfling	104	.	.	.	.	.	×	.	.
	Berglaubsänger	88	×	.	.	.	.	.	.	−
	Beutelmeise	98	.	.	.	.	.	×	.	.
	Birkenzeisig	103	.	.	.	.	×	.	.	.
	Bläßhuhn	55	×	.	.	.	.	.	.	.
	Blaukehlchen	95	.	.	.	.	×	.	.	.
	Blaumeise	98	×	.	.	.	.	.	.	.
	Blauracke	70	.	.	.	.	.	×	.	.
	Brachpieper	81	.	.	.	×	.	.	.	.
	Brachvogel, Großer	60	.	.	.	.	×	.	.	.
*	Braunkehlchen	92	×	.	.	.	.	.	.	−−
	Bruchwasserläufer	62	.	.	.	×	.	.	.	.
	Buchfink	101	×	.	.	.	.	.	.	.
	Buntspecht	74	×	.	.	.	.	.	.	.
	Dohle	107	×	.	.	.	.	.	.	.
	Dompfaff	105	×	.	.	.	.	.	.	.
	Doppelschnepfe	59	.	.	.	.	.	×	.	.
	Dorngrasmücke	88	×	.	.	.	.	.	.	−
	[Dreizehenmöwe]	109	.	.	.	.	.	[?]	.	.
	Drosselrohrsänger	84	.	.	?	.	×	.	.	.
	Dunkler Wasserläufer	62	.	.	.	.	×	.	.	.
	Eichelhäher	106	×	.	.	.	.	.	.	.
	Eiderente	40	.	.	.	.	.	×	.	.
*	Eisvogel	70	.	×	.	.	.	.	.	−
	Elster	107	×	.	.	.	.	.	.	.
	Erlenzeisig	103	.	×	.	.	.	.	.	.
	Fasan[8]	52	×	.	.	.	.	.	.	.

[8] eingebürgert

Vogelart	Seite	rB	uB	eB	rG	uG	sG	+	−
Feldlerche	78	×	.	.	.	.	.	.	.
Feldschwirl	84	×	.	.	.	.	.	+	.
Feldsperling	106	×	.	.	.	.	.	+	.
Fichtenkreuzschnabel	104	.	×	.	.	.	.	+	.
Fischadler	48	.	.	.	.	×	.	.	.
Fitis	88	×	.	.	.	.	.	.	.
Flußregenpfeifer	57	.	×	.	.	.	.	.	.
[Flußseeschwalbe]	109	.	.	.	.	.	[?]	.	.
Flußuferläufer	62	.	.	.	×	.	.	.	.
Flamingo	38	.	.	.	.	.	×	.	.
* Gänsesäger	40	.	.	.	.	.	[×]	.	.
Gartenbaumläufer	98	×	.	.	.	.	.	.	.
Gartengrasmücke	86	×	.	.	.	.	.	.	.
Gartenrotschwanz	92	×	.	.	.	.	.	.	−−
Gebirgsstelze	80	×	.	.	.	.	.	.	.
Gelbspötter	86	×	.	.	.	.	.	.	−−
Gimpel	105	×	.	.	.	.	.	.	.
Girlitz	102	×	.	.	.	.	.	.	.
Goldammer	100	×	.	.	.	.	.	.	.
Goldregenpfeifer	57	.	.	.	.	.	×	.	.
* Grauammer	98	×	.	.	.	.	.	.	−
Graugans	38	.	.	.	.	.	×	.	.
Graureiher	36	.	.	×	.	.	.	.	−−
Grauschnäpper	90	×	.	.	.	.	.	.	.
Grauspecht	71	×	.	.	.	.	.	.	.
Großtrappe	55	.	.	.	.	.	[×]	.	.
Grünling	102	×	.	.	.	.	.	.	.
Grünschenkel	62	.	.	.	.	×	.	.	.
Grünspecht	72	×	.	.	.	.	.	.	.
* Habicht	45	×	.	.	.	.	.	.	.
Halsbandschnäpper	91	×	.	.	.	.	.	.	.
Hänfling	104	×	.	.	.	.	.	.	−
Haselhuhn	52	.	.	×	.	.	.	.	.
Haubenlerche	78	×	.	.	.	.	.	+	.
Haubenmeise	98	×	.	.	.	.	.	.	.
Haubentaucher	36	.	.	.	.	.	×	.	.
Hausrotschwanz	95	×	.	.	.	.	.	.	.
Haussperling	105	×	.	.	.	.	.	.	.
Heckenbraunelle	83	×	.	.	.	.	.	.	.
* Heidelerche	77	?	.	×	.	.	.	.	−−
Höckerschwan[8)]	38	×	.	.	.	.	.	.	.
* Hohltaube	64	×	.	.	.	.	.	.	−
Kampfläufer	63	.	.	.	×	.	.	.	.
Kernbeißer	104	×	.	.	.	.	.	.	.
Kiebitz	55	×	.	.	.	.	.	.	−
Klappergrasmücke	86	×	.	.	.	.	.	.	.
Kleiber	98	×	.	.	.	.	.	.	.
Kleinspecht	76	×	.	.	.	.	.	.	.
Knäkente	39	.	.	×	.	.	.	.	.
Kolbenente	40	.	.	.	.	.	×	.	.
Kohlmeise	98	×	.	.	.	.	.	.	.
Kolkrabe	109	.	.	×	.	.	.	.	.

Vogelart	Seite	rB	uB	eB	rG	uG	sG	+	−
Kormoran	36	.	.	.	.	.	×	.	.
Kornweihe	48	.	.	.	.	×	.	.	.
Kranich	52	.	.	.	.	.	×	.	.
Krickente	38	.	.	.	×	.	.	.	.
Kuckuck	67	×	.	.	.	.	.	.	−
Lachmöwe	64	.	.	.	×	.	.	.	.
Löffelente	40	.	.	.	.	×	.	.	.
Mäusebussard	43	×	.	.	.	.	.	.	.
Mauersegler	70	×	.	.	.	.	.	.	.
Mehlschwalbe	80	×	.	.	.	.	.	.	−
Merlin	50	.	.	.	.	×	.	.	.
Misteldrossel	96	×	.	.	.	.	.	.	.
* Mittelspecht	74	×	.	.	.	.	.	.	−
Mönchsgrasmücke	86	×	.	.	.	.	.	.	.
Mornellregenpfeifer	57	.	.	.	.	.	×	.	.
Nachtigall	95	×	.	.	.	.	.	.	−
Nachtreiher	37	.	.	.	.	.	×	.	.
Nebelkrähe	109	.	.	.	.	×	.	.	.
* Neuntöter	81	×	.	.	.	.	.	.	− −
Odinshühnchen	63	.	.	.	.	.	×	.	.
Ohrentaucher	78	.	.	.	.	.	[×]	.	.
Ortolan	100	.	.	.	.	×	.	.	.
Pfeifente	38	.	.	.	.	×	.	.	.
Pfuhlschnepfe	62	.	.	.	.	.	×	.	.
Pirol	106	×	.	.	.	.	.	.	− −
Purpurreiher	37	.	.	.	.	.	×	.	.
Rabenkrähe	108	×	.	.	.	.	.	.	−
* Raubwürger	83	.	.	×	.	.	.	.	− −
Rauchschwalbe	79	×	.	.	.	.	.	.	−
Rauhfußbussard	42	.	.	.	.	.	×	.	.
Rebhuhn	52	×	.	.	.	.	.	.	−
Regenbrachvogel	61	.	.	.	.	.	×	.	.
Reiherente	40	.	.	.	.	×	.	.	.
Ringdrossel	98	.	.	.	.	×	.	.	.
Ringelgans	38	.	.	.	.	.	[×]	.	.
Ringeltaube	66	×	.	.	.	.	.	.	.
Rohrammer	100	×	.	.	.	.	.	.	−
Rohrdommel	37	.	.	.	.	.	×	.	.
Rohrweihe	47	.	.	.	×	.	.	.	.
Rotdrossel	97	.	.	.	×	.	.	.	.
Rothalsgans	38	.	.	.	.	.	[×]	.	.
Rotfußfalke	50	.	.	.	.	×	.	.	.
Rothalstaucher	36	.	.	.	.	.	×	.	.
Rotkehlchen	96	×	.	.	.	.	.	.	.
Rotkehlpieper	81	.	.	.	?	×	.	.	.
** Rotkopfwürger	82	?	.	×	.	.	.	.	− −
* Rotmilan	41	×	.	.	.	.	.	.	−
Rotschenkel	62	.	.	.	.	×	.	.	.
Saatgans	38	.	.	.	.	×	.	.	.
Saatkrähe	108	.	.	.	×	.	.	.	.
Samtente	40	.	.	.	.	.	[×]	.	.
Sandregenpfeifer	57	.	.	.	.	×	.	.	.

	Vogelart	Seite	rB	uB	eB	rG	uG	sG	+	–
	Schafstelze	80	×	.	.	.	.	.	.	.
	Schellente	40	.	.	.	.	.	[×]	.	.
	Schilfrohrsänger	84	.	.	?	.	×	.	.	.
*	Schleiereule	67	×	.	.	.	.	.	.	– –
	Schnatterente	38	.	.	.	.	×	.	.	.
	Schneeammer	100	.	.	.	.	×	.	.	.
	Schwanzmeise	98	×	.	.	.	.	.	.	.
	Schwarzhalstaucher	36	.	.	.	.	.	[×]	.	.
	Schwarzkehlchen	92	.	×	.	.	.	.	.	.
*	Schwarzmilan	42	.	.	×	.	.	.	.	–
	Schwarzspecht	74	×	.	.	.	.	.	.	.
**	Schwarzstirnwürger	81	.	.	×	.	.	.	.	.
**	Schwarzstorch	37	.	.	×	.	.	.	.	.
	Seeadler	42	.	.	.	.	.	×	.	.
	Seggenrohrsänger	84	.	.	.	.	.	×	.	.
	Seidenschwanz	83	.	.	.	.	×	.	.	.
	Sichelstrandläufer	63	.	.	.	.	.	×	.	.
	Singdrossel	97	×	.	.	.	.	.	.	.
	Silbermöwe	64	.	.	.	.	.	×	.	.
	Sommergoldhähnchen	90	×	.	.	.	.	.	.	.
*	Sperber	44	×	.	.	.	.	.	.	–
	[Sperbereule]	109	.	.	.	.	.	[?]	.	.
	[Sperbergrasmücke]	109	.	.	.	.	.	[?]	.	.
	[Sperlingskauz]	109	.	.	.	.	.	[?]	.	.
	Spießente	39	.	.	.	.	×	.	.	.
	Spornpieper	80	.	.	.	.	.	×	.	.
	Star	106	×	.	.	.	.	.	.	.
	Steinadler	40	.	.	×?	.	.	.	.	.
*	Steinkauz	68	?	.	×	.	.	.	.	–
*	Steinschmätzer	96	?	.	×	.	.	.	.	–
	Steinwälzer	57	.	.	.	.	.	×	.	.
	Sterntaucher	35	.	.	.	.	.	[×]	.	.
	Stieglitz	103	×	.	.	.	.	.	.	.
	Stockente	39	×	.	.	.	.	.	.	.
	Sturmmöwe	64	.	.	.	.	.	×	.	.
	Sumpfmeise	98	×	.	.	.	.	.	.	.
	Sumpfohreule	69	.	.	.	.	.	×	.	.
	Sumpfrohrsänger	84	×	.	.	.	.	.	.	.
	Tafelente	40	.	.	.	.	×	.	.	.
	Tannenhäher	107	.	?	.	.	×	.	.	.
	Tannenmeise	98	×	.	.	.	.	.	.	.
	Teichhuhn	53	×	.	.	.	.	.	.	.
	Teichrohrsänger	84	×	.	.	.	.	.	.	–
	Temminckstrandläufer	63	.	.	.	.	×	.	.	.
	Trauerente	40	.	.	.	.	.	×	.	.
	Trauerschnäpper	90	×	.	.	.	.	.	.	.
	Trauerseeschwalbe	64	.	.	.	.	.	×	.	.
	Triel	63	.	.	.	.	.	×	.	.
	Tüpfelsumpfhuhn	53	.	.	[×?]	.	.	.	.	.
	Türkentaube	66	×	.	.	.	.	.	+	.
	Turmfalke	51	×	.	.	.	.	.	.	.
*	Turteltaube	67	.	×	?	.	.	.	.	–

Vogelart	Seite	rB	uB	eB	rG	uG	sG	+	–
Uferschnepfe	61	.	.	.	.	.	×	.	.
Uferschwalbe	79	.	.	.	.	×	.	.	.
[Uhu]	109	.	.	.	.	.	[?]	.	.
Wacholderdrossel	96	×	.	.	.	.	.	+	.
* Wachtel	52	×	.	.	.	.	.	.	–
** Wachtelkönig	53	.	×	?	.	.	.	.	–
Waldbaumläufer	98	×	.	.	.	.	.	.	.
Waldkauz	68	×	.	.	.	.	.	.	.
Waldlaubsänger	90	×	.	.	.	.	.	.	.
Waldohreule	68	×	.	.	.	.	.	.	.
* Waldschnepfe	60	×	.	.	.	.	.	.	.
Waldwasserläufer	62	.	.	.	×	.	.	.	.
Wanderfalke	50	.	.	?	.	×	.	.	.
* Wasseramsel	83	×	.	.	.	.	.	.	.
Wasserpieper	81	.	.	.	×	.	.	.	.
Wasserralle	53	.	.	×	.	.	.	.	–
[Weidenmeise]	98	.	.	.	.	.	.	.	.
** Weißstorch	37	.	.×	.	.	.	.	.	.
* Wendehals	76	×	.	.	.	.	.	.	–
* Wespenbussard	45	×	.	.	.	.	.	.	.
** Wiedehopf	70	.	.	×	.	.	.	.	–
Wiesenpieper	81	×	.	.	.	.	.	.	.
Wiesenweihe	48	.	.	.	.	×	.	.	.
Wintergoldhähnchen	90	×	.	.	.	.	.	.	.
Zaunammer	100	.	?	.	.	.	×	.	.
Zaunkönig	83	×	.	.	.	.	.	.	.
* Ziegenmelker	70	.	.	×	.	.	.	.	–
Zilpzalp	88	×	.	.	.	.	.	.	.
Zippammer	100	.	.	.	.	.	[×]	.	.
* Zwergdommel	37	.	.	×	.	.	.	.	–
Zwergmöwe	64	.	.	.	.	.	×	.	.
Zwergschnepfe	59	.	.	.	×	.	.	.	.
Zwergstrandläufer	63	.	.	.	.	×	.	.	.
Zwergtaucher	36	×	.	.	.	.	.	.	–
Zwergtrappe	55	.	.	.	.	.	×	.	.

8. Veränderungen und Nachtrag bis 1990*

Innerhalb des Kreises konnten bislang mindestens 225 Vogelarten sicher nachgewiesen werden. Mindestens 129 Arten wurden als Brutvögel nachgewiesen. Zur Zeit brüten nur noch knapp 100 Arten regelmäßig, und 7 Arten nisten nur unregelmäßig bei uns. Mindestens 23 Arten sind seit den Aufzeichnungen im vorigen Jahrhundert ausgestorben. 98 Arten sind Durchzügler oder Gäste. Unter Berücksichtigung der etwas zweifelhaften Angaben in den Oberamtsbeschreibungen im vorigen Jahrhundert erhöht sich die Zahl der festgestellten Vogelarten auf insgesamt 232 Arten (Stand 1978). Inzwischen sind wieder 12 Jahre ins Land gezogen, und es bietet sich natürlich an, die Veränderungen, besonders der gefährdeten Arten, aufzuzeigen.

*Manche Angaben vom Frühjahr 1991 konnten noch eingearbeitet werden.

8.1 Spezieller Teil (Stand 1990)

Folgende Arten konnten in den letzten Jahren neu für unser Gebiet nachgewiesen werden: Eine Weißwangengans hielt sich im Januar 1980 an der Schwippe bei Darmsheim auf (NOWAK, STOBER); am 25. 11. 1984 zog eine Flußseeschwalbe bei Sindelfingen nach Süden (ELBL, SCHUBERT); im September 1984 beobachtete STROBEL einen Bienenfresser bei Breitenstein.

Neu als Brutvogel konnte 1987 – 1991 der Wanderfalke in einem Steinbruch ermittelt werden. Ein Rauhfußkauz wurde 1985 bei Weil der Stadt zur Brutzeit tot aufgefunden und im gleichen Jahr gelang bei Gültlingen östlich der Nagold ein gesicherter Brutnachweis. Es ist nicht auszuschließen, daß diese Art aus dem Schwarzwald in geeigneten Biotopen auch östlich der Nagold weitere Vorposten besitzt.

Von den in Baden Württemberg stark gefährdeten Vogelarten (mit der Gefährdungskategorie 2) sind im Kreis Böblingen noch 9 Arten vertreten. Dazu zählt der **Eisvogel** (*Alcedo atthis*), der im Tübinger bzw. Esslinger Grenzgebiet innerhalb des Schönbuches in mind. 2 Paaren vorkommt. Der **Steinkauz** (*Athene noctua*) brütete bei Weil der Stadt 1985 wieder. Die **Hohltaube** (*Columba oenas*), die vor allem auf alte Schwarzspechthöhlen angewiesen ist, besitzt im Kreis Böblingen noch gute Bestände in den Schönbuchwaldungen und auch in den Glemswäldern. Mit dem Schlagen der alten Buchenalthölzer schrumpfen die Vorkommen allerdings rasch.

Den markanten Ruf der **Wachtel** (*Coturnix coturnix*) hört man immer seltener. Nur in sogenannten „Wachteljahren" wie 1979 tritt die Art dann wieder verstärkt an vielen Orten auf, wo sie oft jahrzehntelang fehlte. In den letzten Jahren konnten nur noch wenige Exemplare an wechselnden Stellen verhört werden, und der gesamte durchschnittliche Bestand im Kreis Böblingen dürfte heute 5 – 10 Exemplare nicht wesentlich übersteigen.

Der **Wachtelkönig** (*Crex crex*), der zu den aussterbenden Vogelarten zählt, konnte 1984 im Würmtal bei Dätzingen nach 5-jähriger Pause verhört werden.

Unter den heimischen Greifen wird der **Baumfalke** (*Falco subbuteo*) zu den stark gefährdeten gezählt. Er ernährt sich in unserer Gegend nahezu ausschließlich von Kleinvögeln, wobei Mauersegler und Schwalben eine bevorzugte Stellung einnehmen. Der Baumfalk wurde früher in unserer Gegend kaum bejagt, so daß für den Rückgang, der auch im Kreis Böblingen beobachtet werden konnte, Pestizide bzw. Nahrungsverknappung in Frage kommen, aber auch mögliche Einflüsse im afrikanischen Winterquartier werden angegeben. Der Bestand innerhalb des Kreises Böblingen dürfte noch ca. 5 Paare betragen. Es muß aber darauf hingewiesen werden, daß eine großräumige Erfassung des Bestandes sehr schwer durchzuführen ist, da die Art am Brutplatz sich sehr ruhig verhält und jährlich über große Distanzen wechseln kann. Da der Baumfalke fast ausschließlich Rabenkrähennester als Horstunterlage benützt, könnte der Rückgang der Rabenkrähe hier ebenfalls eine Rolle spielen.

Die **Waldschnepfe** (*Scolopax rusticola*) muß zu den stark gefährdeten Vogelarten gerechnet werden. Für das Oberamt Leonberg gibt VOGEL (1930) die Waldschnepfe als regelmäßigen Brutvogel an. Neuere Hinweise aus diesen Gebieten fehlen. In den

Glemswaldungen wurden bereits vor über 18 Jahren Gelege gefunden. Weiterhin konnten neue Balzplätze in den oben genannten Gebieten registriert werden.

In den Schönbuchwaldungen kommt die Waldschnepfe noch verbreitet und regelmäßig vor und Gelege konnten jahrweise in den zentralen und östlichen Gebieten gefunden werden. In den Jahren von 1987 – 1990 trat die Art nur noch vereinzelt an ihren bisherigen Balzplätzen auf. Wir können nur hoffen, daß es sich hier um Schwankungen handelt, die durch Trockenheit oder andere Ursachen bedingt sind.

Das stark gefährdete **Braunkehlchen** (*Saxicola rubetra*) wurde 1987 vom Deutschen Bund für Vogelschutz (DBV) zum Vogel des Jahres gewählt. Dieser charakteristische Feuchtwiesenbewohner war um 1960 noch verbreitet und häufig. Allein in dem Wiesental zwischen Böblingen und Dagersheim und auf der Hulb lebten im Jahre 1960 ca. 26 Brutpaare. Bereits 9 Jahre später sank der Bestand auf 10 Paare und 1974 auf 3 Paare; seit etwa 1985 ist dieses bedeutende Vorkommen durch Bachbegradigung, Bebauung und Straßenbau erloschen. Noch in den Jahren von 1973 bis 1975 brüteten ca. 70 Paare im Kreis Böblingen, wobei der Schwerpunkt der Verbreitung im Herrenberger Gäu liegt, bzw. lag. Die Bestände sind weiterhin stark rückläufig und neuerdings dürfte der Bestand nur noch ein knappes Dutzend betragen. Es ist heute bereits abzusehen, wann dieser hübsche Wiesenbewohner bei uns ausgestorben sein wird. Als eine der Hauptursachen dürfte das Umbrechen der Wiesen in Ackerland und die frühe erste Mahd gelten.

Der **Graureiher** (*Ardea cinerea*) war ehemaliger Brutvogel, die Kolonie nördlich Rohrau ist aber längst erloschen. Weitere Brutplätze bei Aidlingen und Merklingen waren zuletzt 1959 besetzt. Seitdem fehlen gesicherte Brutnachweise. In den letzten Jahren erscheinen nahrungssuchende Reiher im Winterhalbjahr in Verbänden bis zu 18 Exemplaren an der Würm bei Aidlingen und verbleiben bis in den April. Diese täuschen dann Brutvögel vor, wie dies fälschlicherweise in einigen Tageszeitungen berichtet wurde. Das neuerliche Auftreten dieses imposanten Großvogels innerhalb des Winterhalbjahres, auch an weiteren Stellen des Kreisgebietes, stellt zweifellos eine Bereicherung unserer verarmten Fauna dar. Solange keine Horste dieser Art gefunden werden, müssen wir davon ausgehen, daß es sich hier um Vögel aus den Brutkolonien am Neckar handelt, die auch gelegentlich im Sommerhalbjahr auftreten.

Der **Wespenbussard** (*Pernis apivorus*) zählt zu den ernährungsbiologisch bemerkenswertesten Vogelarten, weil er Wespen- und Hummelwaben mit den Krallen aus dem Erdreich ausgräbt. Gelegentlich, vor allem in wespenarmen Jahren, werden auch Amphibien und Jungvögel verspeist. In allen größeren Waldungen brütet er, ist aber infolge seiner versteckten Lebensweise und seiner geringen Rufaktivität nur schwer zu entdecken. Nur im Juli und August führen die Paare über ihren Revieren einen bezeichnenden Revierbegrenzungs-Schüttelflug an heißen Tagen auf und verraten ihre Anwesenheit. Noch regelmäßiger findet man an Wegrändern ausgegrabene Wespennester, die auf den Wespenbussard, nicht jedoch auf den Dachs schliessen lassen.

Im gesamten Kreis Böblingen wurden in den Jahren 1973 – 78 rund 46 Brutpaare geschätzt. In einem optimalen Untersuchungsgebiet von 168 km^2 wurden von 1977 – 1985 sogar bis 19 Brutpaare erfaßt. Dies entspricht einer Dichte von einem Paar auf 8,8 km^2 Fläche.

Abb. 49: Wespenbussard am Horst Foto W. SCHUBERT

In jedem größeren Waldgebiet nistet der **Habicht** (*Accipiter gentilis*). Der Bestand betrug 1980 ca. 28-32 Brutpaare. In einem Untersuchungsgebiet von 170 km² wurden 1979 14 Brutpaare ermittelt. Der Bestand hat seitdem nicht mehr zugenommen, und wir können davon ausgehen, daß es sich hier um eine optimale Besiedlung handelt. Die Art ist in unserem Gebiet nicht gefährdet. Wenn die Art landesweit dennoch zu den gefährdeten Arten gerechnet wird, so vor allem deshalb, weil die Gefahr des Abschusses oder des Fangens besteht.

Während der Habicht seinen Horst in Althölzern errichtet, so bevorzugt der **Sperber** (*Accipiter nisus*) jüngere Fichtenbestände. Vor über 30 Jahren war der Sperber ein häufig zu beobachtender Greif. Nach starker Abnahme der Bestände sind diese seit etwa 10 Jahren mit ca. 30 Paare nahezu stabil. Die Ursachen des Rückganges sind wohl vor allem in der Anwendung von Pestiziden, besonders im landwirtschaftlichen Bereich zu sehen (vgl. auch Seite 44).

Der **Rotmilan** (*Milvus milvus*) brütet im Kreis Böblingen in ca. 6 Paaren. Im nördlichen Kreisgebiet befindet sich nur bei Weil der Stadt ein besetzter Brutplatz. Dieses Vorkommen wird bereits in der Oberamtsbeschreibung Leonberg 1930 hervorgehoben. Durch den Abbau einer Lehmgrube und das weitere Fällen von Altbäumen ist dieser Brutplatz gefährdet. Auf den benachbarten Fildern sind die zwei Brutplätze bereits seit 1965 vermutlich durch die zunehmende Besiedlung der Filderebene erloschen. Ein Brutpaar bei Reusten siedelte 1985 in die ruhigeren Partien des Schönbuches um. Auch der periodisch brütende Schwarzmilan ist dort wohl infolge des dortigen Modellflugplatzes nicht mehr heimisch. Ein langjährig besetzter Brutplatz im

Dagersheimer Wald ist seit 1981 nach einem großen Kahlschlag am Nordrande des Waldes verwaist. Weiterhin horstete die Art im Glemstal östlich Leonberg bis 1980.

Die Bilanz sieht nicht sehr gut aus und es muß befürchtet werden, daß mit der weiteren Zersiedlung unserer Heimat und mit der zunehmenden Beunruhigung in unserer Landschaft weitere Paare weichen werden. Zum Brüten benötigt der Rotmilan ungestörte Waldgebiete und zur Nahrungsbeschaffung sind angrenzende, weitläufig, offene Kulturlandschaften nötig.

Der **Wendehals** (*Jymx torquilla*) wurde vom Deutschen Bund für Vogelschutz 1988 zum Vogel des Jahres gewählt, um auf die Gefährdung der Obstbaumwiesen aufmerksam zu machen. Der Wendehals bevorzugt nämlich ausgedehnte intakte Obstbaumwiesen. Gelegentlich brütet er in größeren Obstgärten innerhalb oder am Rande der Siedlungen sowie am Waldrand in Nistkästen. Um 1960 konnte man die Art noch regelmäßig um unsere Ortschaften verhören. Durch Rodung der Obstbäume für Siedlungen, Industrieanlagen, Sportplätze usw. wurden viele Brutplätze vernichtet. Bemerkenswerte Bestände des Wendehalses gibt es neuerdings nur noch am Schönbuchrand zwischen Herrenberg und Breitenholz. Im übrigen Gebiet kommt die Art heute nur noch sehr vereinzelt als Brutvogel vor.

Die **Heidelerche** (*Lullula arborea*) war ehemaliger Brutvogel im gesamten Heckengäu und am Truppenübungsplatz bei Böblingen. Um 1960 nisteten innerhalb des Kreises Böblingen mit seinen damaligen Grenzen mindestens 23 Paare. Bereits im Jahre 1973 waren alle bekannten Vorkommen im Kreis erloschen. Nur in den angrenzenden Gebieten im Kreis Calw und Tübingen existierten noch einzelne Paare. Seit 1986 ist auch dieses letzte bekannte Vorkommen bei Breitenholz/Tübingen erloschen und somit der letzte Vorposten dieser Art im Raum zwischen Neckar und Schwarzwald. Als Grund für den katastrophalen Rückgang dieser am Brutplatz sehr scheuen Art dürfte die wachsende Beliebtheit der Ödlandbiotope für Erholungssuchende eine wesentliche Rolle spielen.

Der **Neuntöter** (*Lanius collurio*) gilt als stark gefährdet und war 1985 „Vogel des Jahres". Im Heckengäu besitzt die Art noch ein schwerpunktmäßiges Vorkommen, ebenso in den Obstbaumwiesen am Schönbuchsüdrand. Gelegentlich dringt er auch auf größere Fichtenschonungen tief in den Schönbuch ein. Vor 20-25 Jahren waren die Bestände noch deutlich höher. Innerhalb des Kreises Böblingen dürften heute noch ca. 100 Paare nisten. Da sich die Bestände in den letzten Jahren behauptet haben, besteht die Hoffnung, daß sich der Neuntöter – unsere letzte verbliebene Würgerart – in unserer Heimat halten wird. Die anderen Würger, wie **Rotkopfwürger** und **Raubwürger**, die vor 25 Jahren noch häufige Brutvögel in den Obstbaumwiesen und auch im Heckengäu waren, sind 1979 bzw. 1974 ausgestorben. Der **Schwarzstirnwürger** wird in der Oberamtsbeschreibung Leonberg (1930) als sicherer Brutvogel angegeben. Neuere Nachweise fehlen. Die Art brütete noch bis Ende der 60er Jahre auf den benachbarten Fildern.

Der Nufringer Eisweiher galt lange Zeit als einziger Brutplatz des **Kiebitz** (*Vanellus vanellus*) im mittleren Württemberg. Neben diesem bekannten Vorkommen bestand wenigstens in den 20er Jahren unweit davon – nördlich von Rohrau – ein weiterer größerer Brutplatz. Auch am Schlanderer See bei Sindelfingen nisteten einige

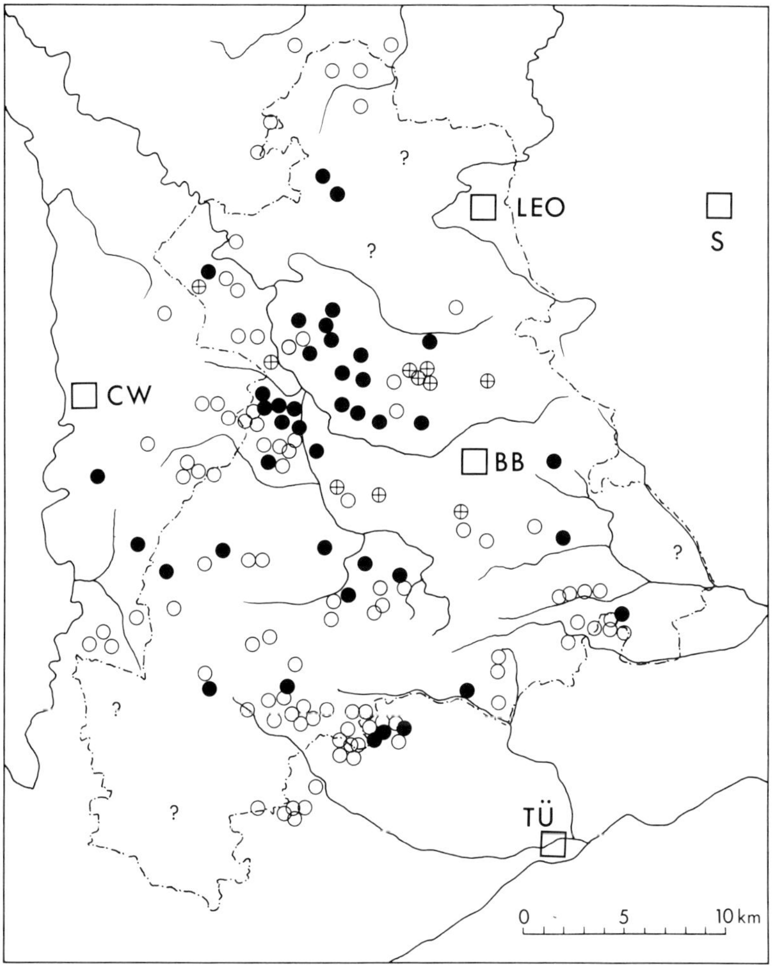

Abb. 50: Vorkommen des Neuntöters *(Lanius collurio)* im Landkreis Böblingen (aus Beih. Veröff. Naturschutz Landschaftspflege Bad.-Württ., 48: 93-95; 1987).
● Brutnachweis; ○ Brutverdacht 1972-1984; ⊕ Erloschenes Brutvorkommen;
? Gebiet nicht untersucht.

Paare seit langem. Im Jahre 1960 wurden 6 Kolonien mit mind. 12 – 15 Brutpaaren gefunden. Schon 1968 ermittelten B. u. L. KROYMANN 16 Kolonien mit 83 Paaren. Es zeigte sich, daß unser Landkreis mit seiner abwechslungsreichen und trockenen oder sumpfigen Brache aufgelockerten Feldflur die Kiebitz-reichste Gegend des mittleren Württemberg ist. Die vorübergehende Zunahme des Kiebitzes ist in der Anpassung der Habitatansprüche von Feuchtländereien auf Ackerbrutplätze zu sehen, wo kolonieartige Verdichtungen entstehen können. Die Feuchtbiotope wurden meist nur von einzelnen Paaren besiedelt. Der Bestand ist seit 1975 jedoch wieder rückläufig. Das

Hauptvorkommen auf der Hulb bei Böblingen mit maximal 21 Brutpaaren im Jahre 1974 ist durch die Bebauung jetzt wieder erloschen. Der Bau der Autobahn hat wichtige Vorkommen zerschnitten und bei Rohrau ist der Grundwasserspiegel stark gesunken und die ehemaligen Feuchtwiesen sind zusehends ausgetrocknet. Auf Sindelfinger Markung nistete die Art früher regelmäßig in wenigen Paaren auch im Affalterried. Die Brutplätze wurden mit der zunehmenden Beunruhigung infolge der geteerten Wege wieder aufgegeben. In dem regenreichen Jahr 1988 nisteten jedoch wieder ca. 15 Paare auf den brachgefallenen Äckern südlich und westlich von Maichingen. Schon im folgenden trockenen Jahr blieb die Art wieder aus.

Als Brutvogel der Altholzbestände nistet der **Schwarzspecht** (*Dryocopus martinus*) fast ausschließlich in Buchen, die ein Alter von mind. 160 Jahren aufweisen. Im Sindelfinger Stadtwald lebten 1975 5 Brutpaare und 1984 nur noch 3 Brutpaare. Der Brutbestand im Kreis Böblingen betrug 1975 ca. 35 Brutpaare. Ein dichtes Vorkommen befindet sich im Schönbuch im Bereich des Falkenkopfes entlang des Goldersbaches. Andererseits fehlt er z.B. in der Gärtringer Mark und in der Ketterlenshalde. Das Sichern von Altholzbeständen mit den Brutbäumen ist nicht nur für den Schwarzspecht, sondern für weitere Tierarten wie Hohltaube, Dohle, Rauhfußkauz, Fledermäuse, Bilche, Marder, Kleiber, Halsbandschnäpper und Wildbienen usw. von Bedeutung. Obwohl der Schwarzspecht bereits 1980 zum „Vogel des Jahres" gewählt wurde, sind bislang innerhalb der Buchenalthölzer im Kreis Böblingen keine Maßnahmen zum Erhalt der Bestände bekannt geworden. Eine Erhöhung der Umtriebszeiten für die Buche auf ca. 250 Jahren sollte in ausgewählten Waldstücken und vor allem innerhalb des Naturparks Schönbuch vordringlich angestrebt werden.

Unser Pfingstvogel oder **Pirol** (*Oriolus oriolus*) ist in den letzten Jahren bei uns ausgestorben. Noch vor 25 Jahren war dieser beliebte Vogel in fast allen Laubmischwäldern heimisch. Im Jahre 1973 konnten im Kreisgebiet noch über 18 Sänger ermittelt werden. Bereits 1985 waren die Bestände so gesunken, daß nur noch an 2 Orten Brutverdacht bestand. Seitdem fehlen gesicherte Bruthinweise und lediglich einige Durchzügler singen für einige Tage. Der Grund für den rapiden Rückgang dieses bekannten und schönen Vogels ist auch in den Bekämpfungsaktionen gegen die Maikäfer zu sehen. Der Maikäfer war eine wichtige, zeitweise sogar ausschließliche Nahrung, vor allem bei der Jungenaufzucht. Eine andere vergleichbare Nahrungsbasis fehlt heute bei uns.

Die **Nachtigall** (*Luscinia megarhynches*) brütet regelmäßig nur noch im nördlichen Zipfel des Kreises bei Weissach bis zu einer Meereshöhe von ca. 440 m NN. Im Jahre 1974 wurden dort 9 Sänger gefunden und 1985 konnten mindestens 7 Sänger bestätigt werden. Nur bei Weil der Stadt ist ein regelmäßiges Vorkommen bekannt. Viele weitere isolierte Vorkommen bei Sindelfingen, Herrenberg, Tailfingen, Waldenbuch waren oft nur jahrweise besetzt und sind heute durch Biotopveränderung nicht mehr geeignet. Die Art muß bei uns zu den gefährdeten Vogelarten gerechnet werden.

Die bedeutenden Vorkommen des **Berglaubsängers** (*Phylloscopus bonelli*) in den 60er Jahren mit ca. 35 Sängern am Schönbuchrand östlich Herrenberg bis Tübingen sind nahezu erloschen. In den Jahren 1984 und 1985 konnten nur noch 2-3 Sänger ermittelt werden.

Der hübsch gezeichnete **Halsbandschnäpper** (*Ficodula albicollis*) war ein relativ häufiger Brutvogel der Laubmischwälder und der angrenzenden Streuobstwiesen. Eigenartigerweise fehlt die Art westlich Herrenberg fast ganz. Obwohl der Halsbandschnäpper noch nicht in der Roten Liste geführt wird, sind die Rückgänge im Beobachtungsgebiet gravierend. Ein Gesamtüberblick fehlt noch, aber lokale Untersuchungen zeigen den drastischen Rückgang auf. Bei Weil im Schönbuch bestand eine Kolonie mit 8 – 10 Paaren bis 1977; im Jahr 1984 brütete kein einziges Paar, 1985 nistete lediglich ein Paar. Am Falkenkopf sank die Zahl der Sänger von 28 (1973) auf 6 Sänger (1985). Im Ostteil des Schönbuches beim Langen Rücken wurden 1973 15 Sänger erfaßt, 1985 nur noch 4. Der starke Rückgang ist anhand der Aufzeichnungen des Forstamtes Bebenhausen aus dem Jahre 1977 dokumentiert, obwohl die Biotope nahezu unverändert aussehen.

Die **Rabenkrähe** (*Corvus corone*) ist noch regelmäßiger Brutvogel des offenen Kulturlandes und die Horste werden auf Einzelbäumen, bevorzugt aber am Waldesrand errichtet. Innerhalb der Siedlungen nisten einzelne Paare auch auf Friedhöfen oder in größeren Parkanlagen. SCHÜFER fand in den Obstbaumwiesen zwischen Herrenberg und Mönchberg nach 1945 alljährlich mindestens 15 Horste. Um 1978 nisteten dort nur noch 3 – 4 Paare. Ein noch dicht besetztes Vorkommen in Streuobstwiesen konnte 1976 bei Gültlingen mit 5 Bruten erkundet werden. 1984 war dieses Vorkommen allerdings bereits wieder erloschen.

Die Ursachen des Rückganges sind vor allem im Abschuß der Alttiere zu sehen. Aus der Jagdstatistik kann entnommen werden, daß 1984 noch 243 Rabenkrähen im Kreisgebiet erlegt wurden. Mit der Unterschutzstellung dieser Art im Jahre 1987 hätten sich die geschwächten Bestände wieder erholen können. Durch die neuerliche, Aufhebung der gesetzlichen Vorschriften muß eventuell mit einer intensiveren Bejagung der Arten Rabenkrähe, Eichelhäher und Elster gerechnet werden. Vor allem für die Rabenkrähe ist eine Bejagung aus ökologischen Gründen nicht mehr vertretbar. Die Rabenkrähe kann im Winterhalbjahr mit den großen Verbänden der Saatkrähe, die dann bei uns regelmäßig auf dem Durchzug in riesigen Schwärmen auftreten kann, leicht verwechselt werden. Die jungen Saatkrähen sind nur vom Experten sicher von der Rabenkrähe zu unterscheiden. Schon diese Tatsache allein sollte genügen, um auch die Rabenkrähe zu schützen. Die Saatkrähe steht unter strengem Schutz, da sie nützlich ist, und innerhalb von Baden Württemberg nur sehr lokal nistet.

Die alten Nester der Rabenkrähe werden übrigens von Turmfalke, Baumfalke und Waldohreule regelmäßig als Nistunterlage benutzt, da diese keine eigenen Nester bauen. So wirkte sich der Rückgang der Rabenkrähe auch auf diese Arten negativ aus.

Der **Fichtenkreuzschnabel** (*Loxia curvirostra*) zählt seit mind. 1975 zu den unregelmäßig auftretenden Brutvögeln unserer Heimat. In Jahren mit starker Fichtenmast, wenn die Fichten mit Zapfen voll hängen, wandern die Vögel aus unbekannten Gebieten bei uns ein und schreiten neuerdings im Januar bis Mai auch zur Brut. Noch vor 150 Jahren gab es in unserem Raum nur reine Laubmischwälder. Erst mit dem Heranwachsen der Fichten zu schlagreifen Bäumen nistet der Fichtenkreuzschnabel in bemerkenswerter Anzahl bei uns. 1975 konnten im Schönbuch 3 Nester und 1978 9 Nester im gesamten Kreis Böblingen gefunden werden. Im gesamten Kreis dürften

1978 mehr als 120 Paare gebrütet haben.

Das neuerliche periodische Brüten des Fichtenkreuzschnabels in den Fichtenalthölzern im Schönbuch und im Gäu stellt zwar eine Bereicherung der lokalen Avifauna dar, es muß aber gesagt werden, daß mit dem Zurückdrängen der ehemals reinen Laubmischwälder aus unserem Landschaftsbild eine artenreiche und bodenständige Flora und Fauna verdrängt wurde, die in den nahezu eintönigen Nadelwäldern keine Lebensmöglichkeit mehr findet.

8.2. Durchzügler

Besonders eindrucksvoll ist der Vogelzug im Herbst. Ein Großteil der Arten zieht allerdings bei Nacht und entgeht somit unseren Beobachtungen. Der sichtbare Tagzug beginnt mit dem truppweisen Abzug der Wespenbussarde Ende August und Anfang September. Der Durchzug der Limikolen tritt infolge von Biotopveränderungen nur noch sehr spärlich in Erscheinung, am ehesten im Bereich der Schwippe bei Böblingen, wo die meisten Limikolenarten auch neuerdings vereinzelt nachgewiesen werden konnten, z.Teil auf periodisch überschwemmten Wiesen. Die Anzahlen sind bescheiden und treten weit hinter den Zahlen an der Nordseeküste zurück.

Im September kann man auch meist vereinzelt ziehende Greife wie Rohrweihe, Wiesenweihe, Fischadler beobachten. Erst im Oktober setzt der auffällige Breitfrontzug der Kleinvögel ein, wobei es sich vorwiegend um Buchfinken, Bergfinken, Wiesenpieper, Rohrammer und Drosseln handelt. Erst Ende Oktober und im November können die kopfstarken Verbände der Ringeltauben und Saatkrähen, die meist mit Dohlen durchmischt sind, beobachtet werden.

Obwohl der Mäusebussard regelmäßig in schwankender Anzahl überwindert, treten in manchen Jahren kleinere Verbände auf dem Durchzug auf. Schneeflüchter treten nahezu regelmäßig auf, oft erst im Januar nach längerer geschlossener Schneedecke.

Die wichtigsten Rastgebiete waren die Hulb und das ehemalige Flugplatzgelände bei Böblingen, ebenso der Schlanderer See in Sindelfingen und der Nufringer Eisweiher. Alle diese Gebiete sind durch Bebauung stark beeinträchtigt und z.Teil stark entwertet.

Das alljährliche Zuggeschehen kann man Anfang Oktober am besten von einem erhöhten Standpunkt aus z. B. vom Schloßberg bei Herrenberg oder vom Müllberg bei Dätzingen aus verfolgen.

8.3 Vogelleben im Winter

Für eine Reihe von überwinternden oder nur kurzfristig verweilenden Vogelarten wie Amsel, Singdrossel, Rotdrossel, Wacholderdrossel, Gimpel usw. kann der Gartenbesitzer oder die Gemeinde Vogelbeerbäume oder auch Feuerdorn anpflanzen. Die roten oder orangen Beeren werden von diesen Vogelarten sehr gern gefressen. Oft fallen nach Schneeinbrüchen große Scharen – meist handelt es sich um nordische oder vielleicht auch um einheimische Wacholderdrosseln in unsere Siedlungsgebiete ein und fressen sich an den Beeren satt. Geht der Nahrungsvorrat zu Ende, ziehen die Verbände wieder weiter. Es ist nicht nötig, diese Arten zu füttern, denn sie kommen – von der Amsel abgesehen – nur ausnahmsweise ans Futterhaus. Ebenso verhält es sich mit dem Birkenzeisig und dem Erlenzeisig, die sich gerne an die Samen der Birke oder Erle halten. Vor allem der Birkenzeisig stellt sich gern an den Birken in den Gärten ein und ist hier sehr vertraut.

Sehr erstaunlich ist die Tatsache, daß unser kleinster Vogel, das zarte Wintergoldhähnchen, die strengen Winter bei uns unbeschadet und erfolgreich überdauert auch ohne menschliches Zutun. Man wird es vergeblich am Futterplatz suchen.

Das Meisenvolk wandert im Winter innerhalb der Siedlungen von Futterstelle zu Futterstelle. Dazu gesellen sich lokal auch Buch- und Bergfinken, Rotkehlchen, Kleiber, Heckenbraunellen, Kernbeißer, Zeisig, Grünlinge, Sperlinge, Buntspecht, Grünspecht usw...Regelmäßig stellt sich an solchen Futterstellen der Sperber ein und schlägt hier die leicht erreichbare Beute.

Obgleich der **Bergfink** (*Fringilla montifrigilla*) in unserer Gegend regelmäßig als Durchzügler und Wintergast in kleinen Verbänden auftritt, soll hier von dem ungewöhnlichen Massenauftreten an einem Schlafplatz im Hölzertal bei Sindelfingen im Winterhalbjahr 1983/84 berichtet werden. Um die Jahreswende fanden sich allabendlich riesige Schwärme, die nach verschiedenen Beobachtern auf 1 – 4 Millionen Finken geschätzt wurden, in den Fichtenbeständen am Nordhang des Hölzertales zum Nächtigen ein. Der Schlafplatz erstreckte sich über 1 km Länge und ca. 500 m Breite,

Abb. 51: Bergfink

wobei die Vögel dicht an dicht gerückt waren. Es war das erste mal, daß man im Süddeutschen Raum einen derartigen Massenschlafplatz gefunden hatte. Die Bergfinken ernährten sich von Bucheckern, die in sehr großer Menge herangereift waren. Bei ihren täglichen Nahrungsflügen überquerten sie in breiter Front und schlauchartig sogar den Großraum Stuttgart, um im Schurwald oder im Schönbuch niederzugehen. Mit zunehmender Schneedecke wanderten die riesigen Verbände im Januar in Etappen in das klimatisch günstigere Neckartal bei Reutlingen.

Nach neueren Beobachtungen zählt auch die Kornweihe zu den seltenen, unregelmäßigen Überwinterern in der offenen Kulturlandschaft unseres Kreises. Sie ernährt sich in milden Wintern vorwiegend von Feldmäusen, ist aber auch in der Lage Kleinvögel zu erbeuten.

Im strengen Winter von Ende Januar bis Anfang April 1987 fand ein ungewöhnlich starker Einflug von Rauhfußbussarden im süddeutschen Raum statt. Innerhalb des Kreises konnte die Art an vielen Stellen beobachtet werden, wobei die hügeligen Gebiete mit offener Feldflur zwischen Sindelfingen und Döffingen mit eigelagerten Wiesen eindeutig bevorzugt wurden. Zeitweise hielten sich dort über 14 Exemplare gleichzeitig auf. Fotografisch dokumentiert werden konnten jedoch innerhalb 2 Monaten über 40 verschieden gezeichnete Exemplare in den unterschiedlichsten Farbvariationen. In dem ideal erscheinenden Gebiet zwischen Nufringen und Ehningen konnte kein Rauhfußbussard beobachtet werden.

Nur wenige der bei uns im Winter ausharrenden Vögel sind im Bestand entsprechend der Roten Liste von Baden-Württemberg gefährdet. Hierzu zählen Arten wie der Steinkauz, die Schleiereule, das Rebhuhn, der Mittelspecht, der Schwarzspecht, die Dohle, die Wasseramsel, der Habicht und der Sperber.

Bei der Winterfütterung – für die ernorme Summen ausgegeben werden – erreicht der Bürger in der Regel nicht eine einzige dieser oben genannten gefährdeten Vogelarten. Von verantwortlichen Ornithologen und neuerdings auch vom Bund für Umwelt- und Naturschutz Deutschland (BUND) wird daher immer wieder angeregt, anstelle für die Winterfütterung, an der sich die Vögel mit Salmonellen anstecken können und dann den sicheren Tod finden, das Geld vorrangig zum Aufkauf von ökologisch wertvollen Schutzgebieten, in denen gleich eine Reihe von verschiedenen und gefährdeten Tierarten vorkommen, zur Verfügung zu stellen.

Es ist ohnehin wenig sinnvoll, innerhalb größerer Stadtgebiete oder in Hochhäusern zu füttern. Als eine gewisse Ausrede kann man gelten lassen, daß dadurch Kinder an Lebendiges und an die Naturbeobachtung herangeführt werden.

In Stadtgebieten kann man allenfalls für die im Kreis Böblingen lokal vorkommende Haubenlerche Haferflocken an geschützter Stelle streuen; dieses Nahrungsangebot kann dann auch von anderen Arten genutzt werden. Für Rebhühner, Eulen, Mäusebussard sollte der erfahrene Vogelschützer oder Jäger nur in strengen Wintern Maßnahmen ergreifen. Es ist nicht sinnvoll, den Mäusebussard alljährlich durch milde Winter zu füttern. Der Mäusebussard zählt zu den Teilziehern und bei hohen Schneelagen oder geringem Nahrungsangebot kann er bis nach Südfrankreich abwandern.

Säugetiere in Schönbuch und Gäu

von Alfred Nagel *

* Herrn Werner Schubert danke ich für die Überlassung grundlegender Daten und Vorarbeiten zu den jagdbaren Tieren.

Übersicht (Säugetiere)

Fledermäuse	**127**
Insektenfresser	**135**
Nagetiere	**140**
Hörnchen	
Wühlmäuse	
Echte Mäuse	
Schläfer oder Bilche	**147**
Paarhufer, Paarzeher	**149**
Schweine	
Hirsche	
Hasentiere	**150**
Raubtiere	**152**
Hunde	
Kleinbären	
Marder	

Fotos in diesem Kapitel ohne Namensangaben von A. Nagel

Von unseren einheimischen Tieren sind die Säugetiere jene, mit denen der Mensch seit Jahrhunderten am meisten verbunden ist. Dies liegt daran, daß die wichtigsten Haustiere (Hund, Pferd, Rind, Schwein) Säugetiere sind und auch die Jagd sich hauptsächlich mit Säugetieren beschäftigt. Säugetiere sind zudem in unseren Breiten die häufigsten Schädlinge des Menschen (Ratten, Mäuse). Säugetiere sind gleichwarm und durch ein Haarkleid ausgezeichnet; sie fühlen sich warm und weich an und sind damit die klassischen Streicheltiere des Menschen. Über diese mehr wirtschaftliche und emotionale Beziehung hinaus ist das Wissen über unsere einheimischen Säugetiere sehr wenig verbreitet, besonders wenn es sich um kleinere Säugetiere handelt, die sich weitgehend unserer alltäglichen Beobachtung entziehen. Insgesamt kommen 44 Säugetierarten im Kreis Böblingen vor, von denen die meisten zu den Kleinsäugern gehören. Die bedeutensten Säugetier-Ordnungen sind die Nagetiere, die Insektenfresser und die Fledermäuse. Durch ihre verborgene Lebensweise, sie sind fast alle nachtaktiv, ist ihr Vorkommen nur schwer nachzuweisen. Das im folgenden gezeigte aktuelle Bild der Säugetierfauna setzt sich aus verschiedenen Erhebungsmethoden zusammen. Am leichtesten ist es, die Gewölle von Eulen auf die darin zurückbleibenden Knöchlein der gefressenen Beutetiere zu untersuchen. Führt man eine Artbestimmung durch, erhält man einen genauen Abriß der Kleinsäugerfauna. Zudem mußten in einigen Gebieten Fallenfänge durchgeführt werden. Fledermäuse hingegen lassen sich nur in ihren Quartieren nachweisen oder während dem Jagdflug bestimmen. Beobachtungen aus der Bevölkerung wurden genauso verwendet wie die Angaben in den Jagdstatistiken und aus der Literatur.

Alle beschriebenen Säugetierarten sind wildlebende Tiere. Neben den heute feststellbaren Säugetieren gab es in geschichtlicher Zeit noch weitere, die heute ausgestorben sind. So kamen bis zum Jahre 800 Ur, Elch und Wisent im Schönbuch vor, überliefert ist auch das Vorkommen von Braunbären bis Mitte des 16. Jahrhunderts. Regelrecht häufig war zu dieser Zeit der Wolf. So wurden von 1644 – 1662 im Schönbuch 280 Wölfe erlegt. Der letzte Wolf wurde 1847 geschossen. Zur gleichen Zeit wurden etwa 40 Luchse erlegt, die dann aber bald darauf ausgestorben sein müssen. Wildkatzen waren ebenfalls weit verbreitet; sie kamen auch in allen angrenzenden Gebieten vor; 1916 wurde das letzte Exemplar erlegt. Selbst der Fischotter war einstmals häufig, so wird er im letzten Jahrhundert noch von Ammer, Glems und Goldersbach gemeldet, das letzte Tier wurde 1925 erlegt. Der europäische Hamster kam bis 1915 in den Lößgebieten um Merklingen und Malmsheim vor. Außer diesen bekannten Tieren, sind sicherlich auch einige Fledermausarten durch den allgemeinen Rückgang ausgestorben. Allerdings liegen hierzu keine früheren Beobachtungen vor.

Fledermäuse (*Chiroptera*)

Die einheimischen Fledermäuse sind sämtlich relativ kleine, fliegende Säugetiere, die sich ausschließlich als Kerbtierfresser ernähren; sie erjagen ihre Beuteinsekten entweder im Flug, sammeln sie von Blättern ab oder fangen sie am Boden. Außer der Fähigkeit zum aktiven Flug besitzen die Fledermäuse eine weitere Besonderheit, es ist die Echoortung. Sie erzeugen dazu – für uns unhörbare – sehr starke Ultraschall-Laute, die sie durch den offenen Mund oder die Nase abgeben. Von nahestehenden oder auch fliegenden Objekten (Beutetieren) kommen diese Ortungslaute wieder als Echo zurück. Die Zeitdifferenz zwischen Laut und Echo, aber auch die Qualität des Echos verraten der Fledermaus die Entfernung sowie die Art der Beute. Fledermäuse erzeugen auch hörbare Laute. Diese dienen der Verständigung der Tiere untereinander. Den Tag verschlafen die Fledermäuse in ihren dunklen Tagesquartieren. Nach Einbruch der Dämmerung oder erst bei Dunkelheit fliegen die Tiere von ihren Schlafquartieren ab, um Jagd auf Nachtinsekten zu machen. Die verschiedenen Fledermausarten teilen sich den Jagdraum und vermeiden dadurch Konkurrenz untereinander. Naturnahe Landschaften mit einer großen Vielfalt an Insektenarten sind Voraussetzung für ihr Vorkommen. Auch an Straßenlaternen kann man Fledermäuse bei der Jagd beobachten.

Der Jahresablauf der Fledermäuse ist sehr stark gegliedert. Ende März bis Anfang April treffen die ersten Fledermäuse in den Sommerquartieren (Dachstühle, Hohlräume hinter Holzverkleidungen an Häusern, Mauerspalten, Felsspalten, Baumhöhlen und Fledermauskästen) ein. Die Weibchen sammeln sich dort und bilden sogenannte Wochenstuben, in denen sie gemeinsam ihre Jungen großziehen. In der Regel werden hier Anfang Juni die Jungen geboren, und zwar nur ein Junges pro Jahr; selten gibt es Zwillinge. Neugeborene Fledermäuse sind nackt und blind. Sie können zumindest in den ersten Lebenstagen im Flug transportiert werden, indem sie sich an den Zitzen festbeißen. Die Jungen werden etwa 4 – 5 Wochen lang gesäugt, dann sind sie selbständig.

Im Sommer findet man in den Tagesquartieren auch einzelne Männchen, die hier auf Weibchen warten und sie durch besondere Rufe anlocken. Gelingt es ihnen, so kommt es zur Begattung. Diese führt allerdings noch nicht zu einer Befruchtung. Die hierzu notwendige Vereinigung von Ei- und Samenzelle findet erst im folgenden Frühjahr statt.

Im Frühherbst beginnen die Wanderungen der Fledermäuse zu ihren Winterquartieren, die oft in einer anderen Landschaft als die Sommerquartiere liegen. So bleibt im Winter nur ein kleiner Teil der Fledermäuse innerhalb des Kreises Böblingen, der Rest wandert zu den Höhlen der Schwäbischen Alb, die ein hervorragendes Überwinterungsgebiet für Fledermäuse ist. Als Winterquartiere dienen Höhlen, Stollen, Keller oder Felsspalten. Hier verkriechen sich die Fledermäuse in Nischen und Spalten, manche sogar unter Geröll und Schotter. Andere hängen sich an die Decke und halten hier – an einem frostsicheren Ort – ihren Winterschlaf. Ihre Körpertemperatur ist dabei so niedrig wie die der Umgebung. Alle Leistungen des Körpers sind stark gedrosselt und ihr Energieverbrauch ist außerordentlich gering. Nur mit einem solchen Sparprogramm können die Tiere 5 Monate ohne Nahrung überleben. Im Frühling erwachen sie, um wieder in ihre angestammten Sommerquartiere zu ziehen.

Die Fledermäuse gehören heute zu den am meisten gefährdeten Arten der Säugetiere. Die Gesamtzahl ist in den letzten 30 Jahren drastisch gesunken, so sind die Bestände auf ca. 2 – 5% ihrer ursprünglichen Stärke zusammengeschrumpft. Einige Arten wurden in den letzten Jahren überhaupt nicht mehr gefunden, so daß sie als ausgestorben gelten. Dieser starke Rückgang läßt sich auf verschiedene Ursachen zurückführen. Den Fledermäusen fehlt die Nahrungsgrundlage, weil die Nahrungsinsekten durch Insektizide der Land- und Forstwirtschaft abgetötet werden. Darüber hinaus fehlen genügend Quartiere, die ihren Bedürfnissen entsprechen. Zum Schutz dieser Tiere kann jeder seinen Beitrag leisten: Verzicht auf Insektizide, Absicherung von Winterquartieren, Ausbringung von Fledermauskästen. Nur durch solche Maßnahmen können die jetzt noch vorkommenden Fledermäuse erhalten werden.

Eine typische Laubwaldfledermaus ist die **Bechsteinfledermaus** (*Myotis bechsteini*). Sie ist mittelgroß und bildet in Baumhöhlen und heute auch in Nistkästen kleine Vergesellschaftungen. Im Winter bevorzugt sie unterirdische Quartiere wie Höhlen, Keller und Stollen. Die Nahrung wird im Flug erbeutet.

Die **Braune Langohrfledermaus** (*Plecotus auritus*) findet sich in unserem Gebiet als typische Nadelwaldfledermaus, die natürlicherweise in Baumhöhlen und Rindenspalten wohnt. Sie wird allerdings auch sehr häufig in Nistkästen angetroffen. Im Winter sucht sie unterirdische Hohlräume zum Überwintern auf, wobei sie kühle Hangplätze im Eingangsbereich der Quartiere bevorzugt. Das Jagdgebiet ist im Wald, wo hauptsächlich die auf Blättern sitzende Nahrung im Rüttelflug erbeutet wird.

Die **Graue Langohrfledermaus** (*Plecotus austriacus*) unterscheidet sich nur in der Größe und in der Färbung von der Braunen Langohrfledermaus. Sie wohnt allerdings in Dachstühlen und jagt vornehmlich in Ortschaften und angrenzenden Streuobstbeständen. Sie ist wärmeliebender als vorige Art und hält Winterschlaf in relativ warmen, frostsicheren Quartieren.

Die zweitgrößte Fledermausart des Kreises ist der **Abendsegler** (*Nyctalus noctula*), der im Gegensatz zu den anderen aufgezählten Arten bereits um die Mittagszeit am Himmel jagend beobachtet werden kann. Er wohnt in Baumhöhlen alter Bäume, oder in Fledermauskästen, wo er in kopfstarken Gruppen auch überwintert. Er jagt hoch über dem Boden nach großen Fluginsekten und kann mit Schwalben oder Mauerseglern verwechselt werden.

Der **Kleine Abendsegler** (*Nyctalus leisleri*) unterscheidet sich nur durch seine Größe und seine Farbe vom Abendsegler. In der Lebensweise unterscheidet er sich kaum; er lebt ebenfalls in Baumhöhlen. Der Kleine Abendsegler ist extrem selten. Bislang wurde nur auf der Gemarkung Weil der Stadt ein Weibchen mit einem Jungtier gefunden.

Die **Mausohrfledermaus** (*Myotis myotis*) ist die größte einheimische Fledermaus; sie ist ein Kulturfolger, und war früher sehr häufig. Heute ist nur in Weil der Stadt eine kopfstarke Wochenstube mit ca. 250 Tieren bekannt. Im Sommer findet man sie in Dachstühlen und ausnahmsweise auch in Fledermauskästen; im Winter dagegen nur in frostsicheren unterirdischen Räumen. Sie ernährt sich hauptsächlich von bodenlebenden Kerbtieren, die sie auf Streuobstwiesen und im Wald erbeutet.

Die **Wasserfledermaus** (*Myotis daubentoni*) ist in ihrer Ernährungsweise weitgehend auf offene Stillwasserflächen angewiesen, über denen sie nach Fluginsekten jagt. Da entsprechende Wasserflächen im Kreis Böblingen selten sind, ist auch die Wasserfledermaus sehr selten. Nur auf der Gemarkung Weil der Stadt konnte sie bis heute nachgewiesen werden.

Abb. 52

Abb. 53

Abb. 54

Abb 55

Abb. 56: Der Kleine Abendsegler ist viel seltener als der Abendsegler. Es liegt bislang nur ein Nachweis aus dem Kreis Böblingen vor.

Bildtexte der nebenstehenden Seite:

Abb. 52: Weibchen des Abendseglers mit 2 neugeborenen Jungen, die sich an den Zitzen festgebissen haben. Die Neugeborenen sind noch nackt und blind. Eines der Jungtiere hat sich unter dem Flügel versteckt; nur die großen Füße ragen heraus und sind zu erkennen.

Abb. 53: Winterschlafende Mausohrfledermaus an der Decke einer Höhle hängend. Im Winterschlaf sind die Lebensfuktionen stark herabgesetzt, so daß die Tiere wenig Energie verbrauchen. Dadurch sind sie in der Lage, den Winter über von ihrem Körperfett zu leben und die nahrungsarme Jahreszeit auf diese Weise zu überdauern.

Abb. 54: Bei der winterschlafenden Braunen Langohrfledermaus sind die Ohren zum Schutz unter die Flügel gelegt. Nur die Ohrdeckel ragen noch hervor.

Abb. 55: Bedingt durch die tiefe Körpertemperatur und die hohe Luftfeuchtigkeit ist die winterschlafende Bechsteinfledermaus mit Tautropfen übersät. Im Sommer lebt sie in Laubwäldern.

Abb. 56: Der Abendsegler ist eine sehr auffällige Fledermaus, denn er fliegt oftmals am Tage. Typisch für ihn ist die rotbraune Färbung und der pilzförmige Ohrdeckel.

Abb. 57: Mit speziellen Fledermauskästen kann der Abendsegler in Wäldern angesiedelt werden, in denen keine natürlichen Baumhöhlen vorhanden sind.

Abb. 58: Die Braune Langohrfledermaus ist gekennzeichnet durch die körperlangen Ohren. Sie lebt in kleinen Gruppen in allen lichten Nadelwäldern des Kreises.

Abb. 59: Die Zwergfledermaus ist unsere kleinste einheimische Fledermaus-Art. Sie wiegt kaum 5 Gramm und hat auf einem Daumen Platz.

Abb. 60: Mausohrfledermaus Foto W. SCHUBERT

Abb. 61: In Weil der Stadt gibt es eine große Wochenstube der Mausohrfledermaus mit etwa 250 Tieren. Dort werden die Jungen gemeinsam gesäugt und aufgezogen.

Die **Fransenfledermaus** (*Myotis nattereri*) ist eine typische baumbewohnende Fledermausart mittlerer Größe, die auch in Fledermauskästen angetroffen wird. Dort bildet sie Wochenstubenverbände mit bis zu 30 Individuen. Sie jagt in unmittelbarer Umgebung ihrer Quartiere im Wald nach Fluginsekten. Sie scheint im Kreis Böblingen relativ selten zu sein. Der einzige Nachweis dieser Art stammt aus dem Jahre 1989 von der Gemarkung Weil der Stadt. Dort wurde ein Tier in einem Fledermauskasten gefunden.

Unsere kleinste einheimische Fledermaus, die **Zwergfledermaus** (*Pipistrellus pipistrellus*), wird vornehmlich in menschlichen Siedlungen gefunden. Quartiere in Mauerspalten und hinter Verschalungen sind typisch für diese Art, wo auch der Winterschlaf durchgeführt wird. Ursprünglich ist sie ein Felsspaltenbewohner. Hauptsächlich im Herbst machen Zwergfledermäuse von sich reden, wenn sie während der Wanderungen in kleinen Trupps in Wohnungen eindringen und dort für Aufregung sorgen. Sie jagt in Ortschaften, auf Wiesen, an Waldrändern und über Ödländern nach Fluginsekten.

Insektenfresser (*Insectivora*)

Zur Gruppe der Insektenfresser gehören verschiedene kleine Säugetiere, die sich von Insekten, anderen Bodentieren oder auch weichen Pflanzenteilen ernähren. Deshalb gelten sie alle für den Menschen als sehr nützlich. Ihr Gebiß besteht aus vielen spitzhöckrigen Zähnen mit denen Insektenpanzer zerbissen werden können. Die Augen sind klein, denn bei ihnen dominiert die geruchliche Orientierung. Insektenfresser sind schlechte Kletterer und können nicht springen. Zu den Insektenfressern gehören die Igel, die Maulwürfe und die Spitzmäuse.

Der **Igel** (*Erinaceus europaeus*) ist weit verbreitet. Seine Nester findet man in Gärten, Hecken, an Waldrändern und Häusern sowie im Wald selbst. Er ernährt sich von Bodentieren aller Art. Während der kalten Jahreszeit findet er wenig Futter und macht deshalb wie die Fledermäuse einen Winterschlaf. Im Frühjahr werden die Jungen geboren, die kurz nach der Geburt die ersten Stacheln erkennen lassen. Igel kennen kein Fluchtverhalten; wenn Gefahr droht, rollen sie sich ein und zeigen ihre Stacheln. Aus diesem Grund werden so viele Igel auf der Straße überfahren.

Wie die vorige Art ist auch der **Maulwurf** (*Talpa europaea*) sehr weit verbreitet. Er kommt praktisch in jedem Lebensraum vor. Auffallend sind die aufgeworfenen Erdhügel, aus denen der Abraum aus seinem Gangsystem heraustransportiert wird. Der Maulwurf ernährt sich von allen Tieren, die er in seinem Gangsystem findet; auch von Mäusen. Er besitzt, kaum erkennbar, sehr kleine Augen, mit denen er sich außerhalb seines Baues orientieren kann. Im Gegensatz zum Igel kann der Maulwurf keinen Winterschlaf machen. Er reagiert auf Nahrungs- und Wassermangel sehr empfindlich.

Die **Waldspitzmaus** (*Sorex araneus*) ist eine sehr weit verbreitete, kälteliebende Art, die in Wäldern, Hecken, Gärten und auf Wiesen lebt. Sie hat ein großes Areal (mehrere 1000 m^2), das sie ständig nach Nahrung absucht. Ihr Nahrungsbedarf ist enorm und kann dem eigenen Körpergewicht pro Tag entsprechen. Wenige Stunden ohne Nahrung können diese empfindlichen Tiere nicht überleben. Im Normalfall werden Waldspitzmäuse nicht sehr alt; nur ca. 1 ½ Jahre. Sie ist eine häufige Beute unserer Eulen.

Die **Schabrackenspitzmaus** (*Sorex coronatus*) ist erst seit kurzer Zeit aus dem Kreis Böblingen bekannt. Äußerlich sind kaum Unterschiede zu der Waldspitzmaus erkennbar, aber durch Bestimmungsmerkmale am Schädel lassen sich beide Arten unterscheiden. Von der Lebensweise dieser Art ist wenig bekannt. In anderen Gebieten lebt die Waldspitzmaus mehr in höher gelegenen Bereichen, die Schabrackenspitzmaus dagegen in den Tieflagen. Dies kann ganz offensichtlich für den Kreis Böblingen nicht bestätigt werden. Hier ist die Schabrackenspitzmaus in den höheren Teilen des Schönbuchs häufiger als die Waldspitzmaus. In Weil der Stadt, das bis zu 200 m tiefer liegt als die Hochlagen des Schönbuchs, ist die Schabrackenspitzmaus ganz offensichtlich viel seltener als die Waldspitzmaus.

Die **Zwergspitzmaus** (*Sorex minutus*) ist mit einer Körpermasse von ca. 3,0 g das kleinste einheimische Säugetier. Man findet sie mit ganz seltenen Ausnahmen nur im Wald oder auf Wiesen. Sie muß als selten bezeichnet werden. Ihr Nahrungsbedarf ist noch wesentlich größer als der der Waldspitzmaus und kann das 2-fache des eigenen Körpergewichts betragen. Sie wird nicht sehr alt; entsprechend ihrer geringeren Häufigkeit findet man sie nur selten in Gewöllen von Eulen.

Die **Wasserspitzmaus** (*Neomys fodiens*) ist mit einem Körpergewicht von 15-20 g die größte einheimische Spitzmaus. Sie lebt am Wasser oder nur unweit entfernt davon. Sie kommt nur an Gewässern vor, die noch nicht kanalisiert sind. Sie kann vorzüglich tauchen (bis 20 sec) und gründelt in Fließgewässern nach Insektenlarven. Sie kann aber auch Fische erbeuten, die um ein Vielfaches schwerer sind als sie selbst. Sie beißt sich am Kopf des Fisches fest und lähmt diesen durch ihren giftigen Speichel. Sie zieht den gelähmten Fisch an Land und beginnt dann am Kopf zu fressen. Ihr Nest liegt in der Uferböschung von Fließgewässern und hat meist einen unterirdischen Zugang zum Wasser. Wegen dem eingeschränkten Lebensraum und den schlechten Wasserqualitäten ist die Wasserspitzmaus heute sehr selten.

Die **Hausspitzmaus** (*Crocidura russula*) ist die typische Spitzmaus menschlicher Siedlungen. Man findet sie hauptsächlich in Hausgärten und landwirtschaftlichen Gebäuden, wo sie sich durch ihren strengen Geruch zu erkennen gibt. Ihre Anpassung an diesen Lebensraum geht soweit, daß sie nur einen Bruchteil ihres Körpergewichts pro Tag an Nahrung benötigt. Sie ist zu einem winterschlafähnlichen Zustand fähig. Im Gegensatz zu den obigen Spitzmäusen, können Hausspitzmäuse bis zu 4 Jahre alt werden. Sie ist eine häufige Beute der Schleiereule.

Die **Feldspitzmaus** (*Crocidura leucodon*) lebt hauptsächlich an Ortsrändern und Wiesen. Ihre Biologie entspricht weitgehend der Hausspitzmaus. Sie ist allerdings äußerst selten; vom Kreis Böblingen liegen gerade 2 Fundpunkte vor (Hildrizhausen, Weil der Stadt). Es ist zu befürchten, daß die Feldspitzmaus in den nächsten Jahren aussterben wird.

Abb. 62: Die häufigste Spitzmaus ist die Waldspitzmaus, die überall in den Wäldern vorkommt.

Abb. 63: Mit einem Körpergewicht von etwa 3 Gramm ist die Zwergspitzmaus das kleinste einheimische Säugetier.

Abb. 64: Die Wasserspitzmaus ist die größte einheimische Spitzmaus. Sie kann ausgezeichnet schwimmen, tauchen und sogar Fische fangen.

Abb. 65: Die Hausspitzmaus ist in menschlichen Siedlungen häufig anzutreffen. Da sie nur Insekten frißt, richtet sie keinen Schaden an, sondern ist sogar nützlich.

Abb. 66: Die Feldspitzmaus ist der Hausspitzmaus ähnlich, aber sehr viel seltener.

Abb. 67: Haus- und Feldspitzmäuse gehen oft mit ihren Jungen „spazieren" und bilden dabei eine Karawane (volkstümlich auch „Tatzelwurm" genannt).

Nagetiere (*Rodentia*)

Die Nagetiere sind die artenreichste Kleinsäugerordnung des Kreises Böblingen. Zu ihnen gehören die gefürchtesten Schädlinge des Menschen. Sie sind gekennzeichnet durch die sehr großen Schneidezähne, die immer weiter wachsen und durch ihre Abnützung immer sehr scharf sind. Die oft gelbe Farbe der Schneidezähne rührt von Eisenhydroxid her, das in den Zahnschmelz eingelagert ist und ihn härter macht. Alle Nagetiere sind vom Grundtyp her Pflanzenfresser; die meisten besitzen sogar bakterielle Celluloseverdauung im Blinddarm; sie nehmen aber grundsätzlich auch tierische Nahrung zu sich. Sie sind fast alle nachts aktiv. Die einheimischen Nagetiere lassen sich in folgende Familien einteilen: Hörnchen, Wühlmäuse, Echte Mäuse, Schläfer.

Hörnchen (*Sciuridae*)

Das **Eichhörnchen** (*Sciurus vulgaris*) ist der einzige einheimische Vertreter der Hörnchen. Sie ernähren sich hauptsächlich von Samen verschiedener Bäume, die sie für Notzeiten auch im Boden eingraben. Daneben ernähren sie sich auch von Insekten und Vogelbrut. Ihr Nest befindet sich auf Bäumen, oft hoch oben im Wipfel. Es wird aus abgebrochenen Ästchen gebaut, ist kugelig und wird als Kobel bezeichnet. Eichhörnchen treten überall in alten Wäldern und Parks auf, in denen die Bäume bereits Samen bilden; sie sind aber nie sehr häufig.

Wühlmäuse (*Arvicolidae*)

Die **Feldmaus** (*Microtus arvalis*) ist das häufigste Säugetier unserer landwirtschaftlichen Nutzflächen. Entgegen ihrem Namen findet man sie fast nur auf Wiesen. Da sie schlecht klettern kann, muß sie ihre Nahrung (Blätter verschiedener Pflanzen) direkt am Boden finden. Alle 3-4 Jahre kommt es bei Feldmäusen zu sogenannten Massenvermehrungen (Mäusejahr), bei denen mehr als 700 Tiere pro Hektar auftreten können. Diese Massenvermehrungen enden dann meist abrupt mit einem Zusammenbrechen der Population. Die Feldmaus ist die Hauptnahrung unserer Eulen.

Die **Erdmaus** (*Microtus agrestis*) ist eine nahe Verwandte der Feldmaus, die sich auch äußerlich nur gering von ihr unterscheidet. Sie lebt mehr in feuchteren Lebensräumen, in Feuchtwiesen, in Mooren, an Bachläufen oder Stillgewässern. Sie neigt auch zu Massenvermehrungen, ist aber seltener als die Feldmaus.

Die **Rötelmaus** (*Clethrionomys glareolus*) ist die typische Waldwühlmaus, die auch auf Obstwiesen und in Feldrainen zu finden ist. Im Gegensatz zur Feld- und Erdmaus kann sie besser klettern und ist nicht unbedingt auf Nahrung direkt am Boden angewiesen; man findet sie gelegentlich auch in Nistkästen. Die Nahrung selbst besteht aus grünen Pflanzenteilen, Samen und Gliedertieren. In ihrem Lebensraum ist sie sehr weit verbreitet und häufig.

Die **Schermaus** oder **Wasserratte** (*Arvicola terrestris*) ist viel größer als die beiden soeben besprochenen Arten. Sie lebt sowohl an Gewässern als auch in Gärten, wo sie

Abb. 68: Die Feldmaus ist das häufigste einheimische Säugetier. Im Abstand von 3 – 4 Jahren gibt es bei ihr Massenvermehrung, die zu den soge. Mäusejahren führen.

Abb. 69: Bei den etwa eine Woche alten Jungen der Feldmaus sind schon die Haare zu erkennen. Sie werden im Alter von 3 Wochen selbstständig und verlassen das Nest.

Abb. 70: Die Rötelmaus ist die typische Wühlmaus des Waldes. Sie ist an ihren rötlichen Rückenfell zu erkennen.

Abb. 71: Bisamratte Foto W. SCHUBERT

durch Abfressen der Wurzeln von Bäumen oft großen Schaden anrichtet. Bei der Schermaus kommen nur sehr selten Massenvermehrungen vor; sie ist in ihren Lebensräumen allgemein verbreitet und findet sich regelmäßig in Gewöllen der Schleiereulen.

Die **Bisamratte** (*Ondatra zibethica*) gehört nicht in die ursprüngliche Fauna des Kreises Böblingen; sie ist erst in den letzten 20 Jahren von Osten her eingewandert. Sie lebt ausschließlich an Gewässern, wo sie ausgedehnte Bauten anlegt, entweder in der Uferböschung mit einem Unterwasserzugang zum Nest oder mitten im Gewässer eine Burg aus aufgehäuften Wasserpflanzen. Sie ernährt sich fast ausschließlich von Pflanzen der Ufervegetation und Wasserpflanzen. Bisamratten findet man regelmäßig am Unterlauf der Würm. Besonders nach Hochwässern werden oft tote Tiere angeschwemmt.

Echte Mäuse (*Muridae*)

Die **Wanderratte** (*Rattus norvegicus*) ist in ihrer Verbreitung sehr stark auf menschliche Siedlungen angewiesen. Sie lebt dort vornehmlich in Tierhaltungsräumen, Lagerräumen und in der Kanalisation. Freilebend findet man sie an Bach- und Flußläufen mit dichter Vegetation. Sie ernährt sich entweder von Vorräten aller Art oder von pflanzlichen und tierischen Abfällen des Menschen, aber auch von frischen Pflanzenteilen. Aus diesem Grund, und wegen der Übertragung von Krankheiten, wird die Wanderratte seit jeher verfolgt. Sie tritt überall in ihrem Lebensraum auf, entsprechend der Bekämpfung, mehr oder weniger häufig. Ein Element unserer Fauna ist sie erst seit etwa dem 16. Jahrhundert, als sie von Osten nach Mitteleuropa einwanderte. Seither verdrängt sie immer mehr die damals schon vorhandene Hausratte.

Die **Hausratte** (*Rattus rattus*) ist mit ihren Ansprüchen noch mehr auf den Menschen angewiesen. Die Ernährung entspricht weitgehend der der Wanderratte. Sie wird 1952 von VOGEL noch aus 28 Gemeinden beschrieben. In den letzten Jahren fehlen allerdings zuverlässige Meldungen, so daß sie heute wahrscheinlich weitgehend verschwunden ist. 2 Exemplare wurden im April 1986 in einer Küche in Maichingen gefunden. Diese Beobachtung zeigt, daß die Art heute noch sehr vereinzelt vorkommt.

Die **Hausmaus** (*Mus musculus*) ist wie Wander- und Hausratte sehr auf menschliche Siedlungen beschränkt. Sie benötigt für ihr Vorkommen ausreichende Nahrungsmengen (Nahrungsvorräte für Mensch und Tier). So können Hausmäuse selbst in Kühlhäusern ihre Jungen großziehen, wenn nur genügend Nahrung vorhanden ist. Sie kann sehr gut klettern und erreicht deshalb auch alle Getreidevorräte auf Speichern. Sie ist in ihrem Lebensraum allgemein verbreitet, besonders jedoch in landwirtschaftlichen Betrieben. Besonderheit: Im Jahre 1979 konnten in Weil der Stadt/Hausen Hausmäuse mit weißen Füßen gefangen werden.

Die **Zwergmaus** (*Micromys minutus*) ist das kleinste einheimische Nagetier. Durch ihr geringes Gewicht und mit Hilfe ihres Greifschwanzes kann sie sogar an Gras- und Getreidehalmen hochklettern. Sie ernährt sich von Samen, aber auch von Insekten, die sie von den Pflanzen abliest. Sie baut ein kugeliges Nest inmitten des Grasbestan-

Abb. 72: Die Hausmaus lebt in unmittelbarer Nähe des Menschen. Sie kann ganz ausgezeichnet klettern und erreicht dadurch die Vorräte des Menschen, von denen sie sich ernährt.

Abb. 73: Nest mit Jungen der Zwergmaus im Merklinger Ried Foto W. SCHUBERT

Abb. 74: Die Zwergmaus ist das kleinste einheimische Nagetier. Sie klettert an Gras- oder Getreidehalmen hoch und kommt so an ihre Nahrung. Zum Klettern verwendet sie ihren Schwanz nicht nur zum Balancieren sondern auch zum Greifen.

des. Ihr eigentlicher Lebensraum sind Riedgrasbestände; sie kann aber auch in Getreidefeldern vorkommen. Die Zwergmaus ist bei uns sehr selten. Vom Kreis Böblingen liegt nur ein Gewöllfund aus Weil der Stadt/Merklingen vor. Die Tiere leben dort im Merklinger Ried. Ein Nestfund liegt noch vom Hölzertal vor.

Die **Waldmaus** (*Apodemus sylvaticus*) ist, ganz im Gegensatz zu ihrem Namen, kein typischer Waldbewohner. Man findet sie auf sämtlichen land- und forstwirtschaftlichen Nutzflächen, in Sumpfgebieten, an Bach- und Flußrändern, sowie in menschlichen Siedlungen und sogar in Wohnungen. Waldmäuse können sehr gut klettern, man findet sie gelegentlich auch in hochgelegenen Nistkästen und Baumhöhlen. Ihre Nahrung ist sowohl pflanzlich (Samen und Blätter) als auch animalisch (Gliedertiere). Die Waldmaus ist sehr häufig und weit verbreitet.

Die äußerlich zum Verwechseln ähnliche, aber größere **Gelbhalsmaus** (*Apodemus flavicollis*) ist hingegen ein typischer Waldbewohner. Die Nahrung unterscheidet sich nur durch einen größeren Baumsamenanteil. Auch Gelbhalsmäuse sind gute Kletterer und werden häufig in Baumhöhlen und Nistkästen gefunden. Im Lebensraum Wald sind Gelbhalsmäuse häufig und weit verbreitet.

Abb. 75: Die Waldmaus kommt in jedem Lebensraum vor. Selbst hohe Bäume kann sie erklettern.

Schläfer oder Bilche (*Gliridae*)

Der **Siebenschläfer** (*Glis glis*) bewohnt hauptsächlich ältere Laubwälder. Er ernährt sich von Knospen, Samen, Früchten aber auch von kleinen Tieren. Im Sommer bewohnt er Baumhöhlen oder Nistkästen, im Winter hält er in einem unterirdischen Nest, das oft unter Baumwurzeln liegt, einen Winterschlaf. Dieser dauert ca. 7 Monate, deshalb der Name Siebenschläfer, von September/Oktober bis Mai/Juni. Der Siebenschläfer ist regelmäßig verbreitet, die Induviduenzahl ist aber um ein Vielfaches geringer als bei den im Wald lebenden Mäusen.

Die **Haselmaus** (*Muscardinus avellanarius*) ist weniger auf ältere Laubwälder angewiesen als der Siebenschläfer, denn man trifft sie in allen Waldtypen. Im Sommer findet man sie sowohl in Nistkästen und Baumhöhlen, als auch in freien Kugelnestern, die in Büschen ca. 1m über dem Boden gebaut werden. Die Nahrung entspricht weitgehend der des Siebenschläfers, nur der Anteil von kleinen Tieren ist geringer. Auch die Haselmaus macht von Oktober bis Mai Winterschlaf in einem Kugelnest, knapp über oder unter der Erdoberfläche. Die Haselmaus ist regelmäßig verbreitet, aber noch wesentlich seltener als der Siebenschläfer.

Abb.76: Haselmaus — Foto W. SCHUBERT

Abb. 77: Der Siebenschläfer lebt im Sommer in Baumhöhlen und ernährt sich sowohl von kleinen Tieren als auch von Sämereien und Früchten.

Paarhufer, Paarzeher (*Artiodactyla*)

Zu den Paarhufern gehören die größten einheimischen Säugetiere, die auch für die Jagd seit jeher eine große Rolle spielen. Bis auf die Schweine gehört die Mehrzahl der Paarhufer zu den Wiederkäuern, die an relativ schwer verdauliche, cellulosereiche Nahrung angepaßt sind. Die Jungen der Paarhufer, sind im Gegensatz zu allen bisher besprochenen Arten, bei der Geburt schon relativ selbständig. Die Augen sind bereits offen, das Fell vorhanden und die Jungen können gleich laufen. Die Paarhufer lassen sich einteilen in die Schweine, die Hirsche und die Hornträger.

Schweine (*Suidae*)

Das **Wildschwein** (*Sus scrofa*) lebt hauptsächlich in Laub- oder Laubmischwäldern. Tagesquartiere sind häufig Nadelholzdickungen. Sie ernähren sich hauptsächlich von Baumsamen oder Wurzeln, die sie mit ihrem Rüssel aus dem Erdreich oder der Humusschicht wühlen, aber auch von kleinen Tieren oder von Aas. Ihre Wühlspuren am Waldboden sind oft unverkennbar und das einzige, was man von den Tieren sieht, denn sie sind nacht- bzw. dämmerungsaktiv. Befindet sich im Wald zu wenig Nahrung weichen sie auf landwirtschaftliche Nutzflächen aus und können dort erheblichen Schaden anrichten. Vor allem deshalb wurden Wildschweine um 1848 ausgerottet. Erst 1870 wanderten sie bei uns wieder ein und kommen heute in allen größeren Wäldern des Kreises vor. Besonders häufig sind sie im Schönbuch und auf dem Truppenübungsplatz in Böblingen. Jährlich werden ca. 150 - 200 Tiere geschossen.

Abb. 78: Das Wildschwein Foto W. SCHUBERT

Hirsche (*Cervidae*)

Das **Reh** (*Capreolus capreolus*) lebt im Wald und in der Waldrandzone und ernährt sich ausschließlich von verschiedenen Pflanzen, wobei ca. 70 % aller Pflanzenarten genutzt werden können. Da das Verdauungssystem relativ klein ist, sucht sich das Reh bevorzugt leicht verdauliche und energiereiche Nahrung wie frisch ausgetriebene Blätter. Zum Äsen kommen die Rehe in der Dämmerung sehr oft aus dem Wald auf die Wiesen heraus. Die Jungen werden häufig in Wiesen abgelegt und sind dort durch Mähmaschinen besonders gefährdet. Will man in der Forstwirtschaft Naturverjüngung betreiben, so müssen die Rehe durch Zäune ferngehalten werden, da sie die jungen Bäume (besonders Laubbäume) beschädigen würden. Die Populationsdichte der Rehe ist wesentlich größer als die der Wildschweine. Alleine im Gatter des Naturparks Schönbuch werden jährlich bis zu 146 Tiere (1985/86) erlegt.

Der **Rothirsch** (*Cervus elaphus*) ist das größte einheimische Säugetier. Bei der Nahrungsaufnahme ist er nicht so wählerisch wie das Reh, sondern frißt so ziemlich alle Kräuter und Gräser, kleine Zweige oder sogar Baumrinde. Der Rothirsch kommt nur noch im 4000 ha großen Gehege im Schönbuch vor. Nach Schätzungen des Forstamtes Bebenhausen sind es etwa 300 - 400 Tiere. Diese Populationsdichte ist schon so hoch, daß erhebliche Schäden am Wald auftreten. Um 1710 sollen noch 2440 Hirsche im Schönbuch vorgekommen sein. 1848 waren es gerade noch 15 Tiere. Seitdem hat sich der Bestand wieder erholt, so daß jährlich ca. 125 Tiere abgeschossen werden können. Noch um 1930 gab es ein weiteres Vorkommen im Sindelfinger Wald von ca. 35 Tieren. Mit dem Kriegswirren erlosch jedoch dieses isolierte Vorkommen.

Hasentiere (*Lagomorpha*)

Die Hasentiere sind charakterisiert durch Nagezähne und durch 2 zusätzliche Schneidezähne (Stiftzähne) im Oberkiefer. Typisch für sie sind ferner die große Ohren und der Stummelschwanz. Hasentiere produzieren einen speziellen Kot der von ihnen gefressen wird (Vitaminversorgung).

Der **Feldhase** (*Lepus europaeus*) ist ein ursprünglicher Bewohner des Kreises Böblingen. Er lebt auf allen landwirtschaftlichen Kulturflächen und kommt auch im Wald vor. Seine Nahrung ist rein vegetarisch, sie besteht aus Wildgräsern, Wildkräutern und Getreidesprossen. Die Jungen sind bei Geburt relativ weit entwickelt und können bald laufen. Beklagt wird ein Rückgang der Feldhasen in den letzten Jahrzehnten. So betrug die Anzahl erlegter Tiere 1981 noch 1560 Exemplare. Verantwortlich hierfür wird neben der Bejagung die intensivere landwirtschaftliche Nutzung und eine seuchenartig auftretende Krankheit (Kokzidiose) gemacht.

Das **Wildkaninchen** (*Oryctolagus cuniculus*) ist wesentlich kleiner als der Feldhase und lebt in unterirdischen Bauten, wo die auch relativ wenig entwickelten Jungen aufgezogen werden. Die Jungen bleiben den ganzen Tag im Nest allein, dessen Eingang von außen mit Erde zugefüllt ist und werden nur einmal am Tag, innerhalb weniger Minuten gesäugt. Die Ernährung der Wildkaninchen ist ebenfalls vegetarisch. Im

Abb. 79: Rothirsch Foto W. SCHUBERT

Abb. 80: Rehkitz im Wald, fast perfekt getarnt Foto W. SCHUBERT

Kreis Böblingen wurden die Wildkaninchen vor über 30 Jahren im Floschenwäldchen bei Sindelfingen ausgesetzt, wo sich bis heute ein relativ begrenzter Bestand halten konnte. Wildkaninchen leiden häufig unter der Seuche Myxomatose, die zu starken Bestandseinbrüchen führen kann.

Raubtiere (*Carnivora*)

Die Raubtiere sind gekennzeichnet durch ihr typisches Gebiß, das auf tierische Nahrung ausgelegt ist. Das Verdaungssystem ist entsprechend kurz. Natürlich wird von einigen Raubtieren pflanzliche Kost (Früchte) nicht verschmäht. Eingeteilt werden die heute vorkommenden Raubtiere in die Hunde, Kleinbären und Marder.

Hunde (*Canidae*)

Der **Rotfuchs** (*Vulpes vulpes*) ist zweifellos das bekannteste Raubtier unserer Heimat. Er ist nacht- und dämmerungsaktiv und wohnt entweder in verlassenen Dachsbauten oder in selbstgegrabenen Erdhöhlen, wo auch die Jungen großgezogen werden. Neben der hauptsächlichen Nahrung, die er sowohl im Wald als auch auf landwirtschaftlichen Nutzflächen und selbst am Ortsrand sucht (Mäuse, Insekten und andere Tiere), frißt der Rotfuchs besonders im Herbst viele Früchte. In den letzten Jahrzehnten ist der Rotfuchs als Hauptüberträger der Tollwut in Verruf gekommen, so daß die Bestände durch Bejagung und Vergasung drastisch dezimiert wurden. Allerdings konnte die Tollwut so nicht ausgerottet werden, da in fuchsfreie Gebiete bald wieder Tiere von außerhalb einwandern und die hohen Vernichtungsraten durch eine Erhöhung der Nachkommenzahl ausgeglichen werden. Der Bestand war 1986 so hoch, daß 252 Tiere erlegt werden konnten.

Kleinbären (*Procyonidae*)

Der **Waschbär** (*Procyon lotor*) ist ein typischer Allesfresser, der sich von Baumsamen, Feldfrüchten, Regenwürmern, Insekten, aber auch von kleinen Säugetieren und Vögeln ernährt. Der Name Waschbär rührt von seiner Vorliebe her, im Flachwasser nach Nahrung zu suchen, die er mit den Vorderpfoten zu ergreifen versucht. Er lebt hauptsächlich in alten Laubwäldern, wo auf den Bäumen seine Ruhestätten oder seine Nester sind. 1984 wurde ein Waschbär im Kreis Böblingen bei Weil der Stadt erlegt, nachdem 1934 zwei Pärchen in Hessen ausgesetzt wurden und sich deren Nachkommen weit ausgebreitet hatten.

Marder (*Mustelidae*)

Der **Dachs** (*Meles meles*) ist heute mit einem maximalen Körpergewicht von bis zu 17 kg das größte einheimische Raubtier. Er lebt bevorzugt in Laubmischwäldern und dichten Heckenlandschaften, kommt aber auch in allen anderen Wäldern vor. Er ernährt sich als Allesfresser, wobei seine Hauptnahrung aus Regenwürmern besteht; er frißt aber auch überfahrene Tiere, Früchte, Blätter und Wurzeln, die er ausgräbt. Er wohnt wie ein Fuchs in Erdhöhlen, die sehr große Ausmaße annehmen können. In den letzten Jahren blieben bei der Fuchsbekämpfung auch viele Dachse auf der Strecke, obwohl sie bei der Tollwutübertragung keine Rolle spielen. Die Populationsdichte scheint nicht sehr hoch zu sein, da 1986 nur 33 Exemplare erlegt werden konnten.

Das **Hermelin** (*Mustela erminea*) kommt praktisch in allen Lebensräumen vor, auch in Ortsrandlagen und ernährt sich hauptsächlich von Mäusen und anderen Säugetieren bis zur Größe von Kaninchen. Es kann sich aber zusätzlich auch von Vögeln ernähren. Typisch für das Hermelin ist, daß es permanent auf Nahrungssuche gehen muß und somit auch am Tage gesehen werden kann. Auffallend für das Hermelin ist die Weißfärbung im Winter, nur die Schwanzspitze bleibt schwarz. Das Hermelin besitzt einen großen Aktionsradius, so daß die Populationsdichte insgesamt relativ gering ist. Trotz seiner Nützlichkeit wird das Hermelin gejagt; so wurden 1986 insgesamt 140 Tiere (Hermelin und Mauswiesel) erlegt.

Das **Mauswiesel** (*Mustela nivalis*) ist in der Lebensweise dem Hermelin sehr ähnlich, nur ist es noch mehr auf die Jagd nach Mäusen angepaßt, denn es ist so klein, daß es die Mäuse in ihre Gänge verfolgen kann. Insgesamt ist das Mauswiesel wesentlich seltener anzutreffen als das Hermelin.

Der **Iltis** (*Mustela putorius*) lebt mehr in der offenen Landschaft, an Ortsrändern, an Gewässern und weniger im Wald. Er ernährt sich von Säugetieren und Vögeln bis Kaninchengröße und gilt als guter Rattenvertilger. Er scheint heute sehr selten zu sein, wahrscheinlich der seltenste Marder überhaupt; so wurde 1981 nur ein einziges Tier erlegt; 1986 waren es ebenfalls nur 8 Tiere im gesamten Kreis Böblingen.

Der **Baummarder** (*Martes martes*) lebt hauptsächlich in Wäldern aller Art. Er ernährt sich von kleinen Nagetieren (Eichhörnchen, Mäuse), kleinen Vögeln und deren Brut, sowie auch von Früchten, Obst und Insekten. Der Baummarder ist heute ebenfalls sehr selten. So betrug die Jagdstrecke 1981 nur noch 15 Tiere und 1986 gerade noch 5 Tiere.

Der **Steinmarder** (*Martes foina*) ist wahrscheinlich der häufigste Marder im Kreis Böblingen, denn er kommt auch in Siedlungen vor, wo er sich auch schon durch das Zerbeißen von Gummiteilen am Auto unbeliebt gemacht hat. Er ist bei der Nahrungssuche nicht wählerisch und frißt alle Tiere bis Hühnergröße; daneben ist er ein geschickter Eierdieb. Seine relative Häufigkeit spiegelt sich auch in den Jagdzahlen wider. So wurden im Kreis Böblingen 1981 64 Tiere und 1986 sogar 121 Tiere erbeutet.

Abb. 81: Steinmarder Foto W. SCHUBERT

Amphibien und Reptilien in Schönbuch und Gäu

von Kurt Rimpp

Übersicht (Amphibien und Reptilien)

Amphibien	**157**
Reptilien	**169**
Verbreitungskarten	**174**
Rote Liste	**177**

Amphibien

Die in jüngster Zeit von Naturschutzorganisationen und anderen Vereinen und Privatleuten initiierten und amtlich unterstützten "Amphibienschutzaktionen", wie "Amphibientunnel", "Amphibienbiotope" und Schutz der "Amphibienwanderungen" haben sich im Bewußtsein der Bevölkerung derart eingeprägt, daß mittlerweile die deutsche Bezeichnung dieser Tiere, nämlich "Lurche" schon beinahe in Vergessenheit geraten ist. Zu ihnen zählt man Schwanzlurche, also Salamander und Molche, und die schwanzlosen Lurche (Froschlurche), wie Frösche, Kröten, Krötenfrösche und Unken.

Lurche sind "Kaltblütler". Sie können also nicht wie die Vögel oder Säugetiere ihre Körpertemperatur selbst erzeugen, sondern sind von der Umgebungstemperatur abhängig. Das schlägt sich dann auch in der Verbreitung der einzelnen Arten nieder. Viele unserer einheimischen Arten haben in den klimatisch günstigeren Zonen des Mittelmeeres Unterarten ausgebildet, da die Lebensweise der heimischen Lurche auf unsere frostigen Winter abgestimmt ist. So benötigt der überwiegende Teil unserer Lurche im Winter Temperaturen um null Grad, um den männlichen Samen reifen zu lassen.

Die in den achtziger Jahren sich abzeichnende Erwärmung des mitteleuropäischen Klimas, das in Baden-Württemberg eine zunehmende Atlantisierung (milde Winter) erzeugte, hat bereits jetzt schon Auswirkungen auf die Amphibienwelt gezeigt. So ist seit mindestens zehn Jahren ein Vormarsch des Fadenmolches zu beobachten, der in seinen Lebensräumen populationsstärker wird und neue Gebiete besiedelt. Der Fadenmolch kommt aus dem atlantischen Klimabereich (Frankreich) und erreicht in Deutschland seine östliche Verbreitungsgrenze. Auch die sehr milden Winter 1989 und 1990 hatten ihre unmittelbaren Auswirkungen auf das Wanderverhalten der Erdkröte. Für Baden-Württemberg konnte 1989 landesweit festgestellt werden, daß die Krötenwanderungen mit bis zu 50% weniger Individuen ausfielen als in den vergangenen Jahren. In diesem Zusammenhang ist die fehlende Spermienreifung bei zu tief eingegrabenen Männchen zu sehen, die zu hohen Umgebungstemperaturen während der Überwinterung ausgesetzt waren. Sowohl 1989 und 1990 setzten die Amphibienwanderungen im letzten Drittel des Februars ein (Landesdurchschnitt). Das ist immerhin einen Monat früher als in den Aufzeichnungen der letzten Jahrzehnte.

Wenn man ihre Lebensbedürfnisse sieht, so kann man die Amphibien unserer Heimat in drei verschiedenen Kategorien einordnen:

- in Waldbewohner
- Arten, die eine wechselhafte Beziehung zur offenen Landschaft und zum Wald haben
- Steppenbewohner.

Beginnen wir im Osten des Landkreises. Dort findet man großflächige Laubmischwälder – den Glemswald und den Schönbuch. Der Charakter dieser Gebiete erlaubt es einigen Amphibienarten großflächige Biotopverbundsysteme zu unterhalten. Darunter versteht man große Gebietsareale, in denen günstige Lebensbedingungen existieren, die es Tierarten erlauben, in geringer Entfernung eine Vielzahl von Lebensräumen zu besiedeln. Zum anderen ist es durch das Wegfallen von Störfaktoren wie Straßen, den in den einzelnen Lebensräumen lebenden Populationen möglich, sich durch Wanderungen in einem benachbarten Lebensraum einer anderen Population zu etablieren. Es kommt also "neues Blut" in die Populationen, was nicht zuletzt Inzuchtserscheinungen vermeidet.

Von der Eigenart des Glemswaldes und Schönbuchs profitiert vor allem der **Feuersalamander** (*Salamandra salamandra*). Er findet dort in den halbschattigen Mischwäldern schluchtenartig eingeschnittene Bachläufe mit meist noch unbelastetem Wasser. An Stellen, wo sich das Wasser in kleinen Kolken beruhigt, bringt das Feuersalamanderweibchen seine Larven zur Welt. Die Larven des Feuersalamanders treten dabei noch von der Eihülle umgeben aus der Geschlechtsöffnung des Weibchens aus. Dabei zerreißt die Eihülle und gibt somit die bereits mit büschelartigen Kiemen und Vorder- und Hinterbeinen versehene Larve frei. Diese lebt dann einige Wochen im Wasser, bis sie die Kiemen zurückbildet und durch die entwickelten Lungen zu atmen beginnt. Dann entsteigt der Jungsalamander in seiner auch für die Alttiere so typischen gelb-schwarzen Zeichnung dem Wasser und strebt den Erdhöhlen zu, die sich überall im Bereich der Bachschlucht im Böschungsbereich und unter Baumwurzeln befinden. Feuersalamanderlarven findet man allerdings auch in wassergefüllten Radspuren, Wassergräben und Tümpeln.

Ein ebenfalls häufiger Vertreter der Amphibien ist in diesen Waldlandschaften der hübsche **Bergmolch** (*Triturus alpestris*). Nach der Schneeschmelze im zeitigen Frühjahr verläßt er sein Winterquartier – eine Erdhöhle, die sich in frostfreier Tiefe befindet. Dann wandert er bei feuchtem Wetter seinem Laichgewässer, das sind wassergefüllte Radspuren, Wassergräben, Tümpel, Weiher und Teiche, zu. Langsam beginnt sich seine eidechsenartige Gestalt durch die im Wasser gefundene Nahrung, wie Würmer, Insektenlarven, Wasserflöhe, Froschlaich und Kaulquappen, wieder zu runden. Das im Winterkleid noch unscheinbare Männchen beginnt nun einen schwarzgelb gebänderten Hautsaum über der Rückenmitte auszubilden. Auf der Oberseite weichen die düsteren Grautöne immer mehr einer Blaufärbung während der Bauch in oft leuchtendem Korallenrot prangt. Das Weibchen hingegen ist unscheinbarer gefärbt. Seine Oberseite ist mehr oder weniger mit grauen, braunen oder grünlichen Marmorierungen versehen, währenddem der Bauch sich in orangeroten Farbtönen zeigt. Nun beginnen die Paarungsspiele, bei denen das Männchen ein in seinen Körperdrüsen erzeugtes Parfüm dem gegenüberstehenden Weibchen mit dem breiten Ruderschwanz zufächelt. Das Männchen scheidet dann einen Samenstift aus, der vom Weibchen mit der Kloake, das ist die Ausscheidungs- und Geschlechtsöffnung, aufgenommen wird. Damit ist das Weibchen befruchtet. Zur Eiablage begibt es sich zu den nächstgelegenen Wasserpflanzen. Dort legt sie die Eier einzeln in die Blätter ab, wobei jedes einzelne Blatt mit den Hinterbeinen zu einer schützenden Tasche gefaltet wird. Die Eientwicklung ist durch die durchsichtige Eihülle sehr gut zu beobachten. Zeigt der sich daraus entwickelnde Keimling eine fischförmige Gestalt, so wird es nicht mehr lange dauern, bis die Eihülle durchbrochen wird und die Larve freischwimmend ihr Räuberleben beginnt. Sie ist wie die Feuersalamanderlarve kiemenatmend und wird im Laufe

Abb. 82: Feuersalamander, gelbe Farbvariante Foto W. SCHUBERT

Abb. 83: Feuersalamander, rote Farbvariante Foto K. RIMPP

der Entwicklung zuerst die Vorderbeine und dann die Hinterbeine ausbilden. Im Sommer, wenn die Alttiere das Wasser verlassen und dann unter Steinen und Fallholz zu finden sind, ist auch die Entwicklung zum Jungmolch beendet – die kleinen Bergmolche steigen ans Land.

In seiner natürlichen Verbreitung ist der **Fadenmolch** (*Triturus helveticus*) im Landkreis ausschließlich nur in Glemswald und Schönbuch anzutreffen. Überwinterung, Jahresablauf, Paarung, Eiablage und Larvenentwicklung sind wie beim Bergmolch. Seine Laichgewässer findet er in Bachversumpfungen mit offenen Wasserflächen, wassergefüllten Radspuren und Wegerandgräben, sowie Quelltöpfen und Tümpeln. Die Oberseite beider Geschlechter ist olivbraun bis lehmgelb, die Unterseite erscheint zu beiden Seiten weißlich, mit einer stroh- bis orangegelben Bauchmitte. Die Männchen dieser Art besitzen in der Wassertracht eine niedere Hautleiste über die Rückenmitte, entenfußartige Schwimmhäute an den Hinterbeinen und einen deutlich abgesetzten Schwanzfaden am Schwanzende. Der Fadenmolch ist in seinem natürlichen Verbreitungsgebiet nicht selten und zeigt in seiner Bestandsentwicklung allgemein im letzten Jahrzehnt eine aufsteigende Tendenz.

Die **Gelbbauchunke** (*Bombina variegata*) als ausgesprochener Besiedlungspionier liebt frisch entstandene, vegetationslose Kleingewässer mit guter Besonnung. Allerdings benötigt sie auch die unmittelbare Nähe des Waldes. Auch diesen Lebensbedingungen werden Glemswald und Schönbuch gerecht. Meist wasserundurchlässige Böden, gepaart mit der notwendigen Forstwirtschaft mit schwerem Gerät, lassen das ganze Jahr hindurch immer wieder neue Gewässer in Form von wassergefüllten Radspuren entstehen. Entstehen diese Lebensräume an besonnten Waldwegrändern oder in Lichtungen, so braucht es in der Regel nicht lange, bis die Wagenspur besiedelt ist. So kommt es, daß auch diese Art Biotopverbundsysteme in diesen Waldgebieten besitzt und im Gegensatz zu den meisten Gegenden Deutschlands ausgesprochen häufig ist. Die Gelbbauchunke besitzt eine in unscheinbaren Grautönen gehaltene Oberseite, die der Aufgabe als Tarnfarbe durchaus gerecht wird. Dreht der Betrachter das Tier auf den Rücken, dann wird er durch die warngelbe Fleckung des Bauches überrascht. Offensichtlich soll dieser Effekt auch bei angreifenden Feinden Verwirrung hervorrufen. Belästigt man diese Unke nämlich, dann macht sie ein Hohlkreuz und biegt die Bauchseiten nach oben, so daß die warngelbe Unterseite teilweise sichtbar wird. Berichte von Unken, die sich auf den Rücken werfen, sind allerdings ins Reich des Jägerlateins zu verweisen. Gelbbauchunken leben vom Frühjahr bis in den Herbst im Wasser und sind durchaus imstande noch im Sommer ihre kleinen, lockeren Laichballen am Bodengrund oder an Wasserpflanzen abzulaichen. So kommt es vor, daß im Herbst bei fallenden Temperaturen, nach Nachtfrösten die Kaulquappen unter der Eisschicht herumschwimmen und dann auch eventuell gezwungen sind, als Larve zu überwintern.

Als ausgesprochenes Waldtier ist es nicht verwunderlich, daß die **Erdkröte** (*Bufo bufo*) als weiterer Bewohner von Glemswald und Schönbuch zu nennen ist. Sie ist zusammen mit dem Bergmolch der individuenmäßig stärkste Amphibienvertreter im Landkreis. Vor allem die alljährlich im Frühjahr spontan stattfindenden Laichzüge haben diese Tierart in den Mittelpunkt des allgemeinen Interesses gerückt. Von den

Abb. 84: Männchen des Fadenmolches Foto A. SCHROEREN

Abb. 85: Erdkröte Foto W. SCHUBERT

insgesamt 17 Laichzugstellen im Landkreis, die betreut werden, sei hier vor allem die Überquerung L 1189 beim Hölzersee (Magstadt) herauszuheben; 1983 zu Beginn der Laichzugerfassung, wurden 566 Kröten über die Straße getragen. Die nachfolgenden Jahre zeigten eine nach oben steigende Stückzahl der querenden Tiere, was im Jahre 1988 in 1558 über die Straße getragene Tieren gipfelte – ein Zeugnis für die Wichtigkeit dieser Maßnahme. Dem wurde auch amtlicherseits Rechnung getragen, indem seit 1988 neuartige und sehr kostspielige Krötentunnels in die Straße eingebaut wurden. Die örtlich zuständigen Forstämter trugen durch Schaffung von neuen Laichgewässern im Landkreis zur wesentlichen Verbesserung der Situation der Erdkröte in jüngster Zeit bei. Diese Art sucht vor allem größere Gewässer auf, wo die Weibchen ihre Eier in Form von Schnüren um Geäst, Schilf und dergleichen herumwickeln. Sie werden mit maximal 15 cm größer als ihre Männchen. Beide Geschlechter weisen eine Braunfärbung auf, die ins Gelbliche, Rötliche oder Graue spielen kann.

Üblicherweise ist der **Grasfrosch** (*Rana temporaria*) das häufigste Amphibium Deutschlands. Daß diese Art im Landkreis nur „Platz drei" einnimmt, liegt vor allem daran, daß in der für den Grasfrosch eher typischeren Landschaft des Gäus die geeigneten Lebensräume nur spärlich vorhanden sind. Sein früher Ablaichtermin – er ist der erste Lurch im Frühjahr – bedingt, daß er Gewässer benötigt, die schon früh im Jahr eisfrei sind. Hier kommen vor allem sonnenexponierte Flachwasserzonen grösserer Gewässer, oder von Bächen gespeiste Teiche in Frage, in deren Einlaufbereich Eisfreiheit gewährleistet ist. Schmelzwasseransammlungen, leicht strömende Wassergräben, schüttende Quelltümpel sind ein ebenso typischer Laichplatz für ihn wie besonnte Tümpel. Der Grasfrosch laicht gerne in Gesellschaft. So kann man seine großen Laichballen oft in großer Anhäufung in den Flachwasserzonen an der Oberfläche schwimmen sehen.

Ein gewisser Prozentsatz einer Grasfroschpopulation überwintert im Wasser. So kann man die Tiere bei bitterster Kälte durch klare Eisflächen hindurch am Gewässergrund sehen, wo sie sich hin und wieder träge bewegen. Hat das Gewässer zuviel Faulschlamm, dann kann dies für den Grasfrosch zur Katastrophe führen. Immer wieder findet man im Frühjahr zahlreiche Leichen der Art aufgebläht an der Wasseroberfläche schwimmen. In diesen Fällen ist der Stickstoffgehalt durch die Luftverschmutzung und den Einschwemmungen aus den landwirtschaftlichen Nutzflächen im Gewässer zu hoch geworden. Der restliche Teil der Population überwintert wie die Erdkröte an Land. Beide Arten sind in Größe und Färbung vergleichbar. Für Laien gibt es jedoch eine einfache Unterscheidungsmöglichkeit. Während bei der Erdkröte die Haut gekörnt und warzig ist, besitzt der Grasfrosch eine glatte Haut. Derjenige, der bereits bei einer Krötenaktion mitgeholfen hat, wird den Unterschied zwischen beiden Arten kennen. Hat man eine Erdkröte in der Hand, so wird man feststellen, daß das Vorurteil vom "schleimigen Getier" in diesem Falle unbegründet ist. Ganz anders beim Grasfrosch. Nachdem man ihn in die Hand genommen hat, wischt man sich danach den Hautschleim gerne wieder im nassen Gras ab. Den Grasfrosch findet man im Glemswal, Schönbuch und Gäu.

Verlassen wir nun die Waldlandschaften im Osten und wenden uns nun den freien

Abb. 86: Grasfrosch Foto W. SCHUBERT

Abb. 87: Laichklumpen des Grasfrosches am Hölzersee Foto W. SCHUBERT

Gäuflächen zu. Hier trifft man auf eine für die Natur sehr negative Szenerie. Wohin das Auge blickt – überall landwirtschaftliche Nutzflächen, Siedlungen und Straßen. Die hin und wieder eingestreuten kleinen Wäldchen enthalten größtenteils die für die Amphibien so wertlose Nadelwaldmonokultur. Lichtblicke stellen hier die großen und kleinen Steinbrüche und Lehmgruben dar. Dort befinden sich die Laichgewässer der meisten Gäupopulationen.

Wenn nun zu Beginn der Beschreibung der Amphibien des Gäus wieder mit dem **Gebänderten Feuersalamander** (*Salamandra salamandra terrestris*) begonnen wird, einer Art also, die schon als Waldtier vorgestellt wurde, so hat das durchaus seine Berechtigung. Im nördlichen Stroh- und Heckengäu findet man die Unterart überraschenderweise in besonnten, ehemaligen Weinbergen, Steinbrüchen und Bahndämmen. Untersuchungen in den letzten Jahren haben gezeigt, daß die Laichgewässer zum Teil unterirdisch sind. So findet man seine Larven bei der Ortschaft Höfingen in Brunnenschächten. Ein Gartenbesitzer fand in zweieinhalb Metern Tiefe sieben Feuersalamander in Erdhöhlen knapp oberhalb eines unterirdischen Baches, als er sich einen Brunnen graben wollte. Eine weitere Besonderheit, die man häufiger als sonst im nördlichen Stroh- und Heckengäu antrifft, ist die Rotfärbung der Alttiere in orange- bis dunkelroten Tönen, an deren Rändern nicht selten noch die Gelbfärbung durchdringt.

Der **Bergmolch** (*Triturus alpestris*) findet in der Gäulandschaft aufgrund seiner großen Flexibilität in allen geeigneten Gewässern eine Lebensgrundlage. Allerdings sind Biotopverbundsysteme hier eine Seltenheit und sehr begrenzt.

Der seltenste Schwanzlurch des Landkreises ist der **Kammolch** (*Triturus cristatus*). Mit insgesamt nur sieben Vorkommen im Landkreis Böblingen ist der größte Molch (Körperlänge bis zu 16 cm) vom Aussterben bedroht. Man trifft ihn vor allem in den Steinbrüchen des Stroh- und Korngäus an. Die Gewässer, die er zum Laichen benötigt, müssen schon mindestens metertief sein, denn sonst hat die Art an heißen Tagen keine Möglichkeit in die kühleren Tiefen auszuweichen. Das Männchen ist zur Paarungszeit mit einem hohen, tiefgezackten Rückenkamm ausgestattet, was ihm zusammen mit der düsteren, schwarzbraunen Grundfärbung der Oberseite ein drachenähnliches Aussehen verleiht. Die Unterseite beider Geschlechter ist dottergelb gefärbt und besitzt ein kräftiges Muster aus schwarzen oder dunkelgrauen Flecken und Tupfen. Seine Paarung verläuft im großen Ganzen wie beim Bergmolch, wobei das Zuwedeln der Duftstoffe in wuchtigen, peitschenartigen Schwanzschlägen erfolgt. Meist macht das Männchen dabei einen Handstand. Die Hauptgefahr für den Kammmolch geht vor allem von den Zuschüttungen der Gewässer und das Umwandeln in Angelsportgewässern aus. Zukünftige Steinbruchrekultivierungen müßten diese Aspekte berücksichtigen.

Ähnliche Verhältnisse wie die zuvor beschriebene Art benötigt der **Teichmolch** (*Triturus vulgaris*). Er ist jedoch nicht so anspruchsvoll und nimmt auch schon mit seichteren Tümpeln und Teichen vorlieb. Auch Gartenteiche werden gerne von ihm angenommen – nur fischfrei müssen sie sein. Die Paarung erfolgt wie beim Bergmolch. Allerdings hat das temperamentvolle Männchen beim Zuwedeln der Duftstoffe oft keinen Boden unter den Füßen – es geschieht nicht selten freischwebend im

Wasser. Obwohl der Teichmolch typisch für das Gäu ist, findet man ihn auch in den sonnigen Bachtälern und einigen Freiflächen des Glemswaldes und Schönbuchs. Noch ist er nicht selten zu nennen – allerdings sind Biotopverbundsysteme der Art nicht die Regel. Wie es sich für einen echten Wassermolch gehört, besitzt das Männchen zur Paarungszeit einen hohen gezackten Hautkamm, der auch über der Schwanzwurzel nicht abbricht. Die Grundfarbe der Oberseite ist von Exemplar zu Exemplar oliv bis bräunlichgelb. Die Bauchmitte ist orange bis rot gefärbt, der gesamte Bauch mit meist kreisrunden schwärzlichen Tupfen und Flecken gezeichnet. Seine maximale Gesamtlänge erreicht der Teichmolch mit 11 cm.

Die **Gelbbauchunke** (*Bombina variegata*) wurde für den Bereich Glemswald und Schönbuch schon ausführlich beschrieben. Aufgrund ihrer Ansprüche trifft man nur in den nördlichen Gäuflächen auf insgesamt vier Vorkommen in Steinbrüchen und Tongruben mit direkter Nachbarschaft zu Waldungen.

Auch außerhalb der großen Waldlandschaften kann man die **Erdkröte** (*Bufo bufo*) überall dort im Gäu antreffen, wo Waldungen und geeignete Laichgewässer zu finden sind. Derartige Verhältnisse sind hier jedoch nicht häufig anzutreffen, sodaß man bei den Gäubevölkerungen von isolierten Beständen sprechen kann.

Die **Kreuzkröte** (*Bufo calamita*) hat zwar rein verwandtschaftlich viel mit der Erdkröte gemeinsam, sie benötigt aber völlig andere Lebensbedingungen. Sie ist ein Steppentier, das die offene Landschaft liebt und war auch schon in früherer Zeit eine seltene Erscheinung im Landkreis. So beschreibt VOGEL 1938 diese Art nur von einem Fundort. Das die Bilanz in der heutigen Zeit "besser" aussieht, liegt tatsächlich am wohlgemerkt ungewollten Wirken des Menschen. Das von VOGEL festgestellte Vorkommen in einer Ziegelei ist aufgrund der Nutzungsänderung nicht mehr existent, dafür sind zwei neue Vorkommen im mittleren und südlicheren Bereich hinzugekommen. Aufgrund der Seltenheit dieser Art wird auf die Beschreibung der Fundorte verzichtet. Über die Verhältnisse, die diese Art benötigt, ist zu berichten, daß sie Böden liebt, in die sie sich gut eingraben kann. Flache, pfützenartige Gewässer ohne Vegetation werden zum Ablaichen bevorzugt. Das Ablaichen geschieht nach Krötenart in Schnüren meist mit Kontakt zum Gewässergrund. Die erwachsenen Exemplare erreichen eine maximale Körpergröße von bis zu 10 cm, bleiben jedoch meist kleiner. Die Oberseite ist je nach Exemplar in bräunlichen, grauen oder grünlichen Farbtönen gehalten. Charakteristisch für die Art ist ein feiner, gelber Strich über die Rückenmitte, der schon bei den frisch entwickelten Jungtieren zu sehen ist und außerdem die kurzen Beine, die diese Kröte wie eine Maus laufen lassen.

Mit insgesamt nur zehn erfaßten Populationen ist ein naher Verwandter der Kreuzkröte, die **Wechselkröte** (*Bufo viridis*) ebenfalls zu den Sorgenkindern der Tierwelt zu zählen. Kreuzkröte und Wechselkröte wurden in früherer Zeit nicht voneinander unterschieden – so sehr ähneln sich ihre Lebensbedingungen, aber auch ihr Aussehen. Lediglich der gelbe Rückenmittelstrich fehlt der Wechselkröte und ihre Hinterbeine sind so lang, daß sie diese zum Hüpfen benützen kann. Die Oberseite ist mit überwiegend grünlichen Färbungen auf hellem Untergrund meist sehr kontrastreich gemustert. Die Stimme der Männchen, die in lauen Frühjahrs- und Sommernächten in den Steinbrüchen erklingt, erinnert eher an das Trillern eines kleinen Vogels. Unter-

Abb. 88: Kreuzkröte Foto W. SCHUBERT

Abb. 89: Wechselkröte Foto K. RIMPP

suchungen (RIMPP 1987) haben ergeben, daß die Art in früherer Zeit als typischer Flußauenbewohner vom Neckartal her im Norden des Landkreises der Glems entlang und im Süden den sonnigen Abbrüchen des Schönbuchs folgend in den Landkreis einwanderte. Das Verändern des ehemals besonnten und von ständigen Überschwemmungen heimgesuchten Glemstals in ein von Bäumen beschattetes und begradigtes Flußtal ohne nennenswerte Überschwemmungen, ließen die Wechselkröten auf den benachbarten Bahndamm umwechseln, der nun nachgewiesenermaßen als neuer Einwanderungsweg für die Wechselkröte seine Funktion erfüllt. Durch den bestehenden Bahndamm gelang es der Art auch nun die Waldriegel zwischen Leonberg und Magstadt zu durchbrechen und in die freien Gäuflächen westlich von Sindelfingen und Böblingen zu gelangen. Hier fand die Wechselkröte in den bestehenden Steinbrüchen ähnliche Verhältnisse vor, wie sie es in den naturbelassenen Flußtälern antraf.

Der **Laubfrosch** (*Hyla arborea*) wurde von VOGEL 1938 für Württemberg als häufig angegeben. Die Situation in der heutigen Zeit ist niederschmetternd. Sowohl in Baden-Württemberg als auch im Kreis Böblingen ist dieser Frosch vom Aussterben bedroht. Kreisweit beschränkt sich die Art nur noch auf den südöstlichen Bereich, wo es noch einen kleinen Biotopverbund und neun Fundorte gibt. Die Existenzgrundlage der neun Fundorte ist als sehr zweifelhaft anzusehen, da die Bestandszahlen in den letzten Jahren ständig rückläufig waren und rufende Männchen oft nur noch in Verzweiflungsbiotopen wie wassergefüllte Baugruben in der Nähe zerstörter Lebensräume gefunden werden. Stabil erscheinende Vorkommen gibt es nur noch in sonnenbeschienenen Tümpeln, Teichen und Weihern mit gebüschartigem Uferbewuchs und Flachwasserzonen mit Röhricht und Schwertlilienbeständen. Um diese Laichgewässer herum befinden sich ausgedehnte Trockenrasenflächen, Hochstaudenfluren und auch Brombeergebüsche. Die Wanderwege in die Sommerlebensräume und Winterquartiere werden dabei von keinen verkehrsreichen Straßen durchkreuzt. Alle Laichgewässer mit stabilen Beständen sind fischfrei und werden nicht von Düngemitteleinschwemmungen beeinträchtigt. Der Laubfrosch wird immer auf offenen Flächen in Waldnähe gefunden.

An dieser Stelle soll darauf aufmerksam gemacht werden, daß aufgrund der deutschen Namensgebung Laub- und Grasfrosch oft miteinander verwechselt werden. Findet man das Laub am Boden, ist es welk und braun, das Gras ist in der Regel grün – dennoch bezieht sich die erste Silbe nicht auf die Farbe des Tieres, sondern auf den bevorzugten Aufenthaltsort. Der grüne Laubfrosch ist im Sommer auf dem grünen Laub der Gebüsche zu finden, wo er sich gerne sonnt, und der braune Grasfrosch hält sich am Boden zwischen dem ebenfalls grünen Gras auf.

Eine erst in den siebziger Jahren im Landkreis nachgewiesene Lurchart ist der **Springfrosch** (*Rana dalmatina*) (RIMPP 1980). Zunächst einmal ist dies darin begründet, daß dieser Frosch im Landkreis wirklich nicht häufig sein kann. Andererseits gibt es bei dieser Art Bestimmungsschwierigkeiten, die es manchem Kundigen ratsamer erscheinen ließen, den vermeintlichen Springfrosch unter dem zum Verwechseln ähnlichen Grasfrosch einzuordnen. Mittlerweile hat man ihn an insgesamt 4 Fundorten nachweisen können (RIMPP). Bemerkenswerterweise beschränken sich alle Funde auf die Übergangsgebiete zwischen den Gäuen und den Waldlandschaften. Drei der

Fundorte befinden sich im Norden, einer im Süden des Kreises. Verfolgt man die Übergangsgebiete von Norden nach Süden, so stellt man fest, daß die in jüngerer Zeit erfolgte Zerstörung des Feuchtgebiets Hulb bei Böblingen wohl eine Zerschneidung der Springfroschvorkommen zur Folge hatte. Es ist jedenfalls stark zu bezweifeln, daß die Springfroschvorkommen des Nordens sich noch im Austausch mit den Vorkommen im Süden befinden. Auf eine Beschreibung des Springfrosches wird an dieser Stelle verzichtet und nochmals auf die verblüffende Ähnlichkeit mit dem Grasfrosch hingewiesen. Zweifelsfreie Bestimmungen können allerdings auch vom Laien anhand der Laichballen durchgeführt werden. Der Springfroschlaichballen wird traubenförmig um im Wasser befindliche, senkrecht nach oben strebende Äste, Schilfstengel und dergleichen einzeln angeheftet. Der angeheftete Laichballen befindet sich etwa in der Mitte der an dieser Stelle angetroffenen Gewässertiefe. Der Laichballen vermittelt den Eindruck, als wäre er von dem behafteten Ast durchstoßen worden. Die Situation dieser Art kann bis zum jetzigen Zeitpunkt als noch nicht endgültig geklärt angesehen werden.

Von den sogenannten Grünfröschen kommen im Landkreis der **Wasserfrosch** (*Rana esculenta*) und **Teichfrosch** (*Rana lessonae*) vor. Der Wasserfrosch ist eine Mischform zwischen dem **Seefrosch** (*Rana ridibunda*) und Teichfrosch. In früherer Zeit, als die Verbreitungen beider Arten aufeinander stießen, kam es zu Verpaarungen unter den Arten, woraus der Wasserfrosch entstand. Diese Bastardform erwies sich außerhalb des natürlichen Verbreitungsgebietes des Seefrosches, das sind die großen Flußauen, als derart erfolgreich, daß er durch immer wieder neu erfolgende Verpaarungen mit dem Teichfrosch diesen nur noch selten in "Reinkultur" finden läßt. Teich- und Wasserfrosch bewohnen größere Tümpel, vor allem aber fischfreie Teiche und Weiher. Hier halten sie sich in der warmen Jahreszeit in unmittelbarer Gewässernähe, meist direkt am Ufer auf, um bei Belästigungen mit lautem Platschen ins Wasser zu springen. Ihm sind auch die hier und da noch zu hörenden Froschkonzerte zuzuschreiben. Allerdings ist auch hier ein unaufhörlicher Niedergang der Populationen zu beobachten. Ein kleines Biotopverbundsystem und zehn weitgehend voneinander isolierte Fundorte sind der klägliche Überrest der ehemals weit im Kreis verbreiteten Grünfrösche. Ein einziges nahezu reines Teichfroschvorkommen wurde durch HENLE (1980) im Süden des Landkreises festgestellt. Die Unterscheidung beider Arten bleibt wiederum nur Spezialisten vorbehalten. Allerdings sei hier kurz angemerkt, daß der Teichfrosch kleiner als der Wasserfrosch bleibt und eine oft ins Gelbliche tendierende Grünfärbung aufweist.

Reptilien

In zahlreichen Abenteuerromanen kann man es finden, " das giftige Reptil". Mit der Bezeichnung "Reptilien" verbindet sich nicht selten bei der Bevölkerung die Vorstellung von lebensbedrohenden Gift- und Riesenschlangen. Doch unter den Reptilien, deren ursprüngliche deutsche Bezeichnung "Kriechtiere" lautet, finden sich in unserer Heimat neben den Schlangen auch noch die Vertreter der Schildkröten und Eidechsen.

Alle Reptilien sind in unterschiedlicher Art von der Strahlung unserer Sonne abhängig. So ist es nicht verwunderlich, daß die größte Artenvielfalt im Bereich der Gäuflächen zu finden ist.

Spricht man den Begriff "Schildkröte" an, so darf man davon ausgehen, daß die überwiegende Mehrheit der Bevölkerung deren auffallendstes Merkmal beschreiben kann – den schützenden Panzer. Trotz der Popularität dieser Tierordnung hierzulande gibt es bei uns keine ursprünglichen Vorkommen dieser schildtragenden Kriechtiere. Alle Schildkröten, die bei uns im Landkreis gefunden werden, wurden ausgesetzt, oder sie sind aus Gefangenschaft ausgebrochen. Das Klima im Landkreis ist erwiesenermaßen nicht geeignet selbst der **Europäischen Sumpfschildkröte** (*Emys orbicularis*) bei günstigstem Jahresverlauf eine erfolgreiche Nachzucht zu gewährleisten. In zunehmendem Maße findet man in den Gewässern des Landkreises vor allem die nordamerikanische Rotwangenschmuckschildkröte. Sie ist durch ihren roten Wangenfleck beidseitig zu erkennen.

Schwieriger als bei den besprochenen Schildkröten wird die Beschreibung bei den Eidechsen. Man ist nur allzu schnell bereit, das Bild eines Tieres zu beschreiben, das einen schlanken Körper, vier krallenbewehrte Beine und einen langen, bei Gefahr abwerfbaren Schwanz besitzt. Dabei werden ständig die beinlosen Eidechsen (Blindschleichen) unterschlagen.

Die bekannteste Eidechse unserer Heimat ist die **Zauneidechse** (*Lacerta agilis*). Die Männchen weisen in der Paarungszeit im Frühjahr eine derart prächtige Grünfärbung der Rumpfflanken auf, daß sie nicht selten fälschlicherweise als Smaragdeidechse bezeichnet wird. Die Weibchen hingegen sind braun gefärbt und werden mit maximal 9 cm Gesamtlänge größer als die Männchen. Die Art ist eierlegend und bewohnt in den Gäugebieten sonnige Böschungs- und Hangflächen, heideartiges Gelände, brachliegende Areale mit Pionierbepflanzung, Bahndämme und Gartengrundstücke, in denen keine Spritzmittel verwendet werden.

In den Übergangsgebieten zwischen Gäu einerseits und Glemswald wie Schönbuch andererseits kommt die lebendgebärende **Wald**- oder **Bergeidechse** (*Lacerta vivipara*) vor. Sie bleibt kleiner als die vorige Art. Männchen und Weibchen sind an der Oberseite braun gefärbt. In den eingangs erwähnten Übergangsgebieten kommt es vor, daß beide Arten zusammen den gleichen Lebensraum bewohnen. Im Glemswald und Schönbuch jedoch ist die Art in Lichtungen und sonnenbeschienenen Wegrändern ohne die Zauneidechse zu finden. Selbst sonnigen Moorgebieten ist diese Art zuzurechnen.

Oft fällt der dritte Eidechsenvertreter, die **Blindschleiche** (*Anguis fragilis*), der

Abb. 90: Männchen der Zauneidechse in Hochzeitsfärbung Foto M. LEHNERT

Abb. 91: Waldeidechse Foto W. SCHUBERT

immer noch im Kreis vertretenen Giftschlangenangst zum Opfer. Dabei handelt es sich bei ihr um eine beinlose Eidechse, die bei Gefahr wie die zuvor beschriebenen Eidechsen ihren Schwanz abstoßen kann. Jungtiere sind oberseits prächtig gold- oder silberfarben. Die Färbung der Alttiere kann braun, grau, rötlich oder kupferfarben sein. Die Weibchen besitzen nicht selten einen ungezackten Rückenstrich über die Rückenmitte. Die Blindschleiche ist überall im Kreis zu finden, wo nicht übermäßig mit Spritzmitteln gearbeitet wird. Ob in der offenen Landschaft des Gäus oder in den Waldungen von Glemswald und Schönbuch, in letzterem Falle jedoch nur an sonnigen Stellen, kann man sie überall antreffen. Als lupenreiner Kulturfolger wird sie nicht selten in den Komposthäufen der Gärten gefunden. Regelrechte Biotopverbundsysteme hat die Art entlang den Bahndämmen entwickeln können. Sie bevorzugt pflanzenreiche Lebensräume, in denen der Mensch nicht allzu oft ordnend eingreift. Nicht selten sind es ziemlich feuchte Stellen, an denen man sie antreffen kann. Unverhofft sieht man sich mit ihr nach Umdrehen von sonnenbeschienenen Steinen, alten Holzbrettern, Plastikfolien etc. konfrontiert. Ausgewachsene Exemplare dieser lebendgebärenden Art können immerhin eine Maximallänge von 50 cm erreichen.

Wenn wir uns nun in das Reich der Schlangen gegeben, sei eines jedoch gleich vorangestellt: Die Schlangen des Landkreises beschränken sich nur auf zwei wohlgemerkt ungiftige Natterarten.

Im Bereich von Gewässern, aber jedoch auch in weinbergartigen Gegenden trifft man auf die **Ringelnatter** (*Natrix natrix*). Man erkennt sie prompt und unzweifelhaft an ihren gelben, halbmondförmigen Hinterkopfflecken. Die Grundfärbung der Oberseite ist je nach Exemplar in unterschiedlichen Grau-, Grün- oder Brauntönen gehalten. Ihrer Bezeichnung als Wassernatter wird diese ausgezeichnete Schwimmerin voll gerecht. Die Fortpflanzung geschieht mittels Eiablage an feuchtwarmen Orten wie Komposthaufen, unter verrottendem Pflanzenmaterial etc.. Mit einer Maximallänge von über 180 cm ist sie die größte Schlange im Kreis.

Kommen wir nun zur letzten Reptilienart – der **Schlingnatter** (*Coronella austriaca*). Sie ist ein typischer Gäubewohner und auch im sonnigen Übergangsbereich zur östlichen Waldlandschaft zu finden. Grundlage für ihre Existenz bilden eine oder mehrere der zuvor beschriebenen Eidechsenarten, die ihre Nahrung darstellen. Die Schlingnatter wird in einer Vielfalt sonniger Biotope wie buschbestandene Hänge, Böschungen, lichten Waldungen und deren Randzonen usw. gefunden. Die Grundfarbe der Schlange variiert erheblich je Exemplar innerhalb grauen, braunen, rosarötlichen und rötlichen Farbtönen. Auf dieser Grundfarbe sind über die Rückenmitte zwei Reihen paarig gegenüber angeordnete dunkelbraune bis rostrote Flecken zu sehen, die auch zu einem undeutlichem Rückenband zusammenfließen können. Hin und wieder entsteht auch der Eindruck eines Zickzackbandes – Auslöser für die zahlreichen Kreuzottermeldungen, die sich bislang immer als Schlingnatterfunde herauskristallisierten. Die Größe der Schlange (max. 80 cm), der Körperumfang manchen trächtigen Weibchens und die unbedingte Beißbereitschaft bei Behelligung lassen in ihr ein gefährliches Tier erscheinen – eben eine „Kreuzotter". Dabei scheidet diese Giftschlange aufgrund der klimatischen Bedingungen in unserem Landkreis aus. Die **Kreuzotter** (*Vipera berus*) bewohnt die unwirtlichen Gegenden Baden-Württembergs

Abb. 92: Schlingnatter mit kreuzotterähnlicher Zeichnungsvariante
Foto M. LEHNERT

Abb. 93: Kreuzotter Foto M. LEHNERT

wie den Hochschwarzwald, die Schwäbische Alb, die Baar und die rauhen Gebiete Oberschwabens im Bereich der Donau. Vollends klar werden die Lebensbedingungen der Schlange, wenn man ihr Hauptverbreitungsgebiet betrachtet. Vor allem in Skandinavien, wo sie bis über den Polarkreis hinaus anzutreffen ist, erfährt sie eine flächige Verbreitung. Die ganze Lebensweise der Kreuzotter ist auf strenge Winter, eine größere Anzahl von Nebeltagen in Frühjahr, Sommer und Winter sowie der starken Erwärmung an Sonnentagen ausgerichtet. Dieses Klima, zusammen mit der dort vorkommenden niederwüchsigen Vegetation, runden das Bild des Verbreitungsareals der Kreuzotter ab. Nicht zu verschweigen ist allerdings die Möglichkeit der Kreuzotteraussetzungen durch sogenannter "Liebhaber". Nach geltendem Naturschutzrecht ist es ohnehin nicht erlaubt, Amphibien wie Reptilien zu belästigen oder gar zu verletzen oder zu töten. Das schließt den Fang solcher Tiere aus.

Weitere Unterscheidungsmöglichkeiten zwischen den Arten:

Schlingnatter (*Coronella austriaca*) — Kreuzotter (*Vipera berus*)

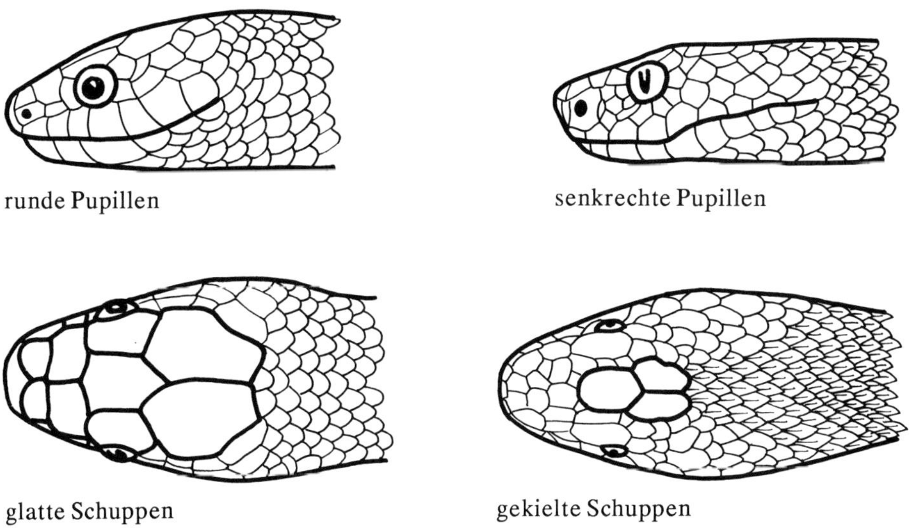

Abb. 94: Unterschiede zwischen Schlingnatter und Kreuzotter

Verbreitungskarten ausgewählter Amphibien und Reptilien im Landkreis Böblingen

Basierend auf der Kartierung von RIMPP & HERMANN wurden deren Angaben verändert in Karten übertragen. In diesen Karten wurde der Wald als Raster miteinbezogen (vgl. Karte der Waldgebiete in Schönbuch und Gäu, S. 20, BAUMANN & WAHRENBURG), so daß Zusammenhänge zwischen Wald und Verbreitungsschwerpunkt der einzelnen Arten sofort ersichtlich wird. Einzelfunde wurden mit größeren Punkten bzw. Dreiecken, ein flächenmäßiges Vorkommen mit kleineren Punkten bzw. Dreiecken im Verbund wiedergegeben.

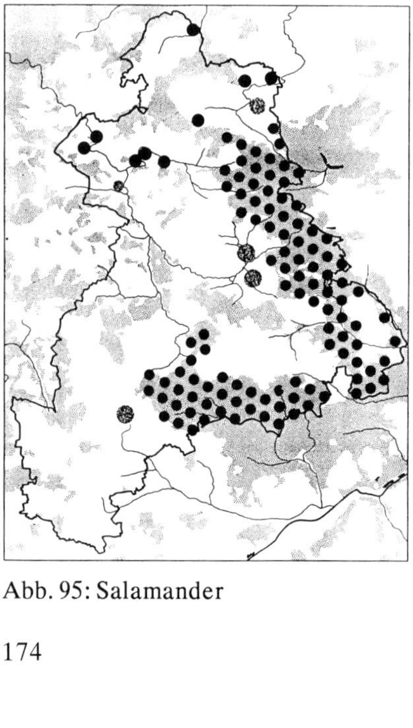

Abb. 95: Salamander

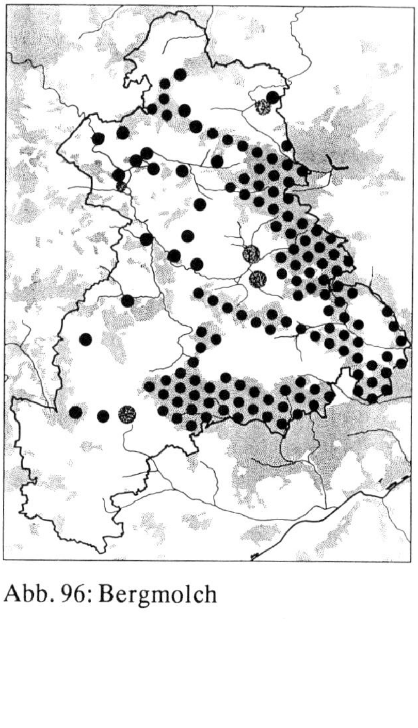

Abb. 96: Bergmolch

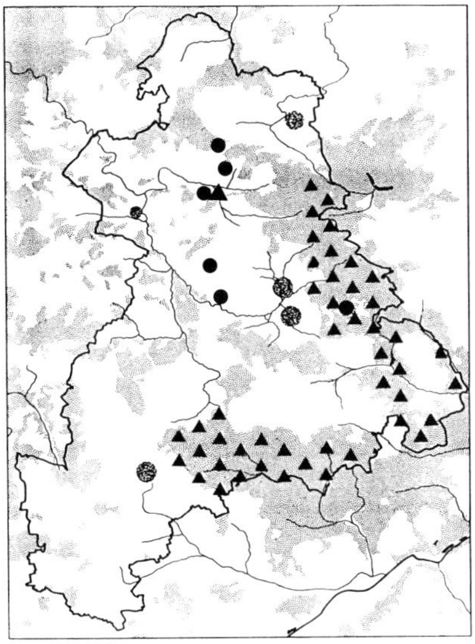

Abb. 97: Kamm- (●) und Fadenmolch (▲)

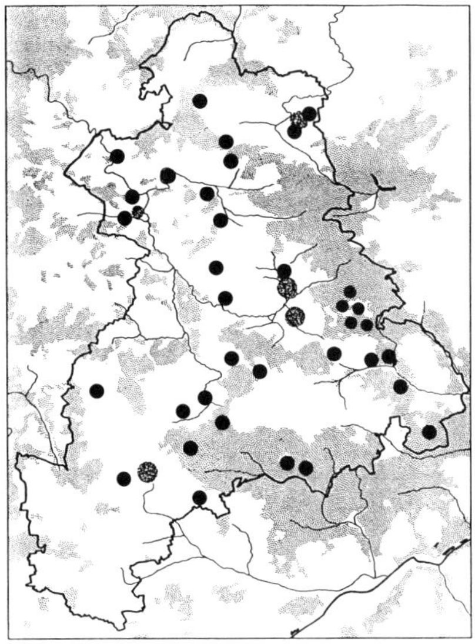

Abb. 98: Teichmolch

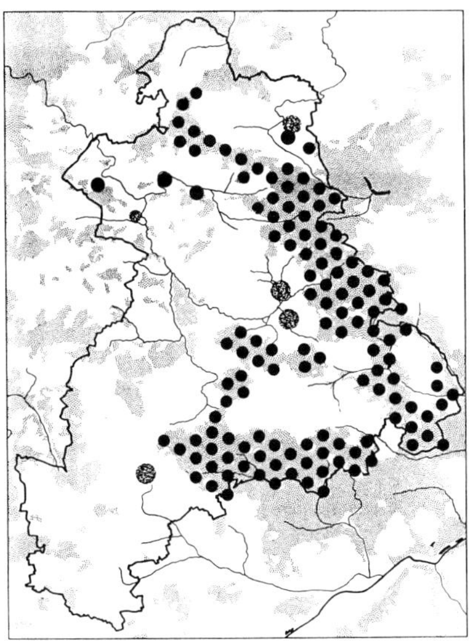

Abb. 99: Gelbbauchunke

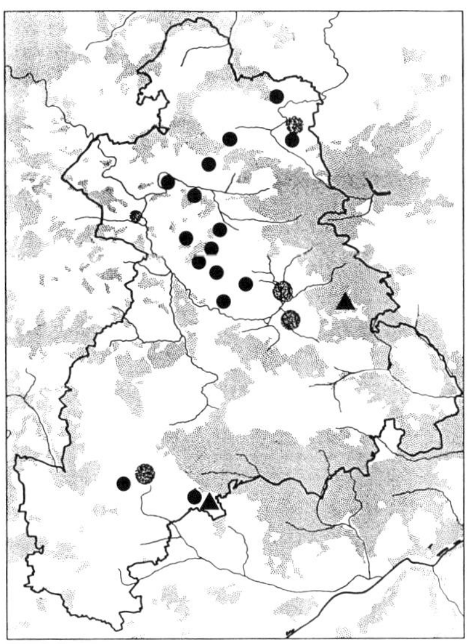

Abb. 100: Wechsel- (●) und Kreuzkröte (▲)

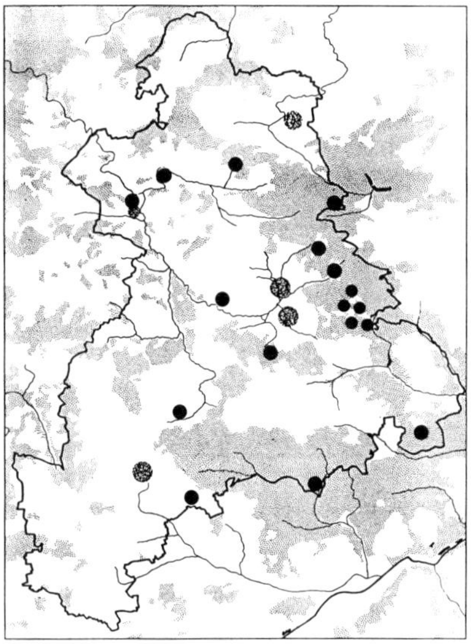

Abb. 101: Grünfrösche

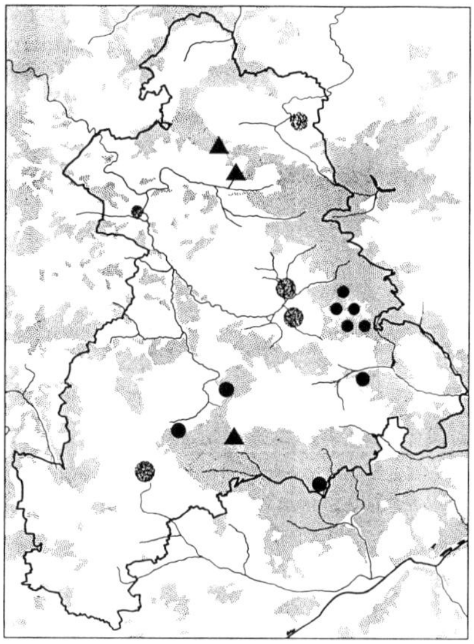

Abb. 102: Laub- (●) und Springfrosch (▲)

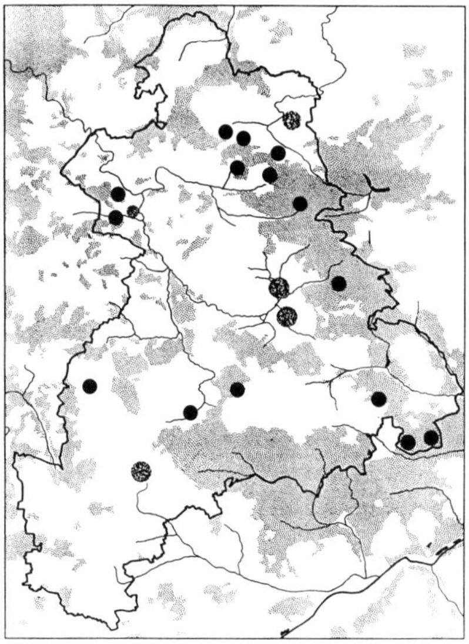

Abb. 103: Ringelnatter

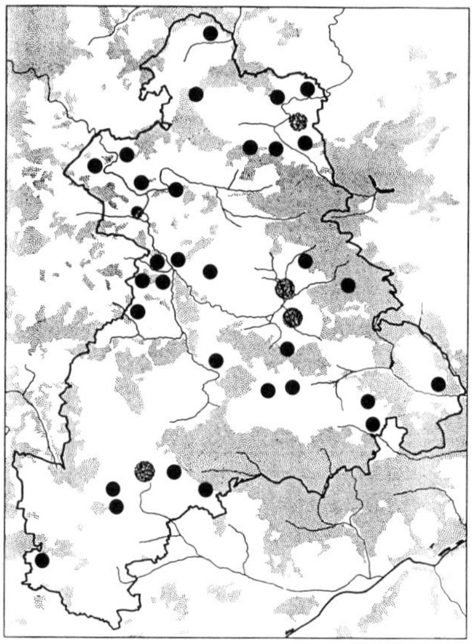

Abb. 104: Schlingnatter

Rote Liste der Amphibien und Reptilien im Landkreis Böblingen

Bewertet wird in der nachfolgenden Liste die Bestände mit ihren Veränderungen, die sich seit den Untersuchungen von VOGEL bis zum heutigen Zeitpunkt ergeben haben. Die Untergliederung und Bewertung erfolgt nach den Kategorien von BLAB et al.:

A. 1. 1 Ausgestorben

A. 1. 2 Vom Aussterben bedrohte Arten:
- Kammolch (*Triturus cristatus cristatus*)
- Kreuzkröte (*Bufo calamita*)
- Kleiner Wasserfrosch (*Rana lessonae*)

A. 2 Stark gefährdete Arten
- Laubfrosch (*Hyla arborea arborea*)
- Wasserfrosch (*Rana esculenta*)
- Springfrosch (*Rana dalmatina*)
- Ringelnatter (*Natrix natrix natrix*)

A. 3 Gefährdete Arten
- Teichmolch (*Triturus vulgaris vulgaris*)
- Wechselkröte (*Bufo viridis viridis*)
- *Gebänderter Feuersalamander (*Salamandra salamandra terrestris*)
- *Fadenmolch (*Triturus helveticus helveticus*)
- Schlingnatter (*Coronella austriaca*)
- Zauneidechse (*Lacerta agilis agilis*)
- *Waldeidechse (*Lacerta vivipara*)

Die Bestandsituation der mit * gekennzeichneten Arten kann zwar nicht als gefährdet beschrieben werden, sie sind jedoch lokal durch negative Veränderungen und geringe Bestände in A. 3 einzustufen. Beim Gebänderten Feuersalamander bezieht sich die Einstufung auf die Vorkommen des Hecken- und Strohgäus.

Die Bestandssituation folgender Arten erscheint zur Zeit als noch ungefährdet:
- Bergmolch (*Triturus alpestris alpestris*)
- Gelbbauchunke (*Bombina variegata variegata*)
- Erdkröte (*Bufo bufo bufo*)
- Grasfrosch (*Rana temporaria temporaria*)
- Bindschleiche (*Anguis fragilis fragilis*)

Abb. 105: Kopfweiden an der Glems bei Höfingen Foto W. SCHUBERT

Die Fische in den Gewässern von Schönbuch und Gäu

von Hubert Wnuck

unter Mitarbeit von Rolf Senf

Übersicht (Fische)

Die Gewässer im Landkreis Böblingen 181
Die Gewässersitation 186
Die Fischarten in den Gewässern unserer Region 189
Historisches Vorkommen
Anthropogenbedingte Veränderung der Ichthyozenose
Rundmäuler 198
Rote Liste 200

Die in so unterschiedlicher Form vorkommenden Gewässer speichern oder transportieren das kostbarste Gut dieser Erde – das Wasser, ohne das die Menschen, die Tiere und die Planzen auf unserem Planeten nicht existieren könnten. Diese grundlegende Bedeutung des Wassers wurde und wird z. T. auch noch heute von uns Menschen außer acht gelassen. Selbstverständlich nutzen wir das Wasser und die Gewässer, um unsere Bedürfnisse zu befriedigen – vergessen aber dabei, daß die Gewässer, angefangen von der kleinsten Quelle bis hin zu den größten Strömen und Seen, Lebensräume für zahlreiche Pflanzen und Tiere sind, deren Lebensgemeinschaft durch die Anpassung dieser Organismen aneinander und an das Gewässer über Jahrtausende in einer ausgewogenen Artenvielfalt überdauerte. Diese Artenvielfalt sollte um jeden Preis erhalten bleiben. Fehler der Vergangenheit sollten repariert, neue Fehler beim Gewässerausbau vermieden werden. Auch die Gewässer des Schönbuchs und des Gäus sind von den zivilisatorischen Einflüssen der Vergangenheit und Gegenwart nicht verschont geblieben.

Die Gewässer im Landkreis Böblingen

Der Schönbuch und das Gäu zählen keineswegs zu den gewässerreichsten Gebieten unseres Landes. Die oberirdischen Gewässer machen hier weniger als 0,5 % der Gesamtfläche aus. Es mangelt in dieser Landschaft an natürlichen Seen und größeren Flüssen. Viele Quellbäche, vor allem im Gäu führen nur zeitweise Wasser. Lediglich Moore nahmen größere Flächen ein (vgl. Seite 17 und 18).

Ein Blick auf die Gewässerkarte unseres Gebietes genügt, um festzustellen, daß mit Ausnahme des kleinen Agenbaches, Tälesbaches und Monbaches alle Bäche direkt oder indirekt in die Würm, Glems, Aich oder Ammer münden. Diese Flüsse fließen in zwei fast gegengesetzte Richtungen. Die Würm und Glems entwässern in nordwestlicher und nördlicher Richtung in die Nagold und Enz. Die Aich und die Ammer wiederum fließen in östlicher bis südöstlicher Richtung in den Neckar. Die Wasserscheide zwischen diesen zwei Systemen verläuft etwa auf der Linie Herrenberg–Stuttgart. Mit einem Einzugsgebiet von 418,1 km^2 ist die Würm das bedeutenste Fließgewässer dieser Region. Dieser zwischen Hildrizhausen und Altdorf entspringende Fluß ist der Vorfluter für die Schwippe mit ihren Nebenbächen, für den Ludelsbach, Glemsbach, Krebsbach, für die Aid mit Irm, für den Altbach, den Talackerbach, den Rankbach mit Maisgraben, den Stadelbach und viele kleinere Quellbäche und Trockentäler. Auf ihrem Weg zur Enz nimmt die Glems (Einzugsgeb. 195,3 km^2) den Krumbach, Rohrbach, Wasserbach, Lachengraben und den Räuschelbach auf. Die Aich mit dem Krähenbach, Aischbach, Laubach, Sulzbach, Faulbach, Totenbach, Immenbach, Reichenbach, Bonbach sowie der Fronlach und der Schaich mündet bei Nürtingen in den Neckar. Zu den wichtigsten Zuflüssen der Ammer (Einzugsgebiet: 237,8 km^2), die in Tübingen in den Neckar fließt, zählen der aus dem Schönbuch fließende Goldersbach mit zahlreichen kleineren Zuläufen sowie der Schmalbach, Kochenhartergraben, Kösbach und der Weilerbach.

Die obengenannten Bäche und Flüsse in dieser hügeligen Landschaft gehören den

Fließgewässern der Mittelgebirgsregion an, die unter Berücksichtigung der geologisch-topographischen Situation und der elementaren morphologischen Merkmale wie, der Sohlstruktur, der Laufentwicklung sowie der Gestaltung des Längs- und Querprofils, besonders im Oberlauf der Bäche, mit einigen Außnahmen (im natürlichen Zustand) nach OTTO & BRAUKMANN, dem Grundtypus eines Karbonat-Bergbaches zugeordnet werden können. OTTO beschreibt diesen Bachtypus in folgender Weise: „Der Wasserspiegel ist stets und durchgehend durch vielfätig sich überlagernde sanfte Wellen leicht waschbrettartig gerippelt, wobei die „Rippenwellen" gleichmäßig mit der Strömung abwärts wandern. Die mittlere Oberflächengeschwindigkeit im Stromstrich beträgt bei MQ 15 bis 100 cm/s. Der Bach entwickelt an vereinzelten Stellen ein leicht plätschenderndes Geräusch, wobei die einzelnen „Plätscherwellen" weithin zu orten sind."

Der an die Quellzone sich anschließende Oberlauf des Baches ist gekennzeichnet durch kräftig strömendes meist klares Wasser, das im Sommer 12 °C nicht überschreitet und im Winter 4 °C selten unterschreitet.

Stellenweise zwingt sich der wechselvolle Bachlauf durch steile Waldhänge, um sich dann in breiteren Talauen wieder auszuruhen. Bedingt durch die geologischen Verhältnisse und die herrschende Strömung ist die Bachsohle einmal felsig oder steinig, dann wieder kiesig oder sandig. Tiefe Gumpen wechseln mit flachen Furten. Alles erscheint mehr bewegt als belebt. Unter Steinen, Geröll und Wurzelwerk leben jedoch zahlreiche Tiere wie Insektenlarven, Käfer, Bachflohkrebse, Würmer und Schnecken. Auch die Groppe, die Bachforelle und der Steinkrebs finden in Steinlücken Unterschlupf.

Bei den Pflanzen dominieren hier bewuchsbildende Kleinalgen (Kieselalgen, Grün- und Braunalgen). Streckenweise treten auch Wassermoose hervor. Wo die Beschattung des Gewässers geringer ist, können gelegentlich Pflanzen wie der Flutende Hahnenfuß, Wassersternarten, Brunnenkresse oder die Bachbunge sehr ins Auge fallen. Die Pflanzen und Tiere zeigen in diesem Abschnitt eine interessante Anpassung an die reißende Strömung. Es besteht jedoch hier vor allem bei den Tieren ein hoher Sauerstoffanspruch und eine negative Reaktion auf Temperaturschwankungen.

Entsprechend der limnologischen Zonierung nach ILLIES wird dieser Abschnitt dem Epirhithral zugeordnet, was in der fischereilichen Klassifizierung der Oberen Forellenregion entspricht.

Im Mittel- und Unterlauf nimmt der Bach oder schon Fluß an Wasser zu, die Strömung wird jedoch langsamer. Die Temperaturschwankung wird größer: im Sommer herrschen 15 ° C bis 17 ° C, im Winter 2 ° C. Die Erosion und Sedimentation wechseln ständig. Der Wasserlauf mäandriert durch flache, sumpfige Auen. Am und im Wasser herrscht Leben. Aus limnologischer Sicht (ILLIES) werden diese Abschnitte dem Metarhithral und dem Hyporhithral zugeordnet, was in der fischereilichen Klassifizierung der Unteren Forellenregion und der Äschenregion entspricht (MÜLLER).

Die schöpferische Kraft des Wassers schuf in unserer Landschaft herrliche Täler, die zum Teil, wie das Schaichtal, das Siebenmühlental sowie einige kleinere Täler im Schönbuch und Gäu ihren natürlichen Charakter erhalten konnten.

Abb. 106: Schaich bei Dettingen Foto W. SCHUBERT

Abb. 107: Kanalisierte Schwippe bei Böblingen Foto W. SCHUBERT

Wer jedoch heute die Urlandschaft sucht, die früher unsere Bäche und Flüsse begleitete, findet sie nur noch selten. Die Sumpfgebiete, die sich einmal fast durchgehend im Schwippe- und Würmtal zwischen Maichingen, Sindelfingen, Böblingen, Rohrau, Gärtringen und Merklingen erstreckten, sind durch Entwässerung und Verbauung verschwunden (wie z. B. die Hulb). Nur noch kleine Abschnitte an der Würm unterhalb Aidlingen sowie bei Merklingen und Hausen sind teilweise erhalten geblieben. In den Stadtgebieten wurden ganze Bäche verdolt, in Mauern oder Betonschalen gelegt. Aber auch in der freien Landschaft wurden Quellen für Trinkwasserzwecke gefaßt, Quellbäche verdolt, Gewässerläufe begradigt. So wurde z.B. die Schwippe zwischen Sindelfingen und Darmsheim und auf Gemarkung Döffingen ausgebaut und stellenweise begradigt, so daß die vielfaltigen Gewässerstrukturen und der weiche Übergang vom Gewässer zu den ehemals anliegenden Feuchtwiesen heute nicht mehr vorhanden ist. Oberhalb der Kläranlage Böblingen-Sindelfingen wurde die Schwippe in eine schändliche Betonrinne umgewandelt, die nur dazu dienen soll Hochwässer und Abwässer aus den bei Regen anspringenden Regenüberläufen schleunigst zu beseitigen. Auch die Würm, Aich, Ammer, Glems und der Rankbach wurden auf weiten Strecken begradigt, verlegt und ausgebaut. Die Böschungen dieser Gewässer wurden mit Maschendraht, Steinsatz, Steinwurf oder Beton und Steinmauern befestigt. Die gleichmäßige Querschnittgestaltung dieser Gewässer führte zu Verarmung der Lebensräume für zahlreiche Wasserorganismen, die dadurch ausgestorben oder abgewandert sind. Es gibt im Schönbuch und Gäu heute kaum noch Fließgewässer, deren Bachbett von baulichen Maßnahmen verschont blieb.

Die negativen Auswirkungen des Gewässerausbaues, besonders des Aufstaus, sind heute bekannt und durch zahlreiche Arbeiten und Untersuchungen wie z. B. von BLESS 1981 und 1985, GORMAN & KARR, MAYER et al., JUNGWIRTH 1984 und 1991, MONTEN, NESS; WARD & STANFORD belegt wurden. Aus limnologisch/fischökologischer Sicht besteht nach JUNGWIRTH 1991 eine der wichtigsten Auswirkungen des Gewässeraufstaues in der Unterbrechung des Flusskontinuums, insbesondere im Hinblick auf freie Wanderungsmöglichkeit von Benthosorganismen und Fischen, was z. B. in vielen Fällen zur Verinselung von Restpopulationen führt.

Durch den Bau von Mühlwehren in der Würm, Glems, Aich und Ammer sowie in ihren Nebenbächen wurden bereits im Mittelalter ganze Gewässersysteme zerstückelt. Die hohen Wehrfallen wurden zu einem unüberwindlichen Hindernis für die aufwandernden Neunaugen, Fische, Krebse und anderen Wasserorganismen. Neunaugen und Krebse haben somit ihren Lebensraum verloren und sind in diesen Gewässerstrecken bis auf wenige Bereiche nicht mehr anzutreffen.

Mit dem Bevölkerungswachstum und der Entwicklung der Dörfer und Städte wurden im Gäu und im Schönbuch zahlreiche Eisweiher, Fischteiche, Feuerlöschteiche, Dorfweiher, Mühlweiher und Badeseen angelegt. So entstanden z. B. der Hölzersee bei Magstadt, der Schlandersee, Klostersee und die Hinterlinger Seen in Sindelfingen. Der Obere- und Untere See sowie der Ganssee in Böblingen, der Feuerlöschsee in Weil im Schönbuch, der Teich am Schaichhof, der Teich bei Mauren, der Stauteich im Glemsbachtal, der Stöckhofsee in Renningen, der Weiher in Dätzingen, der Eisweiher im Gutsleuthausertäle und viele andere. Ende der 70iger, Anfang der

80iger Jahre wurden im Kreis Böblingen einige Hochwasser-Rückhaltebecken mit Dauerstau gebaut, wie das Rückhaltebecken Diebskarren und Goldbach im Raum Sindelfingen, sowie das Rückhaltebecken Totenbach (Segelbach) und Sulzbach im Einzugsgebiet der Aich. Dadurch erhöhte sich die Zahl der stehenden Gewässer in diesem Gebiet, was sich auch positiv auf die Artenvielfalt in dieser Region auswirken wird. Es darf jedoch nicht vergessen werden, daß durch den Aufstau das fließende Wasser zu einem stehenden umgewandelt wird. Die Umstellung der Licht-, Temperatur- und Strömungsverhältnisse im Becken zerstören die bisherigen Lebensgemeinschaften, sowie die gewachsenen ökologischen Zusammenhänge. Eine Korrespondenz der Lebewesen ist in diesen Wasserläufen durch den Stau gänzlich unterbrochen. Es ändern sich auch die physikalischen und chemischen Eigenschaften des Wassers, so daß eine zusätzliche biologische Sperre entsteht, die die strömungsliebenden Organismen des Unter- und Oberlaufs trennt. Sofern Teiche und Feuchtbiotope gebaut werden, sollten deshalb diese im Nebenschluß eines Fließgewässers angelegt werden. Auf diese Weise können in unmittelbarer Bachnähe neue Lebensräume für Amphibien, Reptilien, Wasservögel, Fische, Insekten und andere Organismen geschaffen werden, ohne den bestehenden Bachlauf und die hier vorhandene Pflanzen- und Tiergemeinschaft zu zerstören.

Abb. 108: Hölzersee — Foto W. SCHUBERT

Neben den physikalischen Grundfaktoren wie Temperatur, Strömung und Trübung, die weitgehend den biologischen Charakter einer Fließstrecke bestimmen, haben die eingeschwemmten Materialien aus dem Einzugsgebiet einen wesentlichen Einfluß auf die Beschaffenheit des Wassers und somit auf die Verhältnisse im Gewässer selbst.

Waren es in der Vergangenheit hauptsächlich Lösungen aus dem Gestein und den Böden, die auf die chemische Zusammensetzung des Wassers Einfluß nahmen, so wurden es mit der Intensivierung der Landwirtschaft und der voranschreitenden Industrialisierung unseres Gebietes immer mehr die landwirtschaftlichen, häuslichen und industriellen Abwässer, die unsere Quellen, Bäche, Flüße, Seen, Teiche und vor allem das Grundwasser immer stärker beeinträchtigten. Auch die aus der Luft mit dem "Sauren Regen" niederkommenden Schadstoffe führen zur Verschiebung des pH-Wertes im Wasser in den sauren Bereich. Zum Glück überwiegen im Schönbuch und Gäu Ablagerungen aus der Keuper- und Muschelkalkzeit (vgl. S. 8 - 10). Die Auswaschungen aus diesen Ablagerung wirken wie ein Puffer gegen die Versauerung, so daß im Gegensatz zum Schwarzwald die Gewässer im Beschreibungsgebiet, mit Ausnahme des Agenbaches, pH- Werte im neutralen bis alkalischen Bereich aufweisen und dadurch gegen den "Sauren Regen" eine gewisse "Immunität" zeigen.

Die Gewässersituation

Die Gewässerbelastungen erreichten ihren Höhepunkt in den 70iger Jahren. In dieser Zeit zählte die Schwippe und in weiten Abschnitten die Würm, Glems, Aich, der Rankbach und Totenbach zu den am stärksten belasteten Bächen und Flüssen im Kreis Böblingen. Ein Phosphatgehalt von 12,0 bis 15,0 mg PO_4/l und ein Ammoniumgehalt von 7,0 bis 30 mg NH_4/l waren damals in diesen Fließgewässern keine Seltenheit.

Die Anstrengungen der Wasserwirtschaft und der Kreisverwaltung, sowie die enormen Aufwendungen des Landes und der Kommunen bewirkten, daß in der Gewässergüte eine positive Wende erzielt werden konnte. In den 80iger Jahren wurden besonders im Kreis Böblingen die Kanalisationssysteme zahlreicher Städte und Gemeinden mit modernen Regenüberlaufbecken (RÜB) ausgestattet, so daß bei Niederschlägen die Abwässer, die früher aus den Regenüberläufen (RÜ) stoßartig in den Vorfluter flossen, in diesen s.g. RÜB-s aufgefangen werden. Nur bei einem sehr starken Regen kommt es vor, daß die Speicherkapazität dieser Becken erschöpft wird und die Abwässer dann über eine Schwelle oder einen Schieber in den Vorfluter fließen. Eine akute Schädigung der Wasserorganismen ist wegen der vielfachen Verdünnung dieser Abwässer kaum mehr zu erwarten.

Auch die Erweiterung und Modernisierung der Kläranlagen führten zu einem besseren Abbau des Ammonium- und BSB-Wertes in den Klärabwässern. So konnten z. B. die Ammoniumwerte in der am stärksten belasteten Schwippe bis auf 0,5 – 0,7 mg NH_4/l vermindert werden. Im Oktober 1987 wurden nach langjährigen Testbefischungen auf Gemarkung Dagersheim und Darmsheim erstmals wieder Fische gefangen. Die Phosphatwerte von 5,0 – 8,0 mg PO_4/l vom Oktober 1987 gehören scheinbar der Vergangenheit an. Seit der Inbetriebnahme der Phosphatfällung im Sammelklärwerk Böblingen–Sindelfingen sind die Phosphatwerte in diesem Gewässer drastisch verringert worden. Die Kläranlage in Schönaich und die Kläranlage des Zweckverbandes Gärtringen/Nufringen verfügen seit 1991 über eine Phosphatfällung. Weitere Klärwerke im Kreis, wie z. B. das Klärwerk in Magstadt und Renningen, werden dem Beispiel dieser Kläranlagen folgen, so daß ein drastischer Rückgang der Eutrophierung in den nächsten Jahren in der Schwippe, der Würm, der Aich, im Krebsbach und im Rankbach zu erwarten ist.

Abwasserbelastungen aus den Einzugsgebieten um Weil im Schönbuch und Steinenbronn verursachen immer noch eine starke Eutrophierung des Hochwasserrückhaltebeckens Totenbach und Sulzbach. Jahrelange Untersuchungen zeigen, daß diese Stauseen im Sommer, bei einer Sauerstoffübersättigung des Oberflächenwassers, Sauerstoffdefizite in der Tiefenwasserschicht aufweisen. Die Phosphatgehalte liegen in diesen Seen, je nach Jahreszeit und Wassertiefe, zwischen 1,0 und 6,0 mg PO_4/l. Der pH-Wert schwankt hier im Sommer an der Oberfläche zwischen 7,0 und 9,3. Die Ammoniumwerte sind vor allem im Totenbachbecken sehr hoch (1,5 bis 4,5 mg NH_4/l am Boden).

Eine bessere Wasserqualität wird z. Zt. in der Glems angestrebt. Die vom Regierungspräsidium Stuttgart ausgearbeitete Glemssanierung läßt auch in diesem Gewässer eine bessere Wasserqualität erwarten.

Nach Angaben der Landesanstalt für Umweltschutz (LfU) Karlsruhe schwankt die Gewässergüte der Ammer, gestützt auf Untersuchungen vom 8. 8. 1988 zwischen Güteklasse III (Gültstein) und II (restlicher Verlauf). Die Aich weist unterhalb Holzgerlingen Güteklasse II, an der oberen Rauhmühle und Waldenbuch Güteklasse III, in Neuenhaus Güteklasse II-III und in Oberensingen Güteklaase II auf (Untersuchungen der Lfu vom 16. 8. 1990). Die Gewässergüte der Schwippe ist nach Werten der LfU vom 23. 9. 86 in Güteklasse II-III und III einzustufen, die der Würm in Güteklasse II und II-III (LfU 28. 7. 87).

Im allgemeinen kann dennoch der Zustand der Abwasserbehandlung im Gäu und Schönbuch als gut bezeichnet werden. Die neuesten Gewässergütebestimmungen werden sicherlich auf bessere Wasserqualität in der Schwippe, Würm, Ammer, und der oberen Glems hinweisen können. Auch die Schwermetallbelastungen sind in den letzten Jahren stark zurückgegangen. Von behördlicher Seite entnommene Fischproben aus der Aich, Glems, Schwippe, Würm und dem Rankbach wiesen keine oder nur sehr geringe Schwermetallbelastungen auf, die weit unter den Grenz- bzw. zulässigen Höchstwerten lagen. Es heißt jedoch nicht, daß keine Gefahren mehr für unsere Gewässer bestehen. Keine Lebensgemeinschaft ist auch nur annähernd in gleichem Maße bedroht, wie die der Lebewesen, die auf das Leben im Wasser angewiesen sind. Säugetiere und Vögel können ihr Biotop bei Störungen verlassen. Sie kehren oft wieder zurück oder suchen sich zur Aufzucht der Nachkommenschaft günstigere Bedingungen. Hier ist das Biotop gefährdet, nicht – oder nur in geringem Maße – die Kreatur. Ganz anders verhält es sich bei den Lebewesen im Wasser bzw. auf dem Gewässergrund. Eine einzige Schadstoffeinleitung, gewollt oder unbedacht, führt unweigerlich zu einer Katastrophe, die in der Ausdehnung nur von der abnehmenden Schadstoffkonzentration begrenzt wird. Ihr fallen nicht nur alle im Wasser lebenden Individuen zum Opfer, sondern auch deren Laich, Eier und Larven, ohne die eine Arterhaltung nicht möglich ist.

Leider steht nur in den aller seltensten Fällen bachaufwärts ein angrenzender „Populationsstützpunkt" zur Verfügung, von dem eine Wiederbesiedlung des geschädigten Gewässerabschnittes ausgehen kann. Aber selbst wenn dies der Fall ist, vergehen mehrere Jahre, bis wieder eine angemessene Bestandsdichte erreicht ist. Durch Unfälle oder durch menschliches Versagen, sowie durch Jauche und Gülleeintrag, kam es immer wieder zu Gewässerverunreinigungen, die zu einem Fischsterben führte. In den 80iger Jahren wurden in unserem Gebiet 15 Fischsterben registriert. Zu den größten gehörte das am 17. 6. 1982 durch Weichmachereinleitung ausgelöste Fischsterben in der Ammer und das am 2. 7. 1984 durch Säureunfall verursachte Fischsterben in der Würm in Weil der Stadt.

Die Lasten der Gewässerreinhaltung dürfen nicht nur den Kommunen oder dem Land auferlegt werden. Wir alle können sehr viel für unsere Gewässer erreichen, indem wir z. B. rationeller unsere Dusch-, Bade- und Waschmittel einsetzen. Oder indem wir unsere Bäche, Flüsse und Seen nicht mehr als Entsorgungsstätte für Autoreifen, Batterien, Flaschen, Öl-, Getränke-, Spray- und Farbdosen sowie für zahlreiche andere Abfallprodukte benutzen. Auch zahlreiche Gewässeranlieger können zur Gewässerreinhaltung sehr viel beitragen, indem sie z. B. auf die Ablagerung von Gerümpel, Gartenabfällen, Kompost, verdorbenem Heu, Dung, Gras, ausgepreßtem Obst, Laub, Reisig und anderer Abfälle in unmittelbarer Gewässerbettnähe verzichten.

Die Gewässergüteverbesserung und die Tatsache, daß Gewässersanierungs- und Gewässerpflegepläne erstellt werden, und daß heute wieder zahlreiche Bäche im Kreis Böblingen abschnittsweise renaturiert werden, lassen hoffen, daß die ökologischen Aspekte in unserer Industrielandschaft stärker in den Vordergrund rücken. Erfreulich ist auch, daß heute zahlreiche Organisationen bei Planfeststellungen zum Gewässerausbau gehört werden und ihre Standpunkte und Interessen vertreten können. Es bleibt somit nur noch zu wünschen, daß die Entscheidungsbehörden bei wasserrechtlichen Entscheidungern die Ökologie unserer Gewässer und die limnologischen Aspekte beim Gewässerausbau stets in den Vordergrund stellen, daß Städte und Kommunen ihre verdolten Bäche naturnah umgestalten und daß Betreiber von Wehranlagen Aufstiegsmöglichkeiten für Neunaugen, Fische, Krebse, Muscheln und andere Wasserbewohner wieder herstellen. Dadurch könnte nicht nur der Pflanzen- und Tierwelt, sondern auch uns Menschen ein kleines Stück unserer Natur zurückgegeben werden.

Die Fischarten in den Gewässern unserer Region

Historisches Vorkommen

Über die Zusammensetzung der Ichthyozenose in den Bächen und Flüssen des Gäus und Schönbuchs vor den massiven Eingriffen des Menschens in diese Gewässer können keine genauen Aussagen gemacht werden. Die ersten (unvollständigen) Überlieferungen können bei KLUNZINGER, SIEGLIN (1892 und 1896), WILD und der Oberamtbeschreibung des kgl. Oberamtes Böblingen (1850) und des kgl. Oberamtes Leonberg (1852 und 1930) entnommen werden. Eine Zusammenstellung der Fischfauna in Baden-Württemberg mit historischen Angaben liefert auch BERG et al. (1989).

Vor der antropogenen Einwirkung auf die Gewässer sind im Beschreibungsgebiet hauptsächlich zwei Fischregionen entsprechend der Gliederung nach MUUS & DAHLSTRÖM und MÜLLER zu erkennen, die überwiegend durch rheophile Arten besiedelt zu sein schienen. Abb. 109 zeigt eine schematische Gliederung der Fischregionen des Beschreibungsgebietes mit den früher vorkommenden Fischarten. Mit durchgezogenen (Hauptgewässer) und gestrichelten (Seitenarme, Gräben, Tümpeln) Linien sind die Verbreitung der einzelnen Fischarten innerhalb dieser Regionen entsprechend ihrer Adaptation an die verschiedenen Gewässerfaktoron (von den rheophilen Arten oben zu den limnophilen Arten unten) in dieser Abbildung dargestellt worden.

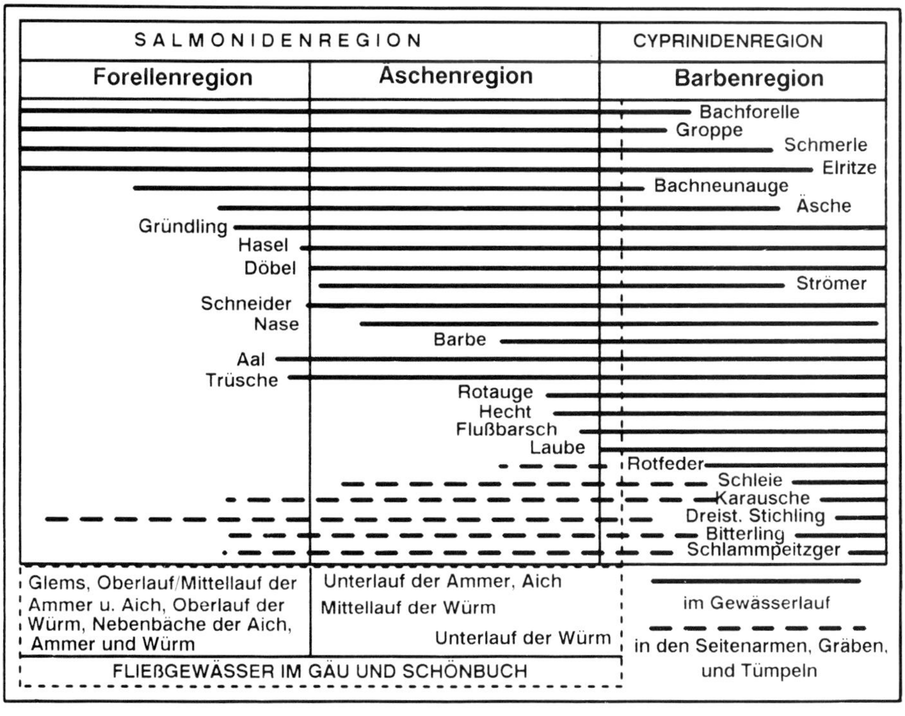

Abb. 109: Die natürlichen Fischregionen und Fischarten in Schönbuch und Gäu

So gehörte die gesamte Glems, der Oberlauf und Mittellauf der Aich und Ammer, der Oberlauf der Würm sowie die Nebenbäche der o. g. Gewässer der Forellenregion an, die durch typische Leitfische wie, die **Bachforelle** (*Salmo trutta forma fario*), **Groppe/Koppe** (*Cottus gobio*), **Schmerle** (*Noemacheilus barbatulus*) und **Elritze** (*Phoxinus phoxinus*) besiedelt waren (s. Abb. 109). In den lockeren Kies- und Sandschichten dieser Region war als Vertreter der Rundmäuler das **Bachneunauge** (*Lampetra planeri*) beheimatet.

Abb. 110: Bachforelle aus der Würm bei Schafhausen. Die aus dem Wasser entnommenen Fische (vgl. auch Abb. 114) wurden nicht getötet, sondern nur narkotisiert. Nach dem Wiegen und Messen sind diese wieder in die Gewässer zurückgesetzt worden. Foto H. WNUCK.

Als "Begleitfische" dieser Region zählen die **Äsche** (*Thymallus thymallus*), der **Gründling** (*Gobio gobio*), **Hasel** (*Leuciscus leuciscus*), **Schneider** (*Alburnus bipunctatus*), die aus den unteren Regionen bis in die Forellenregion vordrangen. Die Forellenregion im Glems-, Schwippe- und Würmtal begleiteten Sümpfe mit Tümpeln, Altarmen und langsam fließenden Gräben, die nach der kgl. Oberamtbeschreibung des Oberamtes Leonberg (1853 und 1930) und Böblingen (1850) vom Zwergstichling (gemeint war der **Dreistachlige Stichling** (*Gasterosteus aculatus*), vom **Schlammpeitzger** (*Misgurnus fossilis*), dem **Bitterling** (*Rhodeus sericeus amarus*) besiedelt waren. Ferner sollte in diesen Nebengewässern auch die **Schleie** (*Tinca tinca*), die **Rotfeder** (*Scardinius erythrophthalmus*) und die **Karausche** (*Carassius carassius*) vorkommen (vgl. Abb 109). Charakteristisch für die Forellenregion ist die ausgesprochene Artenarmut die durch die bereits erwähnten Faktoren bestimmt wird.

Der Unterlauf der Aich und Ammer sowie die Würm vom Mittellauf bis fast zur Mündung in die Nagold konnten in der Vergangenheit der Äschenregion zugerechnet werden. Zu den Leitfischen zählte hier die Äsche, die Bachforelle, der Gründling, Hasel, **Strömer** (*Leuciscus souffia agassizi*), Schneider, die **Nase** (*Chondrostoma nasus*), Elritze, Groppe oder Koppe, **Döbel** (*Leuciscus cephalus*) und die Bach-

Abb. 111: Bitterling Foto M. HENNECKE

Abb. 112: Barbe Foto M. HENNECKE

schmerle. Weniger häufig trat die **Trüsche** (*Lota lota*), der **Aal** (*Anguilla anguilla*) und die **Barbe** (*Barbus barbus*) auf. Die Seitenarme und die verkrauteten Stillwasserzonen der Äschenregion waren vom Dreistachligen Stichling, vom Schlammpeitzger, dem Bitterling, der Schleie, der Rotfeder und der Karausche bewohnt (vgl. Abb 109).

Die Äschenregion weist gegenüber der Forellenregion eine höhere Artenzahl auf. Es kommen in dieser Region bereits Strömungsindifferente Arten, wie das **Rotauge** (*Rutilus rutilus*), der **Hecht** (*Esox lucius*), der **Flußbarsch** (*Perca fluviatilis*) und die **Laube** (*Alburnus alburnus*) vor.

Eine typisch ausgeprägte Barbenregion wie sie früher in der Enz, Nagold und im mittleren Neckar vorzufinden war, konnte in den Gewässern des Beschreibungsgebietes nicht nachgewiesen werden. Durch den direkten Mündungskontakt der Ammer, Aich, Glems und der Würm mit der Barbenregion des Neckars, der Enz (Glems) und Nagold (Würm) sind jedoch besonders im Unterlauf der Würm und im Mündungsbereich der Glems und Aich neben den Fischen der Äschenregion auch zahlreiche Fische der Barbenregion aufgetreten. Der markanteste Leitfisch der Barbenregion ist die Barbe, die in dieser Region von der Nase, dem Hasel, Döbel, Strömer, Schneider, Gründling, dem Rotauge und der Laube begleitet wird.

Die Bachforelle kommt in diesen Flußbereichen meistens nur im adulten Stadium vor und ist hier seltener als in der Forellen- und Äschenregion. In den flachen und durchströmten Bereichen war auf steinigem und kiesigem Untergrund auch in dieser Region die Bachschmerle, die Elritze und vereinzelt die Mühlkoppe präsent. Der Flußbarsch, Aal und der Hecht waren hier häufiger vertreten als in den oberen Regionen. Die Trüsche war nach KLUNZINGER im gesamten Einzugsgebiet des Neckars gleichmäßig verteilt und selten. In den Stillwasserbereichen waren die limnophilen Arten, wie die Schleie, Karausche, der Bitterling, die Rotfeder zahlreicher vertreten als in der Äschenregion. Gelegentlich muß im Mittelalter auch der **Maifisch** (*Alosa alosa*) seltener der **Lachs** (*Salmo salar*) bis in unsere Gewässer vorgedrungen sein (KLUNZINGER; WILD). Unterhalb von dem für Fische unüberwindbaren Heilbronner Wehr konnten im Neckar noch Ende des letzten Jahrhunderts Maifische und vereinzelt Lachse gefangen werden (WILD).

Anthropogenbedingte Veränderung der Ichthyozenose

Durch antropogene Einwirkungen ist bereits im frühen Mittelalter die Gewässermorphologie unserer Bäche und Flüsse durch den Bau von Wehren und die Nutzung der Wasserkraft durch unterschlächtige und später oberschlächtige Mühlräder verändert worden. Auch die damals bereits stattfindende extensive fischereiliche Bewirtschaftung von Eisweihern und Mühlteichen führte dazu, daß zu der typischen Ichthyozenose der Forellenregion vermehrt solche Fischarten wie Schleien, Karauschen, Rotaugen, Rotfedern, Hechte dazukamen. In den von Hand ausgehobenen Entwässerungsgräben konnte eine starke Vermehrung des Stichlings, des Bitterlings und des Schlammpeitzgers nachgewiesen werden (Oberamtsbeschreibung Leonberg 1852 und 1930). Bereits im Mittelalter ist der **Karpfen** (*Cyprinus carpio*), ab ca. 1886 die **Regen-**

Abb. 113: Hecht Foto M. HENNECKE

Abb. 114: Narkotisierte Äsche aus der Würm bei Grafenau Foto H. WNUCK

bogenforelle (*Oncorhynchus mykiss* Walbaum) und der **Bachsaibling** (*Salvelinus fontinalis*) im Einzugsgebiet der Enz eingebürgert worden (SIEGLIN, 1892, 1896).

Der Gewässerverbau und die Gewässerverunreinigung war im Mittelalter nicht so gravierend, daß der Fischbestand stark in Mitleidenschaft gezogen werden konnte. Eher ist zur damaligen Zeit eine Erhöhung der Artenzahl festzustellen (vgl. Tab. 1).

Dieser Anstieg der Fischartenzahl kann jedoch keineswegs als eine positive fischereiliche Entwicklung betrachtet werden. Vielmehr wurden die hier lebenden kaltstenothermen "Spezialisten" dem "Konkurrenzdruck" neuer anspruchsloser (indifferenter) Arten, die in den Stauhaltungen halbwegs erträgliche Bedingungen vorfanden, ausgesetzt. Die größten Veränderungen in unseren Gewässern, ähnlich wie in zahlreichen anderen Fließgewässern fanden erst zur Zeit der Industrialisierung statt. Zu den Hauptursachen dieser Veränderungen zählte damals KLUNZINGER und SIEGLIN (1896) den Gewässeraufstau, Gewässerausbau und Begradigung, Kiesgewinnung sowie die Einleitung von Schlacht-, Gerberei- und Industrieabwässern. Mit dem Ausbau der Kanalisation kamen häusliche und kommunale Abwässer dazu.

Mit dem explosionsartigen Wachstum der Bevölkerung nach dem Zweiten Weltkrieg und der ansteigenden Gewässerbelastung im Kreis Böblingen ist Ende der 60iger- und Anfang der 70iger Jahre ein Rückgang der Fischarten in den Fließgewässern zu verzeichnen. Es kam in diesem Zeitraum zu zahlreichen Fischsterben, die viele Flüsse, wie z. B. die Glems zwischen Leonberg und Unterriexingen, die Schwippe, den Krebsbach, Totenbach sowie abschnittsweise die Aich, Ammer, Würm, und den Rankbach fast fischleer machten, so daß ein besonderes fischereiliches Interesse in der Zeit von 1965 bis 1975 an den von Abwässern und Ausbau geplagten Strecken kaum bestanden hat.

Als in den 70iger Jahren durch Förderung des kommunalen Kläranlagenausbaues die Wasserqualität sich endlich allmählich besserte, kam die Stunde der Angelsportvereine. Sie allein zeigten die Risikobereitschaft, freigewordene Gewässer anzupachten und wieder mit Fischen zu besetzen. Langsam konnte in vielen – nicht allen – geschädigten Gewässerstrecken ein Fischbestand aufgebaut werden. Leider – aber wer will es den Anglern verdenken – kam die Artenvielfalt bei diesen Besatzmaßnahmen zu kurz. Damals wurden hauptsächlich Regenbogenforellen, Karpfen, Schleie, Aale und Hechte eingesetzt, die zu den ertragsbringenden Fischen zählten.

Auch die Fischzuchtbetriebe konnten in der kritischen Zeit keine Kleinfischarten anbieten. Erst seit wenigen Jahren gehen Fischzucht und -handel auf die Wünsche verantwortungsbewußter Gewässerwarte ein und stellen entsprechendes Besatzmaterial zur Verfügung. Es muß jedoch geachtet werden, daß keine nicht-einheimischen Fische, wie z. B. der **Blaubandbärbling** (*Pseudorosbora parva*), der seit 1990 im Einzugsgebiet der Schwippe und Würm in hoher Anzahl nachgewiesen werden konnte (Elektrobefischung der Fischereibehörde Stuttgart), in unsere Gewässer eingesetzt werden. Durch den Aufstau zahlreicher Mittelgebirgsbäche und das Anlegen von Stauteichen sind die alten Fischregionen mit ihren typischen Leitfischen nicht mehr aktuell.

Die Entwicklung der Fischfauna im Kreis Böblingen mit Angabe ihrer Gefährdung in Baden-Württemberg (nach BAUER & STRUBELT) und der Gefährdung im

Kreis Böblingen kann aus Tab. 1 entnommen werden. Aus dieser Tabelle geht hervor, daß die anthropogen bedingten Veränderungen der Fischartengemeinschaft in drei Phasen verlaufen sind. Bis 1930 ist ein Anstieg der Fischarten aufgrund von Einbürgerung neuer Arten und durch Schaffung neuer Lebensräume für Cypriniden (Weiher, Teiche) von ca. 25 Arten auf 29 Arten zu verzeichnen. Danach ist eine Phase der Abnahme der Fischarten besonders in Fließgewässern zu verzeichnen, so daß zwischen 1965 und 1975 nur noch ca. 19 Fischarten im Kreis Böblingen präsent waren. Die meisten der 19 Arten lebten verinselt in den von Abwässer unbelasteten Gewässerstrecken oder in stehenden Gewässern, wie z. B. im Hölzersee. Wie aus Tab. 1 zu entnehmen ist, sind bis 1975 besonders die Leitfische der Forellen- und Äschenregion, wie die Bachforelle, Äsche, Groppe, Elritze, Strömer, Hasel, aber auch zahlreiche Kleinfischarten, wie z. B. der Dreistachlige Stichling, der Schlammpeitzger und der Bitterling verschollen oder nur sehr selten geworden. Einige Fischarten konnten nur durch wiederkehrenden Besatz in den Gewässern erhalten bleiben (s. Tab. 1). Nach 1975 ist aufgrund der immer besser werdenden Wasserqualität wieder ein Anstieg der Fischarten zu verzeichnen, so daß 1991 35 Fischarten mit unterschiedlicher Häufigkeit in den Gewässern des Gäus und Schönbuchs nachgewiesen werden konnten (s. Tab. 1). Es ist jedoch, was die Häufigkeit betrifft, eine Veränderung der Ichthyozenose zugunsten der Cypriniden zu verzeichnen. Insgesamt sind 14 Fischarten gegenüber dem historischen Vorkommen seltener geworden. Davon 4 Arten ausgestorben, 5 vom Aussterben bedroht und 6 stark gefährdet. 14 Fischarten, meistens Cyprinidenarten und durch Besatz geförderte Fische, nehmen in der Häufigkeit zu oder sind neu eingebürgert oder eingeschleppt worden (s. Tab. 1). Die Individuenstärke von 9 Fischarten ist in etwa gleichgeblieben. Im Gegensatz zu Angaben der "Roten Liste" für Baden-Württemberg (BAUER & STRUBELT) ist der Strömer, die Trüsche, der Schlammpeitzger und das Flußneunauge im Kreis Böblingen ausgestorben (s. Tab. 1). Die Bachschmerle und der Giebel sind im Beschreibungsgebiet nicht gefährdet, was auch für den gesamten Regierungsbezirk Stuttgart zutrifft. Eine Aktualisierung der 1977 erstellten Liste scheint hier somit notwendig zu sein.

Heute sind in den Gewässern des Beschreibungsgebietes wieder 35 Fischarten ermittelt worden. Zu erwähnen ist hier die Äsche, die vereinzelt in der Ammer Aich und Würm gefangen wird (Neubesatz).

Die Bachforelle ist häufig in allen größeren Bächen und laicht wieder in der Ammer, der Aid, und Schaich, im Goldersbach, sowie im Oberlauf der Glems und Aich. Die Regenbogenforelle, eingebürgert 1886 (SIEGLIN, 1892), wird sehr häufig auch in Stauseen und Teichen eingesetzt. Diese Fischart ist nicht standorttreu. Als eine starke Konkurrentin für die einheimische Bachforelle sollte zum Schutz dieser Fischart die Regenbogenforelle in unsere Fließgewässer nicht eingesetzt werden.

Der Bachsaibling, eingebürgert 1886, ist nur vereinzelt in der Schaich, Aid, Ammer, Würm und Glems anzutreffen (Neubesatz).

Der Karpfen, Aal, Barsch, Hecht, Zander, Brachse, Güster, Giebel, Döbel, die Schleie, Rotfeder, Karausche, sowie das Rotauge kommen in zahlreichen stehenden Gewässern und in den Stauhaltungen häufig vor. Der Bestand dieser Fischarten gilt als gesichert. Die Quappe gilt seit 1954 in unseren Gewässern als verschollen.

Die Barbe, Nase und der Hasel kommen nur selten im Unterlauf der Ammer, Aich und Glems vor. Eine Wiedereinbürgerung der Barbe in der Würm ist vom ASV Weil der Stadt vorgenommen worden. Neben den o. g. Fischen, die in der Fischerei mehr oder weniger eine wirtschaftliche Rolle spielen, kommt in den Gewässern des Schönbuchs und des Gäus eine Reihe interessanter Kleinfische vor, die eine kurze Beschreibung verdienen:

Die **Bachschmerle** (*Noemacheilus barbatulus*), nur max. 12 – 15 cm groß, lebt vorzugsweise in sauerstoffreichen Bächen und ist keineswegs selten. Gegen Abwässer ist diese Fischart unempfindlich, sofern noch genügend Sauerstoff im Wasser vorhanden ist. Den meisten Naturfreunden und Anglern bleibt die Schmerle durch ihre unscheinbare Lebensweise verborgen. Vorkommen sind in der Ammer, Aich, Glems und Würm mit Nebenbächen.

Die **Elritze** (*Phoxinus phoxinus*) ist ein kleiner Schwarmfisch unserer Gewässer. Er wird ebenfalls 12 – 15 cm groß (meistens kleiner) und zeigt ein besonderes Verhalten. Bei Gefahr vermag er einen Duftstoff ins Wasser abzugeben, welcher andere Fische in der Nähe zur sofortigen Flucht veranlaßt. Bei genügend Sauerstoff (mechanischer Eintrag durch Aufwirbeln des Wassers) hält die Elritze auch eine höhere Abwässereinleitung aus. Die Population erholt sich wieder, jedoch ist die Elritze nirgends häufig. Vorkommen sind in der Ammer (Neubesatz), Unterlauf der Aich, im Rankbach und vereinzelt in der Würm.

Abb. 115: Elritzen — Foto M. HENNECKE

Die **Groppe** (Mühlkoppe) (*Cottus gobio*) ist wie kein anderer Grundfisch der Forellenregion auf kaltes, sauerstoffreiches, sauberes Wasser und steinigen, kiesigen Boden angewiesen. Sie hat besonders unter den Sünden der Vergangenheit zu leiden. Die Groppe reagiert sehr empfindlich auf Gewässerverschmutzung (Indikator für sehr sauberes Bachwasser). Abgesehen von einer relativ beständigen Präsenz der Mühlkoppe in der Schaich und einigen kleineren Nebenbächen der Aich sind den Verfassern nur noch zwei Vorkommen in der Würm, Irm sowie im Oberlauf der Ammer, des Goldersbaches und des Reichenbaches bekannt.

Der **Gründling** (*Gobio gobio*) ist in den Fließgewässern unseres Landkreises wieder häufig. Die Populationsstärke dieser Fischart ist von Jahr zu Jahr sehr unterschiedlich. Es gibt nur wenige Erklärungen dafür. Nach eigenen Beobachtungen tragen in kanalisierten Gewässern die Frühjahrshochwässer zur Vernichtung der Eier und der Brut entscheidend bei. Vorkommen sind in der Ammer, Aich, Glems und Würm mit Nebenbächen.

Die **Laube** (*Alburnus alburnus*) ein schneller, flinker Fisch war in unseren Flüßchen auch vor den großen Fischsterben nicht gerade stark vertreten. Diese Fischart kam früher meistens nur in der Barben- und Brachsenregion, seltener (zum Laichen) in der Äschenregion vor. Durch den Aufstau von Forellenbächen und durch den Bau von Stauseen in Quellgebieten der Aich, Ammer, Glems und Würm, sowie durch die Eutrophierung der Bäche kommt die Laube neben anderen karpfenartigen Fischen wie z. B. Karpfen, Rotaugen, Döbel, Schleie, Giebel und Karausche heute auch in der Forellenregion vor, was zur Verfälschung der Fischfauna in dieser Region führt. Die Laube ist eine nicht gefährdete Fischart und kommt gegenwärtig sehr häufig im Einzugsgebiet des Neckars vor.

Der **Schneider** (*Alburnoides bipunctatus*), Größe 9 – 13 cm, war einst ein häufiger Schwarmfisch der Äschen- und Barbenregion und ist heute eine vom Aussterben bedrohte Art. Vereinzelt kommt diese Fischart nur noch im Mündungsbereich der Aich und der Ammer vor.

Der **Dreistachlige Stichling** (*Gasterosteus aculeatus*) ist auch für Aquarianer ein sehr interessanter Fisch. Das Stichlingsmännchen betreibt Brutpflege, baut für die Eiablage ein Nest und bewacht dies bis zum Schlupf der Brut. Der Stichling erobert alle Kleingewässer unserer Gegend und darüber hinaus. Diese Art kommt im Einzugsgebiet der Ammer, Aich, Glems und Würm relativ häufig vor, wird jedoch oft für die Brut anderer Fischarten gehalten. Der **Zwergstichling** (*Pungitius pungitius*) ist kleiner als sein dreistachliger Bruder, hat 9 – 11 Stacheln, hat die gleiche Lebensweise wie Gasterosteus und kommt nur vereinzelt in den Gewässern unseres Kreises vor (eingeschleppt).

Der **Sonnenbarsch** (*Lepomis gibbosus*) ist als Aquarien- und Gartenteich-Fisch Ende des vorigen Jahrhunderts aus Nordamerika nach Europa eingeführt worden. Doch auch diese nicht einheimische Art gelang sehr rasch in unsere Hauptgewässer. WILD ermittelt diese Fischart bereits um die Jahrhundertwende im mittleren Neckar. Im Beschreibungsgebiet kommt der Sonnenbarsch nur vereinzelt in einigen Steinbrüchen und Weihern vor. Auf solche Besiedlung können unsere Gewässer allerdings gerne verzichten.

Abb. 116: Dreistachlicher Stichling Foto M. HENNECKE

Rundmäuler (*Cyclostomata*)

Die Rundmäuler zählen nur bedingt zu den Fischen. Entwicklungsgeschichtlich sind sie die älteste Gruppe von Wirbeltieren. Das **Bachneunauge** (*Lampetra planeri*) hat einen fast drehrunden, wurmförmigen Körper, ca. bleistiftdick und -lang, hat weder Schuppen noch paarige Flossen, und ein trichterförmiges Saugmaul. Die Neunaugen und ihre Larven, "Querder" genannt, leben überwiegend in der Forellenregion und waren in unseren Gewässern einst sehr häufig. Der Bestand, ehemals sehr zahlreich in allen Bächen, ist bis auf wenige Populationsinseln im Goldersbach, in der Schaich und Aich und – unbestätigten Meldungen zufolge – auch im Goldbach zurückgegangen. Alte Überlieferungen besagen, daß auch das **Flußneunauge** (*Lampetra fluviatilis*) in der Enz und Nagold einwanderte (BERG et al.). Somit ist nicht auszuschließen, daß das Flußneunauge auch in der Würm gelegentlich vorkam. Heute ist diese Art im süddeutschen Raum ausgestorben und ist, abgesehen von Einzelfunden im Rhein bei Karlsruhe, nur noch im Küstenbereich heimisch.

Abschließend ist zu sagen, daß eine Stabilisierung der Fischpopulationen und der Wasserbewohner allgemein nur mit einer Qualitätsverbesserung des Wassers und einer Biotopverbesserung erreicht werden kann. Dazu ist mehr Aufwand notwendig, als es die privaten Vereine und Bachpatenschaften mit ungezählten Arbeitsstunden ableisten können. Hierfür ist das Nachschalten chemischer Reinigungsstufen in den Kläranlagen ebenso wichtig, wie Renaturierungsmaßnahmen an Gewässerläufen oder die Beseitigung von Aufstiegshindernissen in unseren Fließgewässern.

Wir werden für unsere Gewässer nie mehr die Güteklasse I erreichen können, aber wir können noch vieles verbessern.

Rote Liste der Fische im Landkreis Böblingen

Tab. 1: Vergleich der aktuellen Fischartengemeinschaft mit dem historischen Vorkommen im Kreis Böblingen unter Berücksichtigung der Gefährdung der einzelnen Arten und der Veränderung gegenüber dem historischen Vorkommen.

FISCHARTEN IM KREIS BÖBLINGEN	VORKOMMEN					GEFÄHR-DUNG		ENTWIK-KLUNG
	FISCH-REGION	HISTORISCHES		AKTUELLES				
		VOR AE	VOR 1930	1965-1975	1985-1991	B-W	BB	
• Flußneunauge (Lampetra fluviatilis)**	B,Br,Ä	?	?			1	0	(-)
• Bachneunauge (Lampertra planeri)**	F,A,B	X	X	?	S	2	2	(-)
• Bachforelle (Salmo trutta f. fario morfa)	F,Ä,B	X	H	S	H~	2	2	(-)
• Regb.Forelle (Oncorhynchus mykiss)	F,Ä,B		X	Z	H*	(E)	(E)	(+)
• Bachsaibling (Salvelinus fontinalis)	F,Ä		X		V~	(E)	(E)	(=)
• Äsche (Thymallus thymallus)	Ä,B,F	X	X		V~	2	1	(-)
• Hecht (Esox lucius)	B,Br,A	X	X	H~	H~	N	N	(+)
• Moderlieschen (Leucaspius delineatus)	T,G	?	?		S~	2	1	(?)
• Hasel (Leuciscus leuciscus)	A,B,F	X	X		V	N	3	(-)
• Strömer (Leuciscus souffia agassizi)	A,B	X	X			2	0	(-)
• Döbel (Leuciscus cephalus)	A,B,Br	X	X	V	Z	N	N	(+)
• Rotauge (Rutilus rutilus)	B,Br,Ä	X	X	Z	Z	N	N	(+)
• Rotfeder (Scardinius erythrophthalmus)	T,Br,B	X	X	S	V	N	3	(=)
• Elritze (Phoxinus phoxinus)	F,Ä,B	X	Z		V~	3	2	(-)
• Laube (Alburnus alburnus)	Br,B	X	X	S	H	N	N	(=)
• Schneider (Alburnoides bipunctata)	B,Ä	X	X		V	2	1	(-)
• Blei/Brachsen (Abramis brama)	Br,T			H~	Z~	N	N	(+)
• Güster (Blicca björkna)	Br,T			H~	Z~	N	N	(+)
• Schleie (Tinca tinca)	T,Br,B	X	X	H~	H*	N	N	(+)
• Nase (Chondrostoma nasus)	B,Ä	X	X		S~	3	2	(-)
• Barbe (Barbus barbus)	B,Ä	X	X		S~	N	2	(-)
• Gründling (Gobio gobio)	Ä,B,F,Br	X	X	H	Z	3	3	(=)
• Blaub. Bärbling (Pseudorasbora parva)	T,B,Br,Ä				H~	(E)	(E)	(+)
• Bitterling (Rhodeus sericeus amarus)	T,G,Br,B	X	X		S~	2	1	(-)
• Karausche (Carassius carassius)	T,Br,B	X	X	S	V	3	2	(=)
• Giebel (Carassius auratus gibelio)	Br,T,B		X	H~	H~	1	N	(+)
• Karpfen (Cyprinus carpio)	T,Br		X	H*	Z*	(E)	(E)	(+)
• Wels (Silurus glanis)	T,Br				V~	N	N~	(+)
• Schmerle (Noemacheilus barbatulus)	F,Ä,B	X	Z	S	Z	3	N	(=)
• Schlammpeitzger (Misgurnus fossilis)	T,G,Br,B	X	X			2	0	(-)
• Aal (Anguilla anguilla)	B,Br,A,F	X	X	H*	H*	N	N	(=)
• Quappe (Lota lota)	B,Ä,F,Br	X	X			2	0	(-)
• Flußbarsch (Perca fluviatilis)	B,Br,Ä	X	X	S	H	N	N	(=)
• Zander (Stizostedion lucioperca)	Br,T				V~	N	N	(+)
• Sonnenbarsch (Lepomis gibbosus)	T,Br				V~	(E)	(E)	(+)
• Mühlkoppe (Cottus gobio)	F,Ä,B	X	Z	S	S	2	1	(-)
• Dreist.Stichling (Gasterosteus aculeatus)	G,T,F	X	X	V	H	2	3	(=)
• Kl.Stichling (Pungitus pungitus)	G,T				V	(E)	(E)	(+)

LEGENDE:

AE -antrophogene Einfllüsse, ** -Rundmäuler, Ä -Äschenregion, B -Barbenregion, Br -Brachsenregion, F -Forellenregion, G -Gräben, T -Teiche/stehende Gewässer, H -häufig, * -kontinuierlicher/~ -nicht kontinuierlicher Besatz, S -sehr selten, V -vereinzelt, Z -zahlreich, B-W -Gefährdung in Baden-Württemberg (nach Bauer & Strubelt, 1977), BB -Gefährdung im Kreis Böblingen, 1 -vom Aussterben bedroht, 2 -stark gefährdet, 3 -gefährdet, N -nicht gefährdet, (E) -eingebürgert, 0 -ausgestorben, X -ohne Häufigkeitsangabe, ? -vermutet, (+) -Häufigkeitszunahme, (-) -Häufigkeitsabnahme, (=) -gleichbleibende Individuenzahl

Naturschutz und der Schutz wildlebender Wirbeltiere

von Ulrich Ade

in Zusammenarbeit mit
Wolgang Burr, Werner Schubert
und Wolfram Wahrenburg

Übersicht

Entwicklung bis zum Industriezeitalter **204**
Die Wandlung zur Industrielandschaft ... **206**
... mit all ihren Folgen **210**
Der Umgang mit der Landschaft **214**
Die Wirkung von technischen Einrichtungen **220**
Möglichkeiten zur Verbesserung des Naturschutzes **227**

Warum ist Naturschutz allgemein und der Schutz der Wirbeltiere im besonderen notwendig?

Natur und Landschaft sind Grundlagen für alle Formen des Lebens auf der Erde und damit auch für den Menschen. Naturschutz ist deswegen nicht irgend eine Nebensache, sondern eine elementar wichtige Aufgabe für das Überleben unserer menschlichen Gesellschaft. Die Natur befindet sich derzeit weltweit auf dem Rückzug vor den immer größer werdenden Ansprüchen der Menschen. Deswegen gilt vieles des Folgenden nicht nur für den Landkreis Böblingen, sondern prinzipiell für die Situation auf der ganzen Erde und speziell der in Mitteleuropa. Durch das Aufzeigen von Problemen und Beispielen aus dem Kreis Böblingen soll dazu beigetragen werden, daß sich die Entscheidungträger und auch jeder Bürger künftig naturfreundlicher als bisher verhalten.

Die aufgezeigten Beispiele sind für sich allein manchmal sicher Kleinigkeiten. Aber die Summe solcher Kleinigkeiten führt über längere Zeit zur totalen Veränderung und Verarmung unserer natürlichen Lebensräume. Die Liste der bereits ausgestorbenen oder gebietsweise verschollenen Pflanzen- und Tierarten spricht für sich. Hier wird eine Baumwiese zu Bauland, dort wird ein Feuchtgebiet trockengelegt, und an anderer Stelle wird eine neue Straße gebaut. Die Ansprüche unserer Wohlstandsgesellschaft steigen immer noch ständig und fordern einen immer größeren Anteil an der bereits arg belasteten Landschaft. Aber Landschaft ist nicht vermehrbar. Die naturverträglichen Grenzen in unserem Raum sind eigentlich bereits überschritten. Deshalb muß der Landschaftsverbrauch ganz dringend beendet werden.

Ein weiteres Hauptproblem ist die Achtlosigkeit und Uneinsichtigkeit, mit der oft mit Landschaft, Pflanzen und Tieren umgegangen wird. Häufig werden Probleme gar nicht erkannt oder als unwichtig beiseitegeschoben. Auch wenn die Argumente für den Erhalt von Natur klar auf der Hand liegen, fehlt es oft noch an der Handlungsbereitschaft. Als Grund müssen häufig Kosten, Arbeitsplätze und fehlende Geldmittel herhalten. Verglichen mit den Ausgaben für andere öffentliche Aufgaben handelt es sich jedoch meist um verschwindend kleine Beträge. Oft kommt es nur zu halben oder scheinbaren Lösungen, die nur der optischen Aufbesserung dienen, aber den Rückgang der Natur nicht verhindern können.

Viele wichtige Lebensräume wurden auf diese Art und Weise bereits vernichtet, ohne daß sich die verantwortlichen Personen darüber im Klaren waren. Ebenso werden immer wieder Massensterben (z. B. bei Amphibien oder Fischen, s. S. 188) verursacht, die mit etwas gutem Willen vermieden werden könnten. Deswegen muß der Naturschutz mehr Priorität gegenüber Nutzungsansprüchen gewinnen. Vielfach würde es schon reichen, wenn wenigstens geltende Gesetze und Verordnungen eingehalten bzw. entsprechend ausgelegt würden.

Wenn nicht entscheidende Verbesserungen gegenüber heute eintreten, dann wird sich der Artenschwund der letzten Jahrzehnte ungebremst fortsetzen. Zukünftige Naturfreunde, die vielleicht im nächsten Jahrtausend wieder eine Beschreibung der Natur des Landkreises Böblingen anfertigen wollen, werden nicht mehr viel zu berichten haben. Die Einrichtung von weiteren Schutzgebieten alleine kann keine entscheidende Wende bringen. Der Natur muß auch außerhalb dieser Flächen entsprechend Raum und Bedeutung zugemessen werden. Wichtig wäre, daß alle diejenigen, die an die Natur beeinflussenden Handlungen beteiligt sind, sich entsprechend naturfreundlich verhalten. Voraussetzung dafür ist eine ausreichende Arten- und Landschaftskenntnis und Verständnis für ökologische Zusammenhänge sowie Einfühlungsvermögen für die Probleme der Natur.

Wir sind heute schon so weit, daß fast alle noch bei uns lebenden Wirbeltiere vor dem Menschen geschützt werden müssen. Eine Ausnahme machen sicherlich Ratten und Mäuse, obwohl aus dieser Gruppe die Hausratte auch schon sehr selten geworden ist, und vielleicht Amseln, Wacholderdrosseln, Spatzen, Rabenkrähen, Elstern und bestimmte Meisenarten. Aber alle anderen Tierarten leiden unter dem menschlichen „Einfluß". Dieser ist heute in den seltensten Fällen direkt, sondern indirekt durch Entzug des Lebensraumes.

Anthropogene, also durch den Menschen bedingte, Einflüsse auf die Natur gab es „naturgemäß" mit seinem ersten Auftreten. Die Möglichkeiten der „Einflußnahme" auf die Umwelt waren in der prähistorischen Zeit allerdings bescheiden. Erst mit dem Werkzeuggebrauch und immer besseren Materialien (über Stein, Bronze und Eisen) war es aber letztendlich doch nur eine Frage der Zeit, wann der Mensch sich die Natur anpaßt.

Die Siedlungsgeschichte bis zum 19. Jahrhundert wurde in einem groben Überblick schon auf Seite 18 – 20 behandelt. Wie der Mensch mit seiner Land- und Waldwirtschaft die Landschaft veränderte, wird auf Seite 11 – 18 kurz aufgezeigt. An dieser Stelle soll auf die ökologischen Aspekte dieser Siedlungs- und Kulturgeschichte eingegangen werden.

Entwicklung bis zum Industriezeitalter

Am Anfang schuf der Mensch mit seiner Rodetätigkeit und seiner rein bäuerlichen Besiedlungs- und Kultivierungsaktivität eine Kulturlandschaft, die in ihrem Entstehen auch vielen Pflanzen- und Tierarten neue Lebensmöglichkeiten bot (vgl. Abb. 117). So konnten sich etwa 30% unserer Vogelarten erst nach ausgiebigen Waldrodungen bei uns ansiedeln. Dazu zählen z. B. solche Arten, die zwar im Wald brüten, jedoch in der offenen Feldflur jagen wie Rotmilan, Turmfalke, Hohltaube, u.s.w.. Über 6 Vogelarten fanden im menschlichen Siedlungsbereich Ersatzbiotope und nisten ausschließlich dort. Grund dafür war die damalige Siedlungs- und Hausbauweise.

Die meisten Gebäude waren in Fachwerk errichtet. Bei mehrstockigen sprangen die oberen Stockwerke meist über die unteren vor. Die steilen Giebel- oder Krüppelwalmdächer seit Mitte des 18. Jahrhunderts durchweg ziegelgedeckt hatten allseits bretterverschalte Vorsprünge und Überstände und boten damit Nistgelegenheiten für Mehlschwalben und andere Höhlen- und Nischenbrüter. Hinzu kamen im Lauf des 19. Jahrhunderts besondere Nistkästen. Um 1900 belustigte man sich bei uns darüber, daß in Sachsen die jungen Stare als Delikatesse verspeist wurden. Nistgelegenheiten boten außerdem Scheiterbeigen und Reisighäufen der häuslichen Brennvorräte. Über die anderen Dächer ragten die der Kirchen, herrschaftlichen Scheuern oder einzelner großer Privatgebäude heraus – Nistplätze der noch im 19. Jahrhundert zahlreichen Störche.

Viehhaltung, Misthäufen und eine allgemeine Unsauberkeit – in Sindelfingen gab es um 1870 noch Starenkastenabtritte, aus denen die Exkremente offen in den Winkel zwischen den Häusern fielen, von wo die flüssigen durch den Kandel abliefen – boten reichlich Fliegen und anderen Insekten hervorragende Entwicklungsmöglichkeiten.

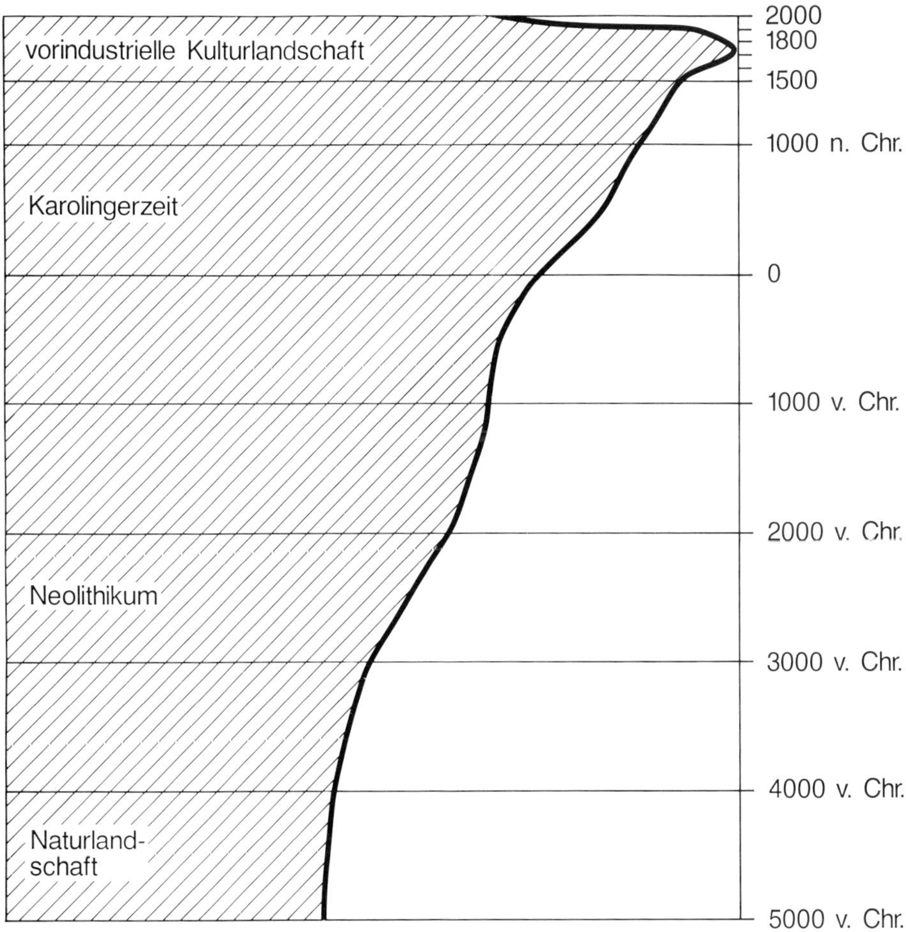

Abb. 117: Schema der Änderung der Mannigfaltigkeit der Flora in Mitteleuropa (verändert nach FUKAREK)

Der Wasserverbrauch, der auf örtlichen laufenden, Pump- oder Schöpfbrunnen beruhte, war gering. Die Abwässer stellten ökologisch keine Belastung, vielmehr wie die für den Feuerschutz angelegten Wetten eine Bereicherung dar. Auch die zahlreich vorkommenden, meist nur im lokalen Rahmen geübten Gewerbe der vorindustriellen Zeit können in diesem Zusammenhang außer Betracht bleiben.

Zu den Siedlungen gehören auch die Gärten. Hier nahm der Obstbau, vor allem im 19. Jahrhundert, durch Einrichtung kommunaler Baumschulen einen großen Aufschwung. Auch die Volksschüler wurden im Unterricht in den Obstbau eingeführt und auf die Bedeutung des Vogelschutzes hingewiesen. Parkartigen Charakter hatten außer den Gärten der wenigen Adelsschlößchen fast überall die Friedhöfe, deren Grasertrag im übrigen genutzt wurde.

Im weitesten Sinne sind unter die Siedlungen auch Ruinen als Überreste menschlicher Behausungen sowie gewöhnlich unbewohnte Gebäude wie Kapellen und Feldscheuern zu rechnen. Bergschlösser und deren Ruinen sind durch ihre hohe, weithin sichtbare Lage, ihre Bauweise in zweischaligem Natursteinmauerwerk nicht nur besondere Landmarken, sondern auch Standort und Lebensraum von zahlreichen Pflanzen und Tieren, nicht zuletzt von Vögeln, wie Turmfalken, Eulen und Dohlen bis zu höhlen- und nischenbrütenden Kleinvögeln. Von den zahlreichen ehemaligen Höhenburgen des Schönbuchrandes und der Muschelkalkköpfe im Westen ist jedoch an aufgehendem Mauerwerk nichts erhalten geblieben. Mit den Feldkirchen und Kapellen hatte die Reformation aufgeräumt, und die beiden nach dem Dreißigjährigen Krieg wieder zur römischen Kirche zurückgeführten Gemeinden Weil der Stadt und Dätzingen entfalteten nicht die geistliche Bautätigkeit, die auf der Alb und in Oberschwaben gerade im 18. und 19. Jahrhundert das Landschaftsbild bereichert hat. In Sindelfingen war das Dagersheimer Kappellchen noch bis ins 20. Jahrhundert gewissermaßen als Feldlatrine erhalten.

Sehr zahlreich sind im ganzen Raum die Mühlen, die schon an den kleinsten Bächen die geringe Kraft der jahreszeitlich stark schwankenden Wassermengen auszunützen suchten. Durch ihre Lage im Außenbereich und die zugehörigen Wasserbauten, Stauweiher, Kanäle und die weniger leicht zufrierenden Stellfallen und Auslässe sind sie nicht nur allgemein prägende Elemente der Landschaft, sondern auch für die Tierwelt von besonderem Interesse.

Jedoch mit der Ausdehnung der Siedlungen und der Intensivierung der Jagd begann ein stetiger Rückgang der Tierwelt, wie dies TSCHERNING mit Zahlen für den Schönbuch belegt und so die Ausrottung von Braunbär, Wolf, Luchs und Steinadler skizziert.

Die Wandlung zur Industrielandschaft ...

Zeichen der Industrielandschaft sind die riesigen überbauten Flächen für Produktionsstätten, Lager und Transportwege für Energie (Pipelines, Stromleitungen) und Güter und Menschen (Straßen, Wasserstraßen, Schienen, Flughäfen). HECKING et al. zeigen in ihrer Studie die Entwicklung und den Trend für den Landkreis Böblingen auf.

Mit der Industralisierung trennten sich innerhalb der Siedlungen Gewerbe und Wohnviertel. Aussiedlerhöfe bilden überhaupt ein neues Siedlungselement in unserer

Landschaft. Auch die Bauformen, die für die verschiedenen Zweckbauten bis etwa 1870 ähnlich waren, gingen je gesonderte Wege, wobei die herkömmliche Bauweise am längsten, nämlich bis in die 50iger Jahre bei den Wohnhäusern beibehalten wurde. Das vorherrschende Baumaterial wurde seit etwa 1870, wie für andere Hochbauten auch, der energieaufwendige, auf die Kohletransporte der Eisenbahn angewiesene Backstein. Daneben traten in neuerer Zeit zunehmend Zementsteine. In den 60iger Jahren nahm die erste Stelle der Beton ein, teils als Sichtbeton, teils verputzt. Bei den gesteigerten Ansprüchen an Reinlichkeit und Ruhe wurden Kot und Lärm der Schwalben, die auf den zunehmend geteerten Straßen immer weniger Nistmaterial fanden, immer lästiger empfunden.

Bei Industriebauten fanden als Shed- und Flachdächer neue Dachformen zuerst Eingang. Ihre zunächst mehr würfelförmigen Baukörper wurden seit etwa 1910, als der Übergang von der Dampfmaschine zur Elektrizität eine weniger kompakte Bauweise erlaubte und die immer größer und schwerer werdende Maschinen ebenerdige Fabrikräume verlangten, flächiger, doch erst die kiesbeschütteten Warmdächer der jüngsten Zeit schufen neue ungestörte Nistgelegenheiten für Bodenbrüter. Die großen Fensterflächen der Schulen und ähnlicher öffentlicher Gebäude, sowie der Wohnhäuser gehobenen Standards der 50iger Jahre wirkten, wenn auch nicht bedrohlich, als Fallen für Kleinvögel, in den Schornsteinen des Dampfmaschinenzeitalters konnten namentlich Eulen, in den etwas jüngeren elektrischen Leitungen – Böblingen 1896, Herrenberg 1905, Sindelfingen 1908; den Verfassern der Oberamtsbeschreibung Leonberg schien die Elektrizität nicht erwähnenswert! – Großvögel verunglücken. Kleinvögeln dienen sie als bevorzugte Sitzplätze. Die Beleuchtung der Straßen, neuerdings sogar von Fußwegen in der freien Landschaft, stellt ebenfalls einen tiefen Eingriff in die Natur dar: die zahlreich angelockten Insekten bieten anderen Tieren reiche Nahrung, von den Spinnen bis zu den immer selteneren Fledermäusen. An winterlichen Frühlingstagen konnte man an einem Sindelfinger Waldrandweg unter jeder Laterne ein Rotkehlchen jagen sehen.

Mit dem Ausbau der Wasserversorgungen wurden zahlreiche Hochbehälter, die meist den Ödflächen zuzurechnen wären, wo sie nicht wie in Sindelfingen aus Ordnungsliebe regelmäßig als Rasen gemäht werden, außerdem an mehreren Orten Wassertürme (Engelberg 1928, Sindelfingen-Eichholz 1956) errichtet, doch wurde nirgends, wie etwa in Ludwigsburg, die Möglichkeit zum Einbau von Nisthöhlen verwirklicht. Bauten besonderer Art sind die Kläranlagen, die in ihrer hochtechnisierten gegenwärtigen Form freilich nicht so naturfreundlich sind, wie ihre primitiveren Entwicklungsstufen.

Bei der allgemeinen Ausdehnung der Siedlungen haben auch die Hausgärten mit Beerensträuchern, Obstbäumen und Ziergehölzen meist kleineren Formats zugenommen, grundsätzlich ein günstiger Biotop, sofern nicht die Beunruhigung durch Menschen und Katzen und der Einsatz von Schädlingsbekämpfungsmitteln entgegenwirkten. Auch die Parkflächen haben durch die Erweiterung der Friedhöfe zugenommen.

Der hohe Verbrauch an Backsteinen hatte vorübergehend die Lehmgruben ausgedehnt, bis sie in jüngster Zeit größtenteils aufgefüllt (Altlasten) oder wegen ihrer Ortsnähe in Bauland verwandelt wurden. Auch die Muschelkalksteinbrüche, die das

Material zu Straßenschotter und Kunststeinen lieferten, erweiterten und vertieften sich, während die Sandsteinbrüche ihre alten Proportionen beibehielten oder ganz aufgegeben wurden. In der jüngsten Zeit wurden auch die meisten Steinbrüche wieder aufgefüllt und „rekultiviert", während doch die Wände und die häufig wasserdichten Sohlen gerade den bedrohtesten Arten Lebensraum geboten hätten.

Vor allem seit dem Zweiten Weltkrieg fand im Landkreis Böblingen, wie in der gesamten Bundesrepublik, eine stürmische Entwicklung statt. Seit 1950 (mit ca. 127 000 Einwohner) hat sich die Bevölkerung bis heute mehr als verdoppelt, gegenüber der Zeit vor ungefähr 100 Jahren (1870: ca. 60 000 Einwohner) fand sogar ein Zuwachs auf das 5-fache statt. Zu Ende des Jahres 1988 betrug die Einwohnerzahl 321 947. Sie erhöht sich nach einer Stagnation zu Beginn der 80er Jahre wieder kontinuierlich, in jüngster Zeit sogar verstärkt. So ist auch die Belegungsdichte der 122 790 Wohnungen (1987) gegenüber 1980 wieder auf 2,6 Personen gestiegen. In den am dichtesten besiedelten Stadtgebieten von Böblingen und Sindelfingen leben mehr als 1000 Einwohner auf einem Quadratkilometer. Die Siedlungs- und Verkehrsfläche wuchs von 1960 bis 1978 um 3 773 auf 10 082 Hektar (nach BOELCKE), bis 1985 abermals auf 11 355 Hektar und nimmt damit bereits 18,4% der Gesamtfläche ein. Innerhalb der Siedlungsfläche beanspruchen allein die Verkehrsflächen 4 424 Hektar.

Abb. 118: 1985 kam der Laubfrosch in der Dietzenhalde/Böblingen vor. Foto U. ADE

Insgesamt hat sich die Siedlungsweise verdichtet. Innerhalb der Siedlungsfläche verringerte sich zwischen 1981 und 1985 die Erholungsfläche um über 100 Hektar, während Straßen, Wege und Plätze um über 230 Hektar zunahmen. Darüber hinaus sind weitere Siedlungsflächen geplant: Im Strohgäu über 200 ha, im Raum Sindelfingen nahezu 400 ha und im Oberen Gäu ebenfalls über 200 ha (1985).

Parallel zu den Siedlungsflächen fand auch ein erhebliches Wachstum von Gewerbe und Industrie statt, welches durch das Arbeitsplatzangebot auch eine bedeutende Sogwirkung auf die Umgebung hatte. So stieg z. B. die Beschäftigtenzahl im Landkreis von 1959 bis 1976 um 70%, die Einwohnerzahl im vergleichbaren Zeitraum von 1961 bis 1975 nur um 50%.

Diese gesamte Entwicklung führte zu einem hohen Landschaftsverbrauch, einmal durch direkte Überbauung von großen Flächen und zum anderen zu immer stärker werdender Belastung der verbleibenden Flächen. Mit anderen Worten: Es gibt immer weniger Natur für immer mehr Menschen. Zwangsläufig steigt damit die Belastung der Rest-Landschaft überproportional.

Ein weiteres Problem im Landkreis sind die Folgen der überdurchschnittlichen Einkommen und des Wohlstandes, der zu besonders hohen Ansprüchen an die Wohnqualität führt. So ist der Flächenverbrauch für Wohnbebauung besonders groß. Beispiele für die Überbauung besonders wertvoller Naturflächen im Landkreis:

- Gewerbegebiet Hulb in Böblingen, früher bedeutendes Feuchtgebiet und Zugvogelrastplatz.
- Baugebiet Diezenhalde in Böblingen, noch in Resten erhalten großräumige Obstwiesen mit vielen seltenen Vogelarten.
- Mahdental in Sindelfingen, früher bedeutendes Feuchtgebiet mit dem Sindelfinger Eisweiher und sehr vielen seltenen Pflanzen- und Tierarten, heute Gewerbegebiet und Parkanlagen.

Abb. 119: Böblinger Hulb (Aufnahmedatum: Mai 1969) Foto W. SCHUBERT

. . . mit all ihren Folgen

Straßen und Wegebau

Straßen und Wege werden zwar gemeinhin zum Ödland gerechnet, doch die Verkehrswege der jüngsten Zeit machen immer augenfälligere Kunstbauten erforderlich, so daß heute Straßen ein Störfaktor erster Ordnung in der Natur sind.

Das war nicht immer so. Dadurch daß in Württemberg in wiederholten Erlassen, und nicht ohne Erfolg, angeordnet worden war, entlang der Straßen Bäume und, soweit es Klima und Boden zuließen, Obstbäume zu pflanzen, entstand hier an den Straßen mit den sie begleitenden Bäumen ein Biotop eigener Prägung.

Früher waren auch nicht alle Straßen und Wege wasserdicht versiegelt. Schwalben konnten daher immer Baumaterial finden. Da Straßen und chaussierte Wege rasch abtrocknen und sich stärker erwärmen als die anliegenden Felder, waren sie deshalb ein Anziehungspunkt für Insekten und andere wärmeliebende Kleintiere. Kleinsäuger und Vögel fanden außerdem Nahrung in den Speise- und Futterresten sowie den Exkrementen der die Straße benützenden Menschen, Reit- und Zugtiere.

Mit dem schnell fließenden Verkehr von heute sind Straßen kein Lebensraum mehr. Aber der Verkehr ist nicht nur schneller geworden, sondern parallel mit der Entwicklung von Bevölkerung und Gewerbe auch gestiegen. Mit der zunehmenden Motorisierung stieg wiederum der Bedarf an Straßen und Wegen. Der in diesem Zusammenhang größte Landschaftsverbrauch der letzten Jahrzehnte fand durch den Bau der A 81 von Vaihingen über Böblingen und Herrenberg mitten durch den Landkreis statt. Neben dem direkten Landschaftsverbauch bei Straßenbauten kommt aus der Sicht des Naturschutzes noch die landschaftszerschneidende Wirkung solcher Bauwerke dazu. Am Boden lebende Kleintiere können solche Barrieren nicht mehr überwinden. Infolgedessen entsteht eine Verinselung der Landschaft und damit auch der Tierpopulationen.

Abb. 120: A 81 Foto U. ADE

Schon ein asphaltierter Wald- oder Feldweg ist bereits für viele Kleintiere ein unüberwindliches Hindernis. Solche Wege werden zur Todesfalle für viele Kleintiere wie z. B. Regenwürmer und Käfer.

Straßen und Wege beeinflußen nicht nur das unmittelbar betroffene Gelände, sondern in der Regel die ganze Umgebung. Die Lärm- und Abgasbelastung einer Straße reicht in offenem Gelände bis zu einem halben Kilometer. Bei den Baumaßnahmen selbst werden Landschaftsformen und damit auch das ganze Kleinklima verändert.

Leider sind im Landkreis Böblingen noch gewaltige Straßenbaumaßnahmen geplant, die teilweise radikale Eingriffe in den Naturhaushalt bedeuten. Erinnert sei nur an die Böblinger Ostumgehung nach Schönaich und die Westumgehung B 464 von Böblingen nach Holzgerlingen sowie die Straße von Renningen nach Sindelfingen (als Ersatz für die gestrichene A 81 Leonberg – Gärtringen). Im Bau befindet sich das neue Autobahndreieck Leonberg und der Engelberg-Basistunnel. Dort zeigt sich ganz besonders das Dilemma, daß in unserem Verdichtungsraum einfach keine Lösungen mehr möglich sind, die allen Ansprüchen gerecht werden können. Frühere Planungen, die schon zu den Akten gelegt waren, wie z. B. die Umgehung Herrenberg, werden wieder aktuell. Bei den noch offenen Planungen können nur dann umweltfreundliche Lösungen gefunden werden, wenn man konsequent alle Möglichkeiten einer naturfreundlichen Gestaltung ausschöpft und optimale Lösungen nicht an der Finanzierung scheitern läßt. In unserem „Wohlstands-Landkreis" sollte solches eigentlich möglich sein. Folgende Lösungen sollten angegangen werden:

- Verbesserung des öffentlichen Nahverkehrs vor allem für den Berufsverkehr einschließlich Wiederbelebung der stillgelegten Bahnlinien evtl. als Stadtbahn.
- Null-Tarif für den innerörtlichen Verkehr.
- Dezentralisierung der Einkaufs- und Versorgungseinrichtungen. Weg von den großen Zentren, damit zum Einkaufen nicht immer das Auto gebraucht wird.
- Untertunnelung wertvoller Landschaftsteile überall dort, wo Straßen trotzdem unbedingt sein müssen. Die Mehrkosten sollten die betroffenen (Gemeinden und Landkreis) aus Eigeninteresse (Erhalt der Lebensqualität der Wohnbevölkerung) mittragen.

Umwandlung von Lebensräumen durch Forst- und Landwirtschaft

Neben dem direkten Verbrauch von Landschaft durch Bebauung spielt auch die Veränderung der verbleibenden Landschaft eine wichtige Rolle. Dabei muß berücksichtigt werden, daß auch die noch vor wenigen Jahrzehnten vorhandene Landschaft mit ihrer Artenvielfalt nicht ursprünglich war. Vielmehr entstand sie nur als Folge extensiver Bewirtschaftungsformen früherer Jahrhunderte. Zum dauerhaften Überleben der dadurch entstandenen Lebensräume, Flora und Fauna, ist die Fortführung dieser früheren Bewirtschaftungsformen wenigstens auf Teilarealen notwendig. Der Landwirt als Landschaftspfleger sollte für diese Aufgabe allerdings auch eine Entschädigung erhalten.

Durch die Änderung der früheren Bewirtschaftsungsformen in der Landwirtschaft fand und findet heute noch Lebensraumverbrauch in folgenden Formen statt:

- Umwandlung von Wiesen und Obstbaumwiesen in Ackerland.

- Düngung von früher extensiv bewirtschafteten Wiesenflächen, die blumenreichen Schmetterlingswiesen verschwinden und es entstehen eintönige Grasplantagen.
- Umwandlung von Hochstamm-Obstwiesen in pflegeleichte Niederstamm-Kulturen, die nur mit viel Chemie am Leben gehalten werden können. Die Folge ist das Aussterben der alten Obstbaumsorten und die Vernichtung des Lebensraumes für viele Insekten, Vögel und Kleinsäuger.
- Ausdehnung der Wirtschaftsflächen bis unmittelbar an Gewässerränder und Waldränder unter Nutzung auch der letzten Restflächen (siehe Abb. unten).

Abb. 121: Der Acker stößt direkt an den Wald Foto U. ADE

- Beseitigen von Wegerainen und Feldgehölzen. Damit Entzug des Lebensraums für viele darauf angepaßte Tierarten wie z. B. Rebhuhn und Feldhase. (Beispiel Landschaftsschutzgebiet Maurener Tal westlich Böblingen)
- Drainage von Feuchtwiesen und Umwandlung von Trockenrasen durch Düngung in Fettwiesen. Gerade diese Flächen waren vorher Lebensraum vieler seltener und heute bedrohter Arten.

Ein bedeutender Anteil des Lebensraumverbrauchs der Landwirtschaft wurde durch vergangene Flurbereinigungsverfahren verursacht. Durch die Forstwirtschaft fand bisher Lebensraumverbrauch in folgenden Formen statt:
- Aufforsten von Wiesentälern mit ihren artenreichen Pflanzen- und Tiergesellschaften, häufig mit Fichten (Glemswald und Schönbuch).
- Entwässerung und Aufforstung von Feuchtgebieten mit Pappeln (Beispiel: Heuwegflosche in Böblingen).
- Anlage von Fichtenmonokulturen zur Gewinnung von Stangenholz, die nur noch ganz wenigen Arten Lebensraum bieten.

Bei der Forstwirtschaft ist bereits ein deutlicher Wandel zu erkennen. Jedoch wird es Jahrzehnte dauern, bis die Sünden der Vergangenheit beseitigt sind. Zu erwähnen wäre in diesem Zusammenhang noch, daß bei Waldverlust infolge von Baumaßnahmen häufig an anderer Stelle aufgeforstet wurde. Diese optisch zunächst positiv wirkende Maßnahme bedeutet allerdings nur, daß der Waldverlust in den Verlust von Landschaft an anderer Stelle umgewandelt wurde. Meist handelte es sich dann auch noch um wenig genutzte Wiesen- und Brachflächen, die für den Naturhaushalt besonders wertvoll gewesen wären.

Umwandlung von Lebensräumen in Freizeiteinrichtungen

Ein nicht unerheblicher Teil am Landschaftsverbrauch im Landkreis wurde durch Freizeitanlagen verursacht. Dabei handelt es sich besonders um:
- Wochenend- und Gartenhausgebiete,
- Sportanlagen und
- Möblierung der Landschaft mit Grillplätzen, Sitzbänken usw..

Sicher kann und will niemand auf diese Dinge ganz verzichten. Erhebliche Belastungen gehen aber von solchen Einrichtungen aus, wenn sie in unmittelbarer Nähe wertvoller Naturräume liegen. Als Beispiel seien zwei Grillplätze im Schaichtal genannt, die in unmittelbarer Nähe von Orchideen-Wiesen liegen. Auf einer der Wiesen wird immer wieder Fußball gespielt und die Orchideen dabei niedergetrampelt.

Wochenendgrundstücke, Gartenhausgebiete und Sportanlagen wurden und werden immer noch gerne auf Flächen geplant, die landwirtschaftlich uninteressant sind. Bevorzugt werden dabei ausgesetzte Sonnenhänge. Gerade aber diese Zonen sind Lebensraum vieler bedrohter und seltener Pflanzen und Tierarten.

Fast schon Ironie ist es, wenn bodenversiegelte Sportplätze und Tennisanlagen hinterher als Grünflächen ausgewiesen werden, wie zum Beispiel der Bereich „Zimmerschlag" bei Böblingen. Vor allem dann, wenn vorher am selben Platz wertvolle Feuchtwiesen bestanden haben.

Umwandlung von Lebensräumen durch Gewässerbaumaßnahmen und Gewässernutzung

Erhebliche Veränderungen des ursprünglichen Zustands erlitten auch viele der heimischen Gewässer. Ausgenommen davon sind lediglich die Fließgewässer der Wälder (Glemswald und Schönbuch). Die Nutzung der Gewässer durch Fischbesatz läßt außerdem vielen anderen Tieren kaum mehr Lebensmöglichkeiten.

Eine große Bedeutung haben auch wasserbauliche Maßnahmen wie Regenrückhaltebecken, in denen ganze Wiesentäler verschwanden. Als Beispiel aus der neueren Zeit sei hier das große Regenrückhaltebecken im Sulzbachtal zwischen Schönaich und Waldenbuch angeführt. Naturschonend handeln kann hier nur heißen, daß Maßnahmen zur Vermeidung von Oberflächenwasser getroffen werden. Dies kann dezentral geschehen, z. B. durch Zuführung von Regenwasser zum Grundwasser über Verrieselungsflächen anstatt Einleitung in die Kanalisation, weiterhin durch Aufstellen von Regenbottichen in den Wohnsiedlungen, Einbau von Regenwassersammelanlagen und Entfernung von überflüssigen Drainagen in natürlichen Feuchtgebieten.

Steinbrüche

Steinbrüche haben in der Vergangenheit auch im Landkreis Böblingen Landschaft gefressen. Heute findet diese Form des Landschaftsverbrauchs nur noch in beschränktem Maße statt. Leider wurden auch hier bevorzugt wertvolle Lebensräume für Flora und Fauna verbraucht. Im Gegensatz zu den anderen Formen des Landschaftsverbrauchs können bei Steinbrüchen jedoch wieder Lebensräume aus zweiter Hand entstehen. So wurden einige aufgelassene Steinbrüche im Landkreis erhalten und unter Naturschutz gestellt. Sie bieten heute Ersatzlebensraum für Arten, die ursprünglich in Flußlandschaften mit steinigen Geröllflächen oder Steppengebieten beheimatet waren wie z. B. die Wechselkröte. Als Negativbeispiel für die Renaturierung eines Steinbruchs muß allerdings der ehemalige Steinbruch Kopp in Sindelfingen-Darmsheim (heutige Parkanlage "Aibachgrund") angeführt werden, der durch die Freizeiteinrichtungen, Fischbesatz des Teiches und Anlage von Rasenflächen kaum mehr Chancen für wildlebende Tier- und Pflanzenarten bietet.

Erd- und Mülldeponien

Als letztes Beispiel für den Landschaftsverbrauch soll hier der Bedarf an Erd- und Müll-Deponieraum aufgeführt werden. Dieses Problem ist gerade im Kreis Böblingen von erheblicher Bedeutung. Da auch hier Platz nicht unendlich zur Verfügung steht, ist eine Lösung nur durch Reduzierung der Müllmengen zu finden. „Reduzierung" ist in diesem Zusammenhang so zu verstehen, daß effektiv weniger Müll produziert wird, und nicht lediglich eine Volumenreduktion über Müllverbrennung stattfindet.

Der Umgang mit der Landschaft

Es scheint, daß wir den Umgang mit der Landschaft und den naturnahen Lebensräumen erst wieder erlernen müssen. Für ein tieferes Verständnis des Naturschutzgedankens sollen hier Ursachen, Zusammenhänge und Folgen aufgezeigt werden.

Behandlung der unbewirtschafteten Randflächen

Unbewirtschaftete Randflächen wie Wegeränder, Böschungen, steinige Hänge, ungenutzte Grundstücke usw. haben eine große Bedeutung für die heimische Pflanzen- und Tierwelt. Oft befinden sich dort noch seltene und vom Aussterben bedrohte Arten. Leider wiederstrebt der Zustand solcher Flächen häufig dem menschlichen Ordnungssinn. Dieses sogenannte "unnütze Land" ist daher Ziel vielfältiger naturschädlicher Aktivitäten:

- Bevorzugt werden solche Flächen als Erdlagerplatz oder Kompost-Deponie verwendet. Wenn es sich dabei um magere Böden handelt, bleiben die Lebensräume auch nach Beseitigung des Materials nachhaltig gestört. Auf diese Weise wurde vor Jahren in Aidlingen ein Wuchsort der seltenen Pyramiden-Orchis und im Nachbarkreis Calw bei Holzbronn ein Vorkommen der Fliegenragwurz vernichtet.
- Durch Ablagerung von Müll und Schrott wird der Lebensraum entwertet.
- Böschungen werden abgebrannt, obwohl es verboten ist. Dabei gehen fast alle Kleintiere und viele Pflanzenarten zugrunde.
- Magerstandorte werden gedüngt oder ganz einfach durch Einbringen von Gartenabfällen mit Nährstoffen angereichert. Auf nährstoffarme Böden angewiesene Pflanzenarten gehen zugrunde wie z. B.vor einem Jahrzehnt die Simsenlilie in einem Hangquellmoor bei Schönaich. Damit verschwinden natürlich auch die darauf angewiesenen Tierarten.
- Durch fehlende Pflege verbuscht das Gelände mit der Zeit. Andere Pflanzen und Tiere werden verdrängt. Für die Vogelwelt sind nur die Gebüschränder interessant, nicht das Innere großer zusammenhängender Buschflächen.
- Wege- und Straßenränder werden zur Vegetationszeit gemäht. Gerade aber hier bilden sich oft Gesellschaften seltener Pflanzen- und Tierarten. Bei Straßen ist das noch einzusehen, aber es reicht oft ein schmaler Streifen und erkannte Lebensräume seltener Arten könnten geschont werden. Bei Waldwegen sollte das Mähen ganz unterbleiben. In Aidlingen wurde 1982 ein Bestand der seltenen Braunroten Sumpfwurz auf diese Weise vernichtet und die Vorkommen dieser Art im Landkreis damit um ein Drittel verringert.

Behandlung der bewirtschafteten Flächen

Waren auch Wirtschaftsflächen in früheren Jahrhunderten und noch bis vor wenigen Jahrzehnten Tummelplatz vieler mitbewohnender Pflanzenarten (sogenannte Unkräuter) und vieler Kleintierarten, so sind vor allem die Ackerflächen heute durch die chemische Keule und perfekte Methoden der Unkraut- und Schädlingsbekämpfung total verarmt. Neben der Vernichtung der "Unkräuter" und des "Ungeziefers" hat man auch die Helfer des Menschen vertrieben wie z. B. die insektenfressenden Singvögel und die blütenbestäubenden Bienen und Hummeln. Eine besonders unrühmliche Rolle spielen dabei die Kleingärten, in denen die Hobby-Gärtner alles besonders gründlich machen wollen und die Giftdosis lieber etwas höher als zu nieder wählen.

Naturschädlich wirkt sich auch die Übernutzung von Flächen aus. Durch intensive Düngung von Wiesen werden diese zu artenarmen Wirtschaftswiesen. Infolge Überweidung von Heideflächen durch Schafe (z. B. im Bereich Aidlingen-Venusberg) werden manche seltene Pflanzen und die darauf angewiesenen Tierarten verdrängt, obwohl eine extensive Beweidung durchaus nötig ist. Auch in den Wäldern gibt es immer noch Beispiele unbedachter Handlungen zum Schaden der Natur. So wurden noch in letzter Zeit Aufschüttungen in Feuchtgebieten zwecks Wegebau vorgenommen und dabei Ameisenhaufen überdeckt. Im Schönbuch wurde durch Wegnahme der beschattenden Bäume ein Vorkommen des Keulenbärlapps vernichtet und des Sprossenden Bärlapps erheblich geschädigt. Als Ursache muß auch hier, wie so oft, mangelnde Kenntnis der Sachverhalte und nicht so sehr böser Wille angeführt werden.

Ein wesentlicher Grund für die Belastung der Natur ist auch, daß Naturschutz meist an letzter Stelle steht, wenn es gilt verschiedene Belange abzuwägen. Als Beispiel sei hier der Steinbruch "Gatter" bei Sindelfingen angeführt. Dieser alte Sandsteinbruch (einer der wenigen im Landkreis) wurde von allen kompetenten Stellen (einschließlich des Rosensteinmuseums in Stuttgart) als erhaltenswert eingestuft (geologischer Aufschluß, Gelbbauchunke, weitere seltene Arten). Trotzdem wurde er als Erddeponie größtenteils aufgefüllt. Einer Unterschutzstellung stand ein jahrzehntealter Rekultivierungsplan mit Nutzungsansprüchen der Gemeinde Magstadt entgegen.

Erschließung der Landschaft

Gegenüber früheren Zeiten ist unsere Landschaft heute engmaschig mit gutausgebauten Wegen erschlossen. Früher waren es oft nur schmale Pfade oder unbefestigte Wege. Vor allem in den Wäldern gibt es heute bedeutend mehr ausgebaute Wege als noch vor zwanzig Jahren. Viele land- und forstwirtschaftliche Wege wurden asphaltiert. An manchen Stellen (z. B. Sindelfinger Wald) ist dabei die naturverträgliche Grenze bereits überschritten.

Neben der zerschneidenden Wirkung auf Kleintierlebensräume bringen zu viele Wege auch vermehrt Unruhe in die Landschaft. Die Rückzugsgebiete störungsempfindlicher Arten (z. B.Vögel) werden immer kleiner. Gut ausgebaute Wege führen auch zu immer mehr Autoverkehr auf Feld- und Waldwegen.

Erholungs- und Freizeitbetrieb

Infolge der zunehmenden Bevölkerungsdichte und der größer werdenden Freizeit werden die durch Bebauung schon eingeschränkten natürlichen Lebensräume immer mehr durch den einzelnen Erholungssuchenden und Sporttreibenden belastet. Deshalb sollte jeder Einzelne darauf achten, daß die Störungen begrenzt bleiben. Folgende Störungen seien hier aufgeführt:

- Betreten wertvoller Naturräume durch zuviele Personen, Störung von Tieren.
- Zertrampeln von Vegetation.
- Frei laufen lassen von Hunden im Wald und in Heidegebieten. Diese Unsitte nimmt immer mehr zu. Immer wieder werden Wildtiere durch wildernde Hunde gerissen.
- Ausübung von Sportarten in Naturräumen z. B. Fußball auf Heideflächen.
- Modellfliegerei mit Motor. Beeinträchtigung jedoch auch bei Segelflugmodellen: Kleinvögel betrachten das Modell als Greifvogel und verlassen das Gelege.

- Jogging auf Waldwegen zu Abend- und Nachtstunden. Störung von Tieren durch den gegenüber Wanderen erheblich höheren Lärmpegel.

Abb. 122: Naturdenkmal Hölzersee an einem Julitag 1989 Foto W. SCHUBERT

Die Störungen finden besonders häufig im Frühjahr statt. Gerade dann, wenn viele Vögel und andere Kleintiere ihre Jungen aufziehen und dann besonders empfindlich reagieren. Während der ersten Frühlingstage werden manchmal durch Kinder beim Sammeln von Laich und Kaulquappen ganze Teiche leergeräumt. Angeblich immer auf Veranlassung der jeweiligen Lehrer. Das Beobachten der Entwicklung vom Laich über die Kaulquappe zum Frosch oder zur Kröte unter Aufsicht in der Schule ist zwar sehr zu befürworten, aber hierzu reicht auch ein kleiner Laichklumpen oder einige wenige Kaulquappen im Klassenzimmer. Ein Wettsammeln ist dazu nicht notwendig.

Fatale Folgen durch Verlärmung, Zertrampeln der Vegetation und menschliche Hinterlassenschaften (Kot und Abfall) haben auch sportliche Großveranstaltungen, von denen auch unsere schon genug geschundene Landschaft nicht verschont bleibt. Als Beispiele wäre zu nennen:

- das jährliche MotoCross in Holzgerlingen.
- Schlittenhunderennen (erstmals 1987 in Böblingen)
- Auto-Rallys auf sonst für den Verkehr gesperrten Wegen.

Volkswandertage gehen dagegen gerade noch glimpflich für die Natur aus, obwohl auch hier die Belastungen empfindlicher Lebensräume besser vermieden werden sollte.

Faunen- und Florenverfälschung

Fremdländische Tiere und Pflanzen passen in der Regel nicht in das Gefüge der heimischen Lebensgemeinschaften. In der Regel haben allerdings die Fremdlinge darunter mehr zu leiden, als die einheimischen Lebewesen. Es gibt allerdings ein paar unrühmliche Ausnahmen, bei denen die Fremdlinge die heimischen Lebensgemeinschaften z. T. erheblich verändert haben. Dabei zeigt sich, daß europäische Arten weniger problematisch sind, als asiatische oder amerikanische. Das liegt daran, daß die Lebensgemeinschaften der gemäßigten Zone Europas einander viel ähnlicher sind (gemeinsame oder nah verwandte Arten besitzen), als die Europas und der Neuen Welt. Einige Beispiele für negative Entwicklungen durch Exoten:

Die Robinie (*Robinia pseudacacia*) war ursprünglich, nachdem sie aus Nordamerika eingeschleppt worden ist, nur in Städten und entlang der Bahnlinien verbreitet, hat sich jedoch mittlerweile auch in trockenen Eichenwäldern und aufgelassenen Weinbergen angesiedelt, wo sie sich mit ihren Wurzelausläufern rasch ausbreitet. Dabei kommt ihr die Fähigkeit der Schmetterlingsblütler zu Gute, mit Hilfe von Knöllchenbakterien an den Wurzeln Luftstickstoff zu binden.

Bei der Himalaja-Balsamine (*Impatiens glandulifera*) und bei den nordamerikanischen Goldruten (*Solidago canadensis* und *S. gigantea*) sind es die Neubürger selbst, die anderen Arten Lebensraum streitig machen. Die Himalaja-Balsamine verdrängt sogar eine heimische Verwandte, das Rührmichnichtan (*Impatiens noli-tangere*), wie im NSG Merklinger Ried geschehen.

Der große Bruder unseres Wiesen-Bärenklau (*Heracleum sphondylium*), der Riesen-Bärenklau (*Heracleum mategazzianum*) ist im Landkreis (noch?) kein Problem. Abgesehen von einigen kleinen Beständen an Straßenrändern oder Fließgewässern (Würm) sind keine großen Vorkommen bekannt.

Fremdartige Gehölzarten im Außenbereich und in Anlagen sind meist wertlos für die heimische Kleintierwelt.

Wasserschildkröten, die dem Besitzer zu groß oder zu lästig geworden sind, haben zwar in unserem Gebiet (im Gegensatz zum Rheinland) praktisch keine Chance über den Winter zu kommen, können aber in der warmen Zeit in kleinen Gewässern doch erheblich den Bestand an Kleintieren reduzieren.

Zierfische und Aquarien-Schnecken, die immer wieder in Gewässern ausgesetzt werden, haben ebenfalls keine Überlebenschancen. Besonders beliebt für solche "Natur-Anreicherungen" ist offenbar der Stausee zwischen Autobahn und Mönchsbronnen in Sindelfingen. Ausgesetzte Fische in Kleingewässern können den gesamten Amphibiennachwuchs vernichten (Beispiel Steinbruch Durst in Dagersheim).

Der Graskarpfen vernichtet z. B. in kleineren Teichen die Unterwasservegetation u. U. völlig, eine Tatsache, die von der Teichwirtschaft erwünscht, aber für die natürliche Entwicklung ist sie fatal. Geschehen im neuen Teil des Sindelfinger Klostersees, wo die natürliche Entwicklung durch eine Pflanzung in Gang gebracht werden sollte.

Der Waschbär, dessen Rolle in unseren Lebensgemeinschaften umstritten ist, ist sehr wahrscheinlich im Schönbuch zuhause. Fährten im Schnee sind bekannt.

Entflohene Käfigvögel haben ebenfalls keine Chance bei uns über den Winter zu kommen. Im Rheinland gibt es aber schon eine Population von Wellensittichen, die durch den Winter kommt und sich erfolgreich vermehrt.

Zur Standortverfälschung hinzuzurechnen ist auch das Einbringen von fremden Böden in die Landschaft, wie es hin und wieder beim Wegebau und bei Auffüllungen geschieht.

Unter strengen biologischen Gesichtspunkten gibt es Floren- und Faunenverfälschungen, die vom Laien schwer als solche erkannt werden, aber angesichts des Artenrückgangs von ebenso großer Bedeutung sind: das Einbringen von fremden Rassen oder Unterarten in unser Gebiet.

Bei den Pflanzen geschieht dies z. B. durch das Ansäen von Blumenwiesen mit Saatmischungen, deren Herkunft meist unbekannt ist, aber irgendwo aus Südosteuropa importiert werden.

In der Tierwelt ist die Sportfischerei zu nennen, die nicht nur untypische Fischrassen aussetzt, sondern, wie in Sindelfingen geschehen, auch Wasserfrösche aus Niederbayern in ihren Gewässern ansiedelt.

Bei solchen Aktionen kann das Erbgut der regionalen Bestände der Art in seiner typischen Eigenart verändert werden. Die Folgen auf die Vitalität der betroffenen Art sind nicht abzuschätzen, sie könnten sich nachteilig auf die Konkurrenzkraft der Art auswirken, wenn z. B. besondere Anpassungen an das Klima verloren gehen.

Der Umgang mit den Gewässern

Eine vollständige Aufzählung aller Handlungen, die zu Störungen des Lebensraumes Wasser führen, kann hier nicht erfolgen. Es sollen hier nur die wichtigsten Störungen genannt werden:

- Zuschütten von Kleintümpeln, die meist Amphibien-Laichgewässer waren.
- Ausputzen und Begradigen von Kleinwasserläufen und Entwässerungsgräben. Werden dabei Bagger eingesetzt, so werden auch die ganzen im Graben lebenden Kleintiere (vor allem Amphibien) getötet.
- Einleitung von Abwässern und Giftstoffen. Praktisch kein Gewässer außerhalb der zusammenhängenden Waldgebiete ist unbelastet. In kürzeren oder längeren Zeitabständen kommt es immer wieder zu Unfällen mit nachfolgendem Sterben eines Großteiles der Wasser-Fauna.

Luftverschmutzung

Das auch in unserem Landkreis augenfällige Waldsterben ist ein drastisches Erscheinungsbild dieser Entwicklung. Leider ist es aus dem Bewußtsein der Öffentlichkeit weitgehend wieder verschwunden. Zu beachten ist dabei, daß das Waldsterben auch bei sofortiger Einstellung der Schadstoffproduktion noch weitergehen wird. Die Ursachen haben Langzeitwirkung. Vom Rückgang des Waldes sind neben den Bäumen auch eine große Anzahl anderer waldbewohnender Pflanzen und Tiere betroffen.

Folgende Luftbelastungswerte seien exemplarisch genannt (Mittelwerte der am stärksten belasteten Gebiete der jeweiligen Gemeinde). Die Zahlen wurden einer Veröffentlichung des Ministeriums für Umwelt Baden-Württemberg vom Februar 1989 entnommen:

Tab. 2: Einige Mittelwerte von luftbelastenden Schadstoffen

	Kohlenmonoxid mg/m^3	Stickoxide mg/m^3	Staubniederschlag mg/m^3
Böblingen	1	0,08	0,21
Sindelfingen	2	0,09	0,28
Leonberg	1	0,05	0,18
Renningen	1	0,03	0,09
Grenzwerte nach TA-Luft	10	0,08	0,35

Die Wirkung von technischen Einrichtungen in der Landschaft

Die Erschließung und Nutzung unserer Landschaft hat zu einer ganzen Reihe von Tierfallen geführt, die so oder in ähnlicher Weise bisher in der Natur nicht existierten. Viele frei lebende Tier können diese Gefahren nicht wahrnehmen. Heute sind vor allem die bebauten Gebiete, aber auch die offene Landschaft geradezu bespickt mit Fallen, so daß regelmäßig eine große Anzahl von Kleintieren darin umkommen. Weiterhin boten bauliche Anlagen aus früheren Zeiten oft Lebensraum für viele Tiere, die sich im Laufe der Zeit auf die dort gebotenen ökologischen Nischen angepasst haben (z. B. Felsenbewohner an Kirchtürmen). Moderne oder renovierte Gebäude bieten diese ökolgischen Nischen nicht mehr.

Straßenverkehr

Die unsere Landschaft durchschneidenden Straßen stellen für viele Kleintiere unüberwindliche Hindernisse dar. Tiere, die Straßen von ihrer Größe und Beweglichkeit her überqueren können, werden häufig überfahren. Zahllose Igel, Maulwürfe, Eidechsen und Amphibien sind regelmäßig tot an den Straßenrändern aufzufinden. Nicht zu vergessen sind in diesem Zusammenhang die Wildunfälle mit Rehen, Hasen, Wildschweinen, aber auch Marder und Eichhörnchen.

Konzentriert werden Tiere überfahren, wenn im Frühjahr die Laichwanderungen der Amphibien beginnen. Vorwiegend handelt es sich dabei um die noch häufigeren Arten wie Erdkröte und Grasfrosch. Bei Weil der Stadt sind es aber auch Gelbbauchunken. Seit ca. 1983 haben deswegen verschiedene private Naturschutzgruppen an besonders betroffenen Straßenabschnitten Amphibienschutzzäune aufgestellt. Die Tiere werden in eingegrabenen Fangeimern gesammelt und über die Straße gebracht. Solche Amphibienschutzeinrichtungen bestanden im Jahre 1987 z. B.:

- zwischen Waldenbuch und Weil im Schönbuch im Totenbachtal,
- zwischen Holzgerlingen und Ehningen beim Maurener See,
- zwischen Böblingen und Vaihingen bei den Hinterlinger Seen,
- östlich Magstadt am Hölzersee,
- zwischen Magstadt und Schafhausen beim Steinwerk,
- zwischen Deckenpfronn und Oberjesingen beim Egelsee,
- innerhalb Deckenpfronn am westlichen Ortsrand.

Weitere Maßnahmen privater Naturschützer ohne Schutzzäune fanden statt:
- zwischen Weil der Stadt und Merklingen im Bereich des Merklinger Rieds durch Ablesen der Tiere von Wegen und Straßenrändern,
- zwischen Merklingen und Münklingen durch Sperrung der Straße,
- östlich Warmbronn durch Sperrung der Zufahrt zum Parkplatz beim Fischteich.

An einigen Stellen wurden die aufgefundenen Tiere gezählt:

Tab. 3: Tierzählungen bei verschiedenen Amphibienrettungsaktionen

– Maurener See, Ehningen, Laichwanderung 1984:		
Erdkröten	Hinwanderung	663
Grasfrösche	Hinwanderung	37
überfahrene Tiere		ca. 60
– Hinterlinger Seen, Sindelfingen, Laichwanderung 1985:		
Erdkröten	Hinwanderung	648
	Rückwanderung	154
Grasfrösche	Hinwanderung	12
	Rückwanderung	9
– Weil im Schönbuch – Waldenbuch, Laichwanderung 1986:		
Erdkröten	Hinwanderung	1157
	Rückwanderung	520
– Merklinger Ried, Weil der Stadt (kein Zaun), Laichwanderung 1988:		
Erdkröten	Hinwanderung	353
	überfahren	68
Bergmolche	gerettet	19
Rückwanderung junger Erdkröten von Juli bis September 1988:		
	gerettet	19 138
	überfahren	ca. 20 000

Diese freiwilligen Hilfleistungen privater Naturschützer können jedoch keine dauerhafte Lösung darstellen. Erforderlich sind Einrichtungen wie Untertunnelungen und Verlegung der Verkehrswege. Ein Anfang dazu wurde 1989 gemacht: erstmals wurde vom Landkreis am Hölzersee bei Magstadt ein Amphibien-Tunnel mit Leiteinrichtung System ACO eingebaut. Nach positiven Erfahrungen sollen in den nächsten Jahren auch andere Straßen damit ausgestattet werden.

Fallgruben für Kleintiere

In noch viel größerem Umfang, aber wesentlich unauffälliger, kommen kleine Tiere, hauptsächlich Amphibien, Kleinsäuger und Laufkäfer, in technischen Fallgruben um. Solche technischen Fallgruben sind z. B.:

- Regeneinläufe an Straßenrändern (Gullys),
- Löcher für Fahnenstangen in öffentlichen Anlagen,
- Lichtschächte an Gebäuden,
- Well-Drainagen an Hauswänden,
- alle möglichen weiteren Löcher wie Kanaldeckel, Gitterroste über der Kanalisation, Zugänge zu unterirdischen Regenüberlaufbecken, Kläranlagen usw...

Besonders Straßenränder mit Gullys und anderen baulichen Anlagen im Bereich angrenzender Wälder, Feuchtgebiete oder Wiesen haben fatale Folgen für die Kleintierwelt. Verschärft wird das Problem, wenn Straßenränder mit hohen Bordsteinen versehen sind. Die Tiere laufen daran entlang (der Weg mit dem geringsten Hindernis), bis sie zu einem Gully kommen. Dort gelangen die Tiere dann teilweise sogar aktiv in die Falle, indem sie einen vermeintlichen Ausweg oder Schlupfwinkel suchen. Tiere, die nicht in die Gullys fallen, irren weiterhin über die Straße, bis sie am Schluß von einem Auto überfahren werden.

Die in die Gullys oder andere Fallgruben gefallenen Tier versuchen oft verzweifelt, die Falle wieder zu verlassen. Mäuse, Spitzmäuse und Maulwürfe verhungern schon nach wenigen Stunden. Amphibien versuchen bei steigender Luftfeuchtigkeit, die Wände zu erklettern. Oft geraten die Tiere bei randvollen Sandfangeimern über die besonders breiten Überlaufschlitze endgültig in die Kanalsisation.

Durch eine kleine Gruppe von Naturschützern wurden in den letzten Jahren im Kreis Böblingen Daten über Straßenzüge gesammelt, in deren Gullys besonders viele Tiere umkommen. Als Beispiel soll hier ein Straßenstück in Böblingen am Waldrand genannt werden, aus dessen Gullys im Verlaufe eines Jahres auf ca. 200 m Länge insgesamt 180 Erdkröten und Grasfrösche und ungefähr die doppelte Anzahl Mäuse befreit wurden. Im Folgenden sind einige Gebiete im Landkreis aufgezeigt, in denen noch regelmäßig Kleintiere in den Gullys aufgefunden werden:

- Industriegebiet Weil der Stadt beim Merklinger Ried,
- Wohngebiet Diezenhalde in Böblingen
- Umgebung Tennisplätze und IBM-Labor am Schönaicher First,
- Umgebung Ganssee in Böblingen.
- Umgebung Reiterhof in Böblingen.
- Umgebung Seestraße (Gartenschaugelände) und Wohngebiet Roter Berg in Sindelfingen,
- Waldrand zwischen Waldfriedhof und Freibad in Holzgerlingen,
- fast alle Straßen im Landkreis zwischen den Ortschaften, die in den letzten Jahren im Rahmen von Ausbaumaßnahmen mit Bordsteinen und Gullys ausgestattet wurden. Zuletzt geschehen beim Ausbau der Straße zwischen Waldenbuch und unterer Rauhmühle im Aichtal.

Die komplette Liste für den Kreis Böblingen, die den Behörden übergeben wurde, umfaßt 34 Einzelpositionen. Bei weiteren Nachforschungen wäre sie wahrscheinlich noch erheblich zu erweitern. Sehen Sie nach, ob sich in Ihrer Umgebung ebenfalls kritische Gullys oder andere Fallgruben befinden. Holen sie die Tiere heraus und alarmieren Sie gegebenfalls die zuständigen Behörden. Amphibien können angefasst werden. Wenn Sie das trotzdem nicht wollen, oder wenn Mäuse in der Falle sitzen, kann der Sandfangeimer aus den Gullys herausgenonmen und ausgekippt werden. Tiere in den Fallen sind praktisch das ganze Jahr außerhalb der Frostperioden aufzufinden, in verstärktem Maße jedoch bei feuchtwarmem Wetter im Frühjahr oder im Spätsommer.

Abb. 123: Über dieses Hindernis kommt kein Frosch. Foto U. ADE

Die Entschärfung des Fallgrubenproblems ist durchaus möglich. So wären zunächst an allen betroffenen Straßenabschnitten die Bordsteine abzusenken. Eine maximale Höhe von 2 – 3 cm reicht für die optische Abgrenzung von Gehwegen aus. Übrig bleiben die Gullys. Werden diese mit engmaschigen Gittern versehen, wie es verschiedentlich schon geschehen ist, fallen Jungtiere (Amphibien) trotzdem hinein. In vielen Fällen ist cs möglich, auf Gullys ganz zu verzichten und das Regenwasser oberirdisch über Gräben abzuleiten. Wo auf Gullys nicht verzichtet werden kann, wäre der Einbau von kleintierfreundlichen Regeneinläufen mit intergrierter Ausstiegshilfe möglich. Ein Entwurf (siehe Skizze, Abb. 124) wurde bereits über die Böblinger Firma Reisser an die Industrie übergeben.

Alternativ zu den Gullys wären Drainagen an Straßenrändern denkbar, die mit Schotter und Lochgitter oder Lochsteinen abgedeckt sind. Diese Lösung würde sich vor allem bei Straßen außerhalb von Ortschaften z. B. durch Wasserschutzgebiete anbieten (siehe Skizze, Abb. 125).

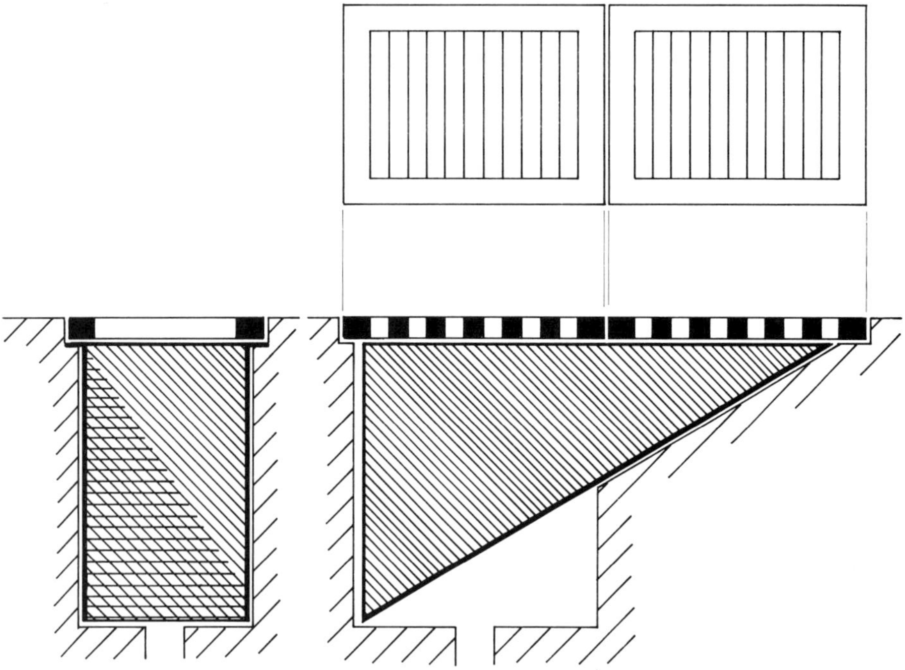

Abb. 124: Regeneinlauf mit integrierter Ausstiegshilfe für Kleintiere

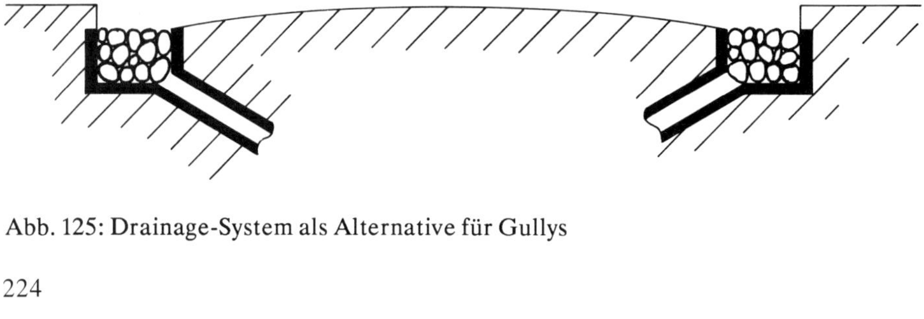

Abb. 125: Drainage-System als Alternative für Gullys

Mit Unterstützung der SPD-Kreistagsfraktion, vor allem der Kreisrätin Angela Hermann aus Sindelfingen, begann der Landkreis im Jahre 1986 mit einer Aktion zur Entschärfung der Fallgruben an Straßenrändern. Von einigen wenigen Ausnahmen abgesehen, hat diese Aktion bis jetzt allerdings noch keine entscheidende Wende gebracht. Vielfach fehlt es immer noch an der Einsicht und Bereitschaft der beteiligten Behörden. Ein Großteil der betroffenen Straßenabschnitte liegt im Zuständigkeitsbereich von Gemeindeverwaltungen.

Bei den Straßenbaubehörden wird das Fallgrubenproblem inzwischen erkannt. Leider kommen wirklich wirksame Lösungen nur so langsam voran, daß es für viele Kleintierpopulationen im Bereich von Straßen und Gullys aller Voraussicht nach zu spät sein wird.

Bei den anderen genannten Fallgruben sind meist weniger problematische Lösungen möglich. Fahnenstangenlöcher können verschlossen werden. Well-Drainagen an Hauswänden können abgedichtet werden. Lichtschächte und Kellereingänge müssen regelmäßig kontrolliert werden.

Vogelfallen

Auch über der Erde bedrohen Fallen unsere heimische Tierwelt. Als Beispiel seien Bundeswehrtarnnetze genannt, mit denen teilweise Beobachtungsstände der Jäger getarnt sind. In diesen Netzen können sich z. B. Greifvögel rettungslos verheddern und strangulieren, wie durch Funde verendeter Tiere immer wieder festgestellt werden kann. Eine ähnliche Wirkung haben Vogelnetze, die manchmal in Gärten über Kirschbäume gehängt werden. Es ist wirklich zu überlegen, ob wegen ein paar Kirschen Singvögel umgebracht werden müssen.

Spiegelnde Scheiben an Gebäuden haben oft verheerende Wirkung, wenn die Vögel in den vermeintlich freien Luftraum fliegen wollen und dabei gegen die Scheibe prallen. Aufkleber mit den Umrissen von Greifvögeln können dieses Problem entschärfen.

Weiterhin geraten oft Singvögel durch Fenster in Werkhallen oder Hallen von Einkaufsmärkten. Der Ausgang wird dann meist nicht wieder gefunden. Als oft beobachtetes Beispiel sei auf den im ehemaligen Vogelparadies der Böblinger Hulb angesiedelten großen Einkaufsmarkt hingewiesen.

Wasserbauliche Anlagen

Ähnliche Probleme wie bei den Fallgruben treten bei künstlichen Wasserfällen in Form von Schleußen auf. Als Beispiel sei auf Seeabläufe in den Städten und Gemeinden, aber auch an Teichen im Schönbuch verwiesen. Jungtiere von Enten oder Teichhühnern geraten dort immer wieder in den Sog des Abflusses und werden in den anschließenden Bachlauf oder in die Verdolung gespült. Selbst wenn die Tiere nicht in die Verdolung geraten, überleben sie die Trennung von den Eltern nur für kurze Zeit. Lösungen wären überall kurzfristig durch das Anbringen entsprechender feinmaschiger Schutzgitter möglich. Doch auch hier fehlt es noch oft am notwendigen Einfühlungsvermögen und an der Einsicht.

Neben der Fallenwirkung von Seeabläufen führen solche Bauwerke auch zu einer

Unterbrechung der Wanderwege wasserbewohnender Organismen. Der Oberlauf der Fließgewässer wird abgetrennt, der Gen-Austausch unterbrochen. Eine gewisse Überbrückung ist nur durch das Anbringen von Fisch-Treppen möglich. Hier sollte noch eine kreisweite Untersuchung aller gestörten Fließgewässer durchgeführt werden.

Ein weiteres Problem sind die oft begradigten Fließgewässer, die die Ablaufgeschwindigkeit des Regenwassers erhöhen und damit in tiefer liegenden Landschaften Überschwemmungen verursachen. Solche Gewässer sind nur noch für wenige wasserbewohnenden Tiere und Pflanzen als Lebensraum nutzbar. Auch hier könnte nur ein kreisweites Programm zur Renaturierung aller Fließgewässer Abhilfe bringen.

Uferränder vieler Gewässer sind vielfach so angelegt, daß sie für die Natur wertlos oder gar lebensfeindlich sind. Als Negativbeispiel sei auf die Böblinger Seen hingewiesen, deren aus dem Wasser reichende Palisaden aus Tropenholz nicht einmal von jungen Enten erklettert werden können. Naturfreundlichere Lösungen sind auch hier dringend angebracht.

Zäune

Zäune im Siedlungsbereich, aber auch in der offenen Landschaft behindern vielfach den Bewegungsdrang der dort lebenden Tiere. Oft kommt es sogar zu Unfällen mit Tieren, die etwa auf der Flucht sind und Zäune nicht mehr rechtzeitig erkennen können. Wenn schon auf Zäune nicht verzichtet wird, dann sollten sie wenigstens am Boden eine Lücke von ca. 20 cm aufweisen. Durch diese Lücke können sich Kleintiere, die auch regelmäßig die Ortsrandbereiche bewohnen, wie z. B. Igel, Amphibien, Eichhörnchen, Wiesel usw. problemlos fortbewegen.

Gebäude

Unsere herkömmlichen, aus natürlichen Materialien erstellten Gebäude, boten vielfältigen Tierarten, sogenannten Kulturfolgern, Nistmöglichkeiten und Lebensräume. An modernen Gebäuden fehlt es an Einrichtungen für diese Tiere. Hier gäbe es für Architekten mannigfaltige Möglichkeiten, mehr Nistgelegenheiten z.B. durch Gebäudevorsprünge, Dachüberhänge oder Mauernischen zu schaffen.

Bei Renovierungen von alten Gebäuden werden häufig Einfluglöcher für Fledermäuse und Eulen verschlossen. Besonders schädlich ist die Behandlung von Hölzern bzw. ganzer Dachstühle mit giftigen Imprägnierungsmitteln. Durch solche Behandlungen wurden im Landkreis Böblingen schon manche Fledermaus-Kinderstube vernichtet. Gefragt ist die Einsicht und Naturverbundenheit von Pfarrern, Mesnern und Kirchengemeinderäten, denn vor allem in Kirchen sind solche, besonders für die Fledermäuse lebenswichtigen Räume, anzutreffen. Angesprochen sind hier aber auch alle Besitzer und Verantwortlichen für öffentliche Gebäude.

Möglichkeiten zur Verbesserung des Naturschutzes

Mit Engagement und gutem Willen der Entscheidungsträger unseres Landkreises, aber auch der vielen einzelnen Bürger und Naturnutzer, könnten viele der zuvorgeschilderten Probleme beseitigt oder wenigstens entschärft werden. Im Folgenden soll aufgezeigt werden, wie und womit die Situation verbessert werden kann.

Durch Verordnung und Gesetz besonders geschützte Flächen

Bereits seit Jahrzehnten gibt es ausreichende Kenntnisse über die besonders schützenswerten Lebensräume (z. B. Kartierung SEYBOLD). Trotzdem sind bis jetzt noch viele der besonders wertvollen Lebensräume ohne Schutzstatus. Die älteren Naturschutzgebiete sind auf Privatinitiativen zurückzuführen.

Auch die Naturdenkmalverordnung des Landkreises von 1982 läßt noch viele wichtigen Flächen aus. Erst in den letzten Jahren gibt es ausreichende Bemühungen seitens der Naturschutzbehörden, die geschützten Flächen zu erweitern. Einer der Hauptgründe für den langsamen Fortschritt liegt sicher in der bisher unzureichenden personellen Ausstattung dieser Behörden.

Leider sind die Verfahren so langwierig, daß der Schutz für manche Gebiete bereits zu spät kommt. Als Beispiel sei auf das Naturschutzgebiet Venusberg hingewiesen. Dieses Gebiet wurde bereits vor der Unterschutzstellung so gut erschlossen, daß heute dort ein regelrechter Erholungsrummel stattfindet. Im zentralen Bereich des Gebietes gibt es praktisch nichts mehr zu schützen, dafür aber einen Parkplatz, und jeden Sommersonntag Picknick und Ballspiele.

Besonders wichtig ist das Ziel, die Anzahl der flächenhaften Naturdenkmale deutlich anzuheben. Denn gerade die dafür vorgeschlagenen Flächen beherbergen noch die größte Anzahl bedrohter Tier- und Pflanzenarten. Gleichzeitig besteht gerade bei diesen kleinen Randflächen die größte Gefahr, daß sie durch Nutzungsänderung, Umwandlung in ein Wochenendgrundstück, Lagerplatz usw. kurzfristig, und meist erst viel zu spät bemerkt, vernichtet werden.

Wichtig wäre auch die Schaffung eines verbesserten Landschaftsschutzes, der Elemente des Naturschutzes enthält.

Als Schutzgebiete wurden bisher bevorzugt Gewässer, Feuchtgebiete und Trockenrasen ausgewiesen. Wald war mit Ausnahme eines Naturschutzgebietes bei Waldenbuch nicht betroffen. Es zeigt sich aber immer mehr, daß auch Waldlebensräume seltener Tier- und Pflanzenarten dringend als Naturschutzgebiet oder flächenhaftes Naturdenkmal geschützt werden müssen.

Verbesserungen der nicht besonders geschützten Lebensräume

Natur ist nicht nur in den besonders geschützten Flächen schützenswert. Naturschutz ist auf der gesamten Fläche notwendig. Der ungeschützte Teil beherbergt den weitaus größten Teil der Pflanzen- und Tierwelt. Für durch das Naturschutzgesetz besonders geschützte Arten gilt auch dort ein besonderer Schutz. Aber auch alle anderen Arten müssen auf breiter Basis erhalten werden, sonst bleiben am Schluß nur noch wenige kleine Naturinseln besonders geschützter Gebiete, die für sich allein nicht überlebensfähig sind.

Weite Flächen unseres Landkreises, vor allem die landwirtschaftlich intensiv genutzten Flächen, sind heute bereits extrem artenarm. Mit folgenden Maßnahmen könnte die Situation verbessert werden:

- Verzicht oder wenigstens Einschränkung der intensiven Düngung und der chemischen Mittel in der Landwirtschaft.
- An allen Waldrändern, die heute direkt an Ackerflächen grenzen, müssten wenigstens 20 m breite Wiesenflächen angelegt werden, die extensiv genutzt werden. Waldränder sind wertvoller Lebensraum vieler Tiere und Pflanzen.
- Zur Überbrückung von Ackerflächen könnten an Wegerändern eine ca. 5 m breite Naturvorrangfläche für Wiesen, Unkrautfluren (umpflügen in mehrjährigem Abstand), Hecken und Bäume (Lebensraum für Vögel) geschaffen werden.
- Gewässerrandstreifen an allen Fließgewässern. 10 m beidseitig in Form extensiver Wiesen.

Neben der Nutzung als Wanderwege und Gen-Brücken für Tiere und Pflanzen (Biotopvernetzung, siehe folgender Abschnitt), könnte ein wesentlicher Beitrag zur natürlichen Schädlingsbekämpfung geleistet werden.

Um dieses Konzept zu realisieren, wäre eine neuerliche "Flurbereinigung" mit dem Ziel der Gewinnung von Naturvorrangflächen erforderlich. Erste Bemühungen der zuständigen Fachbehörden sind schon zu erkennen. So sollen die Landschaftspläne um die Ausweisung von Natur-Vorrangflächen und zu sanierende Landwirtschaftsflächen ergänzt werden. Durch den Landkreis wird seit 1988 die naturschonende Bewirtschaftung von landwirtschaftlichen Flächen finanziell unterstützt.

Eine weitere Chance zur Gewinnung von Naturvorrangflächen könnte das Flächenstellungsprogramm zur Vermeidung der EG-Überschüsse bieten.

Vernetzung und Pufferzonen für die wertvollen natürlichen Lebensräume

Der Schutz von wertvollen Lebensräumen kann nicht nur kleinräumig gesehen werden. Vielfältige Wechselbeziehungen zur unmittelbaren Umgebung und zu entfernter liegenden gleichartigen Lebensräumen beeinflussen die Entwicklung (Biotopvernetzung). Viele Pflanzen- und Tierarten, die heute inselartige Areale besiedeln, sind vermutlich früher über Lebensraumketten (Trittsteine) eingewandert, die heute oft nicht mehr vorhanden sind. Die Wiederherstellung dieser Trittsteine ist notwendig, wenn der Gen-Austausch und damit das dauerhafte Überleben dieser Arten gewährleistet werden soll. Der NACHBARSCHAFTSVERBAND STUTTGART hat 1987 eine Untersuchung zur Biotopvernetzung vorgelegt, in der große Teile des Landkreises Böblingen erfaßt sind. Solche großräumigen Studien gilt es nun auf Gemarkungsebene umzusetzen.

Ein weiteres Problem gerade kleinräumiger Lebensräume sind fehlende Pufferzonen zur angrenzenden Intensivlandwirtschaft. Häufig geraten Düngemittel und Insektizide in wertvolle Lebensräume. Diese haben dann eine verheerende Wirkung und können den ganzen Schutz zunichte machen. Beispiele dafür sind die flächenhaften Naturdenkmale östlich des Herrenberger Spitalwaldes, die von Ackerflächen umgeben sind. Dazu gehört auch das schon früher erwähnte Hangquellmoor "Geröhricht" bei Schönaich, das zwischen Gartenanlagen und einer Ackerfläche liegt.

Bei solchen Gebieten wäre eine wenigstens 20 – 50 m breite Pufferzone als extensive Wiesenfläche dringend notwendig. Dadurch könnten die Einwirkungen von außen etwas abgemildert werden. Außerdem müssten bei verinselten Gebieten Verbindungsflächen in Form von Wiesen, Obstwiesen oder anderen Naturvorranggebieten geschaffen werden. Lösungen könnten über Biotopvernetzungs- und Extensivierungsprogramme erreicht werden.

Ein weiteres Problem der Naturvorrangflächen ist der Erholungs- und Freizeitbetrieb. Laden doch solche Orte ganz besonders ein, sich dort niederzulassen und die Natur zu geniesen. Daher sollten Rastplätze an falschen Orten und zu starke Erschließung mit Wegen vermieden werden. Das Befahren mit Kraftfahrzeugen sollte durch entsprechende Sperren verhindert werden. Verbotsschilder allein reichen erfahrungsgemäß nicht aus.

Erhalt und Pflege vielfältiger naturnaher Lebensräume

Die gegenwärtige Vielfalt unserer Kulturlandschaft ist das Ergebnis jahrhundertelanger land- und forstwirtschaftlicher Nutzungen. Auch die naturnahen Lebensräume wie Halbtrockenrasen oder Streuobstwiesen entwickelten sich nach Beendigung ihrer Nutzung zu einer Lebensgemeinschaft, die von Faktoren wie Geologie, Bodenbeschaffenheit, Topographie, Wasserhaushalt und insbesondere vom Klima abhängig ist. Diesen Vorgang nennt man natürliche Sukzession. Bei uns sind die Endstationen fast ausschließlich verschiedene Arten von Laubwäldern (vgl. Abb. 18 in MAUK et al).

Erhalt und Pflege von naturnahen Lebensräumen kann daher nur heißen, diese traditionellen Einflüsse auf die Landschaft so aufrecht zu erhalten, daß die Vielfalt bestehen bleibt (vgl. auch BAUMANN & WAHRENBURG). Unterbliebe dieses, dann würden viele Lebensräume verschwinden, und die Artenvielfalt trotz aller anderen Schutzbemühungen wieder zurückgehen.

Diese Pflegemaßnahmen können in wenigen empfindlichen Bereichen durchaus von Landwirten im Auftrag des Landkreises oder Gemeinden durchgeführt werden. In empfindlichen Bereichen ist jedoch der Einsatz spezieller Pflegetrupps erforderlich. Dies geschieht bereits vereinzelt durch den Pflegetrupp der Bezirksstelle für Naturschutz und durch Freiwillige der einzelnen Naturschutzverbände.

Schaffung von Ersatzlebensräumen

Gewissermaßen als Nebeneffekt menschlicher Aktivitäten entstanden vielerorts Lebensräume , die vorher nur ganz begrenzt oder an ganz anderen Stellen vorhanden waren. Als Beispiel seien hier die Steinbrüche, Sandgruben und Lehmgruben genannt, die neue Lebensräume für viele bedrohte Arten bieten. Weiterhin wertvoll sind manchmal Bahndämme, an denen Trockenrasenhänge entstanden.

In letzter Zeit wurden auch verstärkt sogenannte "Biotope" geschaffen. Meist sind damit Kleingewässer gemeint. Bei der Schaffung solcher Biotope ist jedoch die Auswahl des richtigen Orts wichtig. So ist z. B. das beliebteste Biotop der Gartenteich, sehr oft in der falschen Umgebung. Wenn kein unmittelbarer Anschluß an Wiesen- oder Waldgelände besteht, kommen die vom Teich angelockten Tiere (oder gar verbotenerweise eingesetzten Tiere) meist in kurzer Zeit auf angrenzenden Straßen (siehe auch Abschnitt Kleintierfallen) oder giftbehandelten Nachbargärten um. Ebenso darf bei der Schaffung z. B. eines Kleingewässers nicht ein bereits bestehendes wertvolles Biotop, wie z. B. eine Feuchtwiese, zerstört (entwässert) werden.

Zur Wiederherstellung der Vernetzung zwischen gleichartigen Lebensräumen sollten gezielt dort neue Lebensräume angelegt werden, wo früher einmal vorhandene Lebensräume unterbrochen sind. Wo solche Verbindungen (Trittsteine) früher bestanden oder sinnvoll zu schaffen wären, ist nur durch eine detaillierte Kartierung der vorhandenen Verbreitung der Arten und der Lebensraumformen zu ermitteln. Trägt man z. B. die Kartierungsergebnisse einer Art in eine Landkarte ein, aus der auch noch die geologischen Formationen und Bodenarten (chemische Eigenschaften) hervorgehen, zeichnet sich meist ein deutliches Bild über Seltenheitsgrad, Lebensraumverknüpfung, Wanderwege und auch der Unterbrechungen ab.

Naturschutz im eignen Garten

Im eigenen Garten hat auch der normale Bürger die Möglichkeit, Lebensraum für Tiere und Pflanzen zu schaffen und zu erhalten. Der wichtigste Grundsatz dabei ist, daß man sich an dem orientiert, was vorher an der Stelle des Gartens gewesen oder in der Nachbarschaft noch vorhanden ist. Kleinbiotope in einer fremdem Umgebung sind nutzlos. In eine ehemalige Obstwiese gehört kein Stückchen Heide, sondern es sollten wieder Obstbäume und Hecken gepflanzt werden. In einen Trockenhang gehört kein Waldbiotop. Grundsätzlich gilt auch, daß nur heimische Pflanzen und möglichst keine Nadelbäume (Ausnahme, in der Umgebung heimisch) gepflanzt werden. Exotische Pflanzen oder Züchtungen von Farbvarianten sind für die heimische Tierwelt meist völlig wertlos. Kleine Ausnahmen entwerten allerdings nicht gleich den ganzen Garten. Torf versauert den Boden und zerstört unsere letzten Moore; er ist daher entschieden abzulehnen. Rindenmulch und Sand sind als Bodenverbesserung wesentlich geeigneter. Ein Komposthaufen hilft nicht nur bei der Bodenverbesserung, sondern reduziert auch noch den Müll. Insektengift sollte ebenfalls grundsätzlich aus einem naturfreundlichen Garten verbannt sein. Schädlinge werden sich bei einem ökologischen Gleichgewicht im Garten von selbst in erträglichem Maße halten.

Als weiterer Grundsatz sollten niemals künstlich Tiere in einen so geschaffenen Lebensraum gesetzt werden. Wenn der Lebensraum stimmt, kommen die Tiere ganz von selbst. Stimmt der Lebensraum nicht, so verschwinden auch eingesetzte Tiere nach kurzer Zeit wieder. Selbstverständlich sollte auch sein, daß keinesfalls geschützte Pflanzen ausgegraben werden, um sie in den Garten zu versetzen. Leider sind auch im Kreis Böblingen noch jedes Jahr solche Vorgänge festzustellen.

Neben den bekannten Vogel-Nistkästen können auch Insekten-Nistkästen im Garten angebracht werden. Auskünfte hierzu erteilen die Naturschutzverbände oder sind der einschlägigen Literatur zu entnehmen. In einem naturfreundlichen Garten sollte auch eine kleine Ecke mit alten Holzresten, Reisig, Steinhaufen usw. sein, die vielen Kleinstlebewesen Lebensraum bietet. Der Zaun sollte Durchschlupfmöglichkeiten für Igel und andere Kleintiere aufweisen.

Ein naturfreundlicher Garten braucht auch nicht jedes Wochenende mit dem Rasenmäher ausgeputzt werden. Mehr als zwei- oder dreimal mähen im Jahr schadet nur der Entwicklung der Artenvielfalt.

Naturschutz in der Gemeinde

Wesentliche Verbesserungen in öffentlichen Anlagen könnten erreicht werden, wenn diese naturnah gestaltet und bepflanzt werden. Zusätzlich könnten z.B. öffentliche Gebäude, die ein Flachdach haben, mit einer Dachbegrünung ausgestattet werden. Ebenso können Betonfassaden zum Nutzen der Natur und Verbesserung der Luft mit Kletterpflanzen begrünt werden.

Bildung

Naturschutz ist bisher immer noch ein Stiefkind des öffentlichen Bildungsangebots. Lediglich die Volkshochschulen und die Naturschutzakademie machen gelegentlich eine Ausnahme. Eine fast einmalige Einrichtung dagegen ist das Vogelschutz-Informationszentrum in Sindelfingen. Ähnliche Einrichtungen könnten auch in anderen Gemeinden sehr positiv das Natur-Bewußtsein fördern.

An den Schulen hängt die Information der Kinder über die heimische Natur ganz von der Einstellung der jeweiligen Lehrer ab. Gerade bei Kindern aber ist erfahrungsgemäß ein großes Interesse an diesem Thema vorhanden. Das Kennenlernen der heimischen Natur sollte verbindlich und planmäßig in die Unterrichtspläne aufgenommen werden.

Abschließend ist zu sagen, daß – auch durch dieses Buch dokumentiert – die Grundlagen für effektiven Natur- und Umweltschutz bekannt sind, daß genügend Lösungsmöglichkeiten für die anstehenden Probleme aufgezeigt wurden und ständig werden, daß immer mehr Menschen Umweltproblemen aufgeschlossen sind, und daß das Verständnis für die komplexen Naturschutzprobleme immer tiefer wird. Eigentlich eine gute Ausgangslage, um ...

Weiterführende Literatur

ADE, U., B. BAUMANN, H. BAUMANN und W. WAHRENBURG (1990): Naturnahe Lebensräume und Flora in Schönbuch und Gäu. - NATUR-REMS-MURR-VERLAG, Remshalden.

BACHMEISTER, W (1922): Über das Vorkommen des Sumpfrohrsängers (*Acrocephalus palustris*) in Württemberg. - Jh. Ver. vaterl. Naturkde. Württ., **78**: 39-49.

BADTKE, W., K. FISCHER, H.-M. KOCH und H.-J. RIEDINGER (1971): Die Vögel des Raumes Reutlingen.

BAUER, S. und T. STRUBELT (1977): Gefährdete Fischarten in Baden Württemberg in Rote Listen der gefährdeten Tiere und Pflanzen in Baden-Württemberg, Arbeitsbl. Naturschutz 5, Karlsruhe (1986), 30-31.

BAUMANN, H. und W. WAHRENBURG (1990): Biotopschutz und Biotoppflege. - In: Naturnahe Lebensräume und Flora in Schönbuch und Gäu, Remshalden.

– (1990): Naturnahe Lebensräume. - In: Naturnahe Lebensräume und Flora in Schönbuch und Gäu, Remshalden.

BERG, R., S. BLANK, und T. STRUBELT (1989): Fische in Baden-Württemberg.

BERGE, F. (1840): Die Vertebraten Württembergs. - Corr.- Bl. württ. landw. Ver., N.F., **17**: 53 ff

BERTHOLD, P. (1972): Über Rückgangserscheinungen und deren mögliche Ursachen bei Singvögeln. - Vogelwelt, **93**: 216-226.

– (1974): Fortschreitende Rückgangserscheinungen bei Vögeln. Vorboten des "Stummen Frühlings". -Jh. dt. Bund Vogelschutz, 1973/74: 41-49.

– (1975): Methoden der Bestandserfassung in der Ornithologie. Übersicht und kritische Betrachtung. - J. Orn.,**117**: 1-69.

BLESS, R. (1985): Zur Regeneration von Bächen der Agrarlandschaft. Eine ichthyologische Fallstudie Schr.-Reihe für Landschaftspflege und Naturschutz 26, Bonn-Bad Godesberg, 80 p.

BURGER, H. (1963): Über die Tierwelt im Schönbuch. - Bl. schwäb. Albver., **69**: 141-142.

CONRAD, B. (1977): Die Giftbelastung der Vogelwelt Deutschlands. - Vogelkdl. Bibl., **5**: Greven (Kilda).

Deutsche Sektion Internationaler Rat für Vogelschutz (1976): "Rote Liste" der in der Bundesrepublik Deutschland und in Westberlin gefährdeten Vogelarten. 4. Fassung. - Ber. dt. Sekt. internat. Rat Vogelschutz. **16**: 7-27.

ERTEL, R. (1968): Über das einstige Brutvorkommen des Weißstorches in Württemberg. -Jh. Ver. vaterl. Naturkde. Württ., **123**: 298-315.

ERZ, W. (1976): Landschaftsplanung - ein neuer gesetzlicher Auftrag. - Ber. dt. Sekt. internat. RatVogelschutz, **16**: 89-93.

FISCHER, W. (1914): Die Vogelwelt Württembergs. - Stuttgart.

Forstliche Strukturdaten für Baden-Württemberg. - Stuttgart 1977.
GABLER, E. (1977):Die Vogelwelt des Stadtwaldes Sindelfingen und seiner Umgebung - Stadt Sindelfingen (Selbstverlag).
GATTLER, W. (1966): Zum Durchzug der Pieper und Stelzen am mittleren Neckar. - Jh. Ver. vaterl. Naturkde. Württ. **121**: 221-224.
– (1967): Die Vögel des Wernauer Baggerteichgebietes. - Jh. Ver. vaterl. Naturkde. Württ., **122**: 135-153.
– (1969): Über Verbreitung, Ökologie und Siedlungsdichte des Berglaubsängers (*Phylloscopus bonelli*) in Baden-Württemberg. - Jh. Ver. vaterl. Naturkde. Würrt., **124**: 237-250.
– (1970): Die Vogelwelt der Kreise Nürtingen uns Esslingen. - Jh. Ver. vaterl. Naturkde. Württ., **125**: 158-264.
– (1979): Heidelerche - *Lullula arborea*. In: Ornithologischer Sammelbericht für Baden-Württemberg. - Anz. orn. Ges. Bayern, **9**: 159-162.
GEBLER, R. J. (1980): Konzeption für die Umgestaltung der Sohlenstufen und die Errichtung von Fischaufstiegen - Glemssanierungsprogramm
GLUTZ von BLOTZHEIM, U. N. (1962): Die Brutvögel der Schweiz. - Aarau.
GLUTZ von BLOTZHEIM, U. N., K. M. BAUER und E: BEZZEL. (1966/77): Handbuch der Vögel Mitteleuropas, **1-6**; Frankfurt (Akad. Verlagsges.).
GORMANN, O.T. und J. R. KARR (1978): Habitate Structure and Stream Fish Communities. Ecology 59, 3, 507-515.
GWINNER, E. (1966): Zum Vorkommen von Anatiden im westlichen Nordwürttemberg. - Jh. Ver. vaterl. Naturkde. Württ., **115**: 306-315.
HAAS, G. (1961): Die Vögel des Federseegebietes nach ihrem jahreszeitlichen Vorkommen. In: Der Federsee. - Natur- und Landschaftsschutzgebiete Bad.-Württ., **2**: 101-147.
– (1966): Der Kolkrabe (*Corvus corax*) in Baden Württemberg. - Jh. Ver. vaterl. Naturkde. Württ., **121**: 247-253.
HECKING, G., S. MIKULICZ und A. SÄTTELE (1980): Bevölkerungsentwicklung und Siedlungsflächenexpansion. Entwicklungstrends, Planungsprobleme und Perspektiven am Beispiel der Region Mittlerer Neckar. - Schriftenreihe 15 des Städtebaulichen Institutes der Universität Stuttgart, Karl Krämer Verlag, Stuttgart.
HEER, E. (1966): Das Vorkommen der Türkentaube in Württemberg bis 1966. - Jh. Ver. vaterl. Naturkde. Württ., **121**: 225-246.
HÖLZINGER, J. (1966): Ornithologischer Sammelbericht aus Baden -Württemberg. - Anz. orn. Ges. Bayern, **8**: 473-509.
– (1972): Zur Verbreitung des Teichhuhns (*Gallinula chloropus*) in Baden Württemberg. - Anz. orn. Ges. Bayern, **11**: 111-114.
HÖLZINGER, J., G. KNÖTZSCH, B. KROYMANN und K. WESTERMANN (1970): Die Vögel Baden-Württembergs - eine Übersicht. - Anz. orn. Ges. Bayern, **9** (Sonderh.): 1-175.
Karte über mittlere Niederschlagssummen. Aus: Forstwirtschaft in Baden-Württemberg, 2. Aufl. - Stuttgart 1965.

ILLIES, J. (1961): Versuch einer allgemeinen biozönotischen Gliederung der Fließgewässer. - Int. Revue ges. Hydrobiol. 46 (2): 205-213.
JUNGWIRTH, M. (1984): Die fischereilichen Verhältnisse in Laufstauen alpiner Flüsse, aufgezeigt am Beispiel der österreichischen Donau. ÖWW, H. 36, 5/6, 103-111.
– (1991): Gutachten zu möglichen Auswirkungen von Kleinwasser-Kraftanlagen auf Fliessgewässer-Ökosysteme. Gutachten der Universität Wien Abt. für Hydrobiologie, Fischereiwirtschaft und Aquakultur, Wien, 1-12.
KLUNZINGER, C. B. (1881): Die Fische in Württemberg, faunistisch-biologisch betrachtet, und die Fischereiverhältnisse daselbst. - Württembergische naturwissenschaftliche Jahreshefte, 172-304.
KROYMANN, B. (1968): Der Durchzug der Schnepfen im Krs. Tübingen. - Vogelwelt, **89**: 81-101.
– (1968): Bestandsaufnahme beim Wachtelkönig im Krs. Tübingen. - Vogelwelt, **89**: 225-226.
– (1969): Methode und Ergebnisse einer Bestandsaufnahme beim Kiebitz zwischen Schwarzwald und Schwäb. Alb. - Vogelwelt, **90**: 8-17.
– (1969): Eine Brut der Bekassine bei Böblingen. - Jh. Ver. vaterl. Naturkde. Württ., **124**: 278-280.
– (1970): Der Rotkehlpieper in Baden-Württemberg. - Anz. orn.Ges. Bayern, **9**: 120-133.
– (1970): Schafstelze - *Motacilla flava*. In: Ornithologischer Sammelbericht aus Baden-Württemberg. - Anz. orn. Ges. Bayern, **9**: 162-163.
KROYMANN, B. und L. (1969): Die Kiebitzbrutplätze zwischen Schwarzwald und Schwäbischer Alb. - Jh. Ver. vaterl. Naturkde. Württ., **124**: 251-259.
LANDECK, C. L. (1846): Systematisches Verzeichnis der Vögel Württembergs. - Jh. Ver. vaterl. Naturkde. Württ., **2**: 212-238.
LANDESANSTALT FÜR UMWELTSCHUTZ (Hrsg. unter Mitwirkung vom RP Stuttgart/ Ref. 35f) (1991): Gewässersanierungsprogramm Glems. „Pflichtwassermenge für Trittsteine", Anlage 8. - Karlsruhe
Landschaftsentwicklung im Heckengäu. - Stuttgart 1977.
LÖHRL, H. (1937): Zur Verbreitung des Berglaubsängers (*Phylloscopus bonelli* VIELLOT) in Württemberg. - Jh. Ver. vaterl. Naturkde. Württ., **93**: 103-115
– (1951): Ausbreitung und Zunahme des Halsbandfliegenschnäppers (*Muscicapa albicollis*). - Jh. Ver. vaterl. Naturkde. Württ., **107**: 132-138.
– (1965): Zwei regionale und ökologisch getrennte Formen des Trauerfliegenschnäppers (*Ficedula hypoleuca*) in Südwestdeutschland. - Bonner zool. Beitr., **16** (3/4): 268-283.
MARTENS, J. (1962): Zum Vorkommen der Beutelmeise (*Remiz pendulinus*) am mittl. Neckar. - Orn. Mitt., **14**: 201-205.
– (1963): Offenes Gelände als Brutbiotop von Mäusebussard (*Buteo buteo*) und Schwarzem Milan (*Milvus migrans*). - Anz. orn. Ges. Bayern, 6: 454-458.
– (1964): Zur Nahrungsaufnahme der Weihe (*Circus*). - Vogelwelt **85**: 26-27.

MAUK, J., S. ZENGER und P. ZIMMERMANN (1990): Naturschutz im Landkreis Böblingen. - Führer durch Natur- und Landschaftsschutzgebiete Baden-Württembergs, **19**: 1 - 196.

MONTEN, E. (1985): Fish and Turbines. - Vattenfall.

MÜLLER, H. (1983): Fische Europas. - Ferdinand Enke Verlag, Stuttgart.

MUUS, B. J. und P. DAHLSTRÖM (1978): Süßwasserfische. - BLV Verlagsgesellschaft, München.

Nachbarschaftsverband Stuttgart (Hrsg.) (1987): Untersuchung für ein Biotopverbundsystem im Gebiet des Nachbarschaftsverbandes Stuttgart und in angrenzenden Teilen der Region Mittlerer Neckar. - Stuttgart.

NESS, A. (1989): Pilotprojekt "Naturnahe Umgestaltung ausgebauter Fließgewässer in Baden - Württemberg, Untersuchung zur Fischfauna.

NIETHAMMER, G. H. KRAMER und H.E. WOLTERS (1964): Die Vögel Deutschlands. Artenliste. - Frankfurt am Main.

O. A. = "T(h)ierreich" in Beschreibung des Oberamtes
Böblingen (1850), S. 35-37.
Calw (1860), S. 39-41.
Herrenberg (1855), S. 25-26.
Leonberg (1852), S. 20-21; 2. Aufl. 1930.
Stuttgart-Amt (1851), S. 30-34.
Tübingen (1867), S. 41-84.

OTTO, A. (1988): Morphologische Gewässertypologie. - Manuskript eines Vortrags an der Technischen Akademie Südwest e.V. am 28.10.1988 in Koblenz.

OTTO, A. und U. BRAUKMANN (1983): Gewässertypologie im ländlichen Raum. - Schriftenreihe des Bundesministers für Ernährung, Landwirtschaft und Forsten, Reihe A: Angewandte Wissenschaft, 288.

POLTZ, W. (1977): Bestandsentwicklungen bei Brutvögeln in der Bundesrepublik Deutschland Vogelkdl. Bibl., **6**: Greven (Kilda).

RIMPP, K. und G. HERMANN (1987): Die Amphibien des Landkreises Böblingen. - Jb. Feldherpetologie, 1: 3 - 17.

SCHMID, G. (1966): Die Wirbeltiere des Spitzbergs. In: Der Spitzberg bei Tübingen. - Natur- und Landschaftsschutzgebiete Bad.- Württ., **3**: 1028-1071; Ludwigsburg.

SCHUBERT, W. (1969): Bartlaubsänger (*Phylloscopus schwarzi*) in Baden-Württemberg. - Orn. Mitt., **21**: 129.

– (1977): Zum Brutvorkommen und zur Brutbiologie des Fichtenkreuzschnabels (*Loxia cirvirosta*) im Kreis Böblingen/Baden-Württemberg. - Anz. orn. Ges. Bayern., **16**: 45-57.

– (1977): Brutausfälle beim Wespenbussard (*Pernis apivorus*) in Baden-Württemberg. - Anz. orn. Ges. Bayern, **16**: 171-175.

– (1978): Verbreitung des Mittelspechtes (*Dendrocopus medius*) im Raum zwischen Stuttgart, Schönbuch und Schwarzwald. - Anz. orn. Ges. Bayern, **17**: 125-131.

– (1980): Zum Status und Rückgang einiger Vogelarten im Kreis Böblingen. Ein Vergleich der Beobachtungsjahre 1960-1965 und 1973-1978. - Ökol. Vögel, **2**: (2): 189-197.

– (1987) Zur Situation des Neutöters (*Lanius collurio*) im Kreis Böblingen. - Beih. Veröff. Naturschutz Landschaftspflege Bad.-Württ., **48**: 93-95.

SEYBOLD, S. (1968): Flora Stuttgart. - Jh. Ver. vaterl. Naturkde. Württ., 123, 140 - 297.

SIEGLIN (1892): Einbürgerung fremder Nutzfische in Württemberg. - In: Die Förderung der Fischzucht durch den Staat in Württemberg, Metzlersche Buchdruckerei, Stuttgart, 40 p.

– (1896): Die Fischerei-Verhältnisse in Württemberg. - Sonderabdruck aus Württ. Jb. Statistik Landeskde., H (2). Stuttgart

TSCHERNING, F. A. (1895): Über das Verschwinden einiger größerer Raubvogelarten aus der Fauna Württembergs. - Jh. Ver. vaterl. Naturkde. Württ., **51**: 359-369.

– (1896): Über das einstige Vorkommen des Auerhahns im Schönbuch und seiner Umgebung. - Jh. Ver. vaterl. Naturkde. Württ. **52**: 26-32.

VOGEL, H. (1970): Naturräumliche Grundlagen des Bereichs der Städte Sindelfingen und Böblingen. In: Sindelfinger Jahrbuch, 1970: 339

WARD, J.V. and J. A. STANFORD (1979): The Ecology of Regulatet Streams. - Plenum Press, New York - London 1979, b.

WILD, G. (1903): Einige Mitteilungen über Fische und Fischerei in Heilbronn. - Jahreshefte des Vereins für vaterländische Naturkunde in Württemberg, 304-314.

WURM, F. (1990): Geologie - in: Naturnahe Lebensräume und Flora in Schönbuch und Gäu, Remshalden.

ZEYER, M. (1957): Der Schönbuch. - Stuttgart (Schwäb. Albverein).

Register

Fett gesetzte Ziffern beziehen sich auf Verbreitungskarten, kursive auf Abbildungen

Aal 192, 194, 195
Abendsegler 129, *130*, *132*
Äsche 190, *193*, 195
Alpenmauerläufer 109
Alpenschneehuhn 51
Alpenstrandläufer 63
Amsel 45, 98
Apfelbaum 72, 76, 100
Aschköpfige Schafstelze 80
Aspe 74
Auerhuhn 28, 51
Auerochse siehe Ur

Bachforelle 190, *190*, 192, 195
Bachneunauge 190, 198
Bachsaibling 194, 195
Bachschmerle siehe Schmerle
Bachstelze 80
Barbe *191*, 192, 196
Bartlaubsänger 22, 88
Baumfalke 26, 30, 31, 34, 48, *49*, 115
Baummarder 153
Baumpieper 81
Bechsteinfledermaus 129, *130*
Bekassine 24, 28, 31, *58*
Bergeidechse 169, *170*
Bergfink 101, 123, *123*
Berghänfling 104
Berglaubsänger 26, 88, **89**, 120
Bergmolch 158, 164, **174**
Beutelmeise 98
Bienenfresser 115
Biotopverbund 228
Birke 11, 12, 45, 74
Birkenzeisig 103
Birne 74
Bisamratte *142*, 143
Bitterling 190, *191*, 192, 195
Bläßhuhn 55
Blaubandbärbling 194
Blaukehlchen 24, 26, 95
Blaumeise 45, 98
Blauracke 70

Blindschleiche 169
Brachpieper 24, 81
Brachse 195
Brachvogel, Großer 24
Braunbär 127
Braune Langohrfledermaus 129, *130*, *133*
Braunkehlchen 24, 28, 92, *93*, **94**, 116
Bruchwasserläufer 24, 62, 63
Buche 11, 12, 43, 45, 72, 73, 74, 76, 98
Buchfink 27, 45, 101
Buchen-Eichenwald 12, 64
Buchen-Fichten-Tannenwald 12
Buchen-Kiefern-Wald 104
Buntspecht 45, 74

Dachs 152
Dickschnabel 107
Distelfink siehe Stieglitz
Döbel 190, 192, 195
Dohle 65, 107
Doppelschnepfe 59
Dorngrasmücke 26, 34, 87, 88
Douglasie 12
Dreistachliger Stichling 190, 197, *198*
Dreizehenmöwe 109
Drosselrohrsänger 28, 84
Dünnschnabel-Tannenhäher 107
Dunkler Wasserläufer 24, 62

Eberesche 97
Eiche 11, 12, 14, 43, 45, 72, 74
Eichelhäher 45, 50, 106
Eichenmischwald 76
Eichhörnchen 50, 140
Eiderente 40
Eisvogel 70, *71*, 115
Elch 127
Elritze 190, 195, 196, *196*
Elster 50, 66, 107
Erddeponie 214
Erdkröte 160, *161*, 165
Erdmaus 140

Erle 12, 74
Esche 12
Europäische Sumpfschildkröte 169

Fadenmolch 160, *161*, **175**
Fasan 52
Feldhase 150
Feldlerche 78
Feldmaus 43, 140, *141*
Feldschwirl 30, 84, **87**
Feldspitzmaus 136, *139*
Feldsperling 49, 106
Feuersalamander, 158, *159*, 164, **174**
Fichte 12, 35, 43, 45, 74, 86, 103, 104
Fichtenkreuzschnabel 29, 30, 104, *105*, 121
Fischadler 48
Fitis 88
Flamingo 22, 38
Flußbarsch 192, 195
Flußneunauge 195, 198
Flußregenpfeifer 24, 26, 57
Flußseeschwalbe 109, 115
Flußuferläufer 62
Fransenfledermaus 135
Freizeiteinrichtungen 213, 216

Gänsesäger 40
Gartenbaumläufer 98
Gartengrasmücke 86
Gartenrotschwanz 28, 92, *93*
Gebänderter Feuersalamander 164
Gebirgsstelze 80
Gelbbauchunke 160, 165, **175**
Gelbhalsmaus 146
Gelbspötter 28, 86
Giebel 195
Gimpel 105
Girlitz 102
Goldammer 50, 100
Goldregenpfeifer 57
Grasfrosch 162, *163*
Graskarpfen 218
Grauammer 98, **99**
Graue Langohrfledermaus 129
Graugans 38
Graureiher 35, 116
Grauschnäpper 90
Grauspecht 71, *72*, 73
Groppe 190, 195, 197
Großer Brachvogel 24, 60
Großtrappe 22, 55
Gründling 190, 192, 197
Grünfink siehe Grünling
Grünfrösche **176**
Grünling 49, 102
Grünschenkel 24, 62
Grünspecht 71, 72, *73*
Güster 195
Gullys 222, 223, 224

Habicht 26, 30, 45, 47, 50, 117
Hänfling 104
Hamster 127
Halsbandschnäpper 26, *29*, 29, **91**, 121
Hartriegel 16
Hasel 190, 192, 195, 196
Haselhuhn 28, 52
Haselmaus 147, *147*
Haubenlerche 30, 78, *79*
Haubenmeise 98
Haubentaucher 35
Hausmaus 143, *144*
Hausratte 143
Hausrotschwanz 23, 67, 95
Haussperling 23, 50, 105
Hausspitzmaus 136, *138*
Hecht 192, *193*, 194, 195
Heckenbraunelle 50, 83
Heidelerche 28, 32, 43, 77, *77*, 118
Hermelin 153
Himalaja-Balsamine 218
Höckerschwan 38
Hohltaube 26, 31, 34, 64, 65, 115

Igel 135

Kammolch 164, **175**
Kampfläufer 24,.63
Karausche 190, 192, 195
Karpfen 192, 194, 195
Kartoffel 92
Kernbeißer *103*, 104
Kiebitz 24, 26, 31, 55, *56*, 63, 118
Kiefer 12, 16, 35, 43, 45, 74, 83, 98
Kirsche 16, 74
Klappergrasmücke 86
Kleiber 45, 98
Kleiner Abendsegler 129, *131*
Kleinspecht 76

Knäkente 24, 28, 31, *39*, 39
Kolbenente 40
Kohlmeise 45, 98
Kolkrabe 28, 109
Koppe siehe Groppe
Kormoran 22, 35
Kornweihe 48, 124
Kranich 52
Kreuzkröte 165, *166*, **175**
Kreuzotter 171, *172*
Krickente 28, 38
Kuckuck 28, 67

Lachmöwe 64
Lachs 192
Lärche 12, 43, 45, 74
Langohrfledermaus, Braune 129, *130*, *132*
Langohrfledermaus, Graue 129
Laube 192, 197
Laubfrosch 167, **176**, *208*
Laubsänger 50
Laufkäfer 50
Lehmgruben 207
Liguster 16, 97
Löffelente 24, 40
Luftverschmutzung 219

Mäusebussard 29, 30, 43, 45, 50, 106
Maifisch 192
Maikäfer 32
Maulwurf 135
Mauersegler 23, 49, 70
Mausohrfledermaus 129, *130*, *134*
Mauswiesel 153
Mehlschwalbe 23, 28, 49, 80
Merlin 50
Mistel 96
Misteldrossel 45, 96
Mittelspecht 26, 34, 74, **74**
Mönchsgrasmücke 86
Morellregenpfeifer 57
Mühlkoppe siehe Groppe

Nachtigall 34, *95*, 120
Nachtreiher 37
Nase 190, 192, 196
Nebelkrähe 109
Neuntöter 28, 34, 81, 118, **119**
Nordische Schaftstelze 80

Odinshühnchen 63
Ohrenlerche 78
Ortolan 100

Pappel 74
Pfeifente 24, 38
Pflaumenbaum 74
Pfuhlschnepfe 62
Pirol 28, 106, 120
Purpurreiher 37
Pyramidenpappel 106

Quappe 195
Quellsumpf 18

Rabenkrähe 50, 107, 108, 121
Raubmöwe 63
Raubwürger 28, 81, 83, 118
Rauchschwalbe 23, 28, 50, 79
Rauhfußbussard 42
Rauhfußkauz 115
Rebhuhn 52
Regenbrachvogel 24, 61
Regenbogenforelle 192, 195
Reh 150
Rehkitz *151*
Reiherente 40
Riesen-Bärenklau 218
Ringdrossel 98
Ringelgans 38
Ringelnatter 171, **176**
Ringeltaube 27, 50, 66
Robinie 218
Rötelmaus 140, *142*
Rohrammer 24, 100, *101*, **102**
Rohrdommel 37
Rohrweihe 24, 47
Rotauge 192, 195
Rotdrossel 97
Rotfeder 190, 192, 195
Rotfuchs 151
Rotfußfalke 50
Rothalsgans 22, 38
Rothalstaucher 35
Rothirsch 150, *151*
Rotkehlchen 45, 67, 96
Rotkehlpieper 24, 81
Rotkopfwürger 28, 32, 81, 82, **82**, 83, 118
Rotmilan 26, 30, 31, 34, 41, *41*, 106, 117

Rotschenkel 24, 62
Rotwangenschmuckschildkröte 169

Saatgans 38
Saatkrähe 27, 108
Samtente 40
Sandregenpfeifer 57
Schabrackenspitzmaus 136
Schafstelze 24, 26, 80
Schellente 40
Schermaus 140
Schilfrohrsänger 24, 84
Schlammpeitzger 190, 192, 195
Schleiereule 23, 28, 29, 67
Schleihe 190, 194, 195
Schlingnatter 171, *172*, **176**
Schmerle 190, 195, 196
Schnatterente 38
Schneeammer 100
Schneeball 16
Schneider 190, 192, 197
Schwanzmeise 98
Schwarzdorn 16
Schwarzkehlchen 92
Schwarzmilan 30, 42, 117
Schwarzspecht 34, 64, 74, 120
Schwarzstirnwürger 81, 118
Schwarzstorch 28, 37
Seeadler 42
Seefrosch 168
Seggenrohrsänger 84
Seidenschwanz 83
Sichelstrandläufer 63
Siebenschläfer 147, *148*
Silbermöwe 64
Singdrossel 45, 49, 97
Sommergoldhähnchen 90
Sonnenbarsch 197
Spatelraubmöwe 63
Sperber 26, 30, 44, 117
Sperbereule 109
Sperbergrasmücke 109
Sperlingskauz 109
Spießente 24, 39
Spornpieper 80
Springfrosch 167, **176**
Star 106
Steinadler 28, 40, 41
Steinbrüche 214
Steinkauz 28, 68, 115
Steinmarder 153, *154*
Steinschmätzer 28, 96
Steinwälzer 57
Sterntaucher 34
Stichling, Dreistachliger 190, 197, *198*
Stieglitz 49, 103
Stockente 24, 39
Straßen 210, 220
Strömer 190, 192, 195
Sturmmöwe 64
Sumpf 18
Sumpfmeise 98
Sumpfohreule 69
Sumpfrohrsänger 84, **85**
Sumpfschildkröte, Europäische 169

Tafelente 40
Tanne 12, 45, 96
Tannenhäher 107
Tannenmeise 98
Teichfrosch 168
Teichhuhn 24, 53
Teichmolch 164, **175**
Teichrohrsänger 28, 84
Temminckstrandläufer 63
Thuja 97
Trappe, Groß- 22, 55
Trappe, Zwerg- 22, 24, 55
Trauerente 40
Trauerschnäpper *90*
Trauerseeschwalbe 64
Triel 63
Trüsche 192, 195
Tüpfelsumpfhuhn 28, 53
Türkentaube 30, 66
Tundra-Saatgans 38
Turmfalke 29, 51
Turteltaube 67

Uferschnepfe 61
Uferschwalbe 79
Uhu 28, 109
Ulme 74
Ur 127

Wacholderdrossel 30, 96
Wachtel 28, 52, 115
Wachtelkönig 28, 53, 115
Wald 12
Waldbaumläufer 98

Waldeidechse 169, *170*
Waldkauz 68
Waldlaubsänger 64, 90
Waldmaus 146, *146*
Waldohreule 29, 69
Waldschnepfe 26, 60, *61*, 115
Waldspitzmaus 135, *137*
Waldwasserläufer 24, 62
Walnußbaum 72, 73
Wanderfalke 28, 50, 115
Wanderratte 143
Waschbär 152, 218
Wasseramsel 83
Wasserfledermaus 129
Wasserfrosch 168
Wasserläufer, Dunkler 24
Wasserpieper 81
Wasserralle 28, 53
Wasserratte 140
Wasserspitzmaus 136, *138*
Wechselkröte 165, *166*, **175**
Weide 76
Weidenmeise 98
Weißbuche siehe Hainbuche
Weißdorn 16
Weißstorch 23, 28, 37
Weißwangengans 115
Wellensittich 219
Wendehals 28, 76, 118
Wespen 45
Wespenbussard 26, 29, 34, 45, 116, *117*
Wiedehopf 70
Wiesen-Bärenklau 218
Wiesenpieper 24, 26, 81
Wiesenweihe 26, 48
Wildkaninchen 150
Wildschwein 149, *149*
Wintergoldhähnchen 90
Wisent 127
Wolf 127
Würgfalke 28

Zäune 226
Zander 195
Zaunammer 100
Zauneidechse 169, *170*
Zaungrasmücke 86
Zaunkönig 67, 83
Zeisig 103
Ziegenmelker 28, 70
Zilpzalp 88
Zippammer 100
Zwergdommel 28, 37
Zwergfledermaus 133, 135
Zwergmaus 143, *144*, *145*
Zwergmöwe 64
Zwergschnepfe 24, *59*
Zwergspitzmaus 136, *137*
Zwergstichling 197
Zwergstrandläufer 63
Zwergtaucher 24, 28, 35
Zwergtrappe 22, 24, 55

Abbildungsnachweis

Bei den Farbabbildungen sind die Bildautoren direkt angegeben. Bei Schwarz-Weiß-Abbildungen, bei denen kein Abbildungsnachweis angegeben ist, dankt der Verlag folgenden Personen, Verlagen und Institutionen für die Unterstützung:

Abbildung "Embryonen-Entwicklung der Wirbeltiere" mit freundlicher Genehmigung des Kreuz-Verlages, Stuttgart, reproduziert.

Abbildung "Böblinger Forst": Ausschnitt aus der Kieser'schen Forstkarte Nr. 65 von 1681 mit "Holtzgerlingen", "Schönaych" und 3 Mühlen. Landesbildstelle Württemberg, Stuttgart.

Abbildung "Gäulandschaft um 1860": Schüz, Theodor: Mittagsgebet bei der Ernte. Öl-Leinwand; 108,5 x 172,5 cm; Reproduktion mit freundlicher Genehmigung der Staatsgalerie Stuttgart.

Abbildungen "Wirbeltier-Stammbaum" (Vorlage Dr. Hennecke), "Verbreitungskarten von Amphibien und Reptilien" (Vorlagen Kurt Rimpp und Natur-Rems-Murr-Verlag), "Unterschiede zwischen Schlingnatter und Kreuzotter" (Vorlagen Kurt Rimpp), "Schema der Änderungen der Mannigfaltigkeit der Flora in Mitteleuropa" (verändert nach FUKAREK (1979): Die Pflanzenwelt der Erde. - Urania-Verlag; Leipzig) und "Regeneinlauf" und "Drainage-System" (Vorlagen Ulrich Ade) gezeichnet von Heinz Renz, Graphiker, Kirchberg/Murr.

Abbildungen "Verbreitungskarten von Vögel" von Werner Schubert.

Abbildungen "Die natürlichen Fischregionen" und Tabelle "Rote Liste der Fische" von Hubert Wnuck.

Wir brauchen die Natur – die Natur braucht uns!

Unter diesem Motto fordert die »Stiftung Naturschutzfonds« beim Ministerium für Umwelt alle Bürger Baden-Württembergs auf, sich für den Naturschutz zu engagieren. Jeder einzelne kann die Natur durch sein eigenes Verhalten, insbesondere durch Rücksicht auf Landschaft, Tiere und Pflanzen schonen. Damit ist es jedoch auf lange Sicht nicht getan. Gerade in unserem dicht besiedelten Land kommt es darauf an, jedes kostbare Stück Natur zu erhalten. Durch den Ankauf von Grundstücken für Zwecke des Naturschutzes, durch Forschungen und Maßnahmen zum Schutz der natürlichen Umwelt und zur Pflege der Landschaft, durch wirkungsvolle Öffentlichkeitsarbeit. Das alles kostet Geld — Geld, das Sie investieren sollten, damit bedrohte Tiere und Pflanzen überleben, damit die Natur um uns bunt und lebendig bleibt. Tragen auch Sie durch Ihre Spende dazu bei — wir alle und vor allem unsere Kinder und Enkel profitieren davon!

Die Spendenkonten
der Stiftung Naturschutzfonds:
Baden-Württ. Bank AG Stuttgart
Nr. 1054099500 (BLZ 60020030)
Landesgirokasse Stuttgart Nr. 2828888
(BLZ 60050101)
Postgiroamt Stuttgart Nr. 10100-706
(BLZ 60010070)
Diese Spenden sind steuerbegünstigt.

Stiftung Naturschutzfonds
beim Ministerium für Umwelt
Baden-Württemberg
Postfach 103439

7000 Stuttgart 1

Notizen/Beobachtungen

Notizen/Beobachtungen

Notizen/Beobachtungen

Der NATUR-REMS-MURR-VERLAG sammelt, verlegt und vertreibt naturkundliche und heimatkundliche Schriften. Anfänglich konnten nur Themen aus der engsten Heimat, nämlich aus dem Rems-Murr-Kreis, aufgegriffen werden. Inzwischen hat sich aber das Umfeld erweitert, besonders der Schwäbisch-Fränkische Wald und der Großraum Stuttgart wurden mit einbezogen.

So gibt der Verlag die Zeitschrift „Natur an Rems und Murr" heraus. Die unterschiedlichsten Themen aus dem Bereich Natur- und Umweltschutz im Rems-Murr-Kreis werden abgehandelt, wie z. B. Arterfassungen (Amphibien und Reptilien, Orchideen), Beschreibungen von Biotopen und Naturschutzgebieten (Buchenbachtal, usw.) oder Luft- und Gewässergüte.

Ein weiterer Verlagsschwerpunkt ist die Herausgabe von Reprints im naturkundlichen und heimatkundlichen Bereich. Neben den »Naturkundlichen Jahrbüchern des DJN« wurden auch die »Mitteilungsblätter des Arbeitskreises Heimische Orchideen Baden-Württ.« und die »Tübinger Geographischen Studien« herausgegeben.

In gleichem Format wie das vorliegende Buch (17 x 24 cm, gebunden) sind erschienen:

Naturnahe Lebensräume und Flora in Schönbuch und Gäu

von Ulrich Ade, Brigitte Baumann, Helmut Baumann und Wolfram Wahrenburg mit Beiträgen von Ottmar Burr, Heinz Hess, Jörg Mauk, Eberhard Sachs und Friedrich Wurm mit 248 Seiten und 141 Farbbildern, 1 SW-Bild, 1 Satelliten-Aufnahme, 65 Verbreitungskarten von höheren Farn- und Blütenpflanzen, 6 Karten und 1 Zeichnung.

Dieser floristische Band vom Landkreis Böblingen und benachbarter Gebiete beschreibt die naturnahen Lebensräume dieser Landschaft, und zum ersten Mal wird eine "Rote Liste der gefährdeten Blütenpflanzen" für einen Landkreis in Baden-Württemberg publiziert.

ISBN 3-927981-04-4 Preis: DM 36,00

Die Berglen

Eine geographische Landschaftsmonographie

von Ilse Böwing-Bauer. Heft 2 der Tübinger Geographischen Studien. 2. unveränderte Auflage mit einem erweiterten Vorwort von Prof. Dr. Grees.

Diese geographische Landschaftsmonographie erschien 1958 als verkürzte Form einer Dissertation und war sehr bald vergriffen. Bis heute ist eine neuere zusammenfassende Darstellung dieses kleinen, aber ausgeprägten Landschaftsraumes der Berglen nicht erschienen, so daß heute noch immer wieder auf diese nun mehr 40 Jahre alte Arbeit zurückgegriffen werden muß. Die inzwischen eingetretenen Veränderungen und neuen wissenschaftlichen Ergebnisse versucht Prof. Dr. Grees in einem erweiterten Vorwort kurz zusammenzustellen. Somit macht dieser Reprint nicht nur die ursprüngliche Arbeit wieder zugänglich, sondern befriedigt auch das Bedürfnis nach aktueller Information.

ISBN 3-927981-05-2 Preis: DM 34,00

Der Schurwald

Eine siedlungs- und wirtschaftsgeographische Untersuchung

von Werner Kienzle. Heft 3 der Tübinger Geographischen Studien. 2. unveränderte Auflage mit 94 Seiten und 14 Abb.

In seiner Schurwaldbeschreibung von 1972 schreibt Manfred Langhans, daß sich „die wissenschaftliche Forschung in Sachen Schurwald bisher recht zurückgehalten hat; erst in den letzten 20 Jahren haben ihn Richard Haidlen und Werner Kienzle »entdeckt«". Mit diesem Reprint liegt diese erste Untersuchung von Werner Kienzle, erschienen 1958, wieder vor.

ISBN 3-927981-08-7 Preis: DM 34,00

Zur Siedlungs- und Weinbaugeschichte im Raum Waiblingen - Winterbach

von Eugen Bellon, 432 Seiten, 145 Abbildungen. Anhand von Urflurkarten und Flurnamen weißt der Autor die Geschichte des fränkischen Untergaues "Ramesdal" zwischen 500 n. Chr. und 1500 nach. Besonders die Zeitepoche vor 1200 verschließt sich dem Historiker, da keine handschriftlichen Urkunden vorhanden sind.

Spiegel vergangener Zeiten

Leben und Werk der Lichtbildner-Familie Weber in Winnenden (1864 - 1957)

von Roland Schurig, 196 Seiten, 189 S/W-Bilder, 3 Farbbilder. Johannes Weber war der erste ansässige und hauptberufliche Photograph in den ehemaligen Oberämtern Waiblingen und Schorndorf, also etwa dem heutigen Rems-Murr-Kreis. Als er 1864 sein Atelier in Winnenden eröffnete, legte er nicht nur den Grundstein für eine über 90 Jahre andauernde Familientradition, sondern ist auch als Initiator einer Bildertradition anzusehen - besonders Landschaftsbilder außerhalb des Portratbereiches - , die von seinem Bruder wie auch von seinem Neffen aufgegriffen und fortgeführt wurde. So wie diese Bilder gemacht wurden, kennen die Menschen von Winnenden und den umliegenden Berglen ihre Heimat.

ISBN 3-927981-27-3 Preis: DM 39,--

„ARBEITSKREIS HEIMISCHE ORCHIDEEN"

Die vergriffenen Jahrgänge 1 – 10 des AHO Baden-Württemberg wurden neu aufgelegt. Eine Fundgrube von Daten für jeden Orchideenfreund.

Die Geheimnisse des Mainhardter Waldes

Ein historischer Roman von August Knapp

von August Knapp, 108 Seiten. Im Jahre 1444 wird ein Kaufmannszug auf der Salzstraße im Mainhardter Wald von Räubern überfallen. Eine spannende Geschichte entwickelt sich.

ISBN 3-927981-00-1 Preis: 16,80 DM

Fragen Sie in Ihrer Buchhandlung oder direkt im NATUR-REMS-MURR-VERLAG